HELEN H. PERLMAN

Soziale Einzelhilfe
als problemlösender Prozeß

HELEN HARRIS PERLMAN

Soziale Einzelhilfe als problemlösender Prozeß

Aus dem Amerikanischen übersetzt
von Anne Kohn-Feuermann
und Helmut Baus
unter Mitarbeit von Annedore Schultze

4. Auflage

LAMBERTUS-VERLAG

Das englische Originalwerk erschien unter dem Titel
„Social Casework. A Problem-solving Process" bei
The University of Chicago Press, Chicago & London
The University of Toronto Press, Toronto 5, Canada
Library of Congress Catalog Card Number: 57—6270
1. Auflage 1957, 17. Auflage 1974.
© 1957 by the University of Chicago.

4. Auflage 1978
Alle deutschsprachigen Rechte vorbehalten
© 1969, Lambertus-Verlag, Freiburg im Breisgau
Gestaltung: Werner Bleyer, Freiburg im Breisgau
Herstellung: Druckerei Heinz Rebholz, Freiburg im Breisgau
ISBN: 3-7841-0130-5

Inhalt

Vorwort

Dieses Buch behandelt die Soziale Einzelhilfe (Casework) und die dynamischen Komponenten, die sie immer enthält, insbesondere aber ihren Prozeß. Meine These ist: Bei allem Spielraum und aller Verschiedenheit, die es in einer so individualisierten Arbeit wie dem Casework gibt, lassen sich doch manche gemeinsamen Elemente und Tätigkeiten feststellen. Casework ist im wesentlichen ein Prozeß des Problemlösens. Wenn man diesen Prozeß näher untersucht, dann mag er durchaus mit den normalen problemlösenden Vorgängen des menschlichen Ich übereinstimmen. Das ist keineswegs sonderbar, denn das Ich ist das Modell, nach welchem der Mensch die „Logik" seiner fortschreitenden Anpassung vom Konflikt zur Lösung formuliert hat, und das sowohl im gesellschaftlichen als auch im seelischen Leben. In diesem Buch versuche ich, die gleichbleibenden Elemente und die gleichbleibenden Mittel in der Praxis des Casework zu bestimmen und sie in einem Zusammenhang, der mir fruchtbar und nutzbringend erscheint, von Grund auf neu zu betrachten.

Das Casework hat immer wieder nach solchen Modellen für seine Prozesse gesucht. Diese Suche ging ihre eigenen Wege, oder sie vereinte sich mit der Suche nach einem tieferen und breiteren Verständnis jener Dinge, mit denen sich das Casework befaßt. Das Bedürfnis nach Einsicht in die Problemstrukturen findet man sowohl bei dem einzelnen Praktiker als auch bei jedem Casework-Lehrer oder Supervisor, wie überhaupt beim gesamten Berufsstand der Sozialarbeiter.

Für den Praktiker kommt es täglich darauf an, zu handeln. Die Wahl dessen, was und wie es zu tun ist, in welcher Reihenfolge und Richtung, mit welchen Mitteln; wie man zielbestimmt und doch mit Bewegungsfreiheit, geschmeidig und doch unbeirrbar vorgeht; wie man sowohl dem Klienten als auch der Gemeinschaft großzügig und doch rationell dienen kann — das alles gehört zu den Fragen, die sich dem Sozialarbeiter täglich stellen. Er braucht das Wissen, das ihn befähigt, den Klienten und sein Problem zu verstehen und die Möglichkeiten der Dienststelle in ihren wechselseitigen Beziehungen zum Klienten zu erkennen; er braucht Berufsethos, Zielstrebigkeit und gewisse Fertigkeiten im Helfen. Aber darüber hinaus benötigt er ein einigermaßen verläßliches Modell, das die innere Organisation des Prozesses vorbereitet, mit dem er sich befaßt, und das die allgemeine Zielrichtung angibt. Ein solches

Modell ist jedoch keineswegs ein starres Schema, sondern eher eine Leitlinie, ein Aktionsmuster, das der Erfindungsgabe und der Intuition des Caseworkers eine allgemeingültige Form verleiht.

Manche betrachten jeden Versuch der Systematisierung einer so feinfühligen und individualisierten Tätigkeit, wie sie das Casework sein muß, mit Unbehagen. Sie wenden ein, daß es erst in der Praxis lebendig wird, daß es eine Kunst ist und daß Spontaneität und Verantwortung gelähmt würden, wenn der Caseworker sich in ein feststehendes System einfügen sollte. Aber andere — und ich gehöre zu ihnen — glauben, daß die schöpferische Kraft des Künstlers erst dann frei wird, wenn er die Wesensstruktur und die Formen seines Schaffens sicher in den Griff bekommen hat. Nur wenn er sie sich zu eigen gemacht und in seine Praxis umgesetzt hat, kann er seine ganze Energie darauf verwenden, seine Empfindungen, Wahrnehmungen, Reaktionen und Imaginationskräfte zu entfalten. Das gleiche gilt für die Kunst des Helfens beim Casework. Der Caseworker, der über eine genaue Kenntnis der zu Gebote stehenden und bewährten Mittel verfügt, ist innerlich frei, seinen Klienten anzuhören, zu beobachten, ihn tief zu verstehen und in eine mitfühlende Beziehung zu ihm zu treten; er kann denken und handeln, ohne durch ängstliche Unsicherheit bezüglich der nächsten Schritte gehemmt zu sein. „Eine Wissenschaft lehrt uns zu wissen, eine Kunst, zu handeln", schrieb der Logiker William Jevons, „und alle vollkommeneren Wissenschaften führen zur Schaffung entsprechender angewandter Künste". So kann die Tätigkeit des Caseworkers gewiß durch die Systematisierung des Wissens über das „Wie" und das „Was" seines Tuns unterstützt und gefördert werden.

Es ist das tägliche Problem des Casework-Lehrers und des Supervisors, den Studenten und den am Anfang der Praxis Stehenden so gründlich und so rasch wie möglich auszurüsten, um ihn zum besten Dienst an seinen Klienten zu befähigen. Der Zeitaufwand, der für die Ausbildung von Fachleuten benötigt wird, ist die Sorge jedes Berufes; ich glaube aber, daß das Zeitproblem, zumindest bis jetzt, in besonderem Maße eine Sorge der Sozialarbeit ist, weil wir viele unserer jungen Berufstätigen zu einer Zeit verlieren (infolge Ehe, Mutterschaft, Abwanderung in andere Berufe), in der sie noch eher zu den Konsumenten der beruflichen Ausbildung zählen, als daß sie bereits produktive Arbeit leisteten. Es ist daher eine brennende Frage, wie wir sie rascher und besser vorbereiten können, berufliche Verantwortung auf sich zu nehmen und diese mit Selbstvertrauen und Können auszuüben.

Über eine grundsätzliche Antwort auf diese Frage sind wir uns alle einig: Wir müssen die Zusammenfassung und Systematisierung unserer Kenntnisse so vervollkommnen, daß diese sozusagen in einem Stück weitergegeben werden können — durch die Verallgemeinerung von Ideen und Prinzipien, abstrahiert von den ungezählten spezifischen Erfahrungen, aus welchen die Praxis besteht. Ich glaube, wir sind auch einer Meinung, daß gerade die *Methode* am schwierigsten vom Lehrer auf den Schüler zu übertragen ist, das Wissen, „wie man es macht". Was man zu wissen und zu verstehen hat, was von Wert ist und wonach man zu streben hat — davon haben wir ziemlich feste Begriffe und können sie weitergeben. Aber wie der Praktiker diese Kenntnisse anwenden kann, was er tun muß, um seinem Klienten mit einem Minimum an Zeit und Aufwand die größtmögliche Hilfe zuteil werden zu lassen — das zu vermitteln, haben wir noch nicht genügend gelernt. Ich sage dies in der Gewißheit, daß die Kunst des Handelns ohnehin niemals vollkommen gelehrt werden kann. Nur die Leitprinzipien, die dynamischen Elemente, die im „Tun" wirksam werden, die allgemeine Art und Richtung des Prozesses des berufsmäßigen Helfens — nur diese Faktoren können für die schöpferische Anwendung in der Praxis gelehrt und erlernt werden. Sie müssen weit über das hinaus, was wir bis jetzt erreicht haben, bestimmt, geordnet und begreiflich gemacht werden.

Diese Überlegungen haben Jahre hindurch die Praktiker und Theoretiker des Casework angespornt, ihre Kenntnisse zu systematisieren. Wie jeder Sozialarbeiter weiß, war Mary Richmonds hervorragende Arbeit „Social Diagnosis" der erste und bisher einzige bedeutende Versuch, die Casework-Prozesse zu ordnen. Indem sie einige der in den Rechtswissenschaften und der Medizin angewandten Arbeitssysteme heranzog, schlug Mary Richmond ein Schema des Problemlösens vor: Untersuchung der Fakten einer Situation, eine Diagnose der Art des Problems und — der Richtung folgend, die durch die Diagnose aufgezeigt wurde — Plan und Durchführung der Behandlung. Zum erstenmal erhielten Caseworker ein System für ihre Arbeit, die vorher größtenteils aus jenen guten Absichten und Mitteln bestanden hatte, die von den Dienststellen und Mitarbeitern für die Klienten mobilisiert werden konnten. Es ist leicht, sich vorzustellen, was das Erscheinen dieses Buches für die Caseworker der damaligen Zeit bedeutete. Es muß dem Erleben eines Kindes ähnlich gewesen sein, das ein Kaleidoskop ungeschickt in der Hand hält; es sieht ein Durcheinander von bunten, interessanten, aber bedeutungslosen

Stückchen Glas, und plötzlich kommt jemand daher und sagt: „Halte es gegen das Licht, dreh es ein bißchen, so...", und augenblicklich bilden die bunten Glassplitter ein Mosaikbild — geordnet, beschreibbar, von neuer und erregender Bedeutung.

Und doch, trotz dieses Riesenschrittes im Bemühen, der Kunst durch Wissenschaft zu helfen, blieben den Praktikern schwierige Probleme. Eine Schwierigkeit war, daß die Klienten nicht im gleichen Zustand verharrten, während die Fallstudie durchgeführt wurde; eine andere, daß sie mit dem Caseworker bezüglich des Behandlungsplanes, den die sorgfältige Diagnose vorschrieb, nicht immer einer Meinung waren. Darüber hinaus war es offensichtlich der Caseworker und nicht der Klient, der aktiv und zielbewußt war — es war der Caseworker, der Nachforschungen anstellte, der über das Erkannte nachdachte, der vorausplante; und wenn er seine Vorschläge ausgearbeitet hatte, war der Klient oft bereits wieder weg, wenn nicht körperlich, so doch im Geiste. Die problemlösenden Mittel, die „Social Diagnosis" vorschlug, waren durch die Zeit, in der sie entwickelt wurden, begrenzt; denn damals steckte unser Verständnis menschlichen Verhaltens noch in den Kinderschuhen. Das Buch stellte daher eher die Probleme als den Klienten in den Mittelpunkt; das System zeigte nicht die Mittel auf, die den Klienten anspornen und befähigen, aus eigener Kraft an seinem Problem zu arbeiten. Mary Richmond gehörte selbst zu den ersten, die das sahen. Drei Jahre nach der Veröffentlichung ihres Buches erklärte sie auf der Nationalen Konferenz für Sozialarbeit 1920: „Ich stelle das Studium der Prozesse allem voran... Die Prozesse, die allen Fallbehandlungen gemeinsam sind, verdienen unsere besondere Beachtung."

Aber die Bestimmung der „Prozesse, die allen Fallbehandlungen gemeinsam sind", blieb hinter der Formulierung unserer Arbeitsphilosophie und unseres Berufsethos sowie hinter den zwar wechselnden, aber doch fortschreitenden Anstrengungen zurück, die Tatbestände und Hypothesen unserer Arbeit in ein System zu bringen. Die Gründe dafür sind zu vielschichtig und kompliziert, um sie hier auszuführen. Sie finden sich in der Geschichte der letzten vier Jahrzehnte unseres Berufes, in der Caseworker als Menschen und als Mitglieder eines Berufsstandes ihre Anpassungsfähigkeit immer wieder zu beweisen hatten, einmal aufgewühlt von den katastrophalen Weltereignissen, dann beunruhigt und verwirrt von dem Andrang neuer Erkenntnisse und Ideen, immer aber unter dem Druck der Forderung nach neuen Maßnahmen und Entscheidungen, bevor sie klarsehen oder sich die notwendige Zeit nehmen konnten, Gleichgewicht in ihrem Beruf zu finden. Diese Geschichte wäre es wert, geschrieben zu werden. Ich glaube, das gäbe unserer Arbeit und unserer Anpassungsfähigkeit neues Ansehen.

Es gibt noch zahlreiche andere Gründe für unser Zögern oder für unsere mangelnde Bereitschaft, die gegebenen Möglichkeiten unseres Arbeitsablaufes zu formulieren. Einer von ihnen ist die Scheu davor, das, was ein veränderliches und gefühlsbetontes Erlebnis sein muß, zu „intellektualisieren". (Nebenbei ist es längst an der Zeit, einzusehen, daß „intellektuell" kein abwertendes Wort ist; Intellektualität wird erst dann problematisch, wenn sie sich gegen das Gefühl wendet, nicht wenn sie Gefühle bewußt macht und steuert.) Eine zweite Quelle der Schwierigkeiten findet sich darin, daß die gesamte Person des Handelnden in das Erlebnis des Handelns einbezogen ist und dieses sich daher kaum objektivieren läßt. Und schließlich haben wir die Tatsache anzuerkennen, daß gültige Formulierungen einer wiederholten Bewährungskontrolle derjenigen Handlungen bedürfen, deren gesetzmäßigen Charakter wir behaupten.

In den vergangenen Jahren, als das Casework begierig die Aussagen der Psychologie des Ich in sich aufnahm und die Sozialwissenschaften mit neuem Interesse betrachtete — vielleicht ermutigt durch die Bestätigungen solcher Studien für so vieles, was Caseworker bereits lange kannten —, haben sich die Sprecher des Casework zunehmend mit dem System unserer gemeinsamen Methoden und Prozesse befaßt. Austin, Hamilton und Hollis haben hervorragende Beiträge durch ihre Klassifizierung der Casework-Methoden geleistet. Gomberg und Towle haben trotz aller Differenzen sowohl den Verlauf als auch die konstanten Elemente des helfenden Prozesses sehr klar erkannt. Der Bericht des Komitees für Methoden und Aufgaben der Familienfürsorge von 1953 bedeutete einen weiteren Schritt vorwärts in der Benennung und Klassifizierung der gemeinsamen Ziele und Mittel des Familien-Casework. Dabei muß man bedenken, daß keine dieser Arbeiten bereits ausgereift den Stirnen ihrer Jupiter entsprang, sondern daß sie alle nur durch die praktischen Erfahrungen und Überlegungen zahlloser Caseworker zustandekommen konnten.

Und so ist es auch bei diesem Buch. Es ist ein weiterer Versuch, den Mitteln und Möglichkeiten unseres Berufs eine feste Grundlage zu geben. Ich habe es unternommen, darzustellen, was mir für die tägliche Praxis und für das Grundwissen des Caseworkers am nützlichsten und richtigsten erschien. Das

einzig „Neue" liegt vielleicht nur darin, das bereits Bekannte in ein System
zu fügen, das, so scheint es mir und meinen Kollegen, einige bisher unbeach-
tete Perspektiven und einen etwas sichereren Weg zum Casework-Prozeß aufzeigt. Ich weiß, daß viele Wege nach Rom führen — das eine Ziel ist, die
Menschen fähig zu machen, ihre Probleme sicher und mit Überlegung zu bewältigen. Und einen möglichen Weg zu diesem Ziel soll das vorliegende Buch
zeigen. Als ich begann, die Grundzüge dieses Buches auszuarbeiten, wollte ich
den Gesamtprozeß des Casework behandeln — die Anfangs-, Durchführungs-
und Endphasen der Problemlösung im Casework. Aber fast vom ersten
Augenblick an begann das Buch ein eigenes Leben anzunehmen und jeder
Lenkung zu trotzen. Wie der Haferbrei im Kindermärchen — es wuchs und
wuchs. Es wuchs nicht nur, sondern es stürmte voran oder schlug Haken;
manchmal machte es von selbst einen gewaltigen Sprung vorwärts, und ein
anderes Mal stand es still, gleichsam ächzend unter der eigenen Last. Als ich
mich einmal über das störrische Geschöpf bei einer Kollegin beklagte, sagte
sie mir: „Was glaubst du wohl, weshalb es so wenig Bücher über Casework
gibt?"
So kam ich zu der Erkenntnis, daß es die gleichen Schwierigkeiten bereitet,
über Casework zu schreiben, wie Casework zu lernen. Es ist selbst eine problemlösende Aufgabe, weil das Thema gleichzeitig so umfassend, so vielfältig
und so sehr in Bewegung ist. Beim Lernen wie beim Lehren erweist es sich als
notwendig, einen kleinen Querschnitt, der die wesentlichen Merkmale des
Ganzen enthält, unter die Lupe zu nehmen und diesen Mikrokosmos als Teil
eines Kontinuums zu betrachten. Die Erkenntnis der Notwendigkeit, das
Thema zu zerlegen, half mir, mit dem fertig zu werden, was die Casework-
Autoren so oft vor unlösbare Aufgaben stellte und für die Leser eine Quelle
der Verwirrung bedeutete.
Die Themen, die ich ausgewählt habe, sind folgende: die dynamischen Komponenten der Casework-Situation, mit besonderer Betonung des helfenden
Prozesses, und die Anfangsphase des Casework als der Ausschnitt, in dem
die Komponenten in ihrer Wechselwirkung betrachtet werden können. Der
erste Teil des Buches behandelt daher den Inhalt der Casework-Situation.
(Die historische und soziale Grundlage des Casework sowie deren Arbeitsphilosophie wurden nicht einbezogen, da diese Dinge anderweitig überzeu-
gend dargestellt sind.) Die Wahl der Anfangsphase als charakteristischer Ausschnitt im zweiten Teil des Buches wurde von der Logik der Dringlichkeit

und von der Tatsache bestimmt, daß das Miteinbeziehen des Klienten im Annehmen und Verwenden der Hilfe in allen weiteren Phasen des Casework seine Parallelen findet. Obwohl in den späteren Phasen der Einzelhilfe Unterschiede hinsichtlich der Intensität, der Einzelheiten und der Ziele auftreten, wird der Leser, glaube ich, bemerken, daß die grundlegenden Maßnahmen des Problemlösens im wesentlichen die gleichen sind. Der dritte Teil des Buches bringt zwei Fallstudien zur Veranschaulichung.

Zuerst dachte ich, daß dieses Buch ein Lehrbuch und eine Hilfe für Studierende sein sollte, für Sozialarbeiter, die sich in die Praxis einarbeiten wollen sowie eine gelegentliche Führungshilfe für deren Lehrer und Supervisoren. Wenn ich mir nun seine Vielseitigkeit mit dem Erstaunen einer Mutter, die ihr Kind plötzlich zu Mannesgröße heranwachsen sieht, vor Augen halte, dann will mir doch scheinen, daß es auch den erfahrenen und geübten „alten Hasen", die hin und wieder Freude daran haben, alte Wahrheiten in neuem Licht zu sehen, einigen Nutzen bieten könnte.

Ein Buch wie dieses ist das Ergebnis der Arbeit eines ganzen Berufsstandes, und doch ist es zwangsläufig auch ein persönliches Dokument. Trotz des Unbehagens, das Selbstenthüllungen verursachen, glaube ich, dem Leser folgende Bemerkungen zu schulden: Ich wurde manches Mal gefragt, wo ich hinsichtlich der beiden derzeit einander entgegengesetzten Schulen des Casework-Gedankens stehe. Durch Erfahrung, berufliche Ausbildung und Überzeugung bin ich psychoanalytisch und diagnostisch orientiert; vielleicht sollte ich noch hinzufügen: auch infolge natürlicher Neigung, denn ich könnte mir kaum vorstellen, anders als in Beziehung zu diesen beiden Systemen zu denken oder zu handeln. Allerdings war ich nie geneigt, aus etwas eine Tugend zu machen, das für mich eine Notwendigkeit ist, und ich bekenne mich seit langem zu Whiteheads Bemerkung: „Das Aufeinanderstoßen von Überzeugungen ist kein Unglück, sondern eine Chance." Die Existenz der funktionellen Schule des Casework bot mir eine solche Chance. Durch ihre Absonderung von der Hauptströmung des Casework-Denkens wurde ich zusammen mit vielen anderen zu einer Überprüfung der als Grundwahrheit vorausgesetzten Theorien und Überzeugungen, mit denen ich arbeitete, gezwungen. Wenn bei dieser Überprüfung altgewohnte Annahmen und Praktiken in Frage gestellt wurden, so wurden andere dagegen klarer formuliert und gefestigt. Darüber hinaus erschienen funktionelle Vorstellungen und Prinzipien zum Teil von erstaunlichem Nutzen bei der Lösung mancher Probleme, die den Caseworker in besondere Verlegenheit bringen. Eine ganze Anzahl von ihnen schien mir „wahr" zu sein, nicht der Autoritäten halber, die sie äußerten, oder wegen der Überzeugungskraft ihrer Logik, sondern einfach weil sie sich in der Praxis als wahr erwiesen — sie stimmten. Diese Methoden und Leitprinzipien waren freilich solche, die in Übereinstimmung mit meiner Grundhaltung standen, die diese modifizierten, aber niemals verletzten. Ich nehme daher an, daß meine Haltung als „eklektisch" bezeichnet werden kann — allerdings, so möchte ich gleich hinzufügen, nicht in dem Sinne des Wortes, der an eine kunterbunte Auswahl denken läßt, sondern mehr im Sinne einer Auswahl von Ideen oder Prinzipien verschiedener Gedankensysteme, die zur Bildung eines einheitlichen, integrierten Systems führt. Ich bin nicht sicher, ein solches Ganzes gefunden zu haben, aber es liegt mir ganz gewiß fern, eine unveränderliche Lehre aufstellen zu wollen.

Wie bereits erwähnt, ein Buch wie dieses ist das Produkt aller beruflichen Erkenntnisse und Erfahrungen, die dem Autor zugute kamen. Es ist demütigend und doch erhebend, sich zu fragen: „Wem schulde ich Dank?" — demütigend, weil man sich plötzlich so vielen Menschen verpflichtet fühlt, und erhebend, weil man sich dabei selbst als Glied einer großen Gemeinschaft sieht. Ich kann gar nicht erst beginnen, die Namen all derer — Lehrer, Ratgeber, Kollegen, Studenten — aufzuzählen, die mir in den Sinn kommen, wenn ich mich frage: „Wem habe ich zu danken?" Es sind alle jene, die mir ihre Anteilnahme und Hilfe gaben, jene, die mir, wie wenn man ein Tor öffnete, neue Ausblicke des Verstehens boten, und die, die mich durch ihre Herausforderung zu erneutem Nachdenken oder wiederholter Anstrengung zwangen. Den unmittelbarsten Dank schulde ich meinen Fakultätskollegen der School of Social Service Administration an der Universität Chicago. In den elf Jahren meiner Lehrtätigkeit konnte ich dort in einer Atmosphäre arbeiten, die gleichzeitig verständnisvoll und anregend ist, an einer Fakultät, die schöpferisch, neuen Ideen zugänglich und doch streng kritisch ist und die mich an Diskussionen teilnehmen ließ, die sich immer als erfrischend und lohnend erwiesen. Es fällt mir schwer, nur jene herauszugreifen, die mit diesem Buch direkt verbunden sind. Besonders dankbar bin ich Dekan Helen Russell Wright, die derzeit ihrer Emeritierung entgegensieht, für die nie versiegende Anregung durch ihren scharfen und brillanten Geist, für ihr stets freundliches und meine Arbeit förderndes Interesse, für ihr rückhaltloses Beispiel eines zielbewußten und unbeirrbaren

Sozialarbeiters. Den reichsten Beitrag zu diesem Buch hat meine Kollegin und Freundin Charlotte Towle geleistet. Über ihr weitreichendes und profundes Denken und über die Einsicht hinaus, die sie besitzt und weitergibt, kenne ich sie als eine großzügig schenkende, starke und schöpferisch anregende Persönlichkeit.

Mein Dank gilt auch Mary Macdonald und Lilian Ripple, die beide den ersten Entwurf sorgfältig gelesen und kritisiert haben, für ihr scharfsinniges und klares Urteil. Lilian Ripple, die mir über einige technische Schwierigkeiten hinweghalf, verdient besondere Erwähnung. Rachel Marks, Phyllis Osborn, Esther Schour und Lola Selby haben jeweils ein Kapitel des Manuskripts gelesen und viele nützliche Vorschläge gemacht.

Schließlich und am meisten bin ich meiner Familie dankbar — Max, meinem Mann, meinem Sohn Jonathan und meiner Mutter Annie Harris —, deren ausdauerndes Verständnis und warmherzige Unterstützung mir ermöglichten, dieses Buch zu schreiben.

Helen Harris Perlman

Anmerkung des Verlages

Bei Erscheinen der ersten Auflage war unter den Fachleuten der Sozialarbeit im deutschsprachigen Raum die Diskussion hinsichtlich einer einheitlichen Übertragung englischer Fachausdrücke wie Casework und Caseworker noch in vollem Gang. Eingeholte Gutachten haben uns damals bewogen, von einer Übertragung ins Deutsche abzusehen. Wir bitten die Leser um Verständnis, daß auch in den folgenden Auflagen diese Formulierungen beibehalten wurden.

Teil I

Die problemlösende Arbeit im Casework

1. Die Komponenten der Casework-Situation

Der Versuch, Casework zu definieren, erfordert Mut oder Tollkühnheit oder vielleicht von beidem ein wenig. Viele kompetente Autoren haben es versucht, viele Definitionen wurden formuliert, und doch kommt im Berufsleben jedes Caseworkers der Zeitpunkt, wo er darum ringt, die Frage, was Casework wirklich ist, mit größerer Klarheit und Genauigkeit, als das durch bereits existierende Definitionen möglich war, zu beantworten. Und das ist kein Wunder. Soziale Einzelhilfe ist zugleich ein komplexes, dynamisches, sich entwickelndes Phänomen. Die vielfältigen Erkenntnisse, die es fördern, die ethischen Verpflichtungen, die es durchsetzen, die besonderen Voraussetzungen und Bedingungen seiner Ausübung, die Zwecke und Ziele, die es leiten, die fachliche Geschicklichkeit, die es erfordert — all das macht seine Komplexität aus. Dadurch, daß es mit Gegebenheiten arbeitet, die aufeinander einwirken und sich gegenseitig verändern und überdies durch die Vorgänge des Casework selbst beeinflußt werden, wird es noch komplizierter. Wie es auch erfahren und praktiziert oder wie darüber gedacht wird — die Situation der Sozialen Einzelhilfe bleibt ein lebendiges Geschehen. Deshalb ist es beinahe unmöglich, es in eine Definition zu zwängen. Und doch müssen wir sagen können, was es ist, wenn wir es verständlich machen wollen; zumindest muß zwischen Verfasser und Leser eine Prämisse festgelegt werden, von der die weitere Erörterung ausgehen kann. Die folgende Definition sei daher gewagt:

Soziale Einzelhilfe ist ein Prozeß, der von bestimmten Sozialdienststellen eingesetzt wird, um Menschen zu helfen, mit ihren Problemen im sozialen Bereich besser fertig zu werden.

So unvollkommen diese Definition auch sein mag, sie hat diesen kleinen Vorzug: Sie enthält die vier wesentlichen Komponenten des Casework in ihrer Beziehung zueinander. Und da auf dieser Definition alles Folgende beruht, erfordert sie einige Ausführungen.

Der Kern des Casework-Geschehens ist dieser: Eine *Person* mit einem *Problem* kommt zu einer Dienststelle, deren beruflich geschulter *Repräsentant* ihr mittels eines bestimmten Prozesses hilft. Da dies der Grundzug nahezu jeder Situation ist, in der ein Mensch fachmännische Hilfe sucht, müssen nur noch die charakteristischen Merkmale abgesteckt werden.

Wer ist diese Person?

Die *Person* ist ein Mann, eine Frau oder ein Kind, kurz gesagt: jede Person, die in irgendeiner Hinsicht ihres sozial-emotionalen Lebens Hilfe braucht, gleichgültig, ob sich die Bedürftigkeit auf materielle Hilfe oder auf Beratung bezieht. Im Augenblick, in dem der Hilfsprozeß beginnt, wird die Person „Klient" genannt.

Was ist das Problem?

Das *Problem* entsteht aus irgendeiner Not, Behinderung oder Anhäufung von Frustrierungen oder Fehlanpassungen, manchmal aus diesen zusammen, die die Zulänglichkeit der Lebenssituation oder die Wirksamkeit der Anstrengungen, damit fertig zu werden, bedrohen oder bereits angegriffen haben.

Welches ist die Stelle, der Platz?

Die *Stelle* ist ein Sozialamt oder der Sozialdienst einer Wohlfahrtsorganisation. Es handelt sich dabei um einen besonderen Sozialdienst, der sich nicht mit sozialen Problemen im allgemeinen befaßt, sondern mit Menschen, die solche Probleme in ihrem persönlichen Leben erfahren. Der Zweck ist, dem einzelnen in seiner besonderen sozialen Behinderung, die sein eigenes oder das Leben seiner Familie beeinträchtigt, und bei Problemen, die durch fehlerhafte Person-zu-Person-, Person-zu-Gruppe-, Person-zu-Situation-Beziehungen entstanden sind, zu helfen. Der Zweck und die Funktionen der sozialen Dienststelle werden durch die Person und die fachmännische Leistung des Caseworkers wirksam.

Was ist der Prozeß?

Der *Prozeß*, „Soziale Einzelhilfe" genannt, um seinen individualisierenden Aspekt und seine Zielrichtung zu kennzeichnen, ist eine fortschreitende Zusammenarbeit zwischen dem fachmännischen Helfer (dem Caseworker) und dem Klienten. Er besteht aus einer Reihe von problemlösenden Handlungen, die innerhalb einer persönlich bedeutsamen Beziehung vollzogen werden. Das Ziel dieses Prozesses ist in seinen Mitteln enthalten; d. h., die Person, der Klient, ist so zu beeinflussen, daß er imstande ist, entweder seine Probleme zu bewältigen oder diese in ihrer Wirkung abzuschwächen oder sie ganz zu lösen.

Mit diesem Prozeß der Sozialen Einzelhilfe befaßt sich unser Buch. Aber weil dieser Prozeß in die menschlichen Lebenssituationen Bewegung und Veränderungen hineinbringt, kann er nur in dem Maße verstanden werden, in dem wir die Natur der Faktoren, die mit ihm einhergehen, verstehen — ihre Wirkung auf den Prozeß und dessen Wirkung auf die Faktoren. Daher muß der Caseworker die Eigenart der Persönlichkeit seines Klienten, die Natur des Problems und die Möglichkeiten der Dienststelle, die über die problemlösenden Mittel verfügt, erkennen. Und danach (in Wirklichkeit gibt es eigentlich kein „Danach", sondern nur ein „Zugleich") müssen wir die Gesamtheit dieser drei Bestandteile, die von der Summe der Teile verschieden ist, weil zwischen ihnen eine ständige Wechselbeziehung besteht, wahrnehmen und begreifen. Nachdem jeder einzelne dieser Bestandteile für sich und auf seine Beziehung zum Casework untersucht worden ist, kann der Prozeß selbst auf seine Struktur, Dynamik und hauptsächlich auf seinen Nutzen für die hilfsbedürftige Person geprüft und analysiert werden. Das ist die Aufgabe der nächsten Kapitel.

2. Die Person

Der Klient einer Sozialdienststelle ist wie alle Menschen, die wir kennen — und doch ist er anders. Im weitesten Sinne gleicht er allen menschlichen Wesen; in etwas engerem Sinne ist er wie alle anderen Menschen seines Alters, seiner Zeit oder seiner Kultur. Aber wenn wir vom Verständnis seiner Person als eines menschlichen Wesens schlechthin zur Betrachtung seines individuellen Wesens übergehen, dann finden wir trotz seiner allgemeinen Ähnlichkeit mit den anderen, daß er ebenso einmalig ist wie sein Fingerabdruck. Durch feine Nuancen, durch die Art, wie sich sein Körper, sein Geist und seine Seele ineinanderfügen, wie er geboren wird und zur Persönlichkeit heranwächst, all das unterscheidet ihn in mannigfacher Weise von allen anderen Menschen seiner Familie, seines Geschlechts oder seiner Art.

Niemand von uns kann jemals die Gesamtheit einer anderen Person erfassen, obwohl wir uns das manchmal einbilden. Der Grund hierfür ist nicht nur in den vielen Dimensionen und feinen Verflechtungen einer jeden Persönlichkeit zu suchen, sondern auch in der Umschichtung oder Neubildung von Persönlichkeitselementen, die immerfort stattfindet, weil der Mensch ein lebendiges Wesen ist, das in ständiger Wechselbeziehung mit seiner (ebenfalls lebendigen) Umwelt lebt. Nichtsdestoweniger existiert die Person in jedem Augenblick ihres Daseins als ein Ganzes. Ob es sich um das Problem einer neurotischen Angst oder eines unzureichenden Einkommens handelt, die Person handelt stets als eine physische, psychische und soziale Einheit; sie ist abhängig von ihrer Konstitution, ihrer sozialen Umgebung, ihren Erfahrungen, ihren gegenwärtigen Eindrücken und Reaktionen und sogar ihren Zukunftshoffnungen. Es ist dieses Zusammenspiel von physisch-psychisch-sozialen Faktoren, von Vergangenheit, Gegenwart und Zukunft, das sie in jede neue Lebenssituation mit hineinbringt.

Glücklicherweise ist die Notwendigkeit für den Caseworker, den einzelnen Menschen kennenzulernen und zu verstehen, durch seine Aufgabe umschrieben, diese Person, seinen Klienten, zu befähigen, einen erfolgreichen Weg zur Lösung oder Bewältigung seines Problems zu finden. Dazu braucht er nicht unbedingt allen Dimensionen und der Dynamik der Persönlichkeit Rechnung zu tragen. Die Natur des Problems, das die Hilfe erfordert, bestimmt unter anderem, welche Kenntnisse notwendig sind und worauf sich das Verständnis

erstrecken muß. Aber welchen Dienst immer der Klient fordern mag und
wofür immer die Dienststelle eingerichtet ist, letztlich strebt Casework danach, die soziale Anpassung des Individuums zu verbessern, sein Funktionieren als Mitglied der Gesellschaft zu erleichtern, umzuformen oder zu
stärken. Dies zu tun, bedeutet, das Verhalten eines Menschen zu beeinflussen
— das Verhalten, das er nach außen zeigt und dasjenige, das er in sich ver-
birgt —, und daher ist ein gewisses Verständnis der Kräfte und Ziele menschlichen Verhaltens für jeden Caseworker unerläßlich. Als besonders bedeutend
für die Sozialarbeit habe ich aus der Fülle unseres Wissens vom Menschen die
folgenden Grundgedanken ausgewählt [1].

*Ziel und Bedeutung des menschlichen Verhaltens sind, Befriedigung zu er-
langen, Frustrationen zu vermeiden oder sich ihrer zu entledigen und das
innere Gleichgewicht zu stärken.*

Vom Beginn seines Lebens an strebt der Mensch nach Befriedigung seiner Bedürfnisse. Zuerst sind sie elementar auf körperliche und emotionale Gebor-
genheit gerichtet. Aber im Laufe der Entwicklung und mit zunehmender Erfahrung wächst die Zahl der Dinge, die er wünscht und benötigt. Sein Trachten geht nach Nahrung, die seinen geistigen und emotionalen so gut wie seinen
physischen Hunger befriedigt, und nach Sicherheit in ihren vielfältigen Formen wie Geld, Liebe, Status, Einfluß und Geltung. Stärke und Richtung des
Strebens nach Bedürfnisbefriedigung werden für verschiedene Menschen natürlich unterschiedlich sein. Sie werden von der persönlichen Energie abhängen und von der kulturellen Umwelt, die die Vorstellungen des Wünschenswerten sehr stark beeinflußt. Aber in welcher Weise auch immer dieses Bemühen Ausdruck findet, der Mensch versucht durch sein Verhalten, sein Denken,
Fühlen und Handeln, jenen angenehmen Zustand der Zufriedenheit zu erreichen, der es ihm gestattet, sich mit seiner Welt in Einklang zu fühlen, ausgeglichen und für neue Erfahrungen empfänglich zu sein.

Unausweichlich gibt es im menschlichen Leben Schwierigkeiten, Bedrohungen,
Hindernisse und Forderungen — kleine und große —, die uns bedrängen und
die sich zwischen uns und die unmittelbare Befriedigung unserer Wünsche
stellen. Schon das Baby, dessen Mutter sich ganz seinem Schutz und seiner

---

[1] Die Quellen, die in der Bibliographie für dieses Kapitel angeführt sind, geben dem Leser eine Fülle
von Tatsachen und Theorien über menschliche Merkmale und Funktionen.
Eingeklammerte Zahlen im Text und in den Fußnoten verweisen auf die Werke, die für jedes Kapitel
in der Bibliographie aufgeführt sind.

Pflege widmet, wird eines Tages Worte wie „nein", „du darfst nicht" und
„du mußt" hören, und es dauert gar nicht lange, bis es darauf kommt, daß es
sowohl Dinge und Ereignisse als auch andere Personen gibt, die sich nicht
immer seinen Wünschen beugen. Wenn wir mit unseren Trieben in irgendeinem Stadium unserer Entwicklung auf Frustrationen oder Hindernisse
stoßen, dann reagieren wir darauf mit einem bestimmten Verhalten. Wir
sind irritiert, gehemmt, besorgt oder ängstlich, oder aber wir fühlen uns angespornt oder herausgefordert. Auf jeden Fall machen wir irgendeine Anstrengung, um unsere „dynamische Stabilität"[2] wiederzugewinnen. Abhängig
davon, was und wie sehr wir etwas wünschen, und ebenso abhängig von unserem Kräftevorrat und unseren Fähigkeiten, fühlen, denken und handeln
wir in einer Art und Weise, die (unbewußt wie bewußt) darauf ausgerichtet
ist, unser Gefühl der Sicherheit und Überlegenheit wiederherzustellen. Manches Mal ziehen wir uns vor Schwierigkeiten zurück, manches Mal machen wir
einen Umweg, indem wir ein Ziel aufgeben und ein Ersatzziel verfolgen,
manches Mal schließen wir einen Kompromiß und passen uns der Schwierigkeit an, manches Mal versuchen wir einen direkten Angriff oder führen tak-
tische Manöver aus — aber immer ist unser Bemühen auf die Lösung des Problems gerichtet, das unser gleichmäßiges Vorwärtsstreben im Leben blockiert.
In einem alten Schlager hieß es einmal: „Jede noch so kleine Geste möchte
etwas sagen", und während der Textdichter wohl nur romantische Gefühle
zu erklären versuchte, drückte er damit eine grundlegende Wahrheit aus, die
für alles Verhalten Gültigkeit besitzt. Der Mensch, der hilfesuchend zu einer
Sozialdienststelle kommt, kann nur durch die Suche nach der Bedeutung der
„kleinen Gesten" seines Verhaltens erkannt und verstanden werden. Wie er
in Gegenwart des Caseworkers oder anderer sein Fühlen, Denken und Handeln äußert, was er selbst über sich sagt oder was andere über ihn und sein
Verhalten außerhalb der Casework-Situation mitteilen, wie er sich in der Vergangenheit verhalten hat, wie er sich seiner Phantasie nach unter anderen
Umständen verhalten würde — aus solchen Hinweisen kann der Caseworker
Rückschlüsse darauf ziehen, was der Klient erstrebt oder wogegen er sich
wehrt. Durch jede offene und versteckte Bewegung drückt der Klient aus:
„Ich wünsche etwas, und ich handle so — soweit ich dazu fähig bin —, daß
ich es erreiche" oder: „Ich fürchte etwas, oder ich werde durch etwas behin-

---

[2] Der Ausdruck stammt von Franz Alexander.

dert, und ich handle so, daß ich mich davor schütze oder daß ich damit fertig werde." Häufig wird sein Verhalten verraten, daß er zwischen Hoffnung und Furcht hin- und hergerissen wird, worin ja das Wesen eines Konfliktes liegt. Manchmal wiederum wird der Caseworker einem Klienten begegnen, der mehr Frustrationen als Befriedigung in seinem Streben nach Erfüllung der Lebensbedürfnisse erfahren hat und dessen Verhalten zeigt, daß er nur noch in der Resignation einen Rest von Sicherheit findet.

Unter dem Einfluß von Erfolg oder Mißerfolg seines zielstrebigen Verhaltens entwickelt jeder Mensch gewisse Verhaltensmuster oder charakteristische Funktionsweisen, durch die er mit sich selbst, mit anderen und mit äußeren Situationen bei der Verfolgung seiner bewußten oder unbewußten Ziele fertig zu werden sucht. Diese ihm eigenen Verhaltensweisen oder diesen charakteristischen Ausdruck seines Selbst nennen wir seine „Persönlichkeit"[3].

Die Persönlichkeit des Klienten ist daher die besondere Organisation seiner Triebe und deren besonderer Ausdruck durch sein Fühlen, Denken, Sprechen und Handeln mit dem Ziel, sicher, ausgeglichen und angemessen zu leben. Was immer er tut, so zutreffend oder unzutreffend sein Verhalten scheinen mag, so schlecht oder so gut dessen Auswirkungen sein mögen, in jedem Augenblick des Verhaltens ist es seine persönliche Art, die Befriedigung seiner Wünsche und Bedürfnisse anzustreben, echte oder vermeintliche Hindernisse wegzuräumen oder sich gegen Angriffe zur Wehr zu setzen. Nur wenn der Caseworker diese Motive und ihre Triebkräfte berücksichtigt, wenn er die Anpassungs- und Abwehrmanöver der Persönlichkeit des anderen versteht, kann er hoffen, Änderungen im Fehlverhalten seines Klienten zu bewirken.

Ob das Verhalten eines Menschen sein Wohlergehen fördert oder nicht, hängt in hohem Maße vom Funktionieren seiner Persönlichkeitsstruktur ab.

Die Kräfte der menschlichen Persönlichkeit vereinigen sich in drei Hauptfunktionen: 1. den Lebensenergien, die befriedigende Ausdrucksmöglichkeiten suchen; 2. dem automatischen oder bewußten Kontrollsystem, das diese Triebe hemmt, einschränkt oder umlenkt, um ihre Ziele dem Träger oder seiner Um-

---

[3] Obwohl wir alle das Wort „Persönlichkeit" täglich gebrauchen — fast so häufig wie die Worte „Liebe" und „Geld" —, entzieht es sich einer Definition. Eine solche wurde kürzlich von der Kommission für psychodynamische Grundfragen vorgeschlagen: „Persönlichkeit ist die Organisation von Haltungen, entwickelt und verwendet von einer Person, die sich in der Auseinandersetzung mit ihrer Umwelt, insbesondere mit Bezug auf zwischenmenschliche Beziehungen, und mit ihren inneren Spannungen und Nöten verwirklicht" („The Psychiatrist: His Training and Development" [Washington, D. C.: American Psychiatric Association, 1953], S. 24).

gebung annehmbar zu machen, und 3. dem bestimmenden und gestaltenden Handeln, das die Triebhandlungen und den Ausgleich zwischen dem, was der Mensch einerseits wünscht, andererseits kann oder soll, sowie zwischen dem einzelnen und seiner gegenständlichen oder sozialen Umwelt kontrolliert. Freud nannte diese Kräfte das „Es", das „Über-Ich" und das „Ich"[4]. Das harmonische Zusammenspiel dieser Kräfte in uns schafft persönliche und soziale Ausgeglichenheit und Lebenstüchtigkeit; Disharmonie oder Fehlentwicklung offenbaren sich in einem widersprüchlichen oder sozial unannehmbaren Verhalten.

Das „Es" kann man sich als die Lebenskraft des Menschen vorstellen, als jene Kombination von Energie und erlebtem Bedürfnis, die ihn antreibt, zu wünschen und zu wollen, zu begehren und zu erstreben. Es vereint in sich Antriebskraft und Zielrichtung. Seine Zwecke sind nicht immer erkennbar, oder sie halten der kritischen Prüfung des „Ich" und der Voreingenommenheit des „Über-Ich" nicht stand. Sie können außerhalb der bewußten Wahrnehmung oder des Willens liegen und nur dann Zutritt zum Bewußtsein erhalten, wenn sie von der Zensur des Über-Ich durchgelassen werden oder wenn das Ich ihnen ein Mäntelchen von Rationalität und Schicklichkeit umhängt. Im Grunde genommen dienen alle unsere Motive unserem eigenen biologischen und psychologischen Überleben. Wonach wir streben, oder was wir zu tun gedrängt sind, hat nicht als „gut" oder „böse" beurteilt zu werden, weil es von Es-Impulsen bewirkt oder gelenkt wird, sondern eher unter dem Aspekt, ob das daraus resultierende Verhalten zugleich persönlich konstruktiv und sozial akzeptierbar ist. Wenn der Mensch ein Ziel erreicht, dann erlebt er sowohl bewußt wie auch unbewußt eine Befriedigung, die die Natur seiner Triebe durchdringen und formen kann. Er empfindet eine gewisse Entspan-

---

[4] Manchmal hat man von diesen Begriffen in einer irreführenden Weise geschrieben und gesprochen, oft als wäre das „Es" die Unterwelt der Persönlichkeit, eine Art dunkle Höhle, bewohnt von unkontrollierbaren Teufelchen; als wäre das „Über-Ich" die obere Region, bevölkert von Erzengeln, die diesen Teufelchen mit den Zeigefingern drohten; als wäre das „Ich" ein Raum dazwischen, in dem der bewußte Mensch, dauernd bedrängt von dem Konflikt zwischen den Kräften des Guten und des Bösen, lebte. Es ist interessant, daß wir, wenn wir an das „Es", „Ich" und „Über-Ich" denken, dies im Rahmen jener legendären und religiösen Begriffe tun, in denen der Mensch, gestoßen vom Teufel und gezogen von Gott, um die Erhaltung seines inneren Gleichgewichts kämpft.
In der folgenden Diskussion ist, kurz gesagt, beabsichtigt, nicht die Psychogenese, sondern die Psychodynamik von Persönlichkeitsfunktionen zu erklären. Die Bedingungen eines sicheren oder schlecht angepaßten Funktionierens sind in Schriften über das Wachstum und die Entwicklung der Persönlichkeit dargestellt, von denen viele in der Bibliographie angeführt sind.

nung, eine Neuaufladung seiner Energien und ein Gefühl neuer Bereitschaft. Wenn dagegen sein Verhalten zur Frustration von Trieben führt, wenn das, was er will oder wünscht, nicht erreicht wird, dann entsteht in ihm eine zunehmende Spannung oder ein Energieverlust[5]. Wenn unbewußte Triebe sich der Kontrolle oder Abschwächung widersetzen, weil sie ständig frustriert worden sind, dann werden sie das, was der Mensch bewußt tun will, verzerren und behindern. Haben sie jedoch befriedigende und sozial annehmbare Kanäle gefunden, dann werden sie sich der Vorherrschaft des Ich unterwerfen, und ihre Energie und Zielstrebigkeit wird den täglichen menschlichen Anstrengungen Kraft und Richtung verleihen.

Das unbewußte Funktionieren der Persönlichkeit ist aber nicht nur von den Es-Impulsen allein abhängig. Das Über-Ich oder Gewissen ist zur Zeit des Heranwachsens auch schon großenteils unbewußt. Sicherlich bleiben Teile davon immer in unserem Bewußtsein, vor allem wohl jener Teil, der auf bewußtem Lernen beruht, wie etwa ethische Werte und Grundsätze; auch bleiben viele seiner Funktionen dem Bewußtsein leicht zugänglich. Wenn „Wünschen" und „Sollen" in Konflikt miteinander geraten, dann hören wir die „leise Stimme des Gewissens". Aber im großen und ganzen arbeitet das Über-Ich bei einem innerlich gefestigten Menschen ganz unbemerkt. Es ist ein dynamisches System von Verboten, Erwartungen, Normen, Werten und Idealen, die den Menschen in seiner Beziehung zu anderen Menschen und zur Gesellschaft innerlich leiten. Es wirkt hemmend und führend und macht das Denken, Fühlen und Verhalten des einzelnen gesellschaftsfähig. Es ist eine erlernte Funktion der Persönlichkeit, zu Anfang geprägt durch ein Stirnrunzeln oder ein zustimmendes Lächeln der Mutter, später fortentwickelt durch Beobachtungen und Erfahrungen von kulturellen Normen des „Müssens" und des „Dürfens". Zuweilen nimmt es der Mensch gleichsam durch die Poren der Haut in sich auf, ein anderes Mal erwirbt er es im Gespräch oder durch das Beispiel einer geliebten und geachteten Persönlichkeit.

Diese gesellschaftsbildende Persönlichkeitsfunktion arbeitet ständig und lautlos im täglichen Leben des Erwachsenen durch ihr automatisches System von Strafe und Belohnung. Wie wir unsere Zeit einteilen, unsere Art zu sprechen,

---

[5] Caseworker und Psychiater, die ja beide mit Menschen, welche sich in einer Periode der Frustrierung oder Verzweiflung befinden, sehr vertraut sind, wissen mehr über die Wirkung einer unglücklichen Erfahrung auf die unbewußten Handlungen zu berichten als über die günstigen Auswirkungen einer glücklichen und erfolgreichen Erfahrung.

uns zu kleiden, unser Umgang mit anderen Menschen, der Respekt, den wir vor Eigentum und Rechten anderer haben, unsere täglichen Erwartungen vom eigenen Können bei selbst — oder von anderen — gestellten Aufgaben, all dies weist darauf hin, daß wir uns gesellschaftliche Regeln und Ideale zu eigen gemacht haben. Bewußt werden uns unsere Triebe und unser Gewissen meist nur in Konfliktsituationen, das heißt dann, wenn irgend etwas, das wir haben oder tun wollen, eindeutig dem entgegensteht, was gesellschaftlich oder persönlich annehmbar ist. Dann werden wir uns des inneren Druckes des Es und der Warnsignale des Über-Ich, meist in Form einer unangenehmen Spannung, bewußt.

Ein Schüler sitzt beispielsweise an einer Klassenarbeit. Es fällt ihm gar nicht ein, auf die Hefte seiner Nachbarn links oder rechts zu schauen, da er doch schon lange gelernt und sich zu eigen gemacht hat, daß dies Schwindel und deshalb unrecht wäre. Er ist sich der automatischen Funktion seines Über-Ich gar nicht bewußt und betrachtet sein Verhalten selbstverständlich als ehrenhaft. Plötzlich stößt er auf eine Frage, die er nicht beantworten kann. Er erschrickt. „Deine Existenz steht auf dem Spiel", sagt sein Es, und plötzlich wird er sich seines Gewissens bewußt, weil auch dieses sich entweder als unangenehmes Gefühl oder als klarer Gedanke bemerkbar macht. „Schwindle nicht", sagt es, „das wäre beschämend", oder: „Es ist besser, seine Selbstachtung zu bewahren, als eine gute Note zu erhalten"; oder: „Angenommen, du wirst ertappt?" (Tatsächlich haben hier drei qualitativ verschiedene Gewissensstimmen gesprochen: Die erste ist die des strengen elterlichen Gebots, die zweite ist die seines „besseren Selbst" und die dritte ist eine Stimme des Gewissens, die mehr aus dem Verstand als aus dem Herzen kommt — sie kennt das Verbotene und meidet es aus Angst vor äußerer Bestrafung, aber sie hat nicht das Gefühl des Unrechts.) Jedenfalls wird sich der Schüler eines inneren Kampfes zwischen dem, was er wünscht, und dem, was er von sich selbst erwartet oder was von ihm erwartet wird, bewußt sein. In diesem Kampf zwischen den jetzt bewußten und einander widerstreitenden Motiven, dem einen, die gute Note zu erzielen, dem anderen, das Maß seiner Selbstachtung zu erhalten, wird das Ich zum Schiedsrichter. Verbündet sich das Ich mit den Es-Impulsen, das Erwünschte unter allen Umständen zu erreichen, dann wird es eine Anzahl von Abwehrmechanismen hervorbringen müssen, um die Schuldgefühle, mit denen das Über-Ich die Persönlichkeitsrationalisierungen („Alle tun's ja"), die Projektionen („Die Frage war unfair") oder die

Verleugnungen („Ich schreibe ja nicht wirklich ab, sondern will nur sehen, wie es geht") überflutet, abzuwehren. Je nach der Stärke und Qualität seiner Persönlichkeitsfunktionen wird das Ich des Schülers ihn erfolgreich gegen sein Über-Ich verteidigen, und er wird sich gerechtfertigt und wieder im Gleichgewicht fühlen. Hat es nur teilweise Erfolg, dann wird er sich einer gewissen Unruhe nicht erwehren können, und als „Strafe" seines Über-Ich werden sich Schuldgefühle einstellen. Identifiziert sich jedoch das Ich mit dem Über-Ich, dann werden Abwehrmechanismen gegen die Es-Forderungen wachgerufen — Unterdrückung („Es würde mir doch nie einfallen, zu schwindeln"), Vernunftgründe („Am Ende bringt es mir doch nichts ein"), Sublimierung („Ich werde diesen Mißerfolg auf andere Weise wettmachen") —, und zur Belohnung wird das Über-Ich die ganze Persönlichkeit mit dem Gefühl der Rechtschaffenheit, des Stolzes und der Lauterkeit erfüllen. Je nachdem, wie hoch er das Opfer einschätzt, wird unser Schüler sich befriedigt und ausgeglichen fühlen, oder aber er wird zwischen Befriedigung und Frustrierung schwanken.

Dieses Beispiel eröffnet einen anderen Aspekt des Über-Ich, welcher größtenteils bewußt und von beachtlicher Bedeutung für die Steuerung des Verhaltens ist: das Ich-Ideal. Das ist die geistige Vorstellung, die Imago, die der Mensch von sich selbst hat, gleichsam eine Verschmelzung seiner Grundsätze, seiner Selbsterwartungen, seiner Hoffnungen — das Selbst, dem er entgegenstrebt. Wenn das Ich-Ideal von motivierender Energie durchdrungen ist — das heißt, wenn Es und Über-Ich in wohlwollender Beziehung zueinander stehen —, beflügelt das „Ich möchte" das Streben des Menschen und macht ihn zu einer positiv motivierten Persönlichkeit, die weniger von Furcht getrieben als vielmehr von Hoffnungen und Erfolgserwartungen angespornt wird.

Die Wirksamkeit des Verhaltens des einzelnen und sein inneres Gleichgewicht werden je nach den gegebenen Bedingungen des Über-Ich und der Es-Funktionen gegenteilig beeinflußt; und zwar geht es darum, ob das Über-Ich starr und überlegen oder aber in einem ständig schwankenden Konflikt mit seinen Impulsen ist, oder ob es quantitativ unzureichend und qualitativ unzulänglich ist, die Impulse zu zügeln. Die erste dieser Erscheinungen kann man bei gehemmten, ängstlichen Menschen beobachten, deren Entscheidungen und Kräfte von einem Gewissen geschwächt sind, das keine leise, verhaltene Stimme, sondern eine diktatorische Kommandozentrale ist. Diese Menschen haben ein verbietendes, strafendes autoritäres Erziehungssystem in sich aufgenommen, weil in ihren Entwicklungsjahren Unterwerfung sicherer schien als Selbstbehauptung. Solchen Menschen muß man oft zu der Überzeugung verhelfen, daß es nicht nur Verbotenes, sondern auch Erlaubtes gibt. Das andere Extrem bilden jene Menschen, deren Gewissen defekt oder korrupt ist, die zwar Recht von Unrecht unterscheiden können, die aber eher durch Abschätzen etwaiger Folgen zurückgehalten werden als durch eine sich von selbst einstellende innere Kontrolle ihrer Triebe. Solchen Menschen muß man oft helfen (vorausgesetzt, daß sie dies überhaupt gestatten, da es gerade ihr Mißtrauen gegen ihre Erzieher ist, welches die Ablehnung sozialer Einordnung hervorruft), herauszufinden, daß Erlaubtes und Erhofftes Hand in Hand gehen können oder daß Selbstkontrolle weniger schmerzhaft ist als eine von außen auferlegte Kontrolle. Die meisten Menschen stehen zwischen diesen beiden Extremen. Die Skala reicht von dem, der mit seinem Über-Ich meistens in Frieden lebt, weil es sowohl Billigungen als auch Einschränkungen ausspricht und weil es im Konfliktfall den Urteilen seines Bewußtseins unterworfen ist, bis zu jenem Menschen, der in einem ständigen Konflikt steht, einmal zwischen unerfüllten Wünschen und einem belohnenden Über-Ich und das andere Mal zwischen erfüllten Wünschen und strafendem Schuldgefühl.

Das „Ego" ist der Teil der Persönlichkeitsstruktur, der die Konflikte innerhalb des Selbst zu lösen oder zu beruhigen und Triebe zu mobilisieren und in einer Weise zum Ausdruck zu bringen versucht, die sowohl das Selbst als auch die Außenwelt befriedigt. Da Ego-Funktionen zum großen Teil bewußt sind, verstehen wir sie als das „Ich". Man kann vom „Ich" oder „Ego" sagen, daß es gleichsam den Fahrersitz im Persönlichkeitsgefährt einnimmt, Motor und Energie nutzend und lenkend, Warnsignale und Hindernisse beachtend, stets auf das Ziel gerichtet und bestrebt, die Persönlichkeit in einer ausgeglichenen Vorwärtsbewegung zu erhalten.

Da der Mensch sich so verhält, daß er seine Bedürfnisse zur Geltung bringen, seine Ziele erreichen oder Hemmungen, die ihn dabei stören, beseitigen kann, ist eine gewisse Selbsteinsicht und Einsicht in seine Beziehung zur Umwelt ein grundlegendes Erfordernis. Diese Einsicht löst ein System von Reaktionen, Vorstellungen, Gefühlen und Automatismen aus, die alle darauf hinauslaufen, das Gleichgewicht im Menschen zu erhalten, wenn er Veränderungen oder Handlungen hinsichtlich dessen vornimmt, was er wünscht oder zu vermeiden sucht. Diese Vorgänge werden üblicherweise als die wahrnehmenden (perzeptiven), abwehrend-anpassenden (defensiv-adaptiven), integrierenden und ausführenden Funktionen des Ich beschrieben.

Die wahrnehmenden (perzeptiven) Funktionen des Ich sind leicht verständlich. Wir wissen, daß wir nicht nur mit den Augen „sehen", sondern mit allen unseren Sinnen, indem wir gleichzeitig aus der Fülle früherer Wahrnehmungen schöpfen. Außerdem können wir sowohl in uns selbst hinein als auch nach außen sehen. Spontan, im Augenblick des Wahrnehmens, sucht das Ich zudem die Bedeutung des Wahrgenommenen zu erfahren. Die vielfältigen Interpretationen des Ich lassen sich grob nach ihrer Einwirkung auf die Persönlichkeit in zwei Kategorien einteilen, und zwar in Interpretationen, die angenehme und solche, die unangenehme Spannungszustände hervorrufen. Den ersteren begegnet das Ich entweder durch die Beibehaltung der dynamischen Stabilität der Persönlichkeit oder durch gewisse Änderungen und Neueinstellungen, die man als adaptiv bezeichnen kann; den letzteren begegnet es durch Schutzmaßnahmen. Beide Ich-Funktionen, die adaptive und die schützende, sind allgemein als „Abwehrmechanismen" bekannt (siehe Anna Freud, 19; Alexander, 4; Towle, 56).

Es ist ein häufiges Mißverständnis, daß beim Menschen die Anwendung von Abwehrmechanismen eine Fehlhandlung bedeute. Abwehr (wenn man eine etwas positiver klingende Bezeichnung gefunden hätte, wäre der Bedeutungsinhalt wahrscheinlich klarer) ist zur Erhaltung des Gleichgewichts unumgänglich notwendig; man findet sie bei allen Formen organischen Lebens. Beim Menschen sind die Abwehrvorgänge natürlich sehr kompliziert und reichen von denen, die das Wachstum fördern, bis zu solchen, die es verzögern. Man kann sagen, daß Schutz und Abwehr gleicherweise adaptive Maßnahmen darstellen. Sie sind gleichsam die Fechtkünste des Ich, die bewahren, parieren, ablenken, beweglich machen und sich gleichzeitig bemühen, die Integrität der Persönlichkeit zu schützen und das Gleichgewicht der Weiterentwicklung zu erhalten. Es gibt kein Abwehrmanöver, das der gut angepaßte Mensch nicht das eine oder andere Mal angewendet hätte, um sein Gleichgewicht wiederherzustellen oder sich auf irgendwelche Veränderungen vorzubereiten. Rationalisierungen, Verleugnungen, Projektionen, Reaktionsbildungen, Überkompensationen — um nur einiges zu nennen — werden von jedem von uns im täglichen Leben als schnell wirksame Schutzvorrichtungen gegen innere und äußere Angriffe in Anspruch genommen.

Der anpassungsfähige Mensch wird eine beachtliche Anzahl und Auswahl solcher Abwehrmaßnahmen bereit haben, die ihn zeitweise im Gleichgewicht halten. Wenn sie vorübergehender Natur sind, wenn sie auf Anzeichen, daß das Problem nicht allzu beängstigend ist, zurücktreten, dann können sie als „gut" bezeichnet werden, das heißt nützlich für die Integrität der Persönlichkeit.

Es gibt jedoch Menschen, deren Ich-Abwehrsysteme so starr geworden und chronisch verhärtet sind, daß sie das Ich an seinen Grenzen wie feste Mauern einschließen und seine Anpassungsversuche blockieren. Sie verzerren das Wahrnehmungsvermögen und können daher zu einem Verhalten führen, das nicht in Einklang mit der Realität steht. Solche unnachgiebigen, tiefverwurzelten Abwehrkräfte treten bei Menschen auf, die Angriffen oder Entbehrungen psychologischer, besonders emotionaler Art ausgesetzt waren, die so traumatisch oder so zerstörend waren, daß diese Menschen sich nur noch hilflos und verzweifelt fühlen. Abwehr wird bei ihnen zur Lebenshaltung und zum bevorzugten Mittel, sich zu behaupten. Die Energie, die dem Ich zu seiner Entwicklung, seiner Anpassung und Veränderung dienen sollte, wird zur Erhaltung eines Schutzsystems verbraucht. Wie Don Quijote sehen solche Menschen furchterweckende Riesen in jeder Windmühle, die sie entweder fliehen oder bekämpfen müssen. Die Abwehrmaßnahmen, die diese Menschen ergreifen, sind die gleichen wie die anderer Menschen. Der Unterschied liegt in der Unangemessenheit ihrer Anwendung und in dem Grad ihrer Stärke und Ausdauer. Wenn dem Ich Sicherung über alles geht, wenn — trotz aller Einsicht, daß es nichts zu fürchten hat — seine Schutzvorkehrungen starr bleiben, sich wiederholen, dann liegt der Verdacht nahe, daß die Ich-Funktionen verkümmert sind und daß die Abwehr gegen eine Selbstzerstörung zur Hauptaufgabe dieser Persönlichkeit geworden ist.

Wenn die schützenden Abwehrmaßnahmen des Ich als vorübergehendes oder auch fixiertes Ausweichen vor einem aufgetretenen Problem zu verstehen sind, dann kann man alle positiven und sich anpassenden Handlungen als Versuche werten, die Bedeutung des Problems zu erfassen, sich mit ihm auseinanderzusetzen und Veränderungen, die sich daraus ergeben, zu bejahen oder durchzustehen. Anpassung ist jenes feine Zusammenwirken von Motiven und Fähigkeiten, die es dem Menschen ermöglichen, einen erträglichen Kompromiß zwischen seinen Wünschen und den realisierbaren Möglichkeiten zu schließen und seinen Sinn für Ganzheit und Gleichgewicht zu erhalten, wenn er Änderungen an sich oder seiner Situation vornimmt. Viele Kräfte spielen hier mit, die leichter zu benennen als zu verstehen sind — vielleicht, weil man gerade erst begonnen hat, die Wendigkeit und gesunde Widerstandskraft des Men-

schen als Phänomen zu studieren. Zu diesen Kräften gehören ein natürliches
Gefühl der Angemessenheit und der Sinn für das Zweckdienliche, die Geschmeidigkeit der Abwehrreaktionen, die Spannweite der Empfindung und
des Handelns, die Fähigkeit, Spannungen auszuhalten, Beziehungen herzustellen, zu urteilen, zu unterscheiden und zwischen Alternativen zu wählen.
Der Prüfstein der Anpassung ist allerdings in der menschlichen Fähigkeit gegeben, Maßnahmen — innere oder äußere — zu ergreifen, die darauf ausgerichtet sind, geeignete Lösungen eines Problems herbeizuführen oder das
angestrebte Ziel zu erreichen. Die Anpassungsfähigkeit des Ich drückt sich
also in einer inneren oder äußeren Handlung aus, die zu einer befriedigenden
Harmonisierung oder Modifizierung des Verhältnisses der Person zu ihrem
Problem führt. Wenn dies erreicht wird, findet eine Integration statt, oder
mit anderen Worten, das Ich verarbeitet die Erfahrung, ein Problem gemei-
stert zu haben, und schöpft daraus die Kraft zu weiterem Wachstum.
In sehr vereinfachter Weise könnte man daher sagen, daß das Ich das problemlösende Organ der Persönlichkeit ist. Ein starkes Ich erwächst aus der
fortschreitenden Erfahrung, bei der Bewältigung der täglichen Lebensaufgaben von früher Kindheit an mehr Erfolg als Mißerfolg gehabt zu haben.
Man kann das Ich als „stark" ansehen, wenn es von Es und Über-Ich nicht
abgeriegelt ist, sondern deren Forderungen annehmen, tolerieren und kontrollieren kann; wenn es, dem Alter seines Trägers entsprechend, eine Spannweite und Kombination von Handlungen entwickelt hat, durch die es auf
verschiedene Situationen verschieden reagieren kann, und wenn es sich selbst
geschickt in der Auseinandersetzung zwischen inneren Impulsen und Anforderungen der Realität schützen kann. Das Ich kann als „schwach" bezeichnet
werden, wenn es entweder wehrlos ist — wenn es Spannungen weder abweh-
ren noch aushalten, wenn es sich nicht anpassen kann — oder wenn es in seiner Abwehrhandlung so erstarrt ist, daß es hinter seinen Schutzmauern nicht
hervorzusehen vermag (weil sein Wahrnehmungsvermögen vermindert ist),
daß es unfähig ist, seine kontaktbildenden und nach Führung strebenden
Kräfte zu verwirklichen (weil seine Anpassungsmöglichkeiten eingeengt sind)
und subjektiv wie objektiv befriedigende Verhaltensweisen zu entwickeln
(weil seine Tatkraft geschwächt oder fehlgeleitet ist).
Daß der Caseworker Struktur und Funktionen der Persönlichkeit erkennen
und verstehen muß, liegt auf der Hand. Das Verhalten seines Klienten ist
ebenso wie das jedes anderen menschlichen Wesens durch sie motiviert und

bestimmt. Erst wenn der Caseworker begreift, woher, wodurch und wohin sein Klient getrieben wird, wenn er versteht, was dessen Energien hemmt oder befreit, wenn er die Trägheit oder Beweglichkeit der Schutz- und Anpassungskräfte seines Klienten richtig einschätzt, wird er wirksame Hilfe leisten können. Selbst an so einfachen Entscheidungen, ob man zur Beratungsstelle geht oder nicht, oder ob man die nächste Verabredung mit dem Caseworker einhält, sind das Es, das Über-Ich und das Ich des Klienten beteiligt. Und müßte der Caseworker dem Klienten helfen, eine solche Entscheidung zu treffen, so muß er wissen, wie er die Entschlußkraft des Klienten fördern, seine Abwehrhaltung schwächen oder stärken und seine Anpassungsfähigkeit im Denken, Urteilen und Wählen aktivieren kann, um ihn zum Handeln zu bringen.

Struktur und Funktionieren der Persönlichkeit sind das Ergebnis ererbter und konstitutioneller Veranlagung in ständiger Wechselwirkung mit dem physischen, psychischen und sozialen Erfahrungsbereich des Menschen.

Über die Frage, ob Vererbung oder Umwelt stärker an der Formung des Menschen beteiligt sind, besteht heutzutage allgemein die Übereinstimmung, daß sowohl das, womit der Mensch bei der Geburt ausgerüstet ist, als das, was er von diesem Augenblick an erlebt, seine Individualität prägt. Überdies wird angenommen, daß diese beiden Faktoren nicht nur einfach miteinander existieren, sondern daß das biologische Wesen des Menschen seine Erfahrungen und wie er diese aufnimmt, stark beeinflußt und daß umgekehrt gewisse Erfahrungen auf seine biologisch bestimmte Entwicklung einwirken. (Wieviel Gewicht den Einflüssen psychischer, sozialer und physischer Faktoren im Aufbau der Persönlichkeit zuzuschreiben ist, weiß noch niemand.) In jedem Alter und in jeder Phase seines Lebens wird der Mensch von sozialen Beziehungen geformt und erfüllt, und er übt umgekehrt seinen Einfluß auf sie aus. Unser gesellschaftlicher Umkreis erweitert sich ständig, von der ursprünglichen Mutter-Kind-Einheit zur Familie, zur Nachbarschaft, zur Schule mit ihren Lehrern und Mitschülern, zur Gruppe Gleichaltriger, zur Gruppe von Vorgesetzten und Arbeitskollegen, zu religiösen, politischen, freizeitlichen und anderen gesellschaftlichen Interessengruppen, zu Liebesbeziehungen und zur Bildung einer neuen Lebensgemeinschaft in Ehe und Elternschaft. Im ständigen Geben und Nehmen innerhalb dieser Beziehungen werden die Begabungen, die wir mitbringen, genährt oder vernachlässigt, entwickelt oder unterdrückt.

Unsere Vorstellungen darüber, was wir brauchen und wünschen, die Grund-
regeln unseres Verhaltens, unsere Bewertung von Status, Erfolg und Sicherheit, unser Sinn für psychisches Wohlbefinden oder Unausgeglichensein — all
das wird geformt von dem, was wir von den wechselseitigen Einflüssen der
Haltungen und Vorstellungen unserer Mitmenschen in uns aufnehmen. Mehr
noch, die Wege und Möglichkeiten, durch die unser Selbst physisch und psychisch entfaltet und verwirklicht werden kann, liegen in unserer Umwelt.
Man darf dabei nicht vergessen, daß die Umwelt nichts Statisches ist, sie besteht aus einer fortwährenden Wechselwirkung zwischen Menschen, Umständen und Verhältnissen, Vorstellungen und Institutionen. Für den Menschen
hat sie immer eine persönliche Bedeutung. Sogar auf etwas so Unpersönliches
wie das Wetter reagieren wir nicht nur physisch, sondern auch psychisch; und
in früheren Zeiten, als die soziale Umwelt des Menschen noch verhältnismäßig
einfach war, hat er auch seine physische Umwelt in sozial-persönlichen Begriffen ausgedrückt und die physischen Kräfte, die sein Leben gestalteten, zu
Göttern gemacht.

Der Einsicht, daß der Mensch ein Produkt der individuellen Wechselwirkung
zwischen Anlage und Erziehung ist, kommt im Casework eine vielfältige
Bedeutung zu. Sie führt zunächst und vor allem zu jenem verstehenden
Akzeptieren des Menschen, das für eine Casework-Beziehung grundlegend ist.
Sie erklärt das individuelle Verhalten — sei es gehemmt oder entspannt,
selbstbewußt oder unsicher, angepaßt oder wirklichkeitsfremd —, das der
Klient in seine Beziehung zum Caseworker mitbringt. Darüber hinaus aber
wird der Caseworker gewahr, daß der Klient nicht nur seine Person und sein
Problem zu dem Gespräch mitbringt, sondern dazu eine ganze Reihe unsicht-
barer, aber höchst wichtiger Personen und Umstände. Wenn der Caseworker
im Hinblick auf das akute Problem nicht erfaßt, wer und was diese sind und
wie sie auf den Klienten einwirken, dann kann er auch nicht beurteilen, ob
und in welchem Ausmaß sie zu berücksichtigen sind, wie ihre ungünstigen
Einflüsse zurückgedrängt oder ihre positiven Auswirkungen gesteigert werden können (vgl. Pollak, 47). Und das führt logisch zu einer Überlegung, die
für das Casework von großer Bedeutung ist.

*Der Mensch ist nicht nur in jedem Stadium seines Lebens ein „Produkt" von
Anlage und Erziehung, sondern er steht auch und fortwährend in einem Prozeß von Sein und Werden.*

Es ist richtig, daß unsere Reaktions- und Aufnahmefähigkeit im Erwachsenen-
alter weniger formbar und beweglich ist als in der Kindheit. Gewisse Reaktionen, die sich als nützlich erwiesen haben, werden zur Gewohnheit, sie
werden sozusagen in unsere Persönlichkeit „eingebaut". Als Erwachsene neigen wir dazu, in einer für uns charakteristischen Weise auf gewisse Erlebnisse
zu reagieren. Trotzdem bleibt uns während des ganzen Lebens die Möglichkeit zu Entwicklung und Veränderung erhalten. (Veränderung kann Rückschritt und Verschlechterung bedeuten oder auch Fortschritt und Besserung;
Entwicklung wird hier als die Festigung konstruktiver, wünschenswerter Veränderungen verstanden.)
Das ist keine bloße Annahme. Es ist etwas, das wir aus der Beobachtung von
Menschen aller Art (uns selbst miteingeschlossen) im täglichen Leben kennen:
Wir sind gesund oder krank, lebhaft oder müde, glücklich oder traurig nicht
nur durch das, was wir gestern waren, sondern auch als Folge dessen, was uns
heute widerfährt. So wie bisher versuchen wir auch im Heute, unser Gleichgewicht zu erhalten, mit unseren Gegenwartsproblemen fertig zu werden und
unsere Zukunftsziele zu verfolgen. Wie unsere gegenwärtigen Erfahrungen
sowohl unsere Gefühle und unseren Geist als auch unseren Körper beeinflussen, so verursachen sie auch Veränderungen in der Art unserer Reaktionen.
Altgewohnte, typische Reaktionsmuster können verstärkt oder neu geordnet
werden; zuweilen auch werden Gefühle oder Verhaltensweisen hervorgerufen, die von den gewohnten so verschieden sind, daß sie völlig neu erscheinen. Innerhalb der Grenzen der Gesamtpersönlichkeit, die von früheren Erfahrungen gesetzt sind, greifen Veränderungen und Entwicklungen als Folge
der gegenwärtigen Lebenserfahrung Platz. Der Mensch ist ebenso das Produkt
seiner Vergangenheit, wie er zugleich im Begriff ist, ein Produkt seiner Gegenwart zu werden. Ein altes Sprichwort erhellt diese Kontinuität von Leben und
Zeit, indem es sagt: „Das Heute ist das Gestern von morgen."
Die Bedeutung dieses Zusammenhangs für den Caseworker liegt darin: Was
sich heute im Leben eines Menschen ereignet, kann ebenso wichtig sein wie
das, was sich gestern ereignet hat. Alle gegenständlichen, sozialen und zwischenmenschlichen Situationen, mit denen der Mensch als Vater oder Mutter,
als Ehepartner, Mitarbeiter, Student oder auch als Klient konfrontiert wird,
üben einen nachhaltigen Einfluß auf ihn aus und rufen Reaktionen hervor,
die seine Entwicklung entweder vorteilhaft oder nachteilig beeinflussen. Das
bedeutet, daß der Caseworker die Gegebenheiten der augenblicklichen Lebens-

situation seines Klienten kennen muß, jene Realitäten, die ihn gerade heute
formen oder bedrängen. Der Caseworker wird sich überlegen müssen, wie
diese Realitäten geändert werden können, so daß die gegenwärtigen Trau-
mata und Frustrierungen die alten Probleme nicht noch mehr verhärten oder
neue emotionale Fehlanpassungen bewirken; aber er wird auch jene Faktoren
in der Umwelt des Klienten zu entdecken versuchen, die dessen Leben zu bereichern vermögen.

Darüber hinaus schärft die Kenntnis der Einflüsse gefühlsbeladener Erfahrungen auf die Gesamtpersönlichkeit sofort unseren Blick für die Möglichkeiten der Dienststelle und des Casework-Gesprächs, dem Klienten zu helfen,
und für die Gefahr, ihn womöglich zu verletzen. Die Verständigung des Klienten mit dem Sozialarbeiter und seine Erfahrungen mit der Dienststelle können wirksame Faktoren bei der Änderung oder Neuorientierung seines Fühlens oder Handelns darstellen, so daß sein „Wesen" nach Aufsuchen der
Dienststelle anders wird, als es vorher war. Der Wert der Casework-Beziehung und der Hilfeleistung kann tatsächlich in Frage gestellt sein, wenn man
außer acht läßt, daß die gegenwärtigen Erfahrungen den Klienten möglicherweise ebenso stark beeinflussen wie die Erfahrungen seiner Vergangenheit.

Geformt von seiner Vergangenheit und beeinflußt von seiner Gegenwart, wird
der Mensch aber auch von seiner Zukunft wesentlich bestimmt. Wir alle wissen
das von uns selbst. Was wir heute imstande sind zu tun, wie wir fühlen und
denken, wird nicht nur von unserem sozialen Hintergrund und den gegenwärtigen Umständen bestimmt, sondern auch von dem, wonach wir streben, was
wir erhoffen und was wir haben, tun oder sein wollen. Wir können heute
leicht Hunger ertragen, wenn uns morgen ein Festessen erwartet; wir können
Schmerzen geduldiger auf uns nehmen, wenn Abhilfe nahe ist; wir können
Fronarbeit leisten, wenn guter Lohn winkt; wir können verzichten, Wünsche
aufschieben und Opfer bringen, wenn Aussicht auf Belohnung und Erfolg
besteht. Kurz gesagt, unsere Triebe und Anstrengungen werden von dem, was
wir sein möchten oder was wir von unserer Zukunft erwarten, geformt und
gelenkt. Diese Zukunft mag ganz nahe sein, „heute abend", sie kann aber auch
weiter entfernt liegen, „wenn ich die Schule beendet habe", jedenfalls wirkt
sie als Leitvorstellung auf unsere Gefühle und Handlungen beständig ein. In
einer unglücklichen Gegenwart hilft uns die Hoffnung auf eine bessere Zeit
durchzuhalten; wir streben unablässig eine Zielvorstellung an, die wir uns
von uns selbst oder von unseren Lebensumständen gemacht haben. Und so

wird unsere Gegenwart durch das ständige Bemühen geformt, unser Zukunfts-
bild zu erreichen oder aufrechtzuerhalten.
Schon als kleine Kinder beginnen wir, unsere Gegenwart durch die Vorstel-
lung zukünftiger Belohnung zu gestalten. Das Kleinkind, das gegen sich selbst
den Kopf schüttelt, wenn es den Wunsch verspürt, einen Aschenbecher in die
Hand zu nehmen, ist bereits im Begriff, ein momentanes Vergnügen in der
Erwartung aufzugeben, daß seine Zukunft — die nächste Minute — ihm die
Belohnung in Form von anerkennenden Worten der Mutter bringen wird.
Sogar ganz alte Leute erhalten sich diese „Zukunftsorientierung". Sie erleich-
tern sich ihre Langeweile oder ihr tägliches Weh und Ach ein wenig durch die
Hoffnung, daß eine Medizin, ein Wetterwechsel oder sonst eine kleine Ab-
lenkung Hilfe bringen wird, oder sie lassen sich von den Erwartungen tragen,
die sie in ihre Kinder und Enkel gesetzt haben und aus deren Erfüllung ihnen
Befriedigung erwächst.
Sicherlich gibt es Menschen jeden Alters, die alle Hoffnung und jegliches
Streben aufgegeben haben. Meist geschieht dies, weil entweder die aktuellen
Lebensumstände ihre gesamten Lebensenergien so sehr in Anspruch genommen haben, daß sie sich auf nichts anderes als auf den Kampf ums Dasein konzentrieren konnten, oder weil sie niemals in ihrer Vergangenheit die Sicherheit gefunden haben, die es ihnen erlaubt hätte, ein momentanes Vergnügen
in der Hoffnung auf eine baldige Änderung der Umstände aufzuschieben.
Natürlich gibt es Augenblicke, in denen jeder reife Mensch seine „Zukunftsorientierung" verliert — durch eine die ganze Person erfassende Krise (etwa
einen plötzlichen Todesfall, der die Zukunftspläne einer ganzen Familie zu-
nichte macht), durch den unwiderstehlichen Zwang einer plötzlichen Versuchung oder durch irgendein niederschmetterndes Ereignis, das alle Hoffnung
und Energie vernichtet. Aber jeder Mensch, der nicht von Grund auf infantil
oder chronisch mutlos ist, wird nach einiger Zeit wieder in die Zukunft blicken
und sich überlegen, was er nun tun muß. Wie das Kind oder der Erwachsene
sich benimmt und sich zu anderen Personen oder Dingen verhält, folgt deshalb
nicht nur aus dem, was er war oder *ist,* sondern auch daraus, wie er sich oder
seine Situation in der Zukunft sieht.
Die Bedeutung dieser Überlegung für den Caseworker ist folgende: Um zu
wissen, ob und wie einem Menschen geholfen werden kann, muß man in Erfahrung bringen, was er sich von der Zukunft erhofft, wie er sich sein „Werden"
vorstellt. Niemand von uns wird eine im Augenblick befriedigende Verhal-

tensweise aufgeben, wenn nicht der Funken eines Wunsches, anders zu sein oder die Umstände zu ändern, in uns entfacht werden kann. Selbstverständlich muß dieser Wunsch mit einer realen Möglichkeit verbunden sein, wenn er wachgehalten werden soll. Aber die Vorstellung eines besseren Morgen und der Wunsch danach sind grundlegend für die Mobilisierung aller unserer Anstrengungen bezüglich einer Veränderung. Daher müssen Caseworker und Klient ihre Aufmerksamkeit nicht nur auf vergangene und gegenwärtige Schwierigkeiten richten, sondern auch auf die Kräfte der Hoffnung, des Strebens, des Eigenideals, die den Menschen veranlassen, zu kämpfen und sich immer neu zu bemühen. Der Caseworker muß vom Klienten erfahren, was dieser sein oder tun möchte, wenn er es könnte, worauf er hofft und welche Vorstellung er sich davon macht, wie die Dinge sein sollten. Schon während er davon spricht, lernt der Klient sich selbst besser kennen und beginnt bereits einen kleinen Einblick in die Möglichkeiten zu gewinnen, wie er seine Ideen verwirklichen kann.

Das Verhalten des Menschen im „Sein" und im „Werden" wird von den Erwartungen, die er und seine Umwelt in seinen Status und seine bedeutendsten sozialen Rollen investieren, sowohl geformt als auch bewertet.

Jeder Mensch hat eine gewisse soziale Stellung inne, die durch Status und Rolle in der Gesellschaft gekennzeichnet ist. Sein Status wird zu jeder Zeit durch die Kombination von Geschlecht, Alter, Wirtschaftslage usw. bestimmt, aus der ihm gewisse Erwartungen auf Verantwortungen und Vorrechte erwachsen. Seine gesellschaftliche Rolle besteht aus der vorherrschenden Funktion, die er jeweils im Rahmen ihrer in großen Zügen festgelegten Verhaltensweisen, Rechte und Pflichten ausübt[6].

Mit der zunehmenden Verflochtenheit unserer Beziehungen zu Menschen und dem Leben der Gemeinschaft neigen die Rollen, die wir spielen, dazu, sich zu vervielfältigen, aber es sind immer einige darunter, die von dominierender Bedeutung sind. Diese bedeutsameren Rollen werden von unserer Kultur (oder Gruppen dieser Kultur), unserer Umwelt mit allgemeinen Vorstellungen, was ein Mensch in seine Rolle zu investieren hat oder was er berechtigterweise von ihr erwarten kann, belegt. Ob er in den Augen der anderen seine Rolle gut oder schlecht spielt, hängt davon ab, wie nahe er den an ihn gestellten Erwartungen kommt, und er selbst fühlt sich befriedigt oder betrogen je nach-

---

[6] Für eine genauere Definition von Rolle und Status vgl. Linton (38) und Parsons in: Kluckhohn (34).

dem, in welchem Maße Menschen und Umstände *seinen* Erwartungen entsprechen. So wird von einem Mann in der Rolle des Vaters ein bestimmtes Fühlen und Handeln seinen Kindern gegenüber, von einer Frau in der Rolle der Gattin ein bestimmtes Verhalten zu ihrem Mann, von einem Kind in der Rolle des Schülers ein bestimmtes Betragen gegenüber seinen Lehrern und den Schulaufgaben erwartet. Umgekehrt erwartet der Vater, daß seine Kinder sich ihm gegenüber so verhalten, wie es sich für Kinder „gehört", die Frau setzt entsprechende Haltungen von ihrem Ehemann, dessen Rolle mit der ihren in einer Wechselwirkung steht, voraus und so fort.

Mit Ausnahme solcher Menschen, die infolge seelischer oder geistiger Störungen fehlgeleitet sind, kennt jeder, der in einer bestimmten Gesellschaft erzogen wurde, die allgemeinen Anforderungen, die an seinen Status und seine Rolle gestellt werden. Das gehört zu der äußeren Wirklichkeit, die ein gesundes Ich erkennt und in sich aufnimmt, die es mit dem Über-Ich teilt und an der es arbeitet, um seine Impulse den Normen anzupassen. Jeder von uns versucht, seiner Vorstellung von einer oder mehreren wesentlichen sozialen Rollen gerecht zu werden. Versagen kann ein Gefühl von Scham und Unzulänglichkeit hervorrufen; Erfolg befriedigt und macht selbstbewußt. Beides spürt der Mensch in sich, wenn er sich selbst beurteilt, aber er wird auch von anderen bewertet, deren Reaktionen auf seine sozialen Handlungen wiederum seine Selbsteinschätzung beeinflussen.

Wir alle mögen dann und wann Konflikte in der Ausübung unserer sozialen Rollen erleben. In einer so komplexen Gesellschaft wie der unseren braucht der Mensch eine sehr offene und bewegliche Anpassungsfähigkeit, um die vielfältigen Rollenänderungen, die sich sogar im Verlauf eines Tages ergeben können, zu vollziehen. Ein Mann mag Vater, Sohn, Gatte, Arbeitnehmer, Klubmitglied und Klient eines Caseworkers sein, und all das im Zeitraum weniger Stunden; in allen diesen Rollen muß er zeitweise bestimmte Gefühle und Verhaltensweisen vorherrschen lassen und andere ihnen unterordnen. In manchen Fällen kann die Erkenntnis von den Erfordernissen der Rolle und das emotionale Unvermögen, ihnen nachzukommen, innere Konflikte verursachen. („Ich weiß, daß mein Kind Liebe und Zuneigung braucht", sagt eine unglückliche Mutter, „aber ich kann einfach meine Gefühle nicht zeigen".) In anderen Fällen mag der Konflikt zwischen zwei Personen oder einer Person und der Gesellschaft in der Weigerung oder Unfähigkeit liegen, die Status und Rolle entsprechenden Erwartungen zu erfüllen. („Er vergißt, daß er mein

Mann und nicht mein Vorgesetzter ist", sagt eine empörte Ehefrau.) Noch ein weiterer Konflikt kann aus der Differenz zwischen dem inneren Streben eines Menschen und der tatsächlichen Ausübung seiner Rolle entstehen, wenn er vielleicht ungenügend Gelegenheit hatte, seine Rolle zu erlernen, oder wenn besondere Umstände ihn dabei behinderten. Ein Beispiel für den ersten Fall wäre ein Umsiedler, der von einem Kulturkreis in einen anderen überwechselt, und für den zweiten ein Jugendlicher, der im Heim aufwächst und nur teilweise auf ein selbständiges Leben vorbereitet ist. Eines der wohl geläufigsten Beispiele von den Schwierigkeiten, die aus Rollenveränderungen und ungenügender Kenntnis, sie zu bewältigen, erwachsen, bietet der Anfänger in der Praxis der Sozialen Einzelhilfe. Von einem Tag auf den anderen wird er vom Studierenden zum Berater, und verständlicherweise fühlt er sich als Berater mit der Verantwortung und Autorität, die diese Rolle mit sich bringt, unsicher und unbeholfen. Konflikte im Sein oder Tun dessen, was man in einer gegebenen Rolle sein oder tun sollte, können deshalb das Symptom eines Konfliktes zwischen innerer Motivierung und Selbstbeurteilung oder zwischen innerer Motivierung und sozialer Einschätzung sein, oder sie können aus der mangelnden Kenntnis der Arbeitsvoraussetzungen erwachsen.

Wenn auch die sozialen Rollen des Menschen Schwierigkeiten mit sich bringen mögen, so muß man sich doch ins Gedächtnis zurückrufen, daß sie die Formen darstellen, in denen sich der Mensch als soziales Wesen ausdrücken kann. Als solche sind sie zugleich Prüfstein und Lohn des Wachstums. Wenn die Gefühle eines Menschen und sein Ich-Ideal miteinander und mit der sozialen Wirklichkeit im Einklang stehen, wenn er sich über seine Rechte und Pflichten im klaren ist, dann wird seine Rolle eine Quelle der Befriedigung werden und der Entwicklung seiner Persönlichkeit dienen. Sobald er sich in der Ausübung einer seiner Hauptrollen am rechten Platz oder sogar glücklich fühlt (z. B. als Vater, Mutter, im Beruf), gewinnt er eine Überlegenheit, die es ihm erlaubt, Frustrierungen in anderen Lebensbereichen zu ertragen oder gegen sie anzukämpfen. Wenn der Mensch in seinen peripheren Rollen eine gewisse Vielfalt von sozialen Betätigungsmöglichkeiten findet (der Mann, der sich bei der Arbeit klein und unsicher fühlt, aber beim Eintritt in das Gewerkschaftslokal Format gewinnt; das Kind, das in der Schule zwar wenig Gefährten findet, aber nach der Schule dem Lehrer helfen darf; die Frau, die ein bettlägriger Invalide, aber für ihre schönen Handarbeiten bekannt ist), so ergibt sich öfter die Gelegenheit, kleine Befriedigungen zu erleben, die einen Ersatz für größere

Frustrierungen bieten. Diese geringeren, aber immerhin befriedigenden Rollen dienen dazu, Persönlichkeitsgefühl und Selbstachtung zu heben. Die Beziehung zwischen dem Begriff der sozialen Rolle und der Praxis der Sozialen Einzelhilfe ist leicht erkennbar. Der Mensch kommt als Klient zur Zeit einer Fehlanpassung in einer seiner wesentlichen sozialen Rollen zum Caseworker. Sein Problem stellt sich meistens so dar: Er ist außerstande, eine oder mehrere seiner Lebensaufgaben ausgeglichen und zu seiner Befriedigung zu erfüllen, weil entweder sein Verhalten unangepaßt ist und zu Störungen oder Mißerfolgen führt oder aber, weil soziale Umstände sein Vorgehen vereiteln oder untergraben. Daher muß der Caseworker seinen Klienten im Hinblick auf jene sozialen Handlungen verstehen, bei denen er auf Probleme stößt. Um ihm zu helfen, muß sich der Caseworker selbst darüber im klaren sein, welches in Wirklichkeit die Anforderungen der Rolle, ihre festen Voraussetzungen und ihre Variationsmöglichkeiten sind. Innerhalb dieses objektiven Gesamtbildes muß das Verhalten des einzelnen Klienten in bezug auf die Fehlanpassung gesehen und bewertet werden — ob sie nun von einem Konflikt zwischen dem, was er wünscht und was er sein kann oder zwischen dem, was er wünscht und was er sein muß, herrührt oder etwa von einer unrealistischen Interpretation seiner Rolle, von einer unzulänglichen Vorbereitung für das entsprechende Verhalten oder von mangelnder Unterstützung durch andere[7]. Darüber hinaus wird der Caseworker, wenn er den Klienten in allen Rollen, abgesehen von der des Klienten — auch diese Rolle hat ihre besonderen Eigenschaften —, richtig einschätzt, die Möglichkeiten zu sozialer Befriedigung, die im Klienten und in seiner Umwelt liegen, besser erkennen können.

Wer als Klient zu einer Sozialdienststelle kommt, leidet immer unter einem seelischen Druck.

Wie immer sein Problem sich darstellen mag — ob es auf Mißerfolge oder Belastungen in seiner Umwelt zurückzuführen ist, auf innere Konflikte, Frustrationen in der Ausübung einer angesehenen sozialen Rolle oder auf Hindernisse, die sich zwischen seine Triebe und seine Ziele stellen —, der Klient befindet sich unter einem seelischen Druck. Dieser Druck belastet den Klienten in zweifacher Weise: Das Problem wird von ihm nicht nur als Bedrohung

---

[7] Hilfreiche Ausführungen, die zu weiterem Nachdenken darüber anregen, finden sich bei Cottrell (13), Clyde Kluckhohn u. a. (34), Florence Kluckhohn (35) und Linton (38).

oder als tatsächlicher Angriff *erkannt,* sondern auch *empfunden;* und seine Unfähigkeit, damit fertig zu werden, verstärkt noch die Spannung.
Wenn der Caseworker weiß, daß sein Klient sich unausweichlich bedroht oder aus dem Gleichgewicht geworfen fühlt, so weiß er auch, daß dessen Abwehr-Schutz-Maßnahmen in voller Aktion sind. Zugleich kann das Bemühen des Klienten, von einer Sozialdienststelle Hilfe zu bekommen, als ein Anpassungsversuch angesehen werden. Je mehr ein Klient Zwang und Spannung ausgesetzt zu sein glaubt, um so bedrückter und hilfloser wird er sich fühlen. Die problemlösenden Kräfte seines Ich sind wahrscheinlich zumindest zeitweilig gehemmt oder außer Gefecht gesetzt. Und weiter: Wenn der Caseworker sich die Verflechtungen innerhalb der physischen, psychischen und sozialen Struktur des Menschen vergegenwärtigt, wird er sich erinnern, daß Spannungen in irgendeiner Teilfunktion andere Funktionen beeinflussen und daß ebenso ein Nachlassen der Spannung auf irgendeinem Lebensgebiet die Belastung auf einem anderen vermindern kann. Daher wird es von Anfang an sein Ziel sein, dem Klienten zu helfen, daß er weniger sich selbst zu schützen braucht (sowohl gegen sein Problem als auch gegen seine Furcht vor der Dienststelle oder vor einer Änderung seines Verhaltens), sondern daß er vielmehr alle Kraft entfaltet, um die Anstrengungen, mit seinem Problem fertig zu werden, wieder aufzunehmen oder noch zu verstärken.
Die Art und Weise, in der der Caseworker sowohl dem Schutz des Klienten als auch seiner Anpassung und der Wiedererlangung seines Gleichgewichts dienen kann, wird in späteren Kapiteln besprochen werden. Vorerst muß jedoch die Natur des Klientenproblems untersucht werden.

3. Das Problem

Es gibt wohl kein menschliches Problem, das noch nicht an Sozialarbeiter in Sozialdienststellen herangetragen wurde. Hunger nach Nahrung und Hunger nach Liebe, Suche nach einer Unterkunft, der Wunsch, davonzulaufen, zu heiraten oder verheiratet zu bleiben, Kinder zu bekommen oder sie loszuwerden, zu Geld zu kommen oder es hinauszuwerfen, nicht leben oder nicht sterben zu wollen, sich Feinde zu machen oder Freunde zu suchen, die Gier nach oder die Scheu vor Medikamenten; das Problem, zu lieben oder ungeliebt zu sein, zu hassen oder gehaßt zu werden, unfähig zu sein, Arbeit zu finden oder sie zu halten; Gefühle der Angst, der Nutzlosigkeit — mit allen diesen und vielen anderen Problemen physischer und seelischer Not werden die Sozialdienststellen konfrontiert.

Das Vorhaben, sich mit solch vielseitigen Problemen zu befassen und der Versuch, Hilfe zu leisten, könnte tatsächlich verwirrend sein, gäbe es nicht gewisse Möglichkeiten, menschliche Probleme systematischem Denken zugänglich zu machen. Grundlegend für das Verständnis menschlicher Probleme ist natürlich das wachsende Wissen vom Menschen und seiner Gesellschaft. Sicherlich ist es ein Wissen, das, sobald es erfaßt ist, weiterschreitet, um immer neues Streben hervorzurufen; und es liegt sowohl Befriedigung als auch Enttäuschung in dem Versuch, ständig sich wandelnde Probleme anzupacken. Das ist denn auch einer der Gründe, warum es innerhalb der Arbeitsbereiche und über sie hinaus zu Spezialisierungen gekommen ist und weshalb so viele Sozialdienststellen sich nur mit ganz bestimmten Problemen befassen, wodurch es möglich wird, gewisse Kategorien menschlicher Schwierigkeiten eingehender zu studieren und wirksamer zu bearbeiten. Aber sogar innerhalb einer bestimmten Dienststelle und bei spezifischen Problemkategorien ist es wertvoll, zu erkennen, daß es gewisse charakteristische Formen gibt, in denen sich menschliche Probleme dem Caseworker darstellen:

Die Probleme innerhalb des Wirkungsbereiches der Sozialen Einzelhilfe sind solche, die das soziale Funktionieren einer Person zutiefst berühren oder die durch deren soziales Funktionieren beeinflußt werden.

Das Problem mag das einer unbewältigten Notlage wirtschaftlicher, gesundheitlicher oder erzieherischer Natur sein, die das Leben eines Menschen einengt

oder untergräbt. Oder es handelt sich um eine psychische, soziale oder physische Spannung, die jemanden in der Ausübung seiner sozialen Rolle behindert oder stört. Ob nun solche Nöte oder Spannungen einzeln oder zusammen
auftreten, immer ist es die Unfähigkeit der Person, die Mittel zur Erhaltung
oder zum Erreichen sozialen Wohlbefindens aufzubringen, die das Problem
in den Bereich des Casework rückt.

Die Konzentration auf die Probleme, denen der Mensch in seinem Streben
nach sozialer Sicherheit und angemessenem Funktionieren begegnet, gehört zu
den kennzeichnenden Eigenschaften des Casework. Das bedeutet, daß der
Hauptakzent der Hilfe des Caseworkers auf die Schwierigkeiten gerichtet ist,
die die Person hat, sich sozial richtig oder konstruktiv zu verhalten, oder auf
die Angriffe, denen sie sich durch die Umwelteinflüsse ausgesetzt fühlt. Der
Klient des Caseworkers sieht seine Probleme meist in einer Wechselbeziehung
zwischen sich und einer oder mehreren anderen Personen oder seinen Lebensumständen. Die Hilfe, die er sucht, bezieht sich ebenso typisch auf eine Wiederanpassung seines Selbst an die Forderungen und Erwartungen, die seine
gesellschaftliche Rolle mit sich bringt — sei es als Gatte, Vater, Mutter, Student oder Arbeiter —, oder aber er erwartet Hilfe zur Wiederanpassung
irgendwelcher Elemente seiner sozialen Situation, so daß er das Gleichgewicht,
das er im täglichen Leben benötigt, aufrechterhalten oder wiedererlangen
kann. Wenn, wie es manchmal der Fall ist, der Klient findet, daß seine inneren
Probleme eine solche Macht auf sein soziales Handeln ausüben, daß er ihrer
nicht mehr Herr wird, dann kann es notwendig sein, ihn als Patienten zu
betrachten, der zunächst der Psychotherapie bedarf. In diesem Fall wäre psychiatrische oder psychiatrisch geleitete Hilfe angezeigt. (Umgekehrt könnte
der Psychiater, wenn er seinen Patienten als psychologisch dazu bereit erachtet, seine soziale Wiederanpassung in den Mittelpunkt der Aufmerksamkeit zu stellen, diesen an Casework-Hilfe verweisen, so daß er sich in seinen
Beziehungen zu Menschen und Umwelt entsprechend umstellen kann.)

Die Bedeutung der Ausrichtung des Caseworkers auf das Problem des Klienten, das ja in dessen Unfähigkeit liegt, sich in einer oder mehreren wichtigen
Rollen zu verhalten oder sich mit den Mängeln oder Widerständen innerhalb
seiner Lebenssituation auseinanderzusetzen, besteht darin, daß sie den Caseworker in die Lage versetzt, Arbeitsplan, Schwerpunkt und Ziele auszuarbeiten. Das bedeutet, daß er sich stets das Bedürfnis seines Klienten vor Augen
hält, mit seinen Frustrierungen fertig zu werden und Befriedigung in seinem

täglichen Leben zu finden. Und da sich dieses Leben in dynamischer Wechselwirkung mit anderen Menschen, sozialen Umständen, kulturell bestimmten
Erwartungen und Möglichkeiten abspielt, wird der Caseworker diese Kräfte
in jedem Fall beurteilen müssen, um ermessen zu können, auf welche Weise
sie im Interesse der bestmöglichen sozialen Anpassung des Klienten beeinflußt
und genützt werden können.

*Die vielschichtige und dynamische Natur des Problems des Klienten macht es
für Caseworker und Klienten notwendig, einen Teil des Problems als Arbeits-
basis herauszugreifen.*

Es ist durchaus möglich, ein Problem als Ganzes zu verstehen, aber es wird
sich nur selten als Ganzes bearbeiten lassen. Wie in jeder anderen problemlösenden Tätigkeit, so muß auch im Casework das konkrete Vorgehen par-
tiell, zielgerichtet und folgerichtig sein, wenn auch das intellektuelle Verständnis und der gedankliche Plan das *ganze* Problem umfassen. Zum Teil ist das
so, weil die Wahrnehmung ein innerer Vorgang ist, während Anpassung und
äußere Handlung Bedingungen und Kräfte außerhalb des Menschen einschließen, welche diese Aufgaben erschweren und selbst Probleme aufwerfen. Vor
die Aufgabe gestellt, mit dem Klienten etwas bezüglich seines Problems zu
tun, muß der Caseworker sich daher fragen, welcher Teil des Problems in den
Mittelpunkt gestellt werden soll — was kommt zuerst, was ist von primärer
Bedeutung, was kann am ehesten geändert werden.

Drei wichtige Überlegungen müssen bei der Problemwahl angestellt werden:
Was wünscht und benötigt der Klient; was erscheint in der fachkundigen Beurteilung des Caseworkers als mögliche und wünschenswerte Lösung; wozu
ist die Sozialdienststelle da, und was hat sie anzubieten? Jeder dieser Punkte
verdient, erörtert zu werden.

1. Das Problem ist das Problem des Klienten, und sein Wunsch nach Hilfe
geht davon aus, wie er es sieht und empfindet. Er mag das Problem und auch
die Lösungsmöglichkeiten völlig richtig betrachten. Er mag es klar als Teil
einer Reihe eng miteinander verbundener Probleme erkennen oder als das
Ergebnis tieferliegender Probleme, aber er wird oft weder bereit noch imstande sein, den Dingen offen genug gegenüberzustehen, um mehr Hilfe zu
wünschen, als das Problem erfordert, das er gerade vorbringt. Andererseits
kann es vorkommen, daß er das Problem gar nicht richtig einschätzt, d. h., er

fordert Hilfe für eine Situation, die in Wirklichkeit zweitrangig und von nur nebensächlicher Bedeutung ist. Das kann dann geschehen, wenn das wirkliche Problem zu beängstigend ist oder wenn der Mensch sich so vielen Schwierigkeiten gleichzeitig ausgesetzt sieht, daß er wie ein gefangenes Tier alle erdenklichen Auswege sucht. Wie der Klient es empfindet, mag das Problem tatsächlich sein zentrales Problem sein, doch es ist ebenso möglich, daß er einem Randproblem sein Hauptaugenmerk geschenkt hat. Aber wie dem auch sei, der gesunde Menschenverstand sagt uns — da wir ein Problem nur über die Person, die es hat, behandeln können —, daß wir zumindest am Anfang das aufgreifen müssen, was der Klient in den Mittelpunkt seiner Besorgnis gerückt hat, was er für entscheidend hält. Manchmal erscheint es dem Caseworker so klar, daß das vom Klienten vorgebrachte Problem nicht das „echte" ist, oder er ist so darauf erpicht, seine eigenen Ansichten über den Ursprung des Problems zu beweisen, daß er beginnt, sich auf seine eigenen, anstatt auf die Interessen des Klienten zu konzentrieren. Wenn das geschieht, mag er zwar das Problem voll erfaßt haben, aber die Person, um deren Problem es geht, ist ihm entglitten.

Im Mittelpunkt der Aufmerksamkeit steht also nicht notwendigerweise zuerst das grundlegende Problem, sondern vielmehr dasjenige, welches dem Klienten jeweils die größte Sorge bereitet, sein augenblickliches Problem. Zuweilen erweisen sich diese momentanen Probleme als immer wiederkehrende Abstammungen anderer, vielleicht grundlegenderer Probleme. In solchen Fällen sollte der Caseworker versuchen, dem Klienten zu einer realistischeren Einstellung zu seinem Problem und den zu suchenden Lösungen zu verhelfen. Diese Hilfe, Wahrnehmung und Einstellung neu auszurichten, beruht auf dem Wissen und der Perspektive, die der Caseworker für jeden einzelnen Fall mitbringt. Der Caseworker muß mit seinem Klienten dort beginnen, wo dieser steht. Wie wir alle, wird der Klient viel eher einen anderen Standpunkt einnehmen oder eine andere Erklärung akzeptieren, wenn man ihn dazu hinführt, anstatt sie ihm aufzudrängen.

2. Die Hilfe, die der Caseworker dem Klienten bei der Auswahl eines Problems oder eines Teilproblems und bei der Akzentsetzung gibt, beruht auf und ist abhängig von seinem beruflichen Wissen und Urteil. Von dem Augenblick an, in dem der Caseworker mit einem bestimmten Klienten in Beziehung tritt, sieht er ihn im Lichte seines Verständnisses für und seiner Erfahrungen mit Persönlichkeiten dieser Art, mit Problemen dieser Art, mit Lösungen oder

Zielen dieser Art. Freilich versucht er gleichzeitig, die Einmaligkeit dieser bestimmten Person in eine Beziehung zu ihrem bestimmten Problem und zu dieser bestimmten Art der Hilfe zu bringen, aber seine Beurteilung spezifischer Qualitäten und seine Erwartung möglicher Resultate entstehen aus der Summe seiner Berufserfahrung mit dieser Art von Personen, Problemen, Dienststellen und Prozessen. Das versetzt den Caseworker in die Lage, besser als der Klient zu wissen, nicht welches Problem besonders entscheidend und schmerzlich erscheint, sondern welche allgemeine Bedeutung ihm zukommt und was im allgemeinen diesbezüglich getan oder nicht getan werden kann. Gerade das gibt auch dem Caseworker das Recht, die Verantwortung dafür zu übernehmen, daß er dem Klienten hilft, etwa von einem Randproblem, das dieser vorgebracht hat, zum eigentlichen Kern vorzudringen, oder ein anderes Mal von einem Kernproblem zu einem mehr äußeren Aspekt zu gelangen, der sich in der Beurteilung des Caseworkers als zugänglicher erweist. In beiden Fällen kommt es darauf an, den Klienten zu führen und ihm zu helfen, sich auf sein Problem zu konzentrieren. Ohne die Hilfe des Caseworkers, welches Problem jeweils herauszugreifen und zu behandeln ist, würde der Klient unaufhörlich im Teufelskreis von Ursache und Wirkung oder in vielen Beispielen, in denen sich das Problem spiegelt, aber nicht erfassen läßt, blind umhertappen.

Das Problem von Frau R. mag als kurze Illustration dienen. Ihr 15 Monate altes Baby wurde in einem diabetischen Koma ins Krankenhaus eingeliefert. Als Frau R. von dem Arzt, der das Kind behandelte, einige Wochen später zu der Sozialarbeiterin im Krankenhaus geschickt wurde, litt sie unter Depressionen und Angstzuständen. Sie klagte über das Wiederauftreten alter Symptome einer seelischen Störung — Schlaflosigkeit, Gewichtsverlust, Neurodermatitis. Sie konnte sich mit der Aussicht auf eine jahrelange Belastung durch eine diabetische Diät nicht abfinden. Ihre ganze Sorge richtete sich auf ihre eigene Hilfsbedürftigkeit, ihre Nervosität und Verzweiflung. Der Caseworker half ihr, ihre Haltung umzustellen und sich als die Mutter eines kranken Kindes zu sehen, der beim Erlernen der Diätvorschriften geholfen werden konnte.

Diese sachte, aber sichere Umstellung erzielte der Caseworker auf eine Weise, die hier nicht näher ausgeführt zu werden braucht. Voraussetzung dafür waren die allgemeinen Kenntnisse des Caseworkers und seine vorläufige Einschätzung der Situation. Wir können annehmen, daß er die Lage etwa so gesehen hat: Frau R.'s *Grundproblem* ist wahrscheinlich eine neurotische Charakterstörung. Diese ist durch den Casework-Prozeß nicht zu beheben, und auch eine Therapie würde wohl erst nach Jahren eine fühlbare Wirkung erzielen. Das *ursächliche Problem* von Frau R. liegt aller Wahrscheinlichkeit nach sowohl in den Beziehungen, die sie als Kind zu ihrer Mutter hatte, als auch in ihren gegenwärtigen Mutter-Kind-Beziehungen. Sie können nicht ungeschehen gemacht werden. Das *auslösende Problem* ist die Krankheit des Kindes mit all den normalen und neurotischen Ängsten, die sie hervorruft. Das ist eine Realität, mit der Frau R. fertig werden muß. Das *drängende Problem* ist die bevorstehende Entlassung des Kindes aus dem Krankenhaus zu einer hilflosen Mutter. Das *zu lösende Problem* ist die Unsicherheit der Mutter im Hinblick auf die unmittelbare Betreuung ihres kranken Kindes. Somit ist das Problem auf seine vordringlichsten Aspekte konzentriert. Die Überlegungen des Caseworkers wurden bestimmt durch seine allgemeinen Kenntnisse über Persönlichkeitsdynamik und menschliche Erwartungen und über die Art und Weise, in der gegenwärtige Probleme vergangene aktivieren, sowie durch die Erfahrung, daß die Lösung gegenwärtiger Schwierigkeiten unter Umständen alte Probleme verschwinden läßt und daß man die Situation besonnener beurteilen kann, wenn man das zu lösende Problem nicht als Ganzes, sondern zunächst in seinen einzelnen Teilen betrachtet.

Noch ein weiterer Faktor wurde von diesem Caseworker einkalkuliert, nämlich die Funktion der Sozialdienststelle im Krankenhaus, die darin besteht, Patienten oder deren Angehörigen bei solchen sozialen oder emotionalen Problemen zu helfen, welche die medizinische Behandlung beeinträchtigen. Das ist der Auftrag ihres Caseworkers.

3. Jede Sozialdienststelle, jede Abteilung von sozialen Institutionen (wie z. B. Krankenhäusern) hat den Auftrag, sich mit bestimmten menschlichen Problemen und Bedürfnissen zu befassen. Eine solche Dienststelle drückt ihren Wirkungsbereich nicht nur in ihrem Namen aus („Erziehungsberatungsstelle", „Familienberatung", „öffentliches Sozialamt" und so fort), sondern macht ihre Aufgaben auch in der Selbstinterpretation deutlich. Manchmal sind diese Aufgaben ganz speziell und begrenzt, wie z. B. die einer Dienststelle, die sich nur mit der Unterbringung von Kindern befaßt, die ihr eigenes Zuhause verlassen müssen. Manchmal sind sie allgemeiner, wie die der Familien- und Jugendsozialämter, wo nahezu jedes Problem, das im Familienleben auftaucht, behandelt werden kann. Ob eine Dienststelle ihren erklärten Zielen entspre-

chend arbeiten kann oder nicht, hängt allerdings davon ab, ob die notwendigen Mittel, Hilfsquellen und ein erfahrener Mitarbeiterstab vorhanden sind, die es gestatten, die Absicht in die Tat umzusetzen.

Eine klare Vorstellung des Caseworkers über die Ziele und Möglichkeiten seiner Dienststelle trägt unmittelbar dazu bei, das zu behandelnde, meist vielschichtige Problem in den Griff zu bekommen. So wird er konkret sagen können: „Wir wollen uns lieber auf diese als auf jene Seite Ihres Problems konzentrieren, weil wir dafür am besten ausgerüstet sind und deshalb am wirksamsten helfen können. Sollte es sich jedoch herausstellen, daß es eher ein anderer als dieser Teil Ihres Problems ist, der eine unmittelbare und wesentliche Schwierigkeit für Sie bedeutet, dann wird unsere Hilfe darin bestehen, Sie an jene Stellen zu verweisen, die sich damit befassen."

Hätte es sich z. B. im Falle von Frau R. erwiesen, daß sie in ihrer Verzweiflung außerstande gewesen wäre, sich auf die Bedürfnisse ihres Kindes einzustellen, dann hätte man ihr psychiatrische Hilfe ermöglichen müssen, die sich auf Frau R. selbst konzentriert hätte. Oder, wäre Frau R. zwar in der Lage gewesen, ihr Kind nach Hause zu nehmen und es einigermaßen fachgerecht und mit innerer Befriedigung zu pflegen, hätte aber dann ihre Beschwerden auf den Konflikt mit ihrer eigenen Mutter verlagert, dann hätte der Sozialarbeiter des Krankenhauses sehr wohl eine Überweisung an die Familienberatung als die geeignetere Stelle, sich mit dem neu auftauchenden Problem eines innerfamiliären Konfliktes zu befassen, in Betracht ziehen können. Hätte eine solche Überweisung an die Familienberatung stattgefunden, dann wäre ihr — hoffentlich — die Erkenntnis von Frau R. vorausgegangen, daß sich ihr Problem in einen anderen Bereich verlagert hat und daß sie dafür Hilfe braucht. Sie hätte durch Gespräche mit dem Caseworker einsehen gelernt, daß die Familienberatung ganz besonders geeignet ist, ihr bei der Lösung des neuen Problems zu helfen.

Alle Probleme des menschlichen Lebens neigen dazu, „Kettenreaktionen" auszulösen.

Anders ausgedrückt: Jedes einzelne Problem, das soziale oder emotionale Fehlanpassungen im Menschen hervorruft, hat die Tendenz, andere Probleme in angrenzenden Lebensbereichen auszulösen oder zu betonen. Während nämlich die Wissenschaft vom Menschen diesen entweder als biologisches, psychologisches oder soziales Wesen abgrenzen und analysieren kann, ist der leben-

dige Mensch ein dynamisches Ganzes, das in steter Wechselbeziehung mit der dynamischen Gesamtheit seiner Umwelt steht. Was immer einen Teil seines Lebens beeinträchtigen oder in Unordnung bringen mag, wird auch auf andere Teile seines Lebens einwirken und Reaktionen hervorrufen. Sowohl in fachwissenschaftlichen als auch in volkstümlichen Büchern über die Ehe wird oft betont, die Fähigkeit zu einer harmonischen sexuellen Beziehung zwischen Mann und Frau werde eine Ehe trotz vieler anderer Gefahren zusammenhalten. In Wirklichkeit aber kann z. B. ein Einkommensverlust bereits solche Spannungen verursachen, daß das sexuelle Verlangen abgestumpft wird; das Gefühl eines Mannes, nicht genug für den Unterhalt seiner Familie zu verdienen, kann seine Selbstachtung so weit herabsetzen, daß er impotent wird; die Angst vor einer wirtschaftlich untragbaren Schwangerschaft schließlich kann jegliche Liebesbeziehungen blockieren. Aus diesen Fehlanpassungen können neue Probleme entstehen, wie etwa die gesteigerte Unsicherheit des Mannes, eine geeignete Arbeit zu finden, oder die zunehmende Reizbarkeit der Frau ihren Kindern gegenüber. Jeder von uns könnte Beispiele aus dem täglichen Leben zitieren, wie man aus Furcht, etwas Geringes aufzugeben, etwas Großes verliert und wie die Wünsche oder Erfüllungen, Frustrierungen oder Befriedigungen von gestern das Heute und das Morgen beeinflussen. Diese Verkettung von Ursachen und das wuchernde Geflecht von Ursache und Wirkung könnten für den Caseworker entmutigend sein, wenn es nicht zwei mildernde Umstände gäbe. Der eine besteht darin, daß ebenso, wie eine ganze Reihe von Aspekten im Leben eines Menschen durch eine einzige Fehlanpassung in Unordnung geraten können, umgekehrt auch eine Anzahl von Aspekten durch eine einzige gelungene Anpassung wieder zurechtgerückt werden können; und ebenso, wie viele Teile des somatisch-psychisch-sozialen Lebens durch ein Problem nachteilig beeinflußt werden können, ist es auch möglich, daß sie durch die Lösung dieses einen Problems und durch die Wiederherstellung des Gleichgewichts einen günstigen Einfluß erfahren.
Wieder ein Beispiel: Eine jugendliche Schülerin, die ihren Trotz den Eltern gegenüber auf die Schule ausgedehnt hat, indem sie ihre Lehrer durch freche Antworten und Schulschwänzen herausfordert, verspricht ihrem Caseworker, den sie mag, daß sie versuchen wolle, die Schule regelmäßig zu besuchen und sich gut zu benehmen — nur das allerdings, obwohl es noch eine Reihe anderer Bereiche gibt, in denen sie sich ändern müßte. Sie geht (vom Caseworker immer wieder ermuntert und gelobt) regelmäßig zur Schule und findet nun, daß

die Lehrerin nicht mehr an ihr herumnörgelt (teils, weil sie aufgehört hat, die Lehrerin zu provozieren, teils, weil die Lehrerin mit dem Caseworker zusammenarbeitet). Widerstrebend gibt sie zu, daß manches in der Schule doch ganz interessant sei. Ihre Eltern sind glücklich (wenn auch noch mit Vorbehalten), daß ihre Tochter nicht mehr bummelt und daß sie selbst keine Scherereien mit der Schule mehr haben. Die Spannung zwischen ihnen und ihrer Tochter läßt nach, sie fühlt sich von ihnen weniger „gegängelt", und die Eltern erhöhen freiwillig ihr Taschengeld. Sie ist zwar wegen dieser „Bestechung" etwas verärgert, aber im großen und ganzen freut sie sich über die Anerkennung ihres Verantwortungsgefühls. Sie vertraut sich ihrem Caseworker an und kommt zu dem Schluß, daß die Eltern doch einiges für sie übrig haben. Sie geht in guter Stimmung nach Hause und überlegt, ihre Lehrerin vielleicht einmal zu „überraschen" und ihre Hausaufgaben pünktlich abzuliefern. Die begonnene günstige Kettenreaktion setzt sich nun fort, wenn auch nicht ohne gelegentliche Rückfälle.

Soziale Einzelhilfe in einem speziellen menschlichen Lebensbereich, ob es sich nun um eine einmalige finanzielle Unterstützung oder um eine langwährende Beratung handelt, kann also dazu beitragen, das allgemeine Gefühl für Gleichgewicht und Anpassung wiederherzustellen.

Jedes Problem, mit dem ein Mensch konfrontiert wird, hat sowohl eine objektive als auch eine subjektive Bedeutung.

Wie alltäglich ein Problem sein mag, wie häufig sein Auftreten, wie einfach seine Lösung dem Beobachter auch erscheint, für den Betroffenen selbst hat es eine besondere, persönliche Bedeutung. Ein Problem mag vom Außenstehenden *gesehen* und *verstanden* werden, *gefühlt* werden kann es nur von seinem Träger, und es wird von diesem mit allen Besonderheiten individueller Unterschiede erlebt. Sicherlich gibt es Reaktionen auf gewisse Schwierigkeiten, die uns allen gemeinsam sind, aber die Qualität und Intensität unserer Gefühle und die Art und Weise, in der wir versuchen, uns gegen sie zu wehren oder mit ihnen fertig zu werden, sind bei jedem von uns verschieden. Zwei bejahrte Männer, beide arbeitsunfähig und ohne Einkommen, benötigen Geld. Das ist ein einfaches Problem, für das es eine einfache Lösung in Form von Altenhilfe gibt. Den beiden alten Männern jedoch muß dieses Problem keineswegs einfach erscheinen. Der eine könnte sich durch das Problem als solches bedrückt und gedemütigt fühlen — er ist alt, arbeitsunfähig, zu nichts mehr nütze und so fort. Es widerstrebt ihm, um Unterstützung zu bitten, vielleicht ist er zu stolz oder fühlt sich unwert, oder er hofft gar, daß der nächste Tag eine bessere Lösung bringen könnte. Der andere alte Mann mag mit Gleichmut an das Problem herantreten. Er akzeptiert die Tatsache des Altseins und glaubt Anspruch auf Hilfe zu haben, aber die angebotene Lösung ärgert und beängstigt ihn, da er nicht verstehen kann, warum er etwa einen Wohnungsnachweis erbringen oder wie er mit so wenig Geld auskommen soll.

Aus dieser Erkenntnis — daß Probleme sowohl subjektive als auch objektive Bedeutung haben — folgt, daß alles, was ein Mensch in bezug auf sein Problem tun kann oder will, in hohem Maße von seiner gefühlsmäßigen Einstellung dazu abhängt. Daher muß der Caseworker solche Gefühle hervorlocken und sich oft mit ihnen beschäftigen, damit sie die Arbeit des Klienten an seinem Problem eher fördern als hindern. Gleichzeitig darf der Caseworker die objektive Realität von Problem und Lösung nicht aus den Augen verlieren, denn nur so kann er seinem Klienten helfen, die Wirklichkeit selbst richtig zu sehen und sich erfolgreich mit ihr auseinanderzusetzen.

Der äußere (objektive) und der innere (subjektive) Aspekt eines Problems existieren nicht nur nebeneinander, sondern der eine kann auch die Ursache des anderen sein.

Wir alle stoßen in unserem sozialen Leben auf Situationen, die infolge einer augenblicklichen oder chronischen Unfähigkeit, mit ihnen fertig zu werden, innere Probleme für uns schaffen. Wir fühlen uns niedergeschlagen, aus dem Gleichgewicht gebracht. Kommt das häufig vor oder sehen wir uns ständig bedroht, dann werden unsere charakteristischen Reaktionen auf unsere soziale Situation davon geformt. Wenn ein Mensch fortwährend unter gewissen Situationen und Umständen zu leiden hat und stets um seine Sicherheit besorgt sein muß, dann neigen die dadurch hervorgerufenen Reaktionen dazu, sich zu verfestigen und Teil seiner Persönlichkeit zu werden. So kann der Fall eintreten, daß jemand in jede neue Situation das Vorurteil mitbringt, sie werde sich für ihn zum Schlechten wenden, und er wird pessimistisch, ängstlich oder feindselig reagieren, auch wenn nichts in der objektiven Situation solche Reaktionen rechtfertigt. Alle „Persönlichkeitsprobleme" — d. h. Probleme innerpsychischer Fehlanpassung — resultieren aus einer früheren Spontanreaktion auf ein Problem, dem der Mensch außerhalb seiner selbst begegnete. Nehmen wir an, ein kleiner Junge erfährt sehr bald, daß er in einer rauhen

Welt lebt. Seine Welt besteht aus Vater und Mutter, die ihn hart und streng behandeln. Er reagiert spontan, um sich zu schützen. Er kann sich der Situation entziehen, indem er ihr aus dem Weg geht oder indem er die Dinge, die er sagen oder tun möchte, zurückhält; oder aber er schlägt mit den wenigen, aber wirksamen Mitteln zurück, die einem Kind zur Verfügung stehen — Essen zu verweigern, das Bett zu nässen, die Katze zu treten oder Nachbarkinder zu verprügeln. Wiederholt sich die Situation ständig in gleicher Weise und muß er immer wieder dagegen ankämpfen, dann wird seine in der Entwicklung begriffene Persönlichkeit diese Situation, zusammen mit seinen bereits chronisch gewordenen Abwehrgefühlen und -reaktionen, absorbieren. Er wird das Problem „verinnerlichen". Wenn er in die Schule kommt, wird er — auch wenn die Lehrerin freundlich und gutmütig ist und gar nicht seiner Mutter gleicht und wenn er gar keinen objektiven Grund hat, sich zurückzuziehen oder zu raufen — sehr wahrscheinlich diese bereits festgelegten Reaktions- und Verhaltensformen mitbringen. Er wird bei anderen Kindern Feindseligkeit und bei der Lehrerin Bestürzung oder Abneigung hervorrufen. So wird sein inneres Problem, das jetzt bereits ein Persönlichkeitsproblem geworden ist, zur Ursache einer neuen Situation, in der Lehrerin und Kinder auf eine ganz bestimmte Weise reagieren. Wenn ihm nicht geholfen wird, diesem Teufelskreis zu entfliehen, dann wächst dieser kleine Junge zu einem Menschen heran, der ständig Situationen erzeugt, in denen er verletzt wird oder kämpfen muß, und seine Vorstellung von der Außenwelt und sein Handeln in ihr werden von seinen inneren Problemen gefärbt und vorgeformt sein.

Was dem Menschen widerfährt, verursacht oder beeinflußt das, was in ihm vorgeht und umgekehrt, sein innerer Zustand bewirkt oder beeinflußt seine äußeren Handlungen. Diese Überlegung ist für den Caseworker von mehrfacher Bedeutung. Erstens lenkt sie seine Aufmerksamkeit auf die Wechselbeziehung zwischen Ursache und Wirkung innerhalb der psychischen, physischen und sozialen Erfahrungen der Person und führt zu der Stelle, von wo aus das Problem angepackt werden sollte; zweitens erhellt sie die Tatsache, daß der Casework-Prozeß in sich selbst ein „Ereignis" darstellt, eine Erfahrung, die mit all ihren guten oder schlechten emotionalen und sozialen Rückwirkungen in das Leben des Klienten eingeht. Allein schon die Art und Weise, in der der Caseworker einen hilfesuchenden Menschen empfängt, kann in diesem Gefühle des Wertes oder Unwertes, Ärger oder Sicherheit hervorrufen, und diese gefühlsmäßige Einstellung wird wiederum für das Verhalten des

Klienten bestimmend sein. Die Dienste, die der Caseworker anzubieten hat
und die ihm selbst manchmal sehr einfach erscheinen („nur Geld", „bloß Haus-
haltsfragen"), können für die Person, der sie fehlen und die sie braucht, von
höchster emotionaler Bedeutung sein. Ebenso können helfende Beziehung und
Rat des Caseworkers dem Klienten frischen Mut einflößen, sich von neuem
mit seiner sozialen Situation auseinanderzusetzen und sie nun anders oder mit
mehr Gelassenheit zu sehen.

*Was immer das Problem sein mag, das jemanden zu einer Sozialdienststelle
führt, es wird stets von dem Problem, ein Klient zu sein, begleitet und nicht
selten dadurch auch erschwert.*

Klient sein heißt, Hilfe zu erbitten, sie anzunehmen und sie zu verwerten.
Das klingt wie die bloße Feststellung einer Selbstverständlichkeit. Aber darin
liegt schon eine gewisse Analyse des Sachverhalts, warum ein Mensch sein Problem bei einer Sozialdienststelle vorbringt, warum seine Arbeit an einer Lösung so oft mit Schwierigkeiten und Unbehagen verbunden und weshalb das
Verständnis für diese Situation von Wichtigkeit ist.

Die Reaktionen auf das Bittenmüssen um persönliche Hilfe sind ebenso verschieden wie die Menschen selber, und sie werden auch stark von der Einstellung ihrer sozialen Gruppe beeinflußt, die diese in bezug auf die Frage hat, ob
ein Bedürfnis berechtigt ist oder nicht. Es gab eine Zeit, in der man sich nur als
das Opfer einer Katastrophe auszuweisen hatte oder seinen moralischen Schiff-
bruch zugeben mußte, um ohne Bedenken finanzielle Hilfe anzufordern, während Hilfe bei persönlichen Anpassungsschwierigkeiten zu erbitten, dem Eingeständnis von Willensschwäche oder Irrsinn gleichkam. Innerhalb verhältnismäßig weniger Jahre hat sich die Einstellung der Gesellschaft zu Fragen
persönlicher Hilfsbedürftigkeit weitgehend verändert. Der Begriff vom Recht
des einzelnen auf grundlegende Sicherheit, die Popularisierung der Psychiatrie und die „Gesellschaftsfähigkeit" emotionaler Störungen (in manchen
Kreisen ist es geradezu Mode, damit behaftet zu sein) haben die Haltung
gegenüber Hilfeleistungen verschiedenster Art gemildert und gewandelt. Und
während „schmachvoll" und „bemitleidenswert" kaum mehr die Attribute
sind, die heute der Hilfsbedürftigkeit anhaften, so gibt es doch gewisse gemein-
gültige Reaktionen, wenn jemand sich hilfesuchend an eine Sozialdienststelle
wendet.

Für viele Menschen bedeutet das Überschreiten der Schwelle einer Sozial-

dienststelle einen Schritt ins Unbekannte. Sicherlich kennen die meisten Leute die allgemeinen Aufgaben und Ziele solcher Institutionen, aber was sie für den einzelnen bedeuten, was er dort erleben, was von ihm gefordert wird, bleibt unsicher. Und Unsicherheit löst in uns allen Angst aus. Darüber hinaus — und das ist charakteristischer für das Hilfesuchen bei einer Sozialdienststelle als bei anderen fachlich ausgerichteten Organisationen — erhebt sich die beunruhigende Frage nach der Gegenleistung. In unserem Kulturkreis sind Erwachsene gewohnt, für alles, was sie empfangen, in irgendeiner Form zu zahlen — entweder mit Geld oder Leistung oder Freundschaft —, und wenn nichts Derartiges gefordert wird, fragt man sich: Was wird denn nun von mir erwartet? Dankbarkeit? Verpflichtungen? Aufgabe von Rechten? Diese Zweifel können überdies von besonderen Ängsten begleitet sein, die von der Angst, daß dem Ansuchen nicht entsprochen wird, bis zu der Furcht reichen, daß man zwar Hilfe findet, aber dafür einen zu hohen Preis zahlen müsse.
Wenn der Caseworker durch seine Einstellung und im Gespräch die Probleme des „Bittenmüssens" zerstreut hat, so bleiben doch die Probleme des Annehmens und Ausnutzens der Hilfe. Jede Sozialdienststelle kennt gewisse Bedingungen, unter denen sie Hilfe gewährt — Bedingungen, die sich aus Überlegungen finanzieller und psychologischer Wirtschaftlichkeit und Nützlichkeit ergeben. Diese Bedingungen sind nicht notwendigerweise besorgniserregend; tatsächlich wirken sie in ihrer Klarheit und Einsichtigkeit oft beruhigend. Aber immerhin werden sie von anderen gestellt und lassen eine gewisse Kontrolle spürbar werden. Es kommt hinzu, daß die helfende Person, gerade weil sie zur Hilfeleistung fähig ist, vom Klienten als ihm überlegen empfunden wird. Das ist ja, was er eigentlich wünscht. Trotzdem ist es für einen Erwachsenen bedrückend, sich der Macht eines anderen ausgesetzt zu sehen; der eine fühlt sich zeitweilig zur Opposition herausgefordert, während andere hoffen, sich ihrer Verantwortung entledigen zu können. Alle diese Gefühle, die mit dem Annehmen der Hilfe verbunden sind, können eine Anzahl von Problemen für die Zusammenarbeit zwischen Klient und Caseworker schaffen. Diese Gefühle werden sich in offenem oder versteckten Widerstand, im Ausdruck von Feindseligkeit, Selbstverachtung oder unrealistischer Hilflosigkeit äußern.
Caseworker haben, mehr als andere Berufe, mit dem Problem des Hilfe-Suchens und Hilfe-Annehmens zu tun. Vielleicht ist das deshalb so, weil sie an den Grundsatz gebunden sind, daß ein Mensch im Gefühl der Sicherheit und der Selbstachtung gestützt werden muß, wenn er Eigenverantwortung

übernehmen oder behalten soll. Erfahrung hat sie gelehrt, daß die Gefühle und Vorstellungen eines Menschen über sich selbst im Verhältnis zu einer ihm gewährten Hilfe die Art beeinflussen, wie er diese sieht und verwendet und daß ferner die Form, in der die Hilfe geboten, ausgelegt und dargestellt wird, die Energien und Fähigkeiten des Menschen, an seinem Problem zu arbeiten, entweder freisetzt oder blockiert. Caseworker stellen sich daher von vornherein positiv auf jene Reaktionen des Klienten ein, die durch die Lösung seines Problems verursacht werden und diese komplizieren.

Das Problem, das von einem Menschen an eine Dienststelle herangetragen wird, ist daher mit großer Wahrscheinlichkeit vielschichtig und verzweigt, und es wird sich auch im Verlauf der Analyse noch verändern. Es wird sich ein wenig eingrenzen lassen, wenn der Caseworker es als ein Problem der Bedürfnisse und des Strebens des Klienten als eines sozialen Wesens ansieht, das seinerseits wiederum zu kulturell bestimmten Vorstellungen von den sozialen Bedürfnissen, Privilegien und Lebensäußerungen des Individuums in Beziehung steht. Das Problem wird für den Klienten und seinen Helfer leichter zu behandeln sein, wenn jeweils ein Teilaspekt herausgelöst und bearbeitet wird. Da der Mensch sich ständig mit seinen Problemen auseinandersetzt und auf sie reagiert, gibt es sowohl subjektive als auch objektive Faktoren, die der Caseworker zusammen mit der Erkenntnis, daß diese Faktoren selbst wieder ursächlich werden können, in Betracht ziehen muß. Problemlösende Casework-Hilfe bedeutet unter anderem eine Intervention, die die Kette der Schwierigkeiten, die durch die Wechselbeziehung zwischen Ursache und Wirkung entstehen, unterbricht oder abändert. Da dieser Eingriff als solcher sich für den Klienten als problematisch erweisen kann, muß der Caseworker die ihm zu Gebote stehenden Mittel und Prozesse so genau wie nur möglich zu verstehen suchen, damit er imstande ist, die Anstrengungen des Klienten zur Lösung des Problems zu erleichtern, anstatt sie womöglich noch zu komplizieren.

4. Der Platz

Den Platz*, den jemand aufsucht, um Hilfe für sein Problem zu erhalten, nennt man eine soziale Dienststelle. Wenn die Dienste einer solchen Stelle materielle Hilfe, die Möglichkeit zu Situationsveränderung, Beratung, Hilfe für die Psyche oder eine Kombination aller dieser Faktoren auf einer individualisierten Fall-zu-Fall-Basis bieten, dann wird die Stelle nach ihrer Arbeitsmethode benannt, und wir sprechen von einer Dienststelle für Casework.

Solche Dienststellen zeichnen sich durch drei wichtige Faktoren aus: ihre Finanzquellen, die Basis ihrer fachlichen Autorität und ihre speziellen Funktionen und Aufgabenbereiche. Jede Dienststelle besitzt diese Faktoren, deren Zusammenwirken den Schwerpunkt, das Wirkungsfeld und die Leistungsvoraussetzungen der Dienststellen und ihrer Casework-Hilfe beeinflussen.

Soziale Dienststellen werden entweder aus Steuergeldern oder aus freiwilligen Zuwendungen unterhalten. Die von Steuergeldern getragenen Einrichtungen sind „öffentliche" und umfassen nicht nur die weitreichenden Programme zur Sicherung des Lebensunterhalts, wie z. B. die Sozialhilfe für abhängige Minderjährige, sondern auch solche der Kinder- und Jugendhilfe, einschließlich Maßnahmen für Schwererziehbare, und zur Erhaltung physischer und psychischer Gesundheit. Die sogenannten privaten Einrichtungen (Freie Wohlfahrtspflege), die nur insofern privat sind, als sie durch die freiwilligen Beiträge einzelner oder von Gruppen finanziert werden, bieten gleichartige Dienste. Sowohl öffentliche als auch private Dienststellen können ihre Arbeit auf der Basis der Casework-Methode ausüben. Aber ihre Arbeitsweise, die Reichweite und Beweglichkeit ihrer Programme und Methoden werden in mannigfacher Weise von ihren Finanzquellen abhängen. Der gesetzliche Rahmen, in dem sich eine aus Steuergeldern finanzierte Organisation bewegt, die Rechte und Voraussetzungen, die das Geben und Annehmen ihrer Dienste bestimmen, das günstige oder heikle politische Klima und die öffentliche Meinung, auf die sie empfindlich reagieren muß, die grundsätzliche Gleichrangigkeit, die sie allen Hilfesuchenden einzuräumen hat — all das bestimmt Ausmaß und Grenzen ihrer Hilfsmöglichkeiten. Das gleiche gilt für die privaten Einrichtungen — die Sanktionen der unterstützenden Gruppe, ihre

---

* In der englischen Originalausgabe ist von den vier P's die Rede: person, problem, place, process. Unter dieser Bezeichnung ist die Einteilung der Hauptkomponenten auch bei uns bekannt geworden, weshalb wir auf wiederholten Wunsch in der zweiten Auflage auch das Wort „Platz" statt „Ort" verwenden. (Anm. d. Übers.)

Satzungen, ihre Vollmachten, die Antragsteller usw., das alles verpflichtet oder entlastet, formt und färbt die Art der Dienste und wem und unter welchen Bedingungen sie gewährt werden.

Ein zweiter Faktor, der sowohl öffentliche als auch private Casework-Dienststellen charakterisiert, ist die fachliche Grundlage. Manche Dienststellen haben unmittelbare und volle Autorität und Verantwortung für ihr Tun in der Sozialarbeit, während solche, die Teil anderer Wohlfahrtsorganisationen sind, ihre Autorität und Verantwortlichkeit von diesen ableiten. Die ersteren werden als „primäre", die letzteren als „sekundäre" Sozialdienststellen bezeichnet[8].

In der primären Dienststelle (zumeist sozialen Einrichtungen für Familien-, Kinder- und Jugendhilfe) können Programme und vorhandene Mittel sehr verschieden sein, angefangen von solchen, die sich mit sozialen Fehlhaltungen, verursacht durch physische oder wirtschaftlichen Zusammenbruch, befassen, bis zu jenen, die sich auf charakterliche Störungen beziehen. Das Personal einer solchen Dienststelle besteht aus Sozialarbeitern, die sich mit den sozialen Zielen der Organisation identifizieren, wobei der Casework-Prozeß die Grundlage für die Hilfeleistung darstellt. Wenn andere Fachleute in eine primäre Sozialdienststelle einbezogen werden, gleichgültig ob vorübergehend oder ständig, so unterstützen oder ergänzen sie die Arbeit der Sozialarbeiter; ihre Tätigkeit stellt eine Hilfsfunktion gegenüber den Sozialarbeitern dar, welche vor allem die fachliche und die organisatorische Verantwortung tragen, die zu ihrem Beruf und zur Einrichtung gehört.

Anderen Arten von Institutionen der Gemeinschaft — wie etwa Krankenhäusern, Schulen, Beratungsstellen, Gerichten und Kindergärten — ist häufig eine Sozialdienststelle angeschlossen, d. h., sie haben einen Fürsorgedienst eingerichtet oder einen einzelnen Caseworker angestellt, dessen Funktion in die Gesamtstruktur eingefügt ist. In diesem Zusammenhang hat die Sozialarbeit eine Hilfsfunktion. Zwei Faktoren haben diese Organisationen bewogen,

---

[8] Ursprünglich war man über diese Terminologie in der Fakultät für Casework der University of Chicago's School of Social Service Administration mit etwas Mißbehagen darüber, nichts Besseres gefunden zu haben, übereingekommen, und zwar in der Ausarbeitung eines Kurses über das Verhältnis vom Aufbau einer Dienststelle zur Casework-Behandlung (vgl. Perlman, 42). Mit dem Ausdruck „primär" wollten wir keinesfalls die Wichtigkeit klassifizieren; wir waren vielmehr der Meinung, daß eine Dienststelle dazu eingerichtet wird, soziale Hilfe, materielle wie auch psychologische, für menschliches Wohlbefinden zu bieten. Auch mit „sekundär" hatten wir kein Werturteil im Auge, sondern nur, daß die Dienstleistungen zusätzlich zu den Hauptfunktionen der gastgebenden Stelle anzusehen seien. Sicherlich werden in vielen psychiatrischen Kliniken die Fachärzte von den Caseworkern zahlenmäßig übertroffen, die dann auch die Hauptlast der Fälle zu tragen haben. Dennoch ist im Rahmen der psychiatrischen Behandlung die grundlegende Autorität und Verantwortung den Ärzten zugeordnet.

von der Möglichkeit der Casework-Hilfe Gebrauch zu machen: Erstens, das Problem einer Person kann richtigerweise dem Nicht-Sozialarbeiter vorgetragen werden, wie z. B. Krankheit dem Arzt und Schulschwänzen dem Schulleiter, aber es mag auch verursacht oder begleitet werden von sozialen oder seelischen Umständen, die das berufsspezifische Wissen und die Hilfsquellen des Sozialarbeiters voraussetzen. Zweitens, die Menschen sind häufig nicht in der Lage, sich der Möglichkeiten zu bedienen, die ihnen an sich leicht zugänglich sind; so z. B. das Schulkind, das den Lehrstoff nicht aufnehmen kann, der Patient, dem Bettruhe verordnet wurde, der sich aber zu Hause diesen Luxus nicht leisten kann, die Mutter, die dem behandelnden Psychiater ihres Kindes mit Mißtrauen gegenübersteht — sie alle bedürfen einer Hilfe, die das zu verwirklichen sucht, was die Organisation sich eigentlich zum Ziel gesetzt hat. Hierin liegt seit langem die Aufgabe des Casework. Als Teil einer gastgebenden Organisation arbeitet die Casework-Abteilung oder der Sozialarbeiter mit zwar verwandten, aber unterschiedlichen Leistungen, um befähigende und stützende Hilfen zu ermöglichen.

Es ist nun leicht zu erkennen, daß der Wirkungsbereich und der Schwerpunkt der Tätigkeit des Caseworkers, die Bedingungen, die seine Arbeit begrenzen oder erweitern, die Autorität und Verantwortung, die sie mit sich bringt, sowohl von der Tatsache, ob es sich um eine primäre oder sekundäre soziale Institution handelt, beeinflußt wird als auch davon, ob diese von öffentlichen oder privaten Mitteln unterhalten wird.

Das dritte charakteristische Merkmal einer Casework-Dienststelle liegt in der Natur ihrer besonderen Funktion. Primäre Organisationen, öffentliche wie private, können bestimmte Bereiche sozialer Bedürfnisse als das Wirkungsfeld abstecken, in dem sie Hilfe anbieten und Fachkenntnisse und spezielle problemlösende Mittel entwickeln. So gibt es beispielsweise Organisationen auf dem Gebiet der Jugendhilfe, die viele Aufgaben haben, während andere sich auf gewisse Teilaspekte spezialisieren, wie etwa Dienststellen für Adoptiv- und Pflegekinder, Kinderheime und Familien- und Erziehungsberatungsstellen. Die Gründe für die Spezialisierung von Casework-Dienststellen sind die gleichen wie bei anderen Fachgebieten — hauptsächlich sind es der Umfang und die Vielfältigkeit moderner Gesellschaftsorganisationen, das immer mehr anwachsende Wissen und die zunehmende Erkenntnis, daß es noch viele zu lösende Probleme gibt. So unmöglich es für den einzelnen ist, alles über die Erfüllung persönlicher und sozialer Bedürfnisse zu wissen, so unmöglich ist es für irgendeine soziale Dienststelle, alle Arten von Hilfsmöglichkeiten bereitzuhalten. Die Entwicklung der Dienststellen geht dahin, Kenntnisse über spezielle Probleme zu fördern und ihnen gerecht zu werden, und die Mitarbeiter solcher Institutionen gewinnen bestimmte Erfahrung und bilden Fähigkeiten im Verstehen und Behandeln dieser Probleme aus. Spezialisierungen entstehen im Casework auch dadurch, daß in einer sekundären sozialen Einrichtung die Hilfe des Caseworkers an die Arbeit anderer Berufsgruppen, wie Medizin, Erziehung, Recht und deren Spezialkenntnisse und Ziele gebunden ist. Ob nun die Dienststelle sehr speziellen oder vielseitigen Bedürfnissen dient: ihre Funktion — wozu sie da ist, was sie fördern oder verhindern soll — bestimmt die Aufgabe des Caseworkers, die Dienste, die er zu bieten hat und die Ziele, für die er arbeitet (siehe Gomberg, 23).

Diese drei Faktoren also — die Finanzquellen, die fachliche Autorität und die besondere Aufgabe — bestimmen die maßgebenden Unterschiede zwischen den verschiedenen Organisationen, die Casework leisten, und zwar in bezug auf ihre Klienten, auf die gebotene Hilfe, auf die Zielsetzung und auf die Voraussetzungen und die Richtung des Hilfsprozesses. Trotz dieser Unterschiede gibt es bestimmte allgemeine Auffassungen in allen Casework-Dienststellen, die dem Caseworker helfen, mit seiner Institution besser vertraut zu sein und sie wirksamer in den Dienst an seinen Klienten einzubeziehen.

Die soziale Dienststelle ist eine Institution, die eingerichtet wurde, um den Willen einer Gesellschaft oder einer Gruppe in dieser Gesellschaft zum sozialen Wohl der Gesellschaft auszudrücken.

Eine soziale Institution verkörpert den Entschluß einer Gesellschaft, ihre Mitglieder vor Versagen im sozialen Bereich zu schützen, Fehlanpassungen zu verhindern und die Entwicklung eines besseren und höheren Niveaus menschlichen Zusammenlebens zu fördern (siehe Towle, 57). Zu diesem Zweck werden Interessen und finanzielle Mittel mobilisiert, um Hilfen und Möglichkeiten in organisierter Form zu bieten. Sich vor Zuständen oder Ereignissen bewahren, diesen vorbeugen oder sie fördern zu wollen schließt ein, daß die unterstützende Gesellschaft bestimmte Zustände oder Handlungen bewertet, d. h. sie für gut oder unerwünscht hält. Die soziale Dienststelle hat deshalb für jene Werte einzutreten, die von der unterstützenden Gesellschaft als erstrebenswert angesehen werden. Sie ist mitberufen, soziale Maßstäbe und Werte zu erhalten oder zu erreichen.

Es ist sowohl für den Klienten als auch für den Caseworker bedeutsam, ob der Klient die Dienststelle als „wir" oder, was häufiger der Fall ist, als „sie" empfindet; er sieht sie als den Ausdruck der Absichten der Gesellschaft ihm und seinesgleichen gegenüber. Schon der äußere Eindruck, den er beim Betreten der Diensträume erhält, wird ihm ein Gefühl davon vermitteln, ob die Gesellschaft Menschen seiner Art respektiert oder nicht. Das Verhalten der Angestellten, von der Sekretärin bis zum Caseworker, wird ihm zu verstehen geben, ob die Gesellschaft, die durch die Dienststelle repräsentiert wird, ihn als ihr zugehörig oder nicht zugehörig betrachtet. Davon werden seine Gefühle entsprechend beeinflußt. Wenn die bei der Dienststelle erreichbare Hilfe dürftig oder von Vorbehalten eingeschränkt ist, wird er dazu neigen, sich gegen die Gesellschaft oder gegen jenen Teil in ihr, der für diese Art der Hilfe eintritt, zu wehren und es ablehnen, sich mit dieser Gesellschaft und ihren angeblichen Zielen zu identifizieren. Wenn dagegen die Hilfe der Dienststelle seine Menschenwürde und seinen menschlichen Wert achtet und zugleich seine menschliche Schwäche akzeptiert, so wird er bereit sein, sich mit der Gesellschaft, die ihn schätzt und ihre Hilfsbereitschaft dartut, einzufühlen.

Wenn ein Caseworker von einer Sozialdienststelle angestellt wird, dann verpflichtet er sich, ihren Zwecken zu dienen und ihre sozialen Intentionen und Werte zu fördern. Er muß sich bewußt bleiben, daß die Dienststelle nicht nur den Mitarbeitern und Ausschußmitgliedern „gehört", sondern ebenso der Gemeinschaft, die sie tatkräftig oder auch stillschweigend unterstützt und ihre Existenz fördert. Er darf dabei jedoch nicht vergessen, daß die Dienststelle ihn seiner fachlicher Kompetenz wegen eingestellt hat und daß zu dieser Kompetenz gehört, die Zulänglichkeit oder Unzulänglichkeit zu beurteilen, mit der die Dienststelle die von ihr erklärten sozialen Aufgaben tatsächlich erfüllt. Daraus ergibt sich einerseits, daß der Caseworker jeden seiner Klienten das Interesse der Gesellschaft, ihm durch die Funktionen und Leistungen der Dienststelle zu helfen, spüren läßt; andererseits muß er in seiner Institution das berufliche Anliegen vertreten, daß die Gesellschaft (und die spezielle Aufgabe, die seine Dienststelle vertritt) dem individuellen sozialen Wohlergehen zu dienen hat.

Jede Sozialdienststelle entwickelt ein Programm, durch das sie den besonderen Problemen begegnet, für deren Lösung sie eingerichtet worden ist.

Dieses Programm besteht aus den Leistungen und Tätigkeiten, durch die die

Ziele verwirklicht werden. Die Wirksamkeit der Mittel und Wege, auf die das Programm einer Sozialdienststelle zurückgreifen kann, hängt von einer Reihe von Faktoren ab: Geldmittel, Kenntnisse und Qualifikation der Mitarbeiter, Interesse und Unterstützung durch die Gemeinschaft, Vereinbarkeit der festgestellten Bedürfnisse mit den zu Gebote stehenden Hilfsmitteln usw. (siehe Lowry, 39).

Fehlt eine oder fehlen mehrere dieser Voraussetzungen, dann kann es sein, daß die Dienststelle ihre Aufgaben nicht voll zu erfüllen vermag. Es ist keineswegs ungewöhnlich, daß die eigentlichen Intentionen einer Dienststelle eher Zukunftsziele sind als der gegenwärtigen Realität entsprechen, weil die Mittel, das Ziel zu erreichen, noch nicht genügend entwickelt sind. Nehmen wir z. B. an, Familienhilfe sei das Ziel einer öffentlichen Institution; mangelt es aber an Geld oder Mitarbeitern oder ist die Zahl der zu behandelnden Fälle zu hoch und der Etat zu niedrig, dann werden diese Unzulänglichkeiten das gesteckte Ziel beeinträchtigen. Es ist auch nicht ungewöhnlich, daß ein Klient bestimmte Bedürfnisse hat, die wohl in den Aufgabenbereich der Dienststelle fallen, aber nicht im Programm der Dienstleistungen vorgesehen sind. So stellte beispielsweise ein freier Verband, der die Kinder- und Jugendhilfe als Aufgabe betrachtete, „die Betreuung und Behandlung von Kindern, die in der eigenen Familie nicht ausreichend versorgt werden können", als seine Funktion fest, das Programm sah jedoch hauptsächlich die Unterbringung in Pflegefamilien vor. Als man sich mit einigen besonders schwer gestörten Kindern befassen sollte, stellte sich heraus, daß das Pflegestellenprogramm nicht ausreichte, die festgelegte Funktion, geschweige denn die Erwartung der Öffentlichkeit zu erfüllen. Glücklicherweise war der geschäftsführende Ausschuß aufgeschlossen genug, um sowohl Geld zur Verfügung zu stellen als auch das Dienststellenprogramm abzuändern, und es wurde eine Behandlungsstelle eingerichtet, die diesen neuen und ungelösten Bedürfnissen Rechnung tragen konnte.

Die Unterscheidung zwischen der Funktion und dem Programm einer Dienststelle ist für den Caseworker von einiger Bedeutung. Wohin das Problem eines Klienten gehört, kann auf Grund der Funktion entschieden werden, aber was bezüglich des Problems getan, wie weit es behandelt werden kann, hängt zu einem großen Teil von dem Programm der Dienststelle ab, die sich damit befassen soll. Während die Funktion einer Dienststelle gleichbleiben kann, sollte das Programm auf die sich ändernden Bedürfnisse der Gemeinschaft, auf die sich verändernden fachlichen Belange und das Wissen um die Probleme und Lösungsmöglichkeiten Rücksicht nehmen.

Es sind vor allem die Caseworker der Dienststellen, die durch ihren ständigen Kontakt mit Menschen, die Lösungen für ihre Probleme suchen, Natur, Umfang und Auswirkungen der jeweiligen sozialen Nöte kennen. Es wäre denkbar, daß sie dieses Wissen außer acht lassen und, falls ihre Dienststelle oder andere weder ein Programm noch die Mittel haben, den Bedürfnissen zu entsprechen, andeuten, daß die dort angebotenen Hilfen unnötig seien. Oder sie wägen, falls sie mehr berufliches Verantwortungsgefühl haben, die Möglichkeiten der Dienststelle gegenüber den akuten Bedürfnissen ab und geben ihre Erfahrungen und Ideen denjenigen Kollegen in der Dienststelle zur Überlegung weiter, die mit der Programmgestaltung und Planung betraut sind. Im ersteren Beispiel hätte der Caseworker seine Identifizierung mit der Sozialarbeit verloren, falls er sie überhaupt jemals hatte. Im letzteren Fall dagegen sähe er seine besondere Casework-Funktion als einen unabdingbaren Teil der Sozialarbeit an. Durch Vorschläge, die zu Änderungen im Programm der Dienststelle führen und durch die deren Nützlichkeit für die Gemeinschaft gehoben wird, trägt er zur Förderung des Allgemeinwohls bei.

Die soziale Dienststelle hat eine Struktur, durch die ihre Verantwortlichkeiten und Aufgaben organisiert und festgelegt werden; sie hat Leitideen und Verfahrensweisen, durch die sie ihre Arbeit stabilisiert und systematisiert.

Die Struktur, graphisch dargestellt, ist sozusagen die Anatomie der Dienststelle. Der Dienststellenkörper besteht aus vielen Gliedern mit unterschiedlichen Absichten und Fähigkeiten, die alle in der Gesamtarbeit des Organismus voneinander abhängig sind. Das Direktorium, die Ausschußmitglieder, die Supervisoren, die Caseworker, die Fachberater und Abteilungsleiter — jeder hat bestimmte Pflichten und gewisse „Muß"- und „Kann"-Aufgaben. Jeder bestimmten Aufgabe stehen Rechte und Verantwortungen zu, und in der Ausführung übernimmt jeder den ihm zugewiesenen Teil der Arbeit mit den dazugehörigen Verpflichtungen und Vollmachten (siehe Follett, 18).

Die kleine Dienststelle, deren Struktur einfach und zwanglos ist, gibt dem Caseworker wenig Probleme auf. Er ist dem Gesamtorganismus der Dienststelle eng verbunden, und sein Verhältnis zu ihr ist unmittelbar und konstant. In der großen Dienststelle kann der Caseworker sich jedoch so weit von der „Spitze" entfernt und von Kollegen mit anderen Aufgaben so isoliert fühlen, daß er meint, mit nichts und niemand als mit seinen Fällen und seinem Supervisor verbunden zu sein. Häufig ist das weniger ein Fehler des Caseworkers als ein Versagen jener, deren Verantwortung es ist, für die Kommunikation unter den Mitarbeitern der verschiedenen Abteilungen der Dienststelle zu sorgen. Die Bedeutung solcher offener Verbindungskanäle kann nicht genug geschätzt werden, da — wie schon früher angedeutet — nur das Gesamt der Eindrücke und Erfahrungen der Caseworker von den Bedürfnissen der Klienten das Programm und das Vorgehen der Dienststelle formen kann (siehe Johnson, 33).

In jeder formellen Organisation müssen die Funktionen klar umrissen und zugeordnet sein, so daß die einzelnen Aufgaben richtig verteilt und verläßlich und fachmännisch durchgeführt werden können. Die Struktur einer sozialen Institution bestimmt für die Mitarbeiter die individuelle und die gemeinsame Verantwortung sowie Vollmachten und Aufgaben und legt die Beziehung zwischen den verschiedenen Funktionen innerhalb der Gesamtorganisation fest. Die Zusammenarbeit zwischen den einzelnen Mitarbeitern — ob nun zwischen Caseworker und Psychiater, Supervisor und Caseworker, Vorstandsmitgliedern und geschäftsführendem Ausschuß, Caseworker und Caseworker — wird in ihrer Wirksamkeit davon abhängen, wie klar jedem einzelnen die Funktion ist, die er ausübt und für die er Verantwortung trägt. Und weiter hängt die Zusammenarbeit davon ab, ob der einzelne erkennt, worin sich seine Aufgaben von denen der anderen unterscheiden und wie sie im Interesse der Gesamtarbeit ineinandergefügt werden können.

Wenn eine Dienststelle sozusagen vom Wort zur Tat übergeht, wenn sie die Ziele ihrer Hilfeleistung zu verwirklichen bereit ist, dann wird es augenscheinlich, daß eine planvolle Geschäftsführung und Dienstanweisung für die Mitarbeiter für eine planmäßige und konsequente Arbeit wesentlich sind. Wir nennen dies „Verfahren". Aber bevor man „verfährt", bedarf es einiger Leitprinzipien und Regeln, die die von Klugheit und Weitsicht im Hinblick auf die Durchführbarkeit der Ziele und Programme gezogenen Grenzen abstecken. Diese formulierten Grundsätze heißen dann „Politik".

Der Caseworker muß die Nützlichkeit des „Verfahrens" wie auch der „Politik" der Dienststelle verstehen, um seine täglichen Aufgaben gut zu erfüllen. Natürlich können ihm diese Dinge gelegentlich „bürokratisch" erscheinen und zu nichts anderem nütze, als ihm und seinem Klienten entgegenzuarbeiten. Manchmal wird er den Sinn gewisser Grundsätze nicht einsehen oder nicht verstehen, was diese oder jene Vorschrift mit ihm und seinen Aufgaben zu tun hat. Und zuweilen kommt es vor, daß Caseworker Grundsätze und Vorschriften als Vorwand benutzen, um weder denken noch sich anstrengen zu müssen.

Für den Caseworker, der sich zum „Sklaven von Vorschriften" macht oder für den, der glaubt, den Klienten dem unerbittlichen Willen der Dienststelle unterordnen zu müssen, können die folgenden Grundvoraussetzungen nicht oft genug wiederholt werden: Die Sozialdienststelle wurde auf Grund des Interesses der Gemeinschaft, bestimmte menschliche Bedürfnisse zu befriedigen, geschaffen. Ihre Form, ihre Organisation, ihr Berufsethos, ihre Arbeitsweise sollen nur dem Zweck dienen, den Bedürfnissen möglichst vieler mit der größtmöglichen Wirksamkeit zu begegnen. Daher liegt der Beweis für die Richtigkeit der Politik und des Verfahrens in ihrer Brauchbarkeit für die Klienten der Dienststelle. Man kann nicht davon ausgehen, daß „es gut ist, weil wir es immer so gemacht haben". Die Aussage muß vielmehr lauten: „Wir arbeiten so, weil es gut ist."

In einigen Dienststellen trifft man Organisationsformen und Verfahrensweisen an, die keinen Nutzen mehr haben. Funktionen und Funktionsformen werden trotz veränderter Bedingungen innerhalb und außerhalb der Dienststelle fortgesetzt und sind verkümmerten Organen im Gesamtorganismus vergleichbar. Wenn ein Caseworker ehrlich der Meinung ist, daß Regeln, Methoden oder Grundsätze der Dienststelle mit deren erklärten Zielen im Dienste der Klienten oder mit ihrer Aufgabe in der größeren Gemeinschaft nicht mehr in Einklang zu bringen sind, dann sollte er die Aufmerksamkeit der Dienststellenleitung darauf lenken und diese Frage zur Diskussion stellen. (Es versteht sich von selbst, daß eine solche Möglichkeit für den Caseworker davon abhängt, ob seine Vorgesetzten ein Arbeitsklima geschaffen haben, das eine Änderung des status quo zuläßt.) Vielleicht kann der fragliche Sachverhalt erklärt oder gerechtfertigt, aber vielleicht muß er auch von Grund auf revidiert werden.

Der Caseworker, der sich gegen Richtlinien auflehnt und diese als Einengung seiner freien und vielleicht einfallsreicheren Arbeit empfindet, sollte den Versuch machen, sich eine Dienststelle vorzustellen, in der jeder jede Arbeit ausführen kann oder wo es der Beurteilung des Caseworkers überlassen bleibt, was getan werden sollte, für wen und unter welchen Bedingungen. Das dadurch geschaffene geistige und emotionale Chaos würde den Caseworker völlig lähmen, und es würde gar nicht lange dauern, bis jemand vorschlüge, daß man doch Regeln aufstellen sollte. Der Klient wäre gänzlich den Urteilen und Vorurteilen des einzelnen Caseworkers ausgeliefert. Darüber hinaus hätte die Gemeinschaft keine Dienststelle, an die sie sich wenden oder die sie unterstützen könnte, sondern bestenfalls ein Aggregat von einzelnen Sozialarbeitern, die sich unter dem gleichen Dach befinden. Welche Fehler ihnen auch in einer individuellen Situation anhaften mögen (Fehler, die größter Wachsamkeit bedürfen), die Gliederung, Politik und Verfahrensweise einer Dienststelle verleihen ihren Dienstleistungen Gestalt, Ordnung, Dauer und Verläßlichkeit.

Die soziale Dienststelle ist ein lebendiger, anpassungsfähiger Organismus, der wie andere lebende Organismen verstanden und verändert werden kann.

Vielleicht geht dieser Vergleich etwas zu weit. Wenn er jedoch eine Vorstellung von der Ähnlichkeit zwischen der Organisation eines Einzelwesens und der einer Dienststelle vermittelt, dann kann er dazu beitragen, die allgemein vorherrschende Meinung, Dienststellen seien starre und unbewegliche Apparate, zu korrigieren. Würde man die Struktur einer Dienststelle als ihre Anatomie bezeichnen, dann könnten ihre Tätigkeiten als ihre Physiologie und die Aufgaben, Einstellungen und Zielrichtungen der Mitarbeiter und des Vorstandes als ihre Psychologie angesehen werden. Wie jeder andere lebendige Organismus hat die soziale Institution ihre Vergangenheit, durch die ihre gegenwärtigen Mittel und Wege beeinflußt werden. Die Umstände ihrer Gründung, ihre Förderer und die sozialen Situationen, denen sie zu begegnen hatte, werden alle zu ihrer heutigen Verhaltensweise beigetragen haben. Sollte sie in einer früheren Entwicklungsphase steckengeblieben sein, dann besteht die Möglichkeit, daß sie angesichts aktueller Probleme unzureichend arbeitet. Setzt sie sich aber mit den sich ändernden inneren und äußeren Ansprüchen fortlaufend und hinreichend auseinander, dann ist eine weitere Fortentwicklung zu erwarten. Ebenso wie die Ziele ihrer Mitarbeiter, so sind auch die Ziele einer Dienststelle von ihren vergangenen, gegenwärtigen und zukünftigen Ausrichtungen und Absichten bestimmt. Die Kompetenz einer Dienststelle hängt von den Stärken und Schwächen ihres Mitarbeiterstabes ab und auch davon, ob die notwendigen Mittel — Geld, aktive Führung, Kooperation und Unterstützung — in ihrer Umgebung vorhanden sind oder nicht. Die Gesellschaft, die die Einrichtung ins Leben gerufen hat, beeinflußt ihren Auf-

bau und ihre Tätigkeit auf mannigfache Weise, während die Dienststelle ihrerseits durch eine verantwortungsbewußte Arbeit auf die Gemeinschaft einwirkt.
Ihre aktiven Beziehungen zu anderen sozialen Dienststellen und Einrichtungen beeinflussen auch den Wirkungskreis und die Natur ihrer Arbeit. Die Hilfe, die gegeben werden kann, hängt von anderen wichtigen und zusätzlichen Organisationen ab. Vom Vorhandensein oder Fehlen anderer Einrichtungen wird die Zweckmäßigkeit der Dienststelle und die Art ihrer Funktion bestimmt. Je mehr sich Verwaltung und Casework-Stab der Zwecke und Aufgaben der Dienststelle im Verhältnis zu anderen sozialen Einrichtungen bewußt sind, um so größer ist die Wahrscheinlichkeit, daß sowohl einzelnen Klienten als auch der Allgemeinheit gute Dienste geleistet werden. Die problemlösenden Mittel vermehren sich in dem Maße, in dem die Dienststelle mit anderen sozialen Einrichtungen verbunden bleibt.

Jeder Mitarbeiter einer Dienststelle spricht und handelt für einen Teil der Gesamtfunktion der Einrichtung, der Caseworker jedoch repräsentiert die Dienststelle in ihrer Funktion, individuelle Hilfe zur Problemlösung zu geben.

Das ist für den Caseworker von mehrfacher Bedeutung. Erstens ist er kein unabhängiger Berufspraktiker, dem die Dienststelle nur Arbeitsräume zur Verfügung gestellt hat. Niemand würde das im Ernst für sich in Anspruch nehmen, aber in der Praxis kommt es nicht selten vor, daß ein Caseworker seine Klienten als ihm zugehörig betrachtet, daß er sich mit seinem Klienten gegen die Dienststelle verbündet oder infolge eines momentanen Zusammenkommens von Übereifer und Verlust des Blickwinkels versucht, die von der Dienststelle verfolgte Politik zu umgehen. Was ein Caseworker mit seinem Klienten und für ihn tun kann, hängt sowohl von seiner beruflichen Verpflichtung und seinem Können als auch von der Dienststelle, die ihn beschäftigt, ab. Die besonderen Zielsetzungen und Bedingungen, die sein Handeln bestimmen, rühren jedoch von der Dienststelle her, die zu repräsentieren er übernommen hat (siehe Perlman, 43 und 44). Das ist der eigentliche Grund, weshalb der Caseworker seine Dienststelle sowohl in ihrem Aufbau als auch in ihrer Tätigkeit kennen und verstehen muß. „Repräsentieren" bedeutet „für jemanden sprechen und handeln", und das ist nur dann möglich, wenn der Caseworker in der vorerwähnten Weise ein inneres Verhältnis zu seiner Dienststelle gewonnen hat.

So ist es dem Caseworker auch unmöglich, etwas zu repräsentieren, mit dem er sich in Widerspruch befindet. Um die Dienststelle vertreten zu können, muß er sich innerlich mit ihr identifizieren und mit ihren Zielen und Plänen einverstanden sein. Das bedeutet nicht, daß der Caseworker sich seiner Dienststelle gegenüber kritiklos verhalten soll. Es bedeutet vielmehr, daß seine Dienststelle jene Hauptmerkmale aufweisen muß, die mit dem Berufsethos und den Normen des Caseworkers weitgehend vereinbar sind. Die Dienststelle muß noch nicht den höchsten Grad ihrer Wirksamkeit erreicht haben, sie kann auch in ihrem Anfangsstadium akzeptierbar sein, wenn sie ein Streben nach Aufwärtsentwicklung erkennen läßt. Auch wenn sie noch manche überholte Verfahrensweisen und Taktiken hat, die dringend einer Verbesserung bedürfen, so ist es doch möglich, sich mit ihr zu identifizieren, wenn sie überwiegend angemessene Mittel benutzt, um erwünschte Ziele zu erreichen und eine Verbesserung angestrebt wird. Wenn jedoch das soziale Wohlbefinden des einzelnen oder der Gesellschaft dauernd anderen Überlegungen untergeordnet wird (vgl. Towle, 58) oder wenn Prinzipien und Arbeitsweisen trotz aller Bemühungen so starr bleiben, daß sie die sozialen Ziele eher blockieren, anstatt sie zu fördern, dann ist es für den qualifizierten Caseworker unmöglich, eine solche Dienststelle guten Gewissens zu repräsentieren.

Hat die soziale Dienststelle eine solide Grundlage und gute Arbeitsweisen, dann kann sie dem Caseworker selbst viel Wertvolles bieten. Jede Sozialdienststelle erwirbt eine Fülle von Kenntnissen und Erfahrungen über die speziellen Probleme, deren Lösung sie sich zur Aufgabe gestellt hat. Die Supervision und die Fortbildungsprogramme, die eine gute Sozialorganisation bietet, sind Mittel, durch welche diese Kenntnisse weitergegeben werden. Der junge Sozialarbeiter, der noch über wenig fachliche Erfahrung verfügt, wird es eher wagen, sich mit den Schwierigkeiten menschlicher Probleme zu befassen, wenn er auf solche gesammelten und systematisierten Erfahrungen zurückgreifen kann. Aber auch den erfahrenen Caseworker, der der Dienststelle mehr zu geben hat, als er von ihr profitiert, werden die organisierten Hilfsquellen der Einrichtung eher in die Lage versetzen, seinen Klienten zu dienen und bessere Hilfsmittel zu entwickeln, als eine Privatpraxis auch nur annähernd bereitstellen könnte[9].

---

[9] Analoge Verhältnisse findet man in der Medizin, wo der Privatpraktiker gern dem Ärztekollegium eines Krankenhauses angehört, damit er aus dem organisierten medizinischen Wissen und den Hilfsmitteln, die eine notwendige Ergänzung seiner Privatpraxis bilden, schöpfen kann.

Wenn auch der Caseworker seine Dienststelle repräsentiert, so ist er doch zuerst und vor allem ein Vertreter seines Berufsstandes[10].
Natürlich ist in allen Fällen, in denen Ziele und Befugnisse der sozialen Dienststelle beruflich qualifizierten Sozialarbeitern zur Ausarbeitung und Ausführung übertragen werden, die Dienststelle selbst ein Instrument des Berufsstandes. Wenn der Caseworker jedoch Meinungsverschiedenheiten mit seiner Dienststelle hat oder wenn er in einer Einrichtung arbeitet, die noch am Beginn ihrer Entwicklung steht, oder aber wenn er in einer Sozialabteilung einer berufsfremden Organisation tätig ist, dann kann es notwendig sein, daß er seine berufliche Identität und Zielsetzung wachsam im Auge behält. Als fachlich qualifizierte Kraft muß er die Philosophie, die die Praxis des Sozialarbeiterberufes bestimmt, kennen und ihr innerlich verbunden bleiben. Das bedeutet: der Caseworker muß stets in der Überzeugung arbeiten, daß das Wohl des Menschen Zweck und Kriterium jeglicher Sozialpolitik ist; daß seine innere Einstellung ein Offensein mit Hingabe an Menschen und Aufgaben, denen er dient, verbinden, daß er „soziales Bewußtsein und soziales Gewissen" bewahren und daß er sich in allen beruflichen Handlungen von ethischen Grundsätzen leiten lassen muß (siehe American Association of Social Workers, 6 und Towle, 57).
Parallel zu diesen Erfordernissen beruflicher Verantwortung hat der Sozialarbeiterberuf einen Katalog von Grundsätzen und Wertvorstellungen darüber entwickelt, was für das Wohl des einzelnen und der Gesellschaft gut oder schlecht ist; über Tatsachen, Ideen und Annahmen, wie das Gute erlangt oder wodurch es beeinträchtigt werden kann; über Hilfsmittel und Fertigkeiten, das Bestmögliche zu erreichen. Diese Grundsätze und Werte werden sich ändern, wie kulturelle Werte und Sitten Wandlungen unterworfen sind; Ideen und Voraussetzungen werden sich ebenso sicher ändern, wie das Wissen über den Menschen und sein Leben sich wandelt und fortschreitet und wie Mittel und Fähigkeiten sich entwickeln, verlagern und sich neuen Erkenntnissen und Ideen anpassen. Aber zu jedem Zeitpunkt richtet sich die Sozialarbeit, wie jeder andere Beruf, an bestimmten menschlichen Werten und Normen aus. Und zu jeder Zeit fühlt sich der Caseworker, als Mitglied des Berufsstandes,

[10] In dieser Untersuchung wird als „beruflich qualifizierter Sozialarbeiter" derjenige betrachtet, der den akademischen Grad eines „Master of Social Work" erworben hat oder eine gleichwertige Ausbildung und Praxis nachweisen kann — jemand, der sich gemäß den Normen der beruflichen Ausbildung ernsthaft auf die Praxis des Casework vorbereitet hat.

eben diesen Werten und Normen verpflichtet. Er wird das weder in papageienhafter Zustimmung tun noch in der selbstgefälligen Annahme, daß der Beruf als solcher ihm schon Würde verleihe, sondern er wird in ständiger Wachsamkeit seine tägliche Praxis und die seiner Dienststelle am Maßstab dessen prüfen, was sein Berufsstand für gut und richtig erachtet. Wie er sein Wissen und Handeln an seinen Idealen ausrichtet, so wird er sich auch bemühen, sein Wissen ständig zu vermehren und sein Handeln zu verbessern. Das geschieht nicht nur zum Wohle seiner Klienten, denen er hilft, sondern es bereichert auch die Kenntnisse und Erfahrungen seiner Dienststelle und des gesamten Berufs.

Doch nun zurück zur Person mit einem Problem. Wenn sie eine Sozialdienststelle betritt, mag sie ihr nur als ein Büro erscheinen, wo „man" vielleicht fähig und willens ist, ihr Hilfe zuteil werden zu lassen oder nicht. Aber sogar in einer kleinen Dienststelle begegnet sie einer Organisation, die die Interessen und Wertvorstellungen einer Gemeinschaft repräsentiert und die mit ihrem Mitarbeiterstab jene Mittel zur Verfügung stellt, die zur Lösung ihres Problems erforderlich sind. Als ihr Klient wird sie die Dienststelle und ihre Nützlichkeit für sie durch die fachlichen Dienste des Caseworkers kennenlernen. Diese Hilfe, ob sie nun dem physischen, sozialen oder psychischen Wohl eines Klienten oder allen zusammen dienen soll, wird ihm in einem Prozeß zuteil, der bestimmte fachliche Methoden und Verhaltensweisen in sich vereint. Mit der Natur dieses Casework-Prozesses befassen sich die nächsten Kapitel.

5. Der Prozeß

Der Casework-Prozeß ist im wesentlichen ein Prozeß des Problemlösens. Allerdings muß sofort gesagt werden, daß dies nicht bedeutet, daß die Einzelhilfe alle Probleme, mit denen sie konfrontiert wird, lösen kann, noch bedeutet es, daß es das Problem als solches ist, dem der Caseworker vornehmlich seine Bemühungen zuwendet. Diese Feststellung leitet sich vielmehr von dem Gedanken her, daß das menschliche Leben selbst einen problemlösenden Prozeß darstellt, eine ständige Veränderung und Bewegung, innerhalb derer der Mensch daran arbeitet, sich an die äußeren Gegebenheiten oder diese sich selbst anzupassen, um ein Maximum an Befriedigung zu erreichen. Das ist das Bemühen eines jeden Menschen vom Augenblick seiner Geburt bis zu dem seines Todes — bewußt wie auch unbewußt. Es betrifft größere und kleinere Probleme von zweierlei Art: einmal Unzufriedenheit und Unbehagen durch Zufriedenheit und Behagen zu ersetzen, zum anderen die Suche nach größerer oder mehr Befriedigung. Wenn wir von einem Menschen sagen, er sei „gut angepaßt" oder psychisch gesund oder er führe ein glückliches Leben, dann meinen wir damit nicht, daß er oder seine Lebensumstände in einer Art schwebender Vollkommenheit erstarrt sind. Wir meinen vielmehr, daß die augenblicklichen Probleme, denen er gegenübersteht, nicht so zahlreich oder nicht so überwältigend sind, daß er sie nicht meistern könnte, oder mit anderen Worten, wir glauben, daß er sich in ausreichender und angemessener Weise mit seinen alltäglichen Problemen auseinandersetzt (vgl. Jahoda, 32).

Ein großer Teil unseres täglichen Problemlösens spielt sich in uns ganz unbemerkt ab. Die Wahrnehmung einer Problemsituation, das Überdenken ihrer Ursachen und Wirkungen, die Betrachtung und Wahl des Weges, wie ihr zu begegnen sei — alles das kann in uns vorgehen, ohne daß wir uns voll bewußt sind, daß wir etwas so wichtig Klingendes wie „Problemlösen" tun. Wir mögen das „etwas überdenken" nennen, „etwas ausprobieren" oder „es darauf ankommen lassen" — und sogar das letztere bedeutet eine Art Problemlösen, wenn auch eine recht ungenügende, weil darin ein Sprung von einer halben Erkenntnis zu einer Versuchshandlung ohne rechte Überlegung und Beurteilung liegt. Wir werden uns unserer problemlösenden Tätigkeit bewußt, wenn wir auf ein Problem stoßen, das zu groß oder zu schwierig ist, um auf die für uns übliche Art und Weise gelöst zu werden. Dann bemühen wir uns, unsere Ich-Kräfte zu sammeln und zu organisieren, um das, was wir uns vorgenommen haben, zu erreichen. „Überlegen wir erst einmal", sagen wir zu uns selbst, „wofür steht x in diesem Problem?" „Halt, langsam", beschwören wir uns, „entscheide dich nicht, bevor du alles gründlich überlegt hast". „Wie komme ich jetzt weiter?", fragen wir uns am Scheideweg eines Entschlusses, und so fort. Was wir in diesen Selbstgesprächen tun, ist der Versuch, unsere Kräfte so zu lenken, daß wir klarer sehen, daß wir Gedanken und Gefühle, die sich einmischen, besser sondieren und ordnen und daß wir umsichtiger und genauer überlegen können, um die wirksamsten Maßnahmen zu ergreifen. Das sind wichtige, normale Ich-Tätigkeiten, die sich in allen problemlösenden Bemühungen des Menschen vorfinden.

Glücklicherweise gilt für uns alle, daß es manche Lebensprobleme gibt, die sich „von selbst" lösen oder für uns gelöst werden. Änderungen der Geschehnisse oder Umstände stellen unser Gleichgewicht wieder her und entheben uns der Notwendigkeit zu handeln, uns zu ändern oder uns anzupassen. Aber es gibt wohl keinen erwachsenen Menschen, der nicht im Laufe eines jeden Tages irgendein Dilemma bewußt lösen muß, sei es etwas so Geringfügiges wie die Wahl dessen, was er anziehen oder essen soll, oder etwas so Ernsthaftes wie Familien- oder internationale Beziehungen. Wenn wir aber einem Problem begegnen, das unseren Bemühungen, damit fertig zu werden, trotzt oder das zu seiner Lösung Mittel benötigt, die wir nicht aufbringen können oder die uns nicht zur Verfügung stehen, dann wenden wir uns an Personen, deren Verständnis, Fachwissen oder berufliche Möglichkeiten uns eine Hilfe sein könnten. Das ist es auch, weshalb Menschen, die mit ihren sozialen oder zwischenmenschlichen Problemen nicht fertig werden, zu Caseworkern kommen oder geschickt werden.

Um zu verstehen, was der Casework-Prozeß in seine problemlösende Hilfe einbeziehen muß, ist es notwendig, sich zunächst darüber klarzuwerden, welche Hindernisse sich den normalen menschlichen Anstrengungen, Probleme zu lösen, entgegenstellen können.

Die folgenden sechs zählen zu den häufigsten:

1. Ein Problem kann nicht gelöst werden, wenn einem Menschen die notwendigen Mittel und Wege nicht zur Verfügung stehen. Ein Klient kann z. B. sein Problem und dessen Lösung völlig richtig sehen, es fehlen ihm nur die materiellen Voraussetzungen.

Soziale Dienststellen verfügen über viele dieser Voraussetzungen. Manchmal jedoch kann deren Anwendung oder deren Art ein neues Problem schaffen, und dann braucht der Klient die Hilfe des Caseworkers, um sich anzupassen und zu einem Kompromiß zwischen seinen Vorstellungen und den tatsächlichen Lösungsmöglichkeiten zu kommen.

2. Zuweilen sind Menschen einfach aus Unkenntnis oder Mißverständnissen gegenüber dem Sachverhalt des Problems oder den vorhandenen Lösungsmöglichkeiten außerstande, ihr Problem zu lösen. Beispiele für Unkenntnis sind der Vater, der das Stottern seines Kindes nur für eine „schlechte Angewohnheit" hält oder der Junge, der glaubt, sein Masturbieren führe zur Geisteskrankheit. Als Beispiel für Mißverständnisse möge das Mädchen dienen, das schwanger ist und nur einen radikalen Ausweg sieht oder die Mutter, die ihren Mann verloren hat und nun meint, sie müsse ihre Kinder in ein Heim geben, um für deren Unterhalt sorgen zu können. Mangelnde Kenntnisse und fehlende Voraussetzungen können, wie fehlende Wörter in einem Rätsel, ein Problem unlösbar erscheinen lassen.

In solchen Situationen kann der Caseworker die notwendigen Kenntnisse, Interpretationen oder Mittel bereitstellen, die den Sachverhalt des Problems und die potentiellen Hilfsquellen sichtbar machen. In manchen Fällen wird eine Erklärung genügen, aber oft wird es notwendig sein, zunächst emotionale Blockierungen auszuräumen oder abzubauen, die die eigentliche Ursache für das „Nicht-Wissen" um das Problem sind.

3. Es ist schwierig, ein Problem zu beseitigen, wenn die emotionalen oder physischen Kräfte des Menschen, den es belastet, vermindert oder erschöpft sind. Er muß sich selbst mobilisieren — sich „zusammennehmen" —, wenn er einen Plan zu machen und sich danach zu richten hat. Für eine solche Aktivierung ist Energie unentbehrlich. Bei physischer Erschöpfung, wie sie durch Krankheit, Unterernährung oder Überarbeitung hervorgerufen wird, oder bei emotionaler Erschöpfung, die auftreten kann, wenn der Mensch mit Konflikten zu kämpfen hat, die ihn überfordern (er ist „erledigt", „fertig", „ein Wrack"), kann die Fähigkeit des Menschen, nach vorn zu blicken, klar zu denken oder sich zu etwas aufzuraffen, auf den Tiefstand absinken.

Unter solchen Umständen kann es für den Caseworker notwendig werden, zunächst mit physischer und psychischer Unterstützung das Gleichgewicht des Klienten so weit wiederherzustellen, daß er sein Problem ins Auge fassen und anpacken kann.

4. Es gibt Probleme, die sehr heftige Gefühle in einem Menschen hervorrufen — Emotionen, die so stark sind, daß sie seine Vernunft überwältigen und sich der bewußten Kontrolle widersetzen. Manchmal sind solche Gefühle durchaus angebracht, wie große Trauer bei einem Todesfall oder starke Besorgnis wegen einer ernsten Krankheit. In anderen Fällen können es „Überreaktionen" sein, verursacht durch das Wiederaufleben früherer, latenter Gefühle, die die gegenwärtigen noch steigern. Heftige und starke Gefühle können die Fähigkeiten eines Menschen zerrütten — sie „reißen ihn in Stücke". Man sagt, daß jemand „blind vor Wut", „gebrochen vor Kummer" oder „erstarrt vor Angst" sei, und in diesen alltäglichen Wendungen wird die lähmende Wirkung emotionaler Störungen sehr treffend ausgedrückt. Wenn das Problem einen „Gefühlsbrand" entfacht, dann werden die Denkprozesse des Menschen, die sehr fein auf seine Gefühle abgestimmt sind, nebelhaft und verworren.

In solchen Fällen muß der Caseworker sowohl die Gefühle des Klienten befreien als auch den Druck des Problems mildern, so daß der Klient versuchen kann, wieder „klarzusehen", die Situation in ihrer Auswirkung auf ihn und umgekehrt zu analysieren und andere Anpassungsmöglichkeiten ins Auge zu fassen.

5. Das Problem kann im Menschen selbst liegen; das heißt, er kann von Gefühlen abhängig geworden sein, die sein Denken und Handeln seit langem beherrschen. In diesem Fall sind die Gefühle des Betreffenden nicht notwendigerweise akut und heftig, sondern sie können so tiefliegend sein, daß sie ihrem Besitzer nahezu unbekannt sind. Nichtsdestoweniger bleiben sie im Unterbewußtsein lebendig und üben einen beträchtlichen Einfluß auf das Denken und Handeln ihres Opfers aus. „Ich sehe die Situation ganz klar", sagt ein Mann — womit er durchaus recht haben kann —, „aber ich scheine nichts daran ändern zu können". „Ich verstehe, was Sie meinen", sagt eine Frau, „aber wenn ich es auszuführen versuche, dann wird bestimmt nichts daraus". Wenn das wiederholt geschieht, wenn ein Mensch trotz harter Bemühungen und guten Willens und trotz der Tatsache, daß seinen Gefühlen in Wirklichkeit keine Gewalt angetan wird, in der Umklammerung einer stereotypen Reaktion verharrt, dann liegen Symptome einer Neurose vor. Irgendwo in der Vergangenheit dieses Menschen blieb ein Problem von großer emotionaler Bedeutung ungelöst, wurde unterdrückt, sozusagen begraben, ohne tot zu sein. Dieses ungelöste Problem wirkt auf die Art und Weise ein, in der er seine gegenwärtigen Probleme sieht, wie er darüber denkt oder wie er sie zu hand-

haben sucht, und das um so mehr, wenn ein Teil davon seinem ursprünglichen Problem ähnelt.

Gelegentlich wird der Aufruhr, den dieses Sturmzentrum verursacht, durch die Modifikation oder Lösung anderer Probleme beruhigt. Manchmal sind allerdings radikalere Formen der Hilfe, als die Soziale Einzelhilfe sie geben kann, angebracht, wie etwa Psychoanalyse, die, im Unterschied zum Casework, versucht, den unbewußten Konflikt dem Bewußtsein seines Trägers zugänglich zu machen. Aber in den meisten Fällen muß die Soziale Einzelhilfe einem Menschen helfen, mit sich selbst zurechtzukommen; sie hat nicht sein emotionales Grundproblem zu lösen, aber sie muß es so weit modifizieren, daß er seine Triebkräfte erfolgreicher lenken kann. Dadurch wird er seine Handlungen und Reaktionen gegenüber Personen und Umständen im gegenwärtigen Leben leichter übersehen und einschätzen können, und es wird ihm helfen, sein individuelles Verhalten zu erkennen, dessen Werte richtig einzuordnen und sein Handeln nach anderen, angemesseneren Maßstäben auszurichten.

6. Für manche Menschen wird das Lösen von Problemen schwierig, weil sie niemals systematische Gewohnheiten oder geordnete Methoden des Denkens und Planens entwickelt haben. Sie sind von Natur aus meist impulsiv oder von ihren Lebenserfahrungen her genötigt, ständig „auf der Stelle zu treten", und neigen dazu, das Leben als eine Reihe unzusammenhängender, zufälliger Episoden anzusehen. Sie reagieren deshalb auf Probleme meist im Catch-as-catch-can-Stil. Wenn sie eine vorherrschend optimistische Veranlagung besitzen, glauben sie, daß die Dinge sich schon irgendwie wieder einrenken werden; sind sie mehr pessimistisch, dann überlassen sie sich ihrem Schicksal oder machen sich auf eine fruchtlose Weise Sorgen um ihre Lage, indem sie sich in ihren Gedanken im Kreise drehen. Es fällt ihnen schwer, die Beziehungen zwischen Ursache und Wirkung zu sehen, und sie betrachten sich in bezug auf ihr Problem als Objekt und nicht als handelnde Person. Wenn diese Blindheit in der Persönlichkeit tief eingewurzelt ist, dann handelt es sich wieder um eine Neurose; in anderen Fällen jedoch liegt die Schwierigkeit hauptsächlich in der mangelnden Erfahrung des Menschen, seine Kräfte in angemessener Weise aufzubieten, um seinen Problemen zu Leibe zu rücken.

Sollte sich letzteres als die Schwierigkeit erweisen, dann muß der Caseworker mit dem Klienten immer wieder die einzelnen Schritte des Problemlösens üben in der Hoffnung, daß diese Schritte zur Gewohnheit werden: das Anvisieren

der maßgebenden Faktoren, das Abschätzen ihrer Bedeutung und der Lösungsmöglichkeiten und das Hinarbeiten auf Handlungen, die mit Wissen und Vorbedacht geplant sind [11].
Sobald man diese Voraussetzungen versteht, die es vielen Menschen schwer,
ja manchmal unmöglich machen, sich ohne Hilfe durch ihre Probleme hin-
durchzukämpfen, wird klar, daß die benötigte Hilfe aus mehr bestehen muß
als aus Rat und Tat. Problemlösung in Zusammenarbeit mit der Person, deren
innere und äußere Kräfte versagt haben, muß einschließen, daß man sich mit
den Triebkräften, den Gefühlen, den Haltungen, den Vorstellungen und den
Verhaltensweisen des Klienten beschäftigt, und zwar in ihrer Beziehung zur
Art des Problems und zu den vorhandenen Hilfsquellen.
Wie alles das erreicht werden kann, ist das fachliche Problem, dem sich der
Caseworker gegenübersieht. Es gelingt ihm nur dann, wenn er eine metho-
dische Vorstellung davon hat, wie das Problem zu erfassen ist (und dann, wie
er dem Klienten helfen kann, es zu erfassen), wie es zu verstehen ist (und
dann, wie er dem Klienten hilft, es zu verstehen), und wie er daran arbeiten
will (und wie er den Klienten dazu bekommt, daran zu arbeiten). Kurz gesagt, der als „Casework" bezeichnete problemlösende Prozeß versucht seine
Arbeitsmethoden, Wissensquellen und organisierten Maßnahmen in den Le-
bensprozeß des Klienten zu injizieren, wodurch dessen eigene Anstrengungen
zur Lösung seines Problems wesentlich unterstützt werden. Manchmal gelingt
es auf diese Weise, das eigentliche Problem zu lösen; manchmal wird es nur
modifiziert, aber immerhin doch so weit, daß der Mensch leidlich damit leben
kann; manchmal gewinnt er durch sein Bemühen einen hinreichenden Abstand von seinem Problem, so daß er auch dann, wenn das Problem bestehen-
bleibt, damit fertig werden kann.
*Der Zweck des Casework-Prozesses ist, den Menschen selbst zu veranlassen,
an dem einen oder mehreren seiner Probleme zu arbeiten und sich damit auseinanderzusetzen, und zwar mit jenen Mitteln, die für sein Vorwärtskommen
im Leben am besten geeignet sind.*
Diese Mittel sind vor allem:
1. das Angebot einer therapeutischen Beziehung, die den Klienten stützt und
seine emotionale Einstellung gegenüber seinem Problem beeinflußt;

---

[11] Diese Hauptarten von Casework-Hilfe sind präzise, wenn auch in anderer Weise beschrieben in
„Scope and Method of the Family Service Agency" (53).

2. das Angebot einer systematischen, doch stets flexiblen Möglichkeit für den Klienten, die Art seines Problems, seine Beziehung zu ihm und dessen Lösungsmöglichkeiten zu diskutieren und daran zu arbeiten;

3. das Angebot solcher Gelegenheiten und Hilfen (im Gespräch und durch konkrete Hilfsmittel), die weiterhin die adaptive Tätigkeit des Klienten im Hinblick auf sein Problem fördern und zum Erfolg führen.

Eine ausführlichere Erörterung dieser einzelnen Punkte findet sich in den folgenden Kapiteln. Einige weitere einführende Bemerkungen sind jedoch hier am Platze.

Das Problemlösen, das ja die ganze Kraft des Klienten in Anspruch nimmt, erfordert vor allem, daß er spürbare Hilfe erfährt, um seine verworrenen Gefühle, die ein angemessenes Verhalten verhindern oder verzerren, zu beruhigen, abzuschwächen oder umzuwandeln. Diese Art der Hilfe durchdringt den ganzen Casework-Prozeß des Problemlösens, und gerade das unterscheidet die Casework-Hilfe in bemerkenswerter Weise von anderen problemlösenden Prozessen, die hauptsächlich intellektueller Natur sind. Diese besondere Hilfe wird auf verschiedene Weise gewährt; die beständigste ist das Angebot zur Aufnahme und Aufrechterhaltung der Beziehung zwischen dem Caseworker und seinem Klienten. Das ausgesprochene und bewiesene persönliche Interesse des Caseworkers, sein Wunsch und seine Fähigkeit, eine Hilfe zu sein, sein nie erlahmendes Einfühlungsvermögen, seine Aufgeschlossenheit und sein Wissen — all das bildet gleichsam eine rettende Insel für den Menschen, der in Not geraten ist. In dieser schützenden Atmosphäre von Verständnis und Unterstützung kann sich der Mensch sicher und stark genug fühlen, um seinen Problemen ins Auge zu sehen und sie entschlossen anzupacken.

Die Pflege der Beziehung ist aber nicht alles. Es ist notwendig, daß alle ihm innewohnenden Fähigkeiten und Möglichkeiten vom Klienten voll ausgenützt werden und daß er sich eingehend mit seinem Konflikt oder seiner Problemsituation auseinandersetzt. Die Gründe dafür sind sowohl praktischer als auch philosophischer Natur. „Wir lernen durch eigene Erfahrung", sagt ein erzieherischer Grundsatz, und hier, wie in allen Lebenssituationen, erweist es sich, daß die Entwicklung der Fähigkeit zu vorbedachtem Handeln nur durch Übung vorangetrieben werden kann. Natürlich ist es möglich, für einen anderen zu denken und ihm fertige Lösungen zur Verfügung zu stellen. Aber unter solchen Umständen bleibt dieser nur Nutznießer der Lösung, er bewirkt sie

nicht selbst. Dann können sich zwei Dinge ereignen: Seine Selbstverantwortlichkeit könnte dadurch geschwächt und seine Abhängigkeit von jemand anderem verstärkt werden. Vorgefertigte Ideen oder Handlungen passen sich oft
nicht den Bedürfnissen und Fähigkeiten dessen, der sie verwenden soll, an,
und daher könnte ihre Verwendung zum Mißerfolg führen. Ein Beispiel für
das erstere wäre der „gute" Klient, der wie ein gehorsames Kind genau das
tut, was die Autoritätsperson vorschlägt oder verlangt, und der an dieser Person, die für ihn richtunggebend ist, wie an einem Rettungsanker hängenbleibt.
Ein Beispiel für das zweite ist der Klient, der zwar bewußt tun möchte, was
ihm vorgeschlagen wurde, der aber irgendwie unfähig ist, es auszuführen. Er
„wollte zum Arzt gehen", wie es der Caseworker vorgeschlagen hatte, aber
„etwas ist geschehen", das einen Aufschub notwendig machte usw. Deshalb
wird ein Mensch nur dann, wenn er seine eigenen Kräfte zum Problemlösen
einsetzen kann, imstande sein, Zielstrebigkeit und Selbstvertrauen zu entwickeln. Und nur so werden die Widerstände und Unzulänglichkeiten in ihm
selbst, die ein angemessenes Handeln verhindern können, erkannt und einer
Änderung zugänglich gemacht.

Über diesen praktischen Überlegungen steht natürlich der demokratische
Grundsatz, daß jeder Mensch das Recht auf Selbstbestimmung hat: Innerhalb
der Grenzen der vorgegebenen Realität hat jeder Mensch das Recht, „Herr
seiner Seele und seines Geschicks" zu sein. Dieses „Recht" ist sein Besitz. Das
Bemühen des Caseworkers muß sein, dem Menschen zu helfen, dieses Recht
zu seinem besten Wohl anzuwenden. Zu entscheiden, was er sein oder tun soll,
im Gegensatz zu blindem Tun und Lassen, erfordert wiederum den bewußten
Einsatz der rationalen Kräfte des Menschen.

Deshalb schließt der problemlösende Casework-Prozeß auch und immer das
volle Engagement und die rückhaltlose Mitwirkung des Klienten ein. Um dem
Menschen zu helfen, sich selbst zu helfen, ist der Caseworker bestrebt, dessen
eigene Aktivität als denkendes, fühlendes und handelndes Wesen anzu-
stacheln, hervorzulocken und anzuspornen. Um einem Klienten zu helfen, daß
er sich durch sein Problem hindurchdenken und hindurchfühlen kann, muß der
Caseworker klare Vorstellungen über einen wirksamen und ordnungsgemäßen
Weg haben, der zum Ziele führt.

*Im Gegensatz zu der Methode, durch Versuche und Irrtümer zu Resultaten
zu gelangen, besteht fachkundiges Problemlösen aus drei wichtigen Handlungen*[12]. *Dringende Notfälle werden oft die logische Aufeinanderfolge um-*

werfen, aber jede bewußte Anstrengung, sich aus einer schwierigen Situation auf die Lösung zuzubewegen, muß dieser Methode des Vorgehens folgen:

1. Die Fakten, die ein Problem ausmachen und darauf einwirken, müssen festgestellt und erfaßt werden. Solche Tatbestände können objektive Realität und subjektive Reaktion sein, Ursache und Wirkung, sie können die Wechselbeziehung zwischen der Person und ihrem Problem, die erstrebten Lösungen, die erreichbaren Mittel usw. betreffen.

2. Man muß über die Tatbestände nachdenken, d. h., sie müssen überlegt, gründlich erforscht und neu gruppiert werden; man muß sie in ihrer Beziehung zueinander untersuchen und auf ihre Bedeutung prüfen. Sie müssen im Hinblick auf ihre Ähnlichkeit mit oder auf ihren Unterschied von anderweitig bekannten Fällen betrachtet werden. Zusammenhänge zwischen Triebkräften und Zielen, zwischen Hindernissen und Absichten usw. sind herzustellen. Kurz gesagt, die Fakten müssen analysiert und von Vorstellungen geordnet werden, die aus Erkenntnis und Erfahrung stammen und auf das Problemlösen als Leitziel ausgerichtet sind.

3. Es muß eine Wahl oder Entscheidung getroffen werden, die das Endergebnis der Betrachtung der einzelnen Tatbestände darstellt und die entweder die Lösung des Problems herbeiführt oder doch auf sie hinzielt. Eine solche Entscheidung kann in der Auswahl bestimmter äußerer Maßnahmen bestehen oder, und das ist eine differenziertere Möglichkeit, in dem Versuch, einen Wandel in der Einstellung des Klienten zu seinem Problem herbeizuführen. Immer aber muß die Entscheidung durch eine problembezogene Handlung auf ihre Stichhaltigkeit geprüft werden — durch eine besondere Maßnahme oder durch ein geändertes inneres oder äußeres Verhalten in Beziehung zu dem Problem.

Der Leser wird sofort erkennen, daß diese drei Vorgänge mit den logischen Schritten beinahe parallellaufen, die im Casework lange bekannt und im Gebrauch sind: Fallstudie (Sammeln von Fakten), Diagnose (Überdenken und Ordnen der Fakten, um zu einer bedeutungsvollen, zielgerichteten Erklärung zu kommen) und Behandlung (Anwendung der Schlußfolgerungen in der Richtung, was am Problem getan werden kann und wie das geschehen könnte).

---

[12] Das grundlegende Material in diesem Abschnitt und in anderen, die das Problemlösen behandeln, wurde erstmals in einem Vortrag auf der National Conference of Jewish Communal Services im Mai 1953 vorgelegt (vgl. Perlman, 45). Siehe auch Dewey (14 und 15), dem ich für die Entwicklung meiner Ideen über das Problemlösen sehr verpflichtet bin.

Aber die Formel: Fallstudie—Diagnose—Behandlung war schon immer ein Stein des Anstoßes im Casework; sie hat dem Praktiker manche Schwierigkeiten bereitet. Zu den Schwierigkeiten, die sich der Brauchbarkeit dieser Formel in den Weg gestellt haben, gehört, daß in der Praxis mehr problemlösende Aktivität vom Caseworker ausgegangen ist als vom Klienten selbst. Das läuft darauf hinaus, daß der Klient von den Anstrengungen des Caseworkers abhängig wird, anstatt von diesem als aktiver Partner seiner Bemühungen angesehen zu werden. Die Vorstellung von der Problemlösung besteht nicht darin, einen grundlegenden Wandel in der Struktur des Casework-Prozesses hervorzurufen, sondern vielmehr darin, andere Akzente zu setzen und eine neue Dynamik ins Spiel zu bringen.

Problemlösen schließt ein, daß Caseworker wie Klient sich von Anfang an gleichzeitig und bewußt, wenn auch auf verschiedene Weise, engagieren. In der problemlösenden Tätigkeit ist es nicht selbstverständlich, daß die Behandlung auf Fallstudie und Diagnose zu warten hat. Vielmehr sind die Anpassungsmechanismen des Klienten von Anfang an in die Arbeit an seinen Schwierigkeiten einbezogen. Die Feststellung der Fakten, die gemeinsam mit dem Klienten geschieht, kann in sich selbst eine Handlung sein, die Klarheit und Ordnung in seine Vorstellungen bringt. Das Besprechen und Überdenken der Gefühle des Klienten und der Ansporn und die Hilfe, die ihm gegeben werden, um seine Einstellung, sein Verhalten, seine Nöte und seine Ziele zu durchdenken, sind in sich selbst Erfahrung und Übung in der Anpassung. (Aus diesen Überlegungen und Handlungen bezieht der Caseworker einen großen Teil dessen, was er zu seiner Diagnose benötigt.) Die nächsten Schritte, die dann aus überlegter Wahl entstehen, das Planen der Maßnahmen oder interne Abmachungen beziehen alle vollziehenden und integrierenden Funktionen des Ich mit ein. Der dynamische Unterschied zwischen der Formel Fallstudie—Diagnose—Behandlung und der Vorstellung des Problemlösens liegt darin, daß letztere von Handlungen Gebrauch macht, die parallel mit denen des Ich im problemlösenden Prozeß verlaufen. Darüber soll später noch mehr gesagt werden.

Schließlich müssen für die Lösung oder Milderung vieler Probleme gewisse materielle Mittel oder dem hilfsbedürftigen Menschen erreichbare Möglichkeiten vorhanden sein, zu deren Nutzung man ihm verhelfen kann.

Geld, medizinische Betreuung, Kindergärten, Stipendien, Pflegestellen, Einrichtungen für Freizeit und Erholung — das sind Dinge, die jeder Mensch benötigen kann, um ein gegebenes Problem seines täglichen Lebens zu lösen. Daß der Caseworker diese Möglichkeiten kennen oder daß er zumindest wissen sollte, woher er entsprechende Informationen beziehen kann, liegt auf der Hand. Daß er auch imstande ist, sie im Hinblick auf das Problem des Klienten einfallsreich auszuwählen, ist jedoch von großer Wichtigkeit. Aber auch wenn solche Möglichkeiten sorgfältig durchdacht wurden, erhebt sich oft das Problem, dem Menschen, der sie benötigt, zu helfen, sie gut und richtig anzuwenden. Ebenso wie ein Verdurstender nicht auf einmal alles Wasser, das sein Körper braucht, trinken kann oder wie der Mensch, der nahe am Verhungern ist, nur vorsichtig Nahrung zu sich nehmen darf, so können auch Menschen, die andere lebensnotwendige Dinge entbehren, die ihnen gewährte Hilfe nicht gleich in vollem Umfang annehmen und auswerten. Vom Zahnschmerz bis zur Hilfe des Zahnarztes führt tatsächlich ein einfacher problemlösender Schritt; von der Einsamkeit zu den Möglichkeiten des Gruppenlebens scheint es einen leicht begehbaren Weg zu geben. Und doch, in diesen und ähnlichen Situationen mag das, was auf den ersten Blick als eine gute Lösung des Problems erscheint, für den Klienten ein nahezu unüberwindbares Hindernis darstellen. Es kann dann notwendig werden, daß der Caseworker dem Klienten hilft, sich mit dem Problem auseinanderzusetzen, was die Lösung als solche für ihn bedeutet. Überdies muß sich der Caseworker von der direkten Arbeit mit dem Klienten häufig dem Versuch zuwenden, die Vermittlung der Hilfe zu vereinfachen oder vorzubereiten, so daß diese dem besorgten Klienten vertrauter und leichter annehmbar erscheint. Kurz gesagt, der Casework-Prozeß umfaßt nicht nur die kenntnisreiche und einfühlende Anwendung der Hilfsmöglichkeiten, die seine Umgebung bereithält, sondern auch die konkrete Beschäftigung mit ihnen, damit sie vom Klienten besser ausgenutzt werden können. Zusammenfassend kann also gesagt werden, daß der Casework-Prozeß ein problemlösender Prozeß ist, der planmäßige, systematische Methoden anwendet, die für jedes wirksame, auf das Handeln ausgerichtete Denken und Fühlen grundlegend sind. Da die Probleme, mit denen er sich befaßt, das soziale Leben des einzelnen betreffen, muß ihre Lösung von den Personen, die in diese Probleme verwickelt sind, und über sie gefunden werden. Aus diesem Grunde versucht der Caseworker dem Klienten zu helfen, sich selbst und seine Situation richtig zu sehen und einzuschätzen und ihn seiner Einsicht gemäß zum Handeln anzuregen. Angesichts dieser starken emotionalen Faktoren, die das Tun eines Menschen in verschiedener Weise blockieren oder fördern können, bietet das Casework ein „Klima", das emotionell befreiend und stützend wirkt und das eine Verbindung herstellt, die als Casework-Beziehung bekannt ist. Innerhalb dieser Beziehung suchen beide, Caseworker und Klient, ständig nach Wegen, das Problem zu lösen oder ihm wirksam zu begegnen. Diese Wege finden sich in den Mitteln und Möglichkeiten seiner Umwelt und im Klienten selbst. Immer aber gewährt der Caseworker, der sich mit tiefer Einfühlung auf den einzelnen Menschen eingestellt hat, Unterstützung und Anregung, so daß der Klient seine gegenwärtigen oder latenten Kräfte einsetzen kann, um vom Konflikt zur Lösung, aus der Sackgasse heraus zu Entschlüssen und Taten zu gelangen.

Sowohl die therapeutische Beziehung des Casework als auch die bewußten, adaptiven Operationen, die zur problemlösenden Tätigkeit gehören, sind komplexe Phänomene. In der Praxis sind sie untrennbar und abhängig voneinander. Aber um ihr Wechselspiel und ihr Ineinandergreifen ganz zu verstehen, müssen sie jeweils für sich betrachtet werden. Deshalb sollen die Natur der Beziehung zwischen Caseworker und Klient und die der problemlösenden Arbeit als die Hauptteile des Casework-Prozesses in den folgenden zwei Kapiteln einzeln besprochen werden.

6. Die Beziehung zwischen Caseworker und Klient

Wesentliche Beziehungen zwischen Menschen erwachsen aus gemeinsamen, gefühlsintensiven Situationen.

Das Wachstum eines jeden Lebewesens bedarf zweier Voraussetzungen: der nährenden Pflege und der Erprobung seiner angeborenen Kräfte. Das gilt nicht nur für die bescheidenste Pflanze, die Sonne, Regen und Erde zu ihrem Gedeihen braucht und die doch — wenn nötig — ihre eigenen Energien einsetzt, um sich zu schützen und um zu wachsen, sondern es gilt für alle Lebewesen, den Menschen eingeschlossen. Weil aber der Mensch ein sehr komplexes Wesen ist, sind auch die für sein Wachsen erforderlichen Voraussetzungen äußerst vielfältig. Um das volle Menschsein zu erreichen, braucht er nicht nur physische, sondern auch geistig-seelische Nahrung. Die entsprechende Anwendung seiner Kräfte, wenn er sich bemüht, zu wachsen und sich anzupassen, wird nicht nur durch seinen Körper, sondern auch durch seinen Geist und durch jene Summe seelischer Verhaltensweisen ausgedrückt, die letztlich seine „Persönlichkeit" ausmachen. Das rechte Klima für das Wachstum der menschlichen Persönlichkeit, die Nährstoffe für ihre Entwicklung und der Anreiz für feinfühlige Anpassung entstehen durch gefühlsbetonte Beziehungen zu anderen Menschen. Durch das Bemuttertwerden erfährt das Baby die erste wesentliche Beziehung in seinem Leben. Später gesellt sich eine Vaterbeziehung hinzu, und dann werden Beziehungen zu vielen anderen Menschen und Lebewesen aufgenommen; manche sind von langer Dauer und lebensnotwendig, andere nur schwach und flüchtig. Das ganze Leben hindurch sucht jeder Mensch eine Beziehung (und er fühlt sich nur sicher, wenn er sie gefunden hat) zu einem oder mehreren anderen, durch deren Liebe er sich gestärkt und bestätigt und zu weiteren Beziehungen angespornt fühlt.

Deshalb muß der Casework-Prozeß, wie jeder andere Prozeß, der der Reifung des Menschen dient, die Beziehung als fundamentales Mittel einsetzen. Die körperliche und geistige Anstrengung, die mit einer problemlösenden Tätigkeit verbunden ist, läßt sich leichter ertragen, wenn eine Beziehung besteht, von der Wärme und Sicherheit ausgehen. Die Hilfsbereitschaft und Zuversicht, die sie ausstrahlt, werden den Willen, etwas zu versuchen, anspornen und bekräftigen. Tief unter der Oberfläche seines Bewußtseins kann der Mensch von dem anderen, dem er sich verbunden fühlt, jenes Gefühl des Einsseins und doch eines gesonderten Wertes empfangen, auf den er seine innere Sicherheit und seine Selbstachtung gründet.

Wir leben ständig in vielen Beziehungen und nehmen ihr Vorhandensein und ihre Zweckausrichtung als so selbstverständlich hin, daß wir uns ihrer Bedeutung und Macht kaum noch bewußt werden, es sei denn, wir werden einer wertvollen Beziehung plötzlich beraubt oder treten in eine neue ein. Wenn wir nun während der Arbeit an unserer Casework-Ausbildung dem Begriff „Beziehung" begegnen, ihn zu verstehen und sinnvoll anzuwenden suchen, mag er uns plötzlich fremd erscheinen (wie dies auch der Fall ist, wenn wir irgendein Wort aus unserer Alltagssprache herausgreifen und es näher betrachten oder wenn sich unsere Aufmerksamkeit unvorhergesehen auf irgendein Möbelstück richtet, mit dem wir viele Jahre hindurch gelebt haben), und wir fühlen uns eigenartig linkisch und unsicher, wie wir mit ihm bewußt umgehen sollen. Dann ist es unsere Aufgabe, ihn nach all seinen vertrauten und noch nicht vertrauten Seiten sorgfältig zu prüfen, um seinen Inhalt und seinen Zweck zu ergründen und so seine therapeutischen Probleme und Werte kennenzulernen.

Wenn wir in der Sozialen Einzelhilfe von „Beziehung" sprechen (und es ist der Begriff, der wohl am häufigsten in den mündlichen und schriftlichen Casework-Diskussionen auftaucht), dann meinen wir damit eine Situation, in der zwei Personen mit einigem gemeinsamen Interesse, mag dies langfristig oder vorübergehend sein, gefühlsmäßig aufeinander einwirken. Es handelt sich nicht, wie manchmal angenommen wird, um ein bloßes Zusammensein zur gleichen Zeit und am gleichen Ort oder um eine freundliche und angenehme Verständigung, eine länger währende Bekanntschaft zweier Personen. Eine Beziehung zwischen Menschen entsteht erst in dem Augenblick, in dem es zu einem Gefühlsaustausch zwischen ihnen kommt.

Beide können die gleiche Art von Gefühl zum Ausdruck oder zum Einsatz bringen; sie mögen verschiedene oder sogar einander entgegengesetzte Empfindungen ausdrücken oder, und das ist die besondere Situation im Casework, einer von ihnen mag ein Gefühl äußern, und der andere ist bereit, es aufzunehmen und darauf zu reagieren. Auf jeden Fall muß ein Strom von Empfindungen zwischen zwei Menschen erlebt werden. Ob nun diese Interaktion ein Gefühl der Gemeinsamkeit oder der Gegensätzlichkeit auslöst, jedenfalls sind beide in diesem Augenblick miteinander „verbunden" oder aufeinander „bezogen".

Wir kennen dieses Phänomen aus unserem eigenen Alltag. Betrachten wir z. B. unsere Beziehung zu einem Nachbarn, den wir seit Jahren kennen: Vielleicht begegnen wir ihm einmal täglich, dann lächeln wir, und er lächelt zurück; wir tauschen unsere Beobachtungen über das Wetter aus oder über einige Schlagzeilen in der Zeitung. Er bittet uns, ein wenig nach seiner Wohnung zu sehen, während er im Urlaub ist, und wir tun ihm gern diesen Gefallen. So sind wir zeitlich und räumlich mit ihm verbunden. Wir halten ihn für einen netten Menschen, aber sollten wir ihn niemals wiedersehen, so würde das keine tiefere Bedeutung für uns haben.

Eines Tages jedoch kommt er zu uns und fordert uns auf, eine Eingabe in irgendeiner politischen Sache zu unterschreiben, in der auch wir stark engagiert sind. Wir bringen das ihm gegenüber zum Ausdruck und unser Nachbar bekennt, daß er auch für diese Angelegenheit oder den betreffenden Kandidaten ist und daß er dasselbe empfindet. Mit einem Male gewinnt er für uns an Bedeutung, und wir sehen in ihm einen Menschen, mit dem wir uns, wenn auch nur vorübergehend, in gewisser Weise einig fühlen. Wir sind zu ihm in eine *positive Beziehung* getreten. Vielleicht entdecken wir an ihm jetzt einen gewissen Charme, den wir niemals vorher bemerkt hatten, oder wir bewundern seine klugen Ansichten, seinen Charakter oder vermuten sogar Eigenschaften, die er in Wirklichkeit gar nicht hat. Selbst wenn wir uns dann später mit ihm wieder nur über Sonne und Regen unterhalten, wird doch manches von der einen gemeinsamen Erfahrung, einmal die gleichen Gefühle gehabt zu haben, zurückbleiben, das für jeden von uns seine Bedeutung hat. Die Erinnerung daran wird sich uns einprägen, auch wenn es nur bei dieser einen bedeutsamen Begegnung bleibt.

Betrachten wir jetzt einmal die umgekehrte Situation: Wenn wir uns zur Meinung des Nachbarn negativ äußern und auch entsprechende Gefühle zeigen, und wenn er dann seinerseits ebenso gefühlvoll auf unsere Ansicht reagiert, so ist — psychologisch gesehen — wiederum eine gegenseitige Beziehung entstanden. Dadurch, daß dieser Gegensatz aufgetreten ist, gewinnt die Person des Nachbarn für uns an Bedeutung; jetzt stellt er eine mögliche Gefahr für uns oder für unsere Meinung dar. Wir befinden uns ihm gegenüber in einer *negativen Beziehung*. Ob wir ihn für dumm halten oder uns von ihm stark abgestoßen fühlen, selbst dann, wenn über diese Sache zwischen uns nie mehr gesprochen wird und wir die gegenseitigen oberflächlichen, nachbarlichen Höflichkeiten wieder aufnehmen, wird er kaum jemals mehr die besondere Bedeu-

tung verlieren, die er in jenem Augenblick einer unangenehmen Auseinandersetzung, die eine gegenseitige Abneigung auslöste, für uns hatte.
So entstehen alle Beziehungen, die für Menschen bedeutsam sind, durch
Gefühle des Sich-verbunden-Wissens oder der Ablehnung. Für eine gewisse
Zeitdauer oder für immer teilen sich zwei Personen in bestimmte Interessen
oder Sorgen, die für beide, oder zumindest für einen von ihnen, stark mit
Gefühlen zusammenhängen. Ist nur einer von ihnen gefühlsmäßig engagiert,
dann muß der andere das erkennen, muß die Gefühle annehmen und entsprechend darauf antworten. Wenn dieses Zur-Kenntnis-Nehmen und Reagieren verständnisvoll und bejahend ist, dann wird dadurch die gegenseitige
Beziehung positiv bestimmt. Werden aber Ablehnung oder Unzugänglichkeit
spürbar, dann erhält damit die Beziehung einen feindlichen oder abwehren-
den Charakter.
Die Übertragung dieses Sachverhalts auf die Casework-Situation ist unmittelbar einleuchtend. Der Klient kommt zum Caseworker, um ihm ein Lebens-
problem vorzutragen, dem er hilflos gegenübersteht. Es ist seine und des Caseworkers Aufgabe, eine Lösung für dieses Problem zu finden, und das ist auch
der Schwerpunkt ihrer gemeinsamen Bemühung. Jeder Mensch, der ein Problem mit sich herumträgt, verbindet damit bestimmte Gefühle: Schuldgefühle
oder Zorn, weil er, welcher Art seine Schwierigkeiten auch immer sein mögen,
unglücklich ist, daß er sich nicht selbst helfen kann und fremden Beistand annehmen muß. Solange er sich oder seine Situation als unangepaßt empfindet,
ist er gefühlsmäßig belastet. Wenn diese Gefühle zum Ausdruck gebracht werden können oder wenn der Caseworker aufmerksam, wohlwollend und mitfühlend reagiert, wird eine Brücke zwischen dem Caseworker und dem Klienten geschlagen, die den Beginn der Beziehung darstellt.
In dem Maß, in dem sich diese Beziehung entwickelt, werden sich viele Elemente zeigen, die in allen guten zwischenmenschlichen Beziehungen enthalten
sind, doch treten manchmal auch Elemente problematischer Beziehungen zwischen Menschen auf; ihre Ursachen sollen später behandelt werden. Eine positive Beziehung wird vom Caseworker ganz bewußt genutzt, sowohl zur
Schaffung einer guten Atmosphäre wie auch als Katalysator zur Lösung des
Problems selber. Immer jedoch sind in der Beziehung jene besonderen Elemente enthalten, die für jede berufsmäßige und therapeutische Beziehung wesentlich sind.

Alle wachstumsfördernden Beziehungen, zu denen auch die Casework-Beziehung zu rechnen ist, enthalten Elemente des Akzeptierens und der Erwartung, der Unterstützung und der Anregung.

„Akzeptieren" heißt, einem anderen mit jener Wärme und Hingabe entgegenkommen, die ihm sagt: „Ich mag dich; ich bin da, um dir beizustehen, wo du mich brauchst; ich kenne und verstehe dich, aber ich will nicht über dich bestimmen, denn ich achte dein Recht auf deine eigene Persönlichkeit." Es ist ein Umsorgen des anderen, die Bereitschaft, sich persönlich seiner Bedürfnisse anzunehmen. Aber in allen das Wachstum des Menschen fördernden Beziehungen müssen auch Elemente der Erwartung vorhanden sein. Sie finden sich sogar in den liebevollsten und hingebungsvollsten menschlichen Beziehungen. Unter „Erwartung" verstehen wir die stillschweigende oder auch offen bekundete Annahme, daß Liebe und Sympathie, die wir anderen entgegenbringen, bei ihnen ein entsprechendes Verhalten hervorrufen. Sogar die Liebe, die wir für die selbstloseste und hingebendste halten — die der Mutter zu ihrem Kind —, enthält Elemente der Erwartung: Die Mutter erwartet von ihm, daß es sie erkennt und anlächelt; nach und nach erwartet sie, daß es gewisse Verhaltensformen annehmen oder ablegen wird, indem es in seiner noch unbeholfenen Art versucht, ihre Liebe zu erwidern. Während seiner ganzen Entwicklung erlebt das Kind solches Akzeptieren und solche Erwartung durch seine Eltern. Anders ausgedrückt: es empfängt nährende Pflege und Anregung — das eine, um von innen heraus zu wachsen, das andere, um diese Entwicklung den jeweils geltenden Lebensformen der Gesellschaft anzupassen.

Ist der junge Mensch erwachsen geworden, so sind seine Persönlichkeitsstruktur und seine Verhaltensmuster gefestigt, die Prozesse weiteren Wachstums und Sich-Änderns verlangsamen sich und bleiben von nun an in ziemlich engen Grenzen. Aber auch der wohlangepaßte Mensch braucht und sucht noch immer die ihn bestätigende und anregende positive Beziehung zu anderen. In Zeiten der Krise wird dieses Bedürfnis noch stärker. Alle Beziehungen, die ihrer Natur nach oder bewußt und absichtlich zum menschlichen Wachstum beitragen, müssen diese wesentlichen Elemente: Stützung und Anregung, Annahme des anderen und Erwartung, enthalten, denn sie gehen Hand in Hand miteinander. So gehört zur helfenden Beziehung im Casework wesentlich dieses akzeptierende, hegende und stützende Element wie auch jenes andere, das auf die Lösung des Problems hinarbeitet und eigene Anstrengungen des Klien-

ten herausfordern will, durch die er sein Empfinden, Verhalten oder Handeln
so ausrichtet, daß dadurch eine bessere soziale Anpassung erreicht wird. Diese
Verbindung von einfühlendem Entgegenkommen auf der einen und Festigkeit im Anstreben des Zieles auf der anderen Seite wird am besten durchgehal-
ten, wenn der Caseworker sich selbst und dem Klienten immer wieder ins
Bewußtsein ruft, daß das Problem und seine Bewältigung den eigentlichen
Kern ihrer gemeinsamen Überlegungen und Mühen bildet.

Kennzeichen einer beruflichen Beziehung ist ihre bewußte Zweckgerichtetheit,
die aus der Kenntnis dessen, was zur Erreichung des Zieles nötig ist, erwächst.
Im täglichen Leben kann das Herstellen einer Beziehung Selbstzweck sein —
d. h., die Befriedigungen, die durch diese Verbindung zu einer anderen Person
gesucht und gefunden werden, können alleiniger Sinn und Zweck dieser Beziehung sein (obwohl gewisse Nebenergebnisse in bezug auf Wachstum oder
Rückschritt unvermeidlich aus dieser Interaktion hervorgehen werden). Eine
berufliche Beziehung dagegen wird immer zu einem bestimmten Zweck, der
von beiden Beteiligten erkannt wird, eingegangen und erhalten, und sie endet
dann, wenn ihr Zweck erfüllt wurde oder wenn man zu der Erkenntnis gelangt, daß er unerreichbar ist. Das gegenseitige Interesse besteht in der Lösung
oder Veränderung des Problems, dem der Klient gegenübersteht, und vom
Fachmann erwartet man, daß er das Wissen, die Fähigkeit und die Autorität
besitzt, zur Erreichung dieses Zieles beizutragen. Welche persönliche Befriedigung oder Frustrierung dem beruflichen Helfer aus einer solchen Beziehung
erwachsen kann, ist dabei unerheblich, denn es sind ja die Bedürfnisse des
Klienten, die im Mittelpunkt stehen. Kurz gesagt, der Caseworker geht die
Beziehung zu seinem Klienten nicht aus reiner Menschenfreundlichkeit oder
zu seiner eigenen Genugtuung ein, sondern weil er weiß, wie er helfen kann,
und weil er von seiner Dienststelle zur Hilfegewährung beauftragt und berechtigt ist. Die Vorstellung, daß man seinem Klienten „eine Beziehung gibt",
ist daher irreführend; die Beziehung entwickelt sich vielmehr aus einer beruflichen Aufgabe heraus, an der Klient und Caseworker zusammen zu arbeiten
haben [13].

Ein weiteres Element der beruflichen Beziehung bedarf einer näheren Erläuterung: die Autorität. „Autorität" in dem Sinne, wie der Ausdruck hier verwen-

---

[13] Manchmal kann es sich dabei um Probleme zwischenmenschlicher Beziehungen handeln; dann wird
die Klient-Caseworker-Beziehung möglicherweise selbst zu einem Platz des Experiments und der
Prüfung.

det wird, bedeutet weder Vorherrschaft noch willkürliches Erteilen von Anweisungen. Vielmehr sind jene Rechte und jene Macht gemeint, die Menschen mit besonderen Kenntnissen und besonderen Funktionen zukommen. Im Eifer, die eigenen Rechte und Kräfte des Klienten zu stärken (und vielleicht in wohlbegründeter Bescheidenheit), haben Caseworker zuweilen so gesprochen und gehandelt, als wollten sie abstreiten, daß sie Erfahrungen oder Kenntnisse besitzen, die von größerem Nutzen sind als die des Klienten selbst. Für einen Menschen, der sich hilflos fühlt, wäre dies fürwahr eine traurige Art von Gleichberechtigung! Ein hilfsbedürftiger Mensch sucht jemanden, der die Autorität des Wissens, der Fähigkeit und der Erfahrung hat, ihm zu helfen. Er geht zu jemandem, der mehr weiß oder fähiger ist als er selbst, und der Klient erwartet zu Recht, daß der Caseworker eine Autorität besitzt, die der Beziehung Sicherheit und Festigkeit gibt und die ihm hilft, sich dessen Führung anzuvertrauen. Im Verlauf des helfenden Prozesses kann der Klient etwas von dieser Autorität in sich selbst aufnehmen, aber auch das hängt zum Teil davon ab, ob seine eigenen Kräfte von jemand gestärkt werden, der in seinen Augen (im Hinblick auf sein Problem) mehr Kenntnisse hat als er selbst (vgl. Studt, 55 und Wolberg, 62),

Ein zweiter Aspekt der Autorität innerhalb der Casework-Beziehung ergibt sich aus der besonderen Funktion des Caseworkers, mit der er gemäß den Aufgaben und dem Programm der Dienststelle betraut ist. Das bedeutet, daß der Caseworker oftmals für den Klienten ein gesellschaftliches Symbol darstellt, einen Repräsentanten der „Gesellschaft", mit der der Klient sich entweder identifizieren möchte oder von der er sich isoliert oder ausgeschlossen fühlt. In jedem Fall schreibt er dem Caseworker, der „sie" repräsentiert, gewisse Normen und Qualitäten zu. Häufig hat er damit durchaus recht, und wir können dann sagen, daß er mit einer realistischen Vorstellung in die Beziehung eintritt. In anderen Fällen mißt er dem Caseworker entweder mehr oder auch weniger Befugnisse zu als er in Wirklichkeit hat. Aber wie dem auch sei, die Reaktionen des Klienten innerhalb der Beziehung werden immer von seiner klaren oder verzerrten Auffassung dessen, was der Caseworker darstellt und wozu er befugt ist, abhängen.

Schließlich muß noch gesagt werden, daß eine echte Beziehung zwei Menschen braucht, die frei aufeinander eingehen können. Manche Klienten besitzen allerdings diese Freiheit nicht in vollem Maße; einige bedürfen der Beziehung mehr, andere weniger. Die gemeinsamen Probleme, denen man im Aufbau und bei der Pflege einer tragfähigen Beziehung begegnet, sollen später besprochen werden. Die Voraussetzungen für die Fähigkeit zu einer Beziehung finden sich in Kapitel 12. Hier genügt es, festzustellen, daß jeder Caseworker, der enge und zweckgerichtete Beziehungen herstellen kann, erkennen wird, daß jeder Klient in verschiedenem Grad der Beziehung bedarf, anders darauf reagiert und auf seine Weise Nutzen aus ihr zieht.

Von dem Augenblick an, in dem der Caseworker seinem ersten Klienten begegnet, wird von ihm erwartet, daß er imstande ist, „eine gute Beziehung herzustellen". Wahrscheinlich hält jeder, der so viel für andere Menschen übrig hat, daß er einen helfenden Beruf wählt, sich dazu fähig; und trotzdem: in dem Augenblick, in dem es notwendig ist, diesen wichtigen Zustand einer Beziehung zum Klienten ins Leben zu rufen, erscheint dies dem Caseworker zuweilen als ein erschreckendes Hindernis. Er mag versuchen, dieses Problem mit möglichst harmloser Freundlichkeit zu lösen, so beruhigend und vorsichtig, wie er nur kann, und dabei verzweifelt hoffen, daß irgend etwas irgendwie „ankommen" wird. Manchmal geschieht dies ganz spontan, sei es, weil der Klient gewisse Bedürfnisse und Fähigkeiten mitbringt, oder weil der Caseworker ihm mit Herzlichkeit entgegenkommt, aber das muß nicht immer der Fall sein. Da die berufliche Praxis die Entwicklung von Prozessen erfordert, die bewußt wiederholt, kontrolliert oder von einer Situation auf eine andere übertragen werden können, scheint es wichtig, die Anfangsschritte einer guten Beziehung (wenn auch nur in groben Umrissen, da die Feinheiten sich der Beschreibung entziehen) kurz zusammenzufassen.

Die Casework-Beziehung beginnt in dem Augenblick, in dem der Klient etwas von seinem Problem mitteilt und der Caseworker zeigt, daß er mit dem Klienten mitfühlt und zugleich die berufliche Fähigkeit besitzt, das Problem anzupacken.

Caseworker und Klient sind beide, wenn auch auf verschiedene Weise, mit dem Problem, das der Klient der Dienststelle vorträgt, befaßt; der Klient benötigt Hilfe, und der Caseworker ist ein Instrument der Hilfe. Der Klient beschäftigt sich gefühlsmäßig sowohl mit dem Problem als auch mit der Notwendigkeit, sich nach fremder Hilfe umzusehen. Seine Gefühle müssen daher vom Caseworker erkannt und mit Sympathie aufgenommen werden. Dieser beginnt deshalb mit einer Haltung, die etwa besagt: „Ich bin hier, um Sie zu empfangen, um Ihre Schwierigkeiten zu verstehen, so daß ich Ihnen behilflich sein kann." Meistens wird der Klient anfangen zu erzählen, was ihn bedrückt, aber manchmal wird er auch schweigsam bleiben und Schwierigkeiten haben, sich verständlich zu machen, oder er wird vorerst über Kleinigkeiten und Nebensächlichkeiten reden oder gar nicht wissen, wo er anfangen soll. Dann muß der Caseworker ihm helfen, sich auf die Ursache ihres Zusammentreffens zu konzentrieren: Welches ist der eigentliche Sachverhalt dieses Problems? Und während der Klient berichtet, hastig oder stockend, der Reihe nach oder kreuz und quer, wird der Caseworker mit Worten oder durch eine teilnahmsvolle Haltung sein Verständnis für die Gefühle des Klienten zum Ausdruck bringen. Dieser fühlt sich unbehaglich oder zornig, ängstlich oder verwirrt, kurz gesagt, er fühlt sich verständlicherweise genau so, wie ein Mensch, der einem solchen Problem gegenübersteht, eben empfinden kann. Indem der Caseworker das gefühlsmäßige Engagement des Klienten als ganz natürlich hinnimmt, auf die geäußerten Gefühle anspricht und ihm hilft, auch die auszusprechen, die er zu unterdrücken sucht, wird eine emotionale Verbundenheit zwischen Klient und Caseworker hergestellt. So beweist der Caseworker, daß er sich mit dem Klienten einig fühlt — daß er nicht *wie* der Klient, sondern *mit* ihm fühlt.

Sobald durch die Äußerung und das Akzeptieren der Gefühle die Distanz zwischen Caseworker und Klient überbrückt ist, eint sie die gemeinsame Bemühung, das Problem zu lösen. Der Beitrag des Caseworkers zu diesem Bemühen besteht in seiner Andersartigkeit, d. h., er hat eine andere Rolle und Funktion. Sein Überblick, seine Fähigkeit, zu verstehen und zu handeln, seine Hilfsmittel, seine Stellung im Hinblick auf die Person, das Problem, den Platz und den Prozeß: alles das unterscheidet ihn notwendigerweise vom Klienten. Es ist gerade die *andere* Art und Weise, an ein Problem heranzugehen, es zu zerlegen und darüber nachzudenken, während er das Gespräch führt, das den Klienten spüren läßt, daß hier ein spezieller Weg beschritten wird, um seinen Schwierigkeiten zu begegnen. Es ist nicht leicht, neue Wege zu gehen; sie erfordern Geduld und Veränderung; und das Widerstreben des Klienten, sich darauf einzulassen, wäre tatsächlich sehr groß, wenn er sich nicht auf die helfende Beziehung stützen könnte, die seinem Bemühen Halt gibt. Klient und Caseworker können in ihrer gemeinsamen Arbeit einen langen Weg vor sich haben, wie z. B. dann, wenn einer Frau geholfen werden soll, eine bessere Mutter zu sein, oder es kann sich um einen einmaligen Schritt handeln, wenn etwa ein Ausreißer sich entscheiden soll, wieder nach Hause zurückzukehren.

Da Wünschen und Nichtwünschen, Streben und Widerstreben, Fähigsein und Nichtfähigsein unausbleiblich gefühlsbetont sind, wird sich der Caseworker immer wieder zugleich mit der objektiven Schwierigkeit und mit dem gefühlsmäßigen Hineinverwickeltsein des Klienten befassen müssen. Im letzteren Fall wirkt sich das auf die Bande der Beziehung aus: sie werden gefestigt oder gelockert, gestärkt oder angespannt, aber immer schafft ihr Vorhandensein die wesentliche Voraussetzung des Casework, das „Gemeinsame"[14].

Die Casework-Beziehung kann auf verschiedene Art von therapeutischem Wert sein.

Die wesentliche Voraussetzung des Zusammengehörens drückt noch nicht alle therapeutischen Werte aus, die eine Beziehung bietet. Eine sinnvolle Bindung zwischen zwei Personen ist tatsächlich ein Kommunikationskanal, durch den im Unbewußten zarte Gefühle sowohl ausgestrahlt als auch aufgenommen werden. Das ist der Grund, weshalb seit undenklichen Zeiten Beziehungen ein so mächtiger Faktor in der Beeinflussung der Persönlichkeit sind, und es erklärt wahrscheinlich auch, warum mit den unterschiedlichsten Methoden aller denkbaren Schulen und Richtungen therapeutische Erfolge erzielt werden. Aus der Beziehung im Casework mögen folgende heilenden und lindernden Wirkungen vorweg erwähnt werden:

Die Wärme, der Respekt und die feinfühlende Aufmerksamkeit, die der Caseworker bietet, sind in unserer gejagten und gehetzten Zeit selten anzutreffen. Dem Menschen, der sich mit seiner Welt uneins fühlt, erscheinen diese Eigenschaften womöglich noch unwahrscheinlicher, und er wird sie deshalb besonders hoch einschätzen. Mehr noch: wenn er den Caseworker nicht nur als einen Menschen erlebt, den er gern hat, sondern ebenso als einen Repräsentanten der Dienststelle, wird er sich auch in der Gesellschaft als solcher heimischer fühlen. „Da ist jemand, da sind Menschen, die sich um mich kümmern."

Umsorgt zu sein ist allein schon ein Zeichen des eigenen Wertes; von jemandem umsorgt zu sein, den man achtet und gern hat, stärkt die Persönlichkeit. Wir alle erkennen uns selbst in dem, was wir in den Augen anderer, uns wichtig erscheinender Menschen sind. Wenn diese Augen ein Bild widerspiegeln, das achtenswert, sympathisch und verstehbar ist, dann wird unsere Selbstachtung erhöht und gefestigt. Das gilt auch für den Klienten.

---

[14] Einige Hinweise darauf, wie die Reaktion eines Klienten auf die Beziehung beurteilt werden kann, finden sich bei Towle (59).

Und noch etwas anderes kann sich im Untergrund nicht-verbaler gegenseitiger Verständigung in einer Beziehung vollziehen. Während der Klient von sich und seinen Gefühlen erzählt, übergibt er dem Caseworker etwas von sich selbst; wenn er sich einsfühlt mit den Reaktionen des Caseworkers, beginnt er, etwas von der Haltung, den Eigenschaften und den Werten des Caseworkers in sich aufzunehmen. Manchmal ist dies eine bewußte Anstrengung, eine Anstrengung, die wir alle schon einmal unternommen haben, wenn wir uns sehr stark mit einer anderen Person identifiziert oder den Versuch gemacht haben, uns eine Verhaltensweise, die uns bewundernswert oder erfolgreich erschien, zum Vorbild zu nehmen. Aber meistens geschieht diese Identifikation unbewußt. Obwohl unsere Fähigkeit, uns zu ändern, im Verlauf der Zeit in vieler Hinsicht nachläßt, nehmen wir nicht nur in der Kindheit, sondern auch noch als Erwachsene Einstellungen und Verhaltensweisen von Menschen an, nach denen wir uns ausrichten. So kann das Gefühl der Verbundenheit mit dem Caseworker den Klienten innerlich festigen, denn es stärkt nicht nur sein Selbstbewußtsein, sondern es vermag auch seine seelischen Reaktionen und sein äußeres Verhalten beträchtlich zu verändern. Der Philosoph in James Stephens' „The Crock of Gold" verstand dies zutiefst, als er sagte: „Ich habe gelernt, daß das Ohr nichts hört, bevor das Herz nicht gelauscht hat, und was das Herz heute weiß, wird der Verstand morgen begreifen."

Das Gefühl, akzeptiert, umsorgt und verstanden zu sein, verleiht uns neue Energie. Das ist wichtig, weil Unsicherheit, Scham und Angst psychische Energie verzehren — Energie, die in dem ständigen Prozeß des Errichtens, Instandsetzens und Erhaltens von Schutz- und Abwehrmaßnahmen gegen Bedrängnisse aller Art verbraucht wird. In einer Beziehung, die Wärme, Stütze und Sicherheit bietet, werden Teile dieser Energie von ihren Abwehraufgaben entlastet. Sie können anderweitig eingesetzt werden — vielleicht zu dem Versuch, Denken und Tun neu auszurichten und anzupassen.

In diesem Änderungsprozeß zeigt es sich, daß eine gute Casework-Beziehung von heilender und korrigierender Wirkung für den Klienten sein kann. Wir gehen an neue Beziehungen mit einer Einstellung heran, die durch frühere Beziehungen vorgeformt wurde. Haben wir starke Beziehungen vorwiegend als aggressiv oder kritisch erlebt, so werden wir an eine neue vorsichtig und defensiv herantreten. Haben wir aber Sicherheit und Zustimmung erfahren, dann werden wir Vertrauen und Zuversicht mitbringen. Das Erlebnis einer verläßlichen und beständigen Casework-Beziehung während einer konflikt-

und sorgenreichen Zeit erweckt im Klienten einen gewissen Glauben an das Wohlwollen anderer Menschen. Zusammen mit einem erhöhten Selbstgefühl befähigt ihn das, auf weniger ängstliche, sondern mehr positive Weise Beziehungen mit Menschen, denen er begegnet oder mit denen er leben muß, einzugehen. So wird seine menschliche Zulänglichkeit erweitert und vergrößert.

Bedürfnisse und Schwierigkeiten in Beziehungen außerhalb der Casework-Situation können sich auf diese auswirken und die Casework-Beziehung komplizieren; sie müssen aufgegriffen werden.

Bis jetzt wurden jene Eigenschaften und Wirkungen der helfenden Beziehung besprochen, die man im Casework als grundlegend und konstant betrachten kann. Der Caseworker bietet sich jedem Klienten in einer einfühlenden, ehrlichen, warmen, respektierenden und aufmerksamen Weise an, die aus dem Zweck seiner beruflichen Aufgabe hervorgeht. Aber nicht jeder Klient wird in gleicher Weise darauf ansprechen, und nicht jeder wird auf die angebotene Beziehung in angemessener Weise reagieren. Für den Caseworker ergibt sich die Notwendigkeit, Wesen und Handhabung solcher problematischer Reaktionen zu kennen.

Zu sozialen Dienststellen kommen manchmal Menschen, deren Erlebnisse in der Zeit ihrer grundlegenden Entwicklung so arm an Gefühl und Wärme waren, daß man sie geradezu als verhungert bezeichnen könnte und daß ihr „Magen" für die Aufnahme einer Beziehung sozusagen eingeschrumpft und verkümmert ist. In diesem Sinne ist jetzt ihre Fähigkeit, „Nahrung" aufzunehmen, vermindert und begrenzt (siehe Ackermann, 1). Sie finden nur zögernd und schwer Kontakt, und sie erwarten vom Caseworker meist nur, daß er materielle Wünsche befriedigt oder ein Problem für sie löst. Schwach entwickelt, fehlt ihnen die psychische Energie, sich mit Personen oder Problemen gründlich zu befassen. Auch als Erwachsene haben sie noch viel von der seelischen Abhängigkeit kleiner Kinder, aber es mangelt ihnen an der entsprechenden Fähigkeit, auf Beziehungen zu reagieren und durch sie zu wachsen. Ob diese Menschen nun als schizoide Persönlichkeiten anzusehen sind, als hilflose Eltern unerwünschter Kinder oder als verlassene Wesen, es wird wahrscheinlich sein, daß die helfenden Aspekte des Akzeptierens und Stützens die Aspekte des Erwartens bei weitem überwiegen müssen. Der Caseworker, der mit solchen Menschen zu tun hat, wird seine Geduld mit viel Verständnis für die Gründe ihrer Teilnahmslosigkeit ausstatten müssen, mit einer realistischen

Einschätzung der Erfolgsaussichten und mit der Überzeugung, daß die Bekämpfung sozialer Not einen hohen Wert darstellt. Es gibt andere Menschen, die zwar genügend Liebe erfahren haben, um nach mehr Liebe zu verlangen, die sich aber doch von denen, die ihnen Liebe entgegengebracht haben, verletzt oder betrogen fühlen, so daß es ihnen unmöglich scheint, von irgend jemand akzeptiert zu werden. Das ist oft mit einer Verneinung ihres Bedürfnisses nach anderen verbunden und kann sich dann in krimineller oder völlig ablehnender Haltung ausdrücken, oder sie zeigen ein übersteigertes Bedürfnis nach anderen, was sich in Beziehungen ausdrückt, die so anmaßend oder so unersättlich sind, daß andere Menschen abgeschreckt werden; und schließlich fühlen sie sich eben deshalb wieder verletzt und betrogen. Immer und immer wieder werden solche Menschen versuchen, den Caseworker aufzureizen und herauszufordern, um zu beweisen, daß er „genau wie alle anderen" gegen sie ist; oder sie werden wiederholt den Versuch machen, ihn mit allen möglichen Tricks dazu zu bewegen, mehr von sich selbst zu geben — mehr von seiner Zeit, seinem Mitgefühl, seiner Kraft —, als möglich oder begründet ist. Bei ihnen kann man ohne weiteres von „Charakterstörungen" psychopathischer oder neurotischer Art sprechen, und vielleicht läßt sich gerade innerhalb dieser Gruppe von Menschen die Verbindung zwischen dem Funktionieren der Persönlichkeit und der Nutzung menschlicher Beziehungen am deutlichsten beobachten. Bei diesen Menschen muß der Caseworker immer genau auf die Bedeutung und die Brauchbarkeit der Beziehung achten, und, was noch wichtiger ist, er muß sie mit fester Hand führen. Das Akzeptieren der Person darf in einer solchen Beziehung keinerlei Schwankungen unterworfen sein — in der Tat eine sehr belastende Forderung, denn gerade diese Menschen benehmen sich oft herausfordernd, anmaßend, ja schokkierend —, aber auch das Element der Erwartung muß fest im Auge behalten werden, die Erwartung, daß Anstrengung wie Liebe, Geben wie Nehmen gleichermaßen notwendig sind und daß Grenzen gesehen und anerkannt werden müssen. Im Verlauf der Arbeit mit solchen Klienten wird ihre Nutzung der Beziehung oftmals das zentrale Problem sein, mit dem man sich auseinanderzusetzen hat.

Aber sogar jene Beziehungen, die „gut" beginnen, können während der gemeinsamen Arbeit Wandlungen sowohl der Stimmung als auch der Qualität durchmachen. In gewissem Sinne ist es irreführend, von der „Schaffung" einer guten Beziehung zu sprechen, so als ob sie, einmal vorhanden, unverändert

fortbestehen würde. Wenn zwei Menschen sich miteinander um Dinge bemühen, die zumindest für einen von ihnen von lebenswichtiger Bedeutung
sind und wenn es, wie in allen problemlösenden Situationen, ein Auf und Ab,
gute und schlechte Tage, gleichzeitig einwirkende äußere Erschwernisse oder
Erleichterungen gibt, dann unterliegt auch die beständigste Beziehung Änderungen und Wandlungen. Daher muß der Caseworker nicht nur eine gute
Beziehung „schaffen"; im Verlauf eines Falles kann es vielmehr notwendig
sein, sie neu herzustellen oder, wie man so sagt, sie zu „formen".

Die am häufigsten angetroffene Notwendigkeit, eine Beziehung zu „formen", entsteht bei dem Phänomen, das „Übertragung" (Transferenz) oder
„Übertragungsreaktion" genannt wird [15]. Zu allen emotional beladenen Beziehungen bringt jeder von uns bewußte und unbewußte Gefühle und Einstellungen mit, die ursprünglich in anderen, früheren, wichtigen Beziehungen entstanden oder ihnen noch zugehörig sind. Das leuchtet sofort ein, da niemand
von uns neue Beziehungen völlig unbelastet eingeht. Wir sagen, „diese Frau
war mir sofort unsympathisch" oder „ich fühle mich instinktiv zu diesem
Mann hingezogen" oder „da ist etwas in der Art, wie sie dich ansieht", und
wir neigen dazu, diese Reaktionen unserem intuitiven Scharfblick zuzuschreiben. Viel wahrscheinlicher ist, daß wir uns zu Menschen hingezogen oder von
ihnen abgestoßen fühlen, die uns unbewußt an jemanden erinnern, den wir
bereits kennen, oder daß die Art unserer Bedürfnisse zu einer bestimmten Zeit
Menschen mit den Eigenschaften jener, die uns in der Vergangenheit geholfen
oder enttäuscht haben, ausstattet.

---

[15] Diese Ausdrücke sind in unserer Sprache und in unserer Literatur so unterschiedlich verwendet worden, daß ihre hier gebrauchte Bedeutung ausdrücklich festgelegt werden muß. Wie dem Leser bereits
aufgefallen ist, wird der Ausdruck „Beziehung" hier so verwendet, daß er alle realistischen, angemessenen und gefühlsbeladenen Bindungen umfaßt, die den Caseworker und den Klienten in ihrer
gemeinsamen Bemühung vereinen. Daß alle sinnvollen Beziehungen Übertragungselemente enthalten
— d. h. Eigenschaften der Haltung, des Gefühls und der Bedürfnisse, die von anderen früheren
Beziehungen transferiert wurden —, wird als gegeben angenommen. Das kann auch gar nicht anders
sein, wenn man den Menschen als ein Produkt sowohl seiner Vergangenheit als auch seiner Gegenwart ansieht. „Transferenz" bedeutet hier also *nicht*, daß der Klient sich mit dem Caseworker versteht, sondern daß Gefühle oder Reaktionen ausgedrückt werden, die der Casework-Situation nicht
angemessen sind oder von ihr nicht verlangt werden, die so unangemessen oder übertrieben erscheinen,
daß sie sich offenbar auf eine andere Situation beziehen. Zum Zwecke größerer Genauigkeit gebrauche
ich „Transferenz", um auf eine gewisse Beharrlichkeit dieses Problems und „Transferenzreaktion",
um auf ein gelegentliches und vorübergehendes Aufflackern hinzuweisen, das oft auch bei solchen
Klienten auftritt, die eine realistische Beziehung ganz gut aufrechterhalten.
Vgl. Alexander und French (5), Garrett (22) und Wolberg (62).

Diese übertragenen Elemente der Anziehung oder Zurückweisung, der Zuneigung oder Abwehr, der Sympathie oder Antipathie entstehen spontan, und sie können zu jedem Zeitpunkt der Beziehung in Erscheinung treten — sowohl am Anfang als auch in irgendeinem späteren Augenblick. Im Casework bedeuten sie keine besondere Schwierigkeit, solange der Klient ihnen nicht so stark unterworfen ist, daß er den Caseworker so betrachtet und auf ihn so reagiert, als wäre er eine Person mit einer anderen Funktion als der eines beruflichen Helfers. Wenn der Klient unangemessen reagiert, sei es mit übertriebenen oder verzerrten Gefühlen, dann sagen wir, daß eine „Übertragung" oder eine „Übertragungsreaktion" stattgefunden hat. Das kann sogar in einer verhältnismäßig einfachen Situation vorkommen, z. B. bei dem aufgeregten Mann, der zum erstenmal in eine öffentliche Sozialdienststelle hereinstürzte und die Sozialarbeiterin, die ihn empfing, anschrie: „Ihr tut doch nie etwas für einen Mann und seine Familie!" Er wäre völlig außerstande gewesen, zu beschreiben, wie die Sozialarbeiterin aussah, wie sie ihn begrüßte oder was sie zu ihm sagte, denn in diesem Augenblick der verzweifelten Notlage projizierte oder übertrug er auf diese Sozialarbeiterin das Bild der Menschen, die ihn zu jener Zeit abgewiesen hatten, als seine Not groß war. Übertragung kann auch nach einem sehr zufriedenstellenden Gespräch vorkommen, das ein Echo unterdrückter Wünsche hervorgerufen hat, stärker und dauerhafter befriedigt zu werden. „Sie sind wie eine Schwester zu mir", sagte eine dankbare Frau; „ich möchte gern öfter zu Ihnen kommen." Transferenz kann auch dann eintreten, wenn irgendeine dringend gewünschte Hilfe gegeben oder versagt wurde, wenn der Klient plötzlich ein Gefühl überwältigender Dankbarkeit oder hilfloser Frustrierung erlebt und „kindisch" reagiert. („Warum können wir nicht alles Amtliche beiseite lassen und Freunde sein", plädiert die Frau, die zwar die Zuneigung des Caseworkers, aber nicht seine Hilfe in der Arbeit an ihrem Problem wünscht.)

Eine Übertragung oder eine Übertragungsreaktion kann sich nicht nur im gesprochenen Wort ausdrücken, sondern auch in der Art und Weise, wie der Klient augenblicklich oder dauernd auf den Caseworker reagiert. Er kann sich gehorsam, hilflos, Zustimmung suchend, widerstrebend oder trotzig geben. Wir müssen jedoch bedenken, daß jede dieser Reaktionen vom Caseworker hervorgerufen sein kann. Sie können erst dann als Übertragungsreaktionen bezeichnet werden, wenn sie, im Hinblick auf die konkrete Rolle und Handlungsweise des Caseworkers betrachtet, nicht tatsächlich provoziert wurden.

Man kann sie daher als ein Verhalten auffassen, das für die Beziehungen zu anderen starken Persönlichkeiten im vergangenen oder gegenwärtigen Leben des Klienten symbolisch ist.

Manche Menschen erfüllen neue Beziehungen ständig mit starken Übertragungselementen, aber wir alle neigen dazu, irrationale Elemente in die Beziehungen zu anderen hineinzubringen, besonders dann, wenn es uns schlecht geht oder wenn wir uns hilflos fühlen. Das kommt daher, weil wir unter solchen Umständen zum Bedürfnis nach elterlicher Pflege wie auch zur Furcht vor elterlicher Dominanz zurückkehren. Menschen, die sich an eine soziale Dienststelle um Hilfe wenden, befinden sich zumindest zeitweilig in einem Zustand der Hilflosigkeit und daher im Bewußtsein verringerter Zulänglichkeit. Daß bei ihnen Übertragungsreaktionen und Gefühle verstärkt auftreten, läßt sich leicht vorhersehen.

In der Casework-Praxis bemühen wir uns, die Beziehung auf dem Boden der Realität zu halten, d. h., sowohl Klient als auch Caseworker müssen sich des gemeinsamen Zieles bewußt bleiben, ihrer verschiedenartigen Persönlichkeit und ihrer Hauptaufgabe, eine bessere Anpassung des Klienten an seine gegenwärtige Problemsituation zu erreichen. Übertragungserscheinungen müssen sofort erkannt, identifiziert und behandelt werden, aber das Bestreben muß dahin gehen, die Beziehung und die problemlösende Arbeit so zu führen, daß die Übertragung ein Minimum von Erregung auslöst [16]. Bezeichnenderweise werden im Casework-Prozeß jene Ich-Kräfte des Klienten herangezogen und nutzbar gemacht, die bewußt oder dem Bewußtsein leicht zugänglich sind und die sich erweitern oder verstärken lassen, wenn sie in der gegenwärtigen Lebenserfahrung erprobt und ausgeübt werden. Ein Verlust des Wirklichkeitssinnes im Hinblick auf Art und Zweck der Beziehung zum Caseworker kann im Klienten eine ganze Kette unrealistischer Reaktionen auslösen — Wünsche und Erwartungen, die nicht erfüllt werden können, ein Verlangen nach Abhängigkeit, das für den Erwachsenen nicht mehr angemessen ist, die Versuchung, seine derzeitigen Probleme und Rollen aufzugeben, das Bemühen, die Wärme und Sicherheit dieser befriedigenden Beziehung als Selbstzweck aufrechtzuerhalten usw. — alles eine Art von Rückwärtsbewegung.

---

[16] In einem anderen helfenden Prozeß, der Psychoanalyse, wird die Transferenz oft gefördert, um eine Beziehung mit dem Analytiker zu verstärken, indem man ihre irrationalen Elemente untersucht, ihre Bedeutung analysiert usw. Eine solche Methode stützt sich auf die irrationalen und unbewußten Triebe des Patienten und zielt auf die grundlegende Lösung seiner Beziehungsschwierigkeiten ab.

Was da vor sich geht, ist, daß die unbewußten Bedürfnisse und Triebe, im Caseworker jemand anderen zu sehen, als er wirklich ist, die Wahrnehmungsfähigkeit des Klienten in Mitleidenschaft ziehen. Diese Verzerrung der Wahrnehmung, diese „Doppelsicht", führt dazu, daß Gefühle, die zu einem anderen Leitbild gehören, hervorgerufen werden. Diese Gefühle trüben oder verzerren ihrerseits die Sicht des Klienten, so daß die anderen Funktionen seines Ich, die von der Klarheit der Wahrnehmung abhängig sind, gleicherweise untauglich werden und sein Gefühl der Hilflosigkeit sich verstärkt. Deshalb müssen augenblickliche oder wiederholte Übertragungsreaktionen, wenn sie die Beziehung des Klienten beherrschen, behandelt werden.

Das Prinzip, das der Kontrolle oder der Führung der Beziehung zugrunde liegt, ist, daß dem Klienten geholfen werden muß, von neuem zu sehen, wofür er und der Caseworker beisammen sind, was ihre Aufgabe ist und welches die Bedingungen und Mittel sind, durch die das bewußte Ziel des Klienten erreicht werden kann. Das kann direkt oder indirekt auf verschiedene Weise geschehen. In jedem Fall gibt der Caseworker durch das Akzeptieren und Verstehen der vorhandenen Beziehungsverzerrungen (anstatt den Klienten zu beschuldigen, die Gefühle und Handlungen des Klienten seien unangemessen) dem Klienten die notwendige Sicherheit, dem, was er selbst an seinem Verhalten oder seinen Gefühlen töricht oder unangemessen findet, offen entgegenzutreten.

Der Caseworker vermeidet vor allen Dingen, eine Übertragung hervorzurufen, oder er begegnet ihrem spontanen Auftreten, indem er Richtung, Rolle und Ziel immer klar vor Augen behält. Wenn das eine oder das andere davon auf einem Seitenweg oder in einer Sackgasse verlorengeht, wie es zuweilen auch dem Besten von uns geschehen kann, dann tut der Caseworker gut daran, dem Klienten die Erkenntnis mitzuteilen, daß sie vom Weg abgekommen sind oder daß sie einen Schlußpunkt setzen müssen, um sich von neuem zu überlegen, welches ihre Ziele sind und wie sie erreicht werden können. Ein zweites und immer vorhandenes Mittel zur Kontrolle der Übertragung ist die Anwendung solcher Bedingungen und Grenzen, die unserem besonderen „Unternehmen" verläßliche Form verleihen. Die zeitliche Begrenzung und die Häufigkeit der Interviews, der Ort der Durchführung: alles das unterscheidet die berufliche von der nichtberuflichen Verbindung. Der Inhalt der Interviews — worüber gesprochen werden darf und worüber nicht, was als belanglos oder aufschiebbar zurückgestellt wird, was zur Verantwortlichkeit des Sozialarbeiters gehört und was zu der des Klienten — bestimmt stets den Unterschied zwischen einer beruflich gezielten Unterredung und dem „bloßen Gespräch", das Kernpunkt und Ziel nicht klar herausarbeitet. Die Tendenz eines Klienten, seine gegenwärtige Rolle und sein Problem zu vernachlässigen, wird besonders stark, wenn er bei seinen vergangenen Erlebnissen, bei seinem früheren Unbefriedigtsein verweilt. Wenn daher der Klient in seinem spontanen Bericht oder auf Anregung des Caseworkers sich an vergangene Ereignisse und Gefühle erinnert, dann muß der Caseworker aus verschiedenen Gründen (z. B. um eine Übertragung zu vermeiden) besonders wachsam sein, damit er dem Klienten helfen kann, das Vergangene in seiner Bedeutung für das gegenwärtige Problem zu sehen und es darauf zu beziehen.

Es gibt jedoch Fälle, bei denen der Caseworker zwar ganz richtig vorgegangen ist, wo aber die Notlage des Klienten die Beziehung immer noch verzerrt. Dann wird der Caseworker bei Gelegenheit diese Tatsache offen und direkt gegenüber dem Klienten zur Sprache bringen müssen. Vorsichtig und verständnisvoll wird er den Unterschied zwischen dem, was er wirklich ist, und der Vorstellung, die der Klient von ihm hat, klarmachen; und er wird auch darauf hinweisen, daß es im Interesse des Klienten liegt, gemeinsam zu versuchen, diesen Unterschied deutlich zu sehen. Zwei kurze Beispiele mögen dies illustrieren:

Der früher bereits erwähnten Frau, die „all das berufliche Zeug" beiseite lassen wollte (und deren Verhalten in einer Reihe von Gesprächen diesen Wunsch zum Ausdruck brachte), erklärte der Caseworker offen und ehrlich, daß, wenn er ihr Freund wäre, er nicht auch ihr Helfer sein könnte, und um ihr bei ihren vielfältigen Problemen helfen zu können, müßten gewisse Bedingungen, die sich von freundschaftlicher Gesinnung unterscheiden, erfüllt werden.

In einem anderen Fall, dem einer ängstlichen und depressiven jungen Frau, fiel dem Caseworker auf, daß sie sein Gesicht zu Beginn jedes Gesprächs eingehend betrachtete, so als ob sie genau feststellen wollte, wer der Sozialarbeiter eigentlich sei. Sie überlegte auch ständig, was ihre Mutter unter diesen oder jenen Umständen von ihrem Verhalten denken oder dazu sagen würde. Im fünften Interview „hatte sie das Gefühl, daß ich sie vorsätzlich ‚Frau O.' nannte, während ich sie direkt ansah. Irgendwie wollte sie gerne von mir bei ihrem Vornamen genannt werden, so als ob sie noch ein Kind wäre. Wir unterhielten uns darüber, ob das nicht eher ihren Wünschen als ihrem Bedürfnis nach Lösung ihres gegenwärtigen Problems und nach Erleichterung entspreche.

Ich machte die Bemerkung, es sehe so aus, als müsse sie erst noch erfahren, wer ich sei — nämlich nicht ihre Mutter. Sie lächelte dazu und sagte, sie wisse, daß sie ‚unrealistisch' sei." Natürlich waren damit die unrealistischen Tendenzen von Frau O. in der Beziehung nicht beseitigt; aber jetzt begann die Klientin, sie zu erkennen, und man konnte, wenn nötig, auf diese Erkenntnis zurückgreifen und weiter darauf aufbauen [17].

Diese Handhabung der rationalen und irrationalen Elemente in einer Beziehung klingt so einfach und selbstverständlich, wenn man darüber schreibt oder liest; und doch weiß jeder Erfahrene, daß sie eine der schwierigsten, Disziplin erfordernden Handlungen in jedem therapeutischen Prozeß darstellt. Mit einem Mann über das Verhältnis zu seiner Frau zu sprechen oder mit einer Mutter über die Beziehung zu ihrem Kind, bedeutet, die Position eines Zuhörers, Beobachters, Gesprächspartners, Planers — und eines Außenstehenden einzunehmen. Aber wenn es in Wort und Tat um die eigene Beziehung, die des Klienten und des Caseworkers, geht, dann wird der Caseworker als Handelnder wie auch als Objekt einer Handlung mit einbezogen, und dies objektiv zu beobachten oder nur objektiv darüber zu denken, stellt in der Tat eine Schwierigkeit dar. Wie steht es nun also mit dem Caseworker?

Auch der Caseworker unterliegt Beziehungsreaktionen, und deren Handhabung ist ein Teil seines fachlichen Könnens.

In der vorangegangenen Diskussion über das, was der Caseworker sein oder tun soll, wie er beobachten und mitfühlen und doch für die Kontrolle seiner und des Klienten Gefühle verantwortlich bleiben muß und wie er gleichzeitig die Sache voranzutreiben hat, erscheint der Caseworker beinahe wie ein Übermensch — ein Gott in Zivil. In Wirklichkeit ist aber auch er nur ein Mensch und wie sein Klient Gefühlen der Angst, der Abneigung, der Sympathie und der Verletzlichkeit unterworfen. Er wird sich zu manchen seiner Klienten stark hingezogen fühlen, z. B. zu dem sich abmühenden, vom Schicksal benachteiligten und doch optimistischen Familienvater, und andere werden ihn abstoßen, z. B. der großsprecherische, unehrliche Kriminelle. Er hat Mitleid mit einem mißhandelten Kind und erbost sich über dessen Eltern. Er fühlt sich unangenehm berührt durch jemand, der meint: „Wozu ist denn ein Sozialarbeiter überhaupt da?", und freut sich, wenn ein anderer sagt: „Wenn ich mit Ihnen gesprochen habe, scheint alles leichter zu werden." Er wäre kein

---

[17] Dieser Auszug wurde mit Erlaubnis von Marjorie Browne wiedergegeben.

Mensch, würde er darauf nicht gefühlsmäßig reagieren, und er wäre außerdem wenig zum Caseworker geeignet, weil seine Fähigkeit, auf andere zu
reagieren, größtenteils aus der Freiheit zu fühlen und aus der intimen Kenntnis der eigenen Gefühle erwächst. Mehr noch: man darf vom Caseworker nicht
nur „natürliche" Reaktionen auf gefühlserregende Situationen erwarten, sondern unter gewissen Bedingungen wird er, ebenso wie der Klient, ganz unbewußt positive oder negative Reaktionen, die realistisch gesehen unberech-
tigt sind, in seine Beziehungen übertragen — z. B. Mißtrauen oder Feindseligkeit, aber auch starke Gefühle der Zuneigung. Diese Erscheinung ist als
„Gegenübertragung" bekannt, d. h. eine Übertragung, die von der helfenden
Person ausgeht. Jede subjektive Verstrickung von seiten des Caseworkers mit
seinem Klienten oder dessen Problem kann Teil einer echten Gegenübertragung sein, sie kann aber auch einfach einen Mangel an beruflicher Objektivität
anzeigen.
Die Notwendigkeit, Objektivität zu erlangen, liegt auf der Hand. Wenn der
Caseworker in seinen eigenen Gefühlen befangen bleibt, dann ist er nicht in
der Lage, die Gefühle und Bedürfnisse seines Klienten oder dessen Anderssein
klar und kritisch zu beurteilen. Er wird auch nicht die nötige Freiheit besitzen,
um seinem Klienten wirklich voranzuhelfen. Wie kann er nun aber mit diesem
Widerspruch fertig werden, daß er gefühlvoll sein soll, aber nicht zu sehr,
warmherzig und doch objektiv, frei und doch beherrscht?
Vielleicht ist der erste Schritt des Caseworkers auf dieses Ziel hin ganz einfach
der, sich und seinen Gefühlen gegenüber ehrlich zu sein. Abzuleugnen, daß
man Gefühle *hat*, oder darauf zu bestehen, wie es manche Anfänger tun,
daß man alle Menschen liebe, oder gleich Kindern, die von Verwandten so
oft mit der Frage, ob sie Vater oder Mutter lieber haben, in die Enge getrieben werden, zu behaupten, „ich liebe sie beide gleich", heißt nichts
anderes, als die Tatsächlichkeit der eigenen Gefühle aus dem Bewußtsein zu
verdrängen. Was aber aus dem Bewußtsein verdrängt und wessen Existenz
abgeleugnet wird, ist einer bewußten Analyse und Kontrolle nicht zugänglich.
Deshalb besteht der erste Schritt zur Objektivität darin, die eigene Subjektivität zu erkennen, also Selbsterkenntnis zu haben. Einmal erkannt, können
die Gefühle einer Veränderung oder zuallermindest einer Kontrolle unter-
zogen werden.
Kontrolle bedeutet hier auch die kritische Beurteilung und Ausschaltung solcher Gefühle, die keinen helfenden Wert in der Zusammenarbeit zwischen

Klient und Caseworker haben. Offensichtlich ist das leichter gesagt als getan. Eines der wichtigsten Hilfsmittel hierzu, das von den Sozialdienststellen bereitgestellt wird, ist die Supervision. In den Supervisions-Besprechungen kann dem Caseworker geholfen werden, nicht nur seine eigenen subjektiven Verflechtungen zu erkennen, sondern auch durch ihre Darstellung und Diskussion ihre Wirkung abzuschwächen, sie vom Casework-Ziel zu trennen und sie einer gewissen Einschränkung zu unterziehen. Seine spontanen Sympathien oder Abwehrhaltungen, seine impulsive Ungeduld oder sein Ärger — alle Emotionen, die bestimmte Situationen oder Menschen in uns erwecken — werden sich bei ernster Betrachtung beruhigen, besonders wenn die Aussicht besteht, daß man sich später darüber aussprechen kann, falls sie im Augenblick nicht abreagiert werden dürfen.

Wäre aber die bewußte Kontrolle seiner subjektiven Reaktionen das einzige Mittel, mit dem der Caseworker eine therapeutische Beziehung ausstatten könnte, dann müßte man gerechterweise fürchten, daß er seine psychische Energie so sehr für sich selber braucht, daß nur wenig für die Bedürfnisse seines Klienten übrigbliebe. Glücklicherweise muß das nicht der Fall sein. Wiederum, da der Caseworker nur ein Mensch ist (und hier wird eine einigermaßen ausgewogene Persönlichkeit vorausgesetzt), lassen seine Gefühle sowohl bewußt als auch unbewußt Änderungen und Modifizierungen zu. Änderungen in unseren Gefühlen treten auf, wenn wir diese einer genauen Prüfung unterziehen. Sie können auch infolge neuer Erkenntnisse und besseren Verstehens auftreten: Der Alkoholiker, der gestern noch unmoralisch oder verkommen schien, kann heute als kranker Mensch erkannt werden, und unsere Gefühle haben ihm gegenüber auf Grund einer anderen Einschätzung eine beachtliche Veränderung erfahren. Die abweisende, verantwortungslose Mutter wird plötzlich als ein Kind in der Gestalt eines Erwachsenen erkannt, und unsere Gefühle ihr gegenüber ändern sich mit der verstandesmäßigen Beurteilung. Es muß wohl nicht erst gesagt werden, daß ein solcher Wandel nur in dem Caseworker vor sich geht, der zutiefst und ausdauernd seinen Klienten zu verstehen und ihm zu helfen *wünscht* und nicht in jenem, der nur persönliche Befriedigung in einer Beziehung zu einem Klienten sucht.

Durch zunehmende Erfahrung tritt schließlich die Subjektivität mehr und mehr zurück. Die wiederholte Überprüfung und Analysierung subjektiver Verflechtungen und die gesammelten Erfahrungen in der Teilnahme an menschlichen Nöten, Ängsten und Leidenschaften ermöglichen es, die Bürde einer Beziehung mit besserem Gleichgewicht zu tragen. Das ist in keiner Weise ein „Verhärtungsprozeß"; im Gegenteil, es handelt sich eher um einen Auflockerungsprozeß, in dem sowohl die Kenntnis und das Akzeptieren der Verschiedenheit menschlicher Wesen, uns selbst eingeschlossen, als auch die Sicherheit im Hinblick auf unsere beruflichen Ziele und Fähigkeiten dazu beitragen, unsere emotionalen Reaktionen zu mildern und zu festigen.

Sogar diejenigen unter uns, die sehr erfahren und sehr selbstkritisch sind, können das nicht ein für allemal erreichen. Eines Tages, und das kann jeden Tag sein, werden wir gewahr — oder man macht uns darauf aufmerksam —, daß wir eher mit unserer eigenen Persönlichkeit auf einen Klienten ansprechen als mit unserem beruflichen Selbst; daß wir in der Beziehung eher in Übereinstimmung mit unseren eigenen Bedürfnissen als mit denen unseres Klienten reagieren. Und an diesem Tag müssen wir eine Pause machen, diesmal um unsere eigenen Gefühle zu überdenken, entweder allein oder mit Hilfe eines Supervisors, um sicher zu sein, daß die Beziehung, die wir dem Klienten bieten, auch wirklich dessen Wohl dient.

Wärme, Empfänglichkeit, mitfühlendes Entgegenkommen; das Akzeptieren eines Menschen, wie er ist und die Erwartung, daß er mit unserer Hilfe danach streben wird, sich oder seine Situation zu ändern; Zweckgerichtetheit, Objektivität und Zielstrebigkeit; die Fähigkeit und Bereitschaft, helfen zu wollen; die Autorität der Erfahrung und Verantwortung — alles das charakterisiert die berufliche Beziehung des Caseworkers. Auf dem Nährboden dieses dynamischen Zusammenwirkens von Akzeptieren und Erwartung, Unterstützung und Ansporn entfaltet sich die bewußte Arbeit des Problemlösens.

7. Die problemlösende Arbeit

Vielleicht liegt die Hauptschwierigkeit des Casework in der Tatsache, daß seine Aufgaben immer zweifach sind: nämlich die Lösung der Probleme im sozialen Leben des Klienten zu betreiben und durch diesen Prozeß gleichzeitig seine Fähigkeit zu Wachstum und Reifung zu fördern. Ein Auge des Caseworkers muß auf das Objekt, das andere auf das Subjekt gerichtet sein. Es ist daher kein Wunder, wenn bei dieser Aufgabe der doppelten Wahrnehmung das Sehvermögen des Caseworkers manchmal etwas beeinträchtigt oder verzerrt wird. Doch müssen wir für das einstehen, was wir für wahr erachten —, daß nämlich die Voraussetzungen für die soziale Entwicklung eines Menschen im Gebrauch seiner eigenen Kräfte liegen, in der Fähigkeit, mit den Menschen und Situationen, denen er begegnet, fertig zu werden und in dem Vorhandensein beeinflußbarer Bedingungen innerhalb seiner sozialen Umwelt. Casework versucht, gleichzeitig die folgenden zwei Voraussetzungen zu schaffen: die Hilfsquellen und Einflüsse, durch welche die sozialen Bedürfnisse des Klienten befriedigt werden können, und die Methoden, die die persönliche und soziale Wirksamkeit des Klienten entwickeln helfen. Die erste dieser Voraussetzungen ist leicht zu erkennen und zu umreißen; es ist der älteste, greifbarste und am ehesten verständliche Dienst. Die zweite, weniger faßlich und naturgemäß schwieriger zu beschreiben, basiert auf der Annahme, daß die eigenen Kräfte des Menschen durch die Arbeit an seinen sozialen Problemen nach den durch das beruflich ausgeführte Casework entwickelten Methoden aufgebaut und bereichert werden, weil Casework in voller Übereinstimmung mit dem Funktionieren der Persönlichkeit operiert. Daß es eine auffallende Parallele gibt zwischen dem normalen Wirken des Ich in seinen problemlösenden Anstrengungen und der systematischen Arbeit, in die der Caseworker seinen Klienten einbezieht, wurde bereits festgestellt. Die problemlösende Arbeit, von Caseworker und Klient bewußt unternommen, vom Verständnis des Caseworkers gelenkt und durch den belebenden Ansporn der Beziehung gefördert, ist das Thema dieses Kapitels. Um es kurz zu wiederholen (denn dies sind keine leicht verständlichen Überlegungen, und auch die Aufnahmefähigkeit des Lesers könnte schwanken!): Die Funktion des Ich — wahrzunehmen, zu schützen oder anzupassen, zu mobilisieren und zu handeln — wird durch emotionale und Umweltbedingungen stark beeinflußt. Angesichts eines Gefühls der Hilflosigkeit kann die Fähigkeit eines Menschen, die Realität zu erkennen, abgestumpft oder verzerrt werden. Er kann sich mancher Dinge unmittelbar bewußt sein, während andere ausgelöscht scheinen; er kann wichtige Faktoren „aus dem Auge verlieren"; es mag ihm nicht mehr gelingen, zwischen einer Wirklichkeit und seiner Einstellung dazu zu unterscheiden. Die Schutzfunktionen des Ich werden bei einer Wahrnehmung, die „Gefahr" anzeigt, sofort aktiviert. Sie werden normalerweise wirksam, um der Persönlichkeit Zeit und Gelegenheit zu geben, sich abzuschirmen und zu reorganisieren, um sich gegen einen gefürchteten oder tatsächlichen Angriff zu wappnen; schützende Funktionen jedoch, die das Resultat einer fehlerhaften Wahrnehmung sind, können nur zu einer fehlerhaften Anpassung führen. Das kann entweder durch die Errichtung starrer Schutzmauern geschehen, hinter denen sich die Persönlichkeit verschanzt, wodurch der Mensch seine Wahrnehmungen gewissermaßen abschneidet und sich anderen Menschen und seinem eigenen inneren Kommunikationssystem gegenüber unzugänglich macht, oder — im anderen Extremfall — durch den Zusammenbruch seiner Kräfte zur Selbstverteidigung, was zu völliger Hilflosigkeit und Selbstpreisgabe führen kann. Irgendwo zwischen diesen beiden Extremen bewegt sich das Verhalten der meisten Menschen, die mit Schwierigkeiten zu kämpfen haben; sie versuchen mit mehr oder weniger Erfolg, sich gegen das Gefühl der Unsicherheit oder Unzulänglichkeit zu wehren, während sie zur gleichen Zeit unermüdlich nach Wegen suchen, ihr Problem unter Kontrolle zu bringen.

Sobald die Wahrnehmungs- und die Schutzfunktionen erschlaffen oder erstarren, sind auch die Anpassungsfunktionen in Mitleidenschaft gezogen. Die Anpassungsfähigkeiten des gesunden Ich sind vielfältig. Sie bestehen darin, gewisse Reize auszuwählen und andere zu verwerfen; bestimmte Dinge in den Mittelpunkt der Aufmerksamkeit zu rücken und andere zu unterdrücken; Impulse im Lichte einer bewußten Einschätzung der Realitätserfordernisse zu lenken; Tatsachen, Sinneswahrnehmungen, Ideen und Erfahrungen (bereits bekannte und vorweggenommene) in jenem Prozeß aufeinander abzustimmen, den man mit „Denken" bezeichnet. Manchmal bewußt und manchmal unbewußt kontrolliert, umfassen die Anpassungshandlungen des Ich das Herstellen von Verbindungen, das Feststellen von Unterschieden und das Treffen einer Wahl. Dann werden Entschlüsse gefaßt, die im Verhalten Ausdruck finden. Wenn jedoch die Anpassungsaktionen durch unrealistische Wahrnehmungen oder erstarrte Schutzmaßnahmen untergraben oder eingemauert sind, dann ist die Handlung, die der Mensch ausführt, demgemäß unzureichend oder verzerrt. Das Ich prüft und organisiert die inneren Möglichkeiten, und es hat deshalb auch die anerkannt leitende Funktion innerhalb der Persönlichkeit. Es kontrolliert, hemmt oder befreit Bewegung und Handlung und entscheidet auf diese Weise, was ein Mensch tun wird. Von der Wirksamkeit oder Unwirksamkeit der Ich-Funktionen wird es daher abhängen, ob die problemlösenden Anstrengungen eines Menschen für sein soziales Handeln nützlich oder schädlich sind.

Sobald sich ein Klient auf der Dienststelle einfindet, ist eines sicher: Sein Verhalten ist die Bemühung seines Ich, etwas zu tun, von dem er hofft, daß es ihn zu einer Neuanpassung führen wird — entweder einer Anpassung der Situation an seine Bedürfnisse oder einer Anpassung seiner selbst an die Erfordernisse der Situation oder beides. Mit anderen Worten: sein Ich ist bereits mit problemlösenden Maßnahmen befaßt.

Der Casework-Prozeß erhält, ergänzt und stärkt die Ich-Funktionen des Klienten.

Wie bereits gesagt wurde, können von der Casework-Beziehung selbst starke Wirkungen ausgehen. Sogar in ihrer einfachsten Form bietet sie dem Klienten eine Art Schutzinsel, wo er zumindest eine momentane Freiheit genießen und das Getümmel um ihn herum mit verminderter Angst und aus besserer Perspektive betrachten kann. Innerhalb der einfühlenden Aufgeschlossenheit einer guten Arbeitsbeziehung kann der Klient ein gewisses Nachlassen seiner Spannung und damit mehr Freiheit erfahren, um seine Probleme und sich selbst klarer zu sehen. Wenn sich zu dieser Beziehung auch noch Vertrauen in den Caseworker gesellt und ihm der Caseworker ein Gefühl seiner Zielstrebigkeit und seines Verständnisses für ihn vermittelt, dann erhält sein Ich noch mehr Unterstützung und Auftrieb. Sobald sich der Klient einfühlt mit dem Caseworker, beginnt er unbewußt, etwas von der Beständigkeit, dem Glauben und der Zuversicht des Caseworkers in sich aufzunehmen. Er kann sich auch bewußt mit dem Caseworker identifizieren, indem er etwas von der Betrachtungsweise des Caseworkers annimmt, und er kann sich bemühen, zu versuchen, so zu sein und zu handeln, wie er glaubt, daß es der Caseworker für wünschenswert hält. Er beginnt, sich und seine Situation in einem anderen Licht zu sehen. Er spürt den Rückhalt einer Bindung, die ihn mit einem

Menschen vereinigt, der im Bereich seines Problems stärker und standhafter ist als er selbst. Alexander sagt: „Das Ich lernt korrektes Verhalten durch die Identifizierung mit anderen, die es bereits zustande gebracht haben", und an einer anderen Stelle: „Identifizierung ist die Grundlage allen Lernens, das nicht unabhängig von Prüfung und Irrtum erworben wird" [18].
Selbst in Situationen, in denen es für den Klienten hauptsächlich um die Befriedigung materieller Bedürfnisse geht, drückt der Caseworker durch die Qualität seiner Beziehung aus: „Sie haben nichts von mir zu fürchten, ich bin da, um Ihnen zu helfen." Wenn diese Haltung ständig praktiziert wird, kann die Abwehr des Klienten abgeschwächt werden. (Eine Ausnahme bildet natürlich der Mensch, dessen Abwehrhaltung bereits so starr geworden ist, daß er die Wirklichkeit nicht mehr richtig zu sehen vermag.) Sobald die Abwehr gegenüber dem Helfenden geringer wird, kann der Klient sich selbst, sein Problem und die Hilfsmittel klarer beurteilen. Die Kräfte, die für die Abwehr notwendig waren, werden nun für eine Anpassung freigesetzt. Das Gefühl der Zusammengehörigkeit mit dem zuverlässigen Helfer macht ihn sicherer, und so kommt es, daß er in bezug auf sein Problem das Risiko auf sich zu nehmen wagt, neue Ideen und neue Verfahren zu untersuchen.
So liegt vieles in der problemlösenden Arbeit auf einer unbewußten oder nur teilweise bewußten Ebene, d. h., es „geschieht" spontan in der einfühlenden Wechselbeziehung zwischen Caseworker und Klient. Aber vergessen wir nicht, daß es sich immer um ein Problem handelt, das der Klient bewußt vorgebracht hat und das vom Caseworker bestätigt wird — ein Problem, das durch gemeinsame Anstrengungen gelöst werden soll. Problemlösen bedeutet daher auch bewußtes, zentriertes, zielgerichtetes Handeln zwischen Klient und Caseworker und für jeden von beiden. Vom Caseworker aus gesehen muß die Arbeit des Problemlösens, wenn sie wirksam sein soll, ein systematisch organisierter Prozeß sein. Da der Caseworker die Fähigkeiten und Bedürfnisse seines Klienten berücksichtigen muß, wird er ihm kaum alle Gedankengänge seines Planes mitteilen. Aber er sollte sich genau darüber im klaren sein, was geschehen muß, um vom Dilemma zur Lösung, vom toten Punkt zur Entscheidung zu gelangen. Die Tatsachen, aus denen das Problem besteht, müssen bekannt sein, Gedanken und Gefühle müssen darauf ausgerichtet und Behandlungsmöglichkeiten überlegt, ausgewählt und entschieden werden. Die Arbeit

---

[18] „Fundamentals of Psychoanalysis", Kapitel 5: „The Functions of the Ego and Its Failures." (Vgl. Franz Alexander, 3).

des Problemlösens, wie sie andererseits vom Klienten erfahren wird, kann von ihm hauptsächlich als ein Anreiz erkannt werden, sich dazu aufzuraffen, über sich und seine Situation auf eine gesicherte und geordnete Weise nachzudenken.

Wie bei allem Problemlösen besteht auch beim Casework-Prozeß die erste Aufgabe darin, die Tatbestände des Problems festzustellen und zu klären.

Ein Tatbestand ist, laut Lexikon, „ein geistiges oder physisches Ereignis; eine Gewißheit, Eigenschaft oder Beziehung, dessen Realität in der Erfahrung augenscheinlich wird oder mit Gewißheit angenommen werden kann." Die Fakten, die im Casework-Prozeß ermittelt werden müssen, sind genau solche Tatbestände objektiver oder subjektiver Realität — Ereignisse, Eigenschaften, Beziehungen, Situationen, Reaktionen und Verhaltensweisen, die durch Beobachtung, Dokumentation und Schlußfolgerung festgestellt werden können. Es sind die Bestandteile des Problems, so wie es dem Caseworker gerade begegnet und wie es vom Klienten sowohl gesehen als auch gefühlt wird. Zu den Tatbeständen gehören die Umstände, die Art, wie der Klient gefühlsmäßig und in seinem Verhalten auf sie reagiert und die Mittel oder Ziele, die gesucht werden und verfügbar sind. Es sind die Einzelheiten des „Was ist geschehen?", „Wieso ist es dazu gekommen?", „Was haben Sie bereits zu tun versucht?", „Was meinen Sie eigentlich damit?", Was wünschen Sie, daß jetzt geschieht?" und so fort. Sie geben der „Schwierigkeit" und dem „Kummer" ihre greifbare, spezifische Form, so daß „Hilfe" und „Lösung" präzise und angemessen sein können.

Zuweilen scheint es, daß Caseworker dazu neigen, Fakten als etwas Langweiliges, das man so rasch als möglich hinter sich bringen muß, anzusehen, um „mit dem Fall weiterzukommen". Aber „die Tatsache ist", daß nur bestimmte Tatbestände ein für allemal festgelegt werden können — belegbare Dinge und Ereignisse. Andere Tatbestände sind jene des Gefühls und der Erfahrung, jene, die Umstände und Kräfte, die sich in Bewegung befinden, wiedergeben, jene, die ständig aus dem entstehen, was sich zwischen dem Klienten und seinem Problem sowohl außerhalb als auch innerhalb des Casework-Prozesses abspielt. Über solche Fakten kann man nicht einfach hinwegsehen; sie müssen dauernd beobachtet, herausgefunden, überprüft und berücksichtigt werden.

Die Feststellung der Tatbestände, ob es sich um objektive oder subjektive handelt, ist eigentlich die grundlegende Voraussetzung jeder Verständigung. Nur so haben Caseworker und Klient die Gewißheit, daß sie über die gleichen materiellen oder geistigen Dinge reden; daß sie mit den Worten, die sie gebrauchen, das gleiche meinen und daß sie die gleichen Gegebenheiten als Grundlage ihrer Diskussion ansehen. Kurz gesagt, Tatbestände schaffen reale Arbeitsvoraussetzungen.

Ob es um Situationen, Ereignisse, Handlungen oder Gefühle geht, die Feststellung der Fakten macht einen großen Teil des Klärungsprozesses aus, von dem wir im Casework so oft sprechen. Klärung ist nicht so häufig, wie manchmal gemeint wird, das Resultat einer blitzartigen Einsicht oder einer deutenden Erleuchtung. Viel eher handelt es sich um das Ergebnis eines andauernden, wiederholten, schrittweisen Forschens nach genauen Einzelheiten und ihrer genauen Bedeutung. Besonders wenn Probleme von seelischer Verwirrung und unrealistischen Wahrnehmungen begleitet sind, müssen die Tatbestände sehr sorgfältig verfolgt werden. Wenn Frau W. zitternd sagt: „Ich möchte oft gerne wissen, ob ich überhaupt mütterlicher Gefühle fähig bin", dann könnte ein Caseworker, der das Faktum ihrer Bestürzung bemerkt, ihr eilig versichern, daß sie es wirklich sei. Aber das würde die Ängstlichkeit von Frau W. nur verstärken, weil dadurch eine ganze Anzahl von Tatbeständen, die sie ausdrücken und mit der Hilfe des Caseworkers bearbeiten müßte, beiseite geschoben würde. Es sind die Tatbestände ihrer Vorstellung von Mütterlichkeit (was bedeutet „Mütterlichkeit" für sie?), die Tatbestände ihrer Gefühle, die sie ängstlich werden ließen (in welcher Weise fühlt sie sich ihrem Kind gegenüber „unmütterlich"?, welche „unmütterlichen Dinge" tut sie?) usw. Nur wenn diese Fakten des Gefühls und des Verhaltens zwischen ihr und ihrem Helfer ausgebreitet werden, können beide sicher sein, daß sie über das gleiche reden, wenn sie „mütterlich" sagen, und nur so kann Frau W. ihre vielfältigen Sorgen und Ängste, die sie ihrem Kind gegenüber hegt, auseinanderhalten und klären. Und nur auf diese Weise kann sie die Natur ihres Problems klar *erkennen,* anstatt es nur vage zu *fühlen.*

Damit ist gesagt, daß die ständige, schrittweise Erhellung von Tatbeständen dem Klienten auf verschiedene Weise dient. Vor allem schafft sie die notwendige Voraussetzung für eine realistische Auffassung. Natürlich kann der Klient nur berichten, was er sieht, aber die unterschiedliche Sicht des Caseworkers kann seine Wahrnehmungen ergänzen, denn sie ist klarer, weiter und durch sein Wissen, seine Erfahrung und seine Distanz zum Problem systematischer.

Was der Caseworker wahrnimmt, kann die Sicht des Klienten korrigieren, und so wird dem Ich des Klienten geholfen, die Wirklichkeit zu prüfen und richtige Maßnahmen vorzubereiten. Die Gegebenheiten mit den Augen eines anderen zu untersuchen, hilft dem Klienten, den Unterschied oder den Zusammenhang zwischen seiner tatsächlichen Situation und ihrer Beurteilung durch ihn zu sehen, zwischen seinen Trieben und den Anforderungen der Realität, zwischen seinen Absichten und ihrer Beziehung zu den tatsächlich vorhandenen Möglichkeiten der Dienststelle.

Dadurch, daß er über die Tatbestände seiner Situation und seiner Gefühle berichtet und daß er dabei durch klärende Fragen und Erläuterungen des Caseworkers eine positive Resonanz spürt, kann sich das Wahrnehmungsvermögen des Klienten noch weiter verbessern. Wenn Realität und Einbildung auseinandergehalten, wenn undeutliche Empfindungen oder Ideen geklärt werden und wenn sich herausstellt, daß ängstliches Wollen oder Furcht, sobald man sie ausspricht, keine eigene Macht mehr haben, dann kann die Spannung verringert und unbegründete Angst abgebaut werden. Verminderte Ängstlichkeit führt zu klarerer Sicht.

Natürlich muß das Erhellen und Klarlegen der Tatbestände dazu dienen, dem Klienten und dem Caseworker in ihrer Arbeit am Problem zu helfen und nicht etwa dazu, daß der Klient nun endlich „alles sieht" oder daß der Wunsch des Caseworkers nach Vollständigkeit befriedigt wird. So wird der Caseworker viele Fakten erahnen oder erfassen, ohne gleich zu versuchen, sie auch seinem Klienten vor Augen zu führen, da sie die gegen sie gerichteten Abwehrkräfte überwältigen könnten — Abwehrkräfte, die sagen: „Ich sehe das nicht, weil ich es jetzt noch nicht wagen kann zu sehen" — oder vielleicht auch, weil sie für das vorliegende Problem keine ernste Bedeutung haben. Der Caseworker kann sich auch entschließen, die Diskussion bestimmter Dinge zu verschieben, weil er größeres Vertrauen oder mehr Stabilität auf seiten des Klienten oder das Ergebnis anderer Überlegungen abwarten will. Der Caseworker muß immer beurteilen können, welche Tatbestände zur Auswahl und Untersuchung geeignet sind, welche jeweils vorrangige Bedeutung haben und welche — auch wenn sie noch so interessant scheinen — von zweitrangiger Wichtigkeit oder für die Ziele dieses bestimmten Falles sogar nutzlos sind.

Klient und Caseworker können nicht immer alle notwendigen Tatbestände während des Gesprächs feststellen. In vielen Fällen kann es angezeigt sein, gewisse Einzelheiten über Persönlichkeit und Situation aus anderen Quellen zu ermitteln — von anderen Menschen im Leben des Klienten, von Fachleuten, die den Klienten kennen, aus Dokumenten, durch direkte Ermittlung der Wohnungs- oder Schulsituation usw. Wenn der Caseworker versteht, daß das, was ein anderer Mensch sieht und wie er es interpretiert, durch dessen Ich-Funktionen beeinflußt wird, so weiß er auch, daß es erforderlich sein kann, die Ansichten des Klienten über den Tatbestand durch die Auswertung zusätzlicher Quellen zu ergänzen oder zu korrigieren [19].

Der zweite Aspekt des Problemlösens im Casework erwächst aus und verwebt sich mit der fortlaufenden Erhellung der Fakten: es ist das Durchdenken der Fakten.

Unter „Denken" verstehe ich keineswegs die leidenschaftslose Betätigung eines seelenlosen intellektuellen Mechanismus. Vielleicht gibt es einen gewissen Unterschied zwischen dem *Überdenken,* das eine Art Nachsinnen oder ein Spiel von Ideen bedeutet, und dem *Durchdenken* eines Problems, was erfordert, sich damit zu befassen, darauf einzugehen, sich mit den Gefühlen, die es erregt oder mit denen es belastet ist, auseinanderzusetzen und den Verstand ebenso einzusetzen wie Körper und Geist, um seiner Herr zu werden. Jeder, der versucht hat, sich durch ein Problem hindurchzudenken, kennt die körperliche Anspannung, den quälenden Konflikt von Elan und Widerstand und den Schweiß und die Tränen, die diesen sogenannten intellektuellen Prozeß begleiten können. Selbst die Arbeit an einem abstrakten Problem, wie etwa einer algebraischen Gleichung, kann die Einbeziehung der ganzen Person beanspruchen. Das wird dann der Fall sein, wenn diese Arbeit emotionalen Wert und Bedeutung für den Menschen enthält, wie beim Absolvieren eines Kurses oder bei dem Versuch, Status oder Selbstachtung aufrechtzuerhalten. Wieviel mehr ist aber die ganze Person beim Durchdenken eines Problems beansprucht, das sein ureigenes ist und sein ganzes Leben berührt! Sich mit seinem Problem befassen, bedeutet keinesfalls, den Verstand vom Gefühl zu trennen; vielmehr müssen beide miteinander eingesetzt werden, so daß das, was man fühlt, auch gewußt und verstanden wird und das, was man weiß und versteht, auch als wahr erlebt werden kann.

Einen Klienten zu befähigen, sein Problem mitzuteilen, alle Tatsachen von situationsbedingter und emotionaler Bedeutung darzustellen, ist der erste Schritt, ihm zu helfen. Was diesen Vorgang begleitet oder ihm folgt, ist, den

[19] Für eine ausführlichere Erörterung dieser Frage siehe Perlman (46).

Klienten fähig zu machen, es zu durchdenken. Das bedeutet: dem Klienten helfen, zu verstehen, woraus sein Problem besteht, wie seine Handlungen und Reaktionen es beeinflussen, wie unterschiedlich es ausgelegt werden kann und welche verschiedene Bedeutung es deshalb hinsichtlich seiner Reaktion und seiner möglichen Entschlüsse haben kann. Es hilft ihm, das Problem zu zergliedern und es in seinen einzelnen und deshalb oft leichter zu behandelnden Teilen zu betrachten. Es hilft ihm, aus der drückenden Last, die er empfindet, die wichtigsten Elemente herauszugreifen und andere beiseite zu schieben, so daß er sein Problem systematischer und rationeller anpacken kann. Der Klient wird dazu geführt, sich zu äußern und zu erläutern, Klarheit zu schaffen, Vermutungen anzustellen, sich zu erinnern, vorauszublicken und Zusammenhänge zu sehen — kurz, die Tatbestände mit Ideen zu durchleuchten, um sie zu fühlen, darauf zu reagieren und auf eine neue Weise zu verstehen. Während er sich mit irgendeiner Situation oder Empfindung auseinandersetzt, um sie der Vernunft unterzuordnen oder während er sich bemüht, seine Gedanken auf seine Reaktionen zu lenken, ist er, ob er es weiß oder nicht, bereits dabei, sich innerlich anzupassen.

Die Hilfe des Caseworkers bei dieser Arbeit setzt sich aus verschiedenen Prozessen zusammen. Sie besteht darin, den Bericht des Klienten und das Gespräch so zu lenken, daß bestimmte Aspekte des Problems in den Mittelpunkt der Aufmerksamkeit gerückt werden. Ein gewählter Schwerpunkt kann, je nach Wichtigkeit und Zweckdienlichkeit, einem anderen Platz machen, aber zu jeder Zeit ist die Konzentration auf einen Schwerpunkt wesentlich, um klar und deutlich sehen zu können. Darüber hinaus dient dieses Ausrichten und Einstellen auf einen Schwerpunkt der notwendigen Aufteilung der problemlösenden Arbeit, denn man kann ein Problem mit allen seinen Komplikationen nicht als Ganzes bewältigen. Eine Sache zu einer Zeit und eine Zeit für jede Sache, das ist eine uralte Mahnung an uns, jede Aufgabe in handliche Teile zu zerlegen. Der Caseworker trägt weiter durch seine planvollen, sachdienlichen Fragen dazu bei, das Problem in den Griff zu bekommen. Auf diese Weise kann die innere Verwirrtheit des Klienten vermindert werden (siehe Irvine, 31). In späteren Kapiteln wird diese Hilfe noch näher beschrieben werden.

In dieser Tätigkeit des Durchdenkens übernimmt das Ich sozusagen die Verantwortung für die Ausführung seiner bewußt kontrollierten Funktionen. So wie ein Mensch Beziehungen überdenkt (z. B. zwischen Ursache und Wirkung, Aktion und Reaktion, Tat und Konsequenz), wie er sich auf einige Aspekte eines Problems konzentriert und andere ausschließt, Zusammenhänge herstellt und Unterschiede isoliert, wie er Bilder von Menschen und Situationen heraufbeschwört und deren Realität und sein Verhalten in Beziehung zu ihnen voraussieht, wie er seine Gefühle im Lichte des Verstandes ausdrückt und betrachtet, wie er seinen Kampf gegen die Realitäten einschätzt — während er all dies tut, bietet er seine Anpassungskräfte auf, um die Anpassung im Handeln vorzubereiten. Hierin liegen die Mittel und das Wesen bewußter Anpassung. Auf diese Weise entscheiden wir uns für Haltungen und Handlungen, so daß diese innerhalb der menschlichen Grenzen zugleich sachlich angemessen und befriedigend ausfallen.

Die Fragen und Überlegungen des Caseworkers verleihen diesem Prozeß ständig neue Impulse. Während er das Wichtigere vom weniger Wichtigen trennt und eine gewisse Konzentration versucht, während er Fragen stellt, die die Dinge klären und unterscheiden, und während er durch wiederholte Erläuterung Zusammenhänge und Grundzüge erschließt, bietet er dem Ich des Klienten bei dessen bewußten Gedankenexperimenten zur Anpassung Richtung und Ansporn. Das ist in der Tat eine Hauptfunktion des menschlichen Denkprozesses. Wenn darüber hinaus in einer lange andauernden Verbindung der Caseworker immer wieder aufzeigt, wie ein Problem angegangen werden kann, wird sich der Klient diese Methoden zu eigen machen und sie selbst anwenden, nachdem er die Dienststelle längst verlassen hat und die Casework-Erfahrung der Vergangenheit angehört.

Sobald Verstand und Gemüt des Klienten frei genug sind, um Kontakte zu anderen aufzunehmen (und wenn sie von der ständigen Beziehung mit dem Caseworker gestützt und ermutigt werden), kann sich auch seine Einstellung langsam ändern; und wenn auch sein wirkliches Problem unverändert bleibt, kann es vom Klienten doch jetzt anders erlebt werden. Seine Gefühle der Angst oder der Frustration können in ihrer Qualität und Intensität einen Wandel erfahren, der dadurch entsteht, daß der Klient seine Empfindungen ausdrücken und sich mit den andersgearteten Perspektiven des Caseworkers identifizieren konnte. Ein kurzes Beispiel kann vielleicht auf einfache Weise erklären, was in der Theorie wie Zauberei erscheinen mag:

Frau S. ist zu einer Familienberatungsstelle gekommen, um ihrer Unzufriedenheit mit ihrer Ehe Luft zu machen. Im vierten Gespräch mit dem Caseworker erklärt sie plötzlich voll Ärger und Verachtung, ihr Mann sei ein „Lügner". Eine solche Bezeichnung aus dem Munde einer verärgerten Ehefrau kann vieles bedeuten — gewohnheitsmäßiges Lügen, aber auch eine einzige Notlüge, und so fragt der Caseworker, was Frau S. darunter verstehe und um was es sich handle. Frau S. zählt nun eine Reihe von Beispielen auf, in denen ihr Mann die Unwahrheit gesagt oder zumindest übertrieben hat. Erst zwei Wochen, nachdem er seine Arbeit verloren hatte, erzählte er ihr davon. Er stellte seine Position im Büro aussichtsreicher dar, als sie war, rühmte sich seiner Familie gegenüber, mehr zu verdienen, als es tatsächlich der Fall war und so fort. Diese spontan vorgebrachten „Tatbestände" haben natürlich für den Caseworker ihre Bedeutung, aber viel wichtiger ist im Augenblick die Stimmung von Frau S. Er sagt deshalb nur, wie ärgerlich dies alles für Frau S. gewesen sein müsse. Frau S. reagiert willig auf diese Anerkennung und gibt weiter ihrem Ärger und ihrer Verachtung Ausdruck. Dem mitfühlenden Kopfnicken des Caseworkers entnimmt sie, daß er ihre Gefühle versteht, „auf sie eingeht".

Der Caseworker versucht nun, die Fähigkeit und die Bereitschaft von Frau S. zu erproben, diese Fakten in einer anderen Perspektive zu sehen und Zusammenhänge zu erkennen. Er fragt Frau S., warum sie denn annehme, daß ihr Mann so handle, es müsse doch ein Grund dafür vorhanden sein. Frau S. macht einen Versuch, diesen Vorschlag des Caseworkers aufzugreifen, denn sie fühlt sich von ihm verstanden. Sie wagt die Behauptung, daß Herr S. vielleicht „einen Minderwertigkeitskomplex" habe, daß er lüge, um sich selbst zu bestätigen. Der Caseworker meint dazu, daß Frau S. hier vielleicht eine Idee habe; er frage sich aber, warum Herr S. es wohl notwendig habe, sich solcherweise großzutun. Das spornt Frau S. an, ihre Idee weiterzuverfolgen. Sie erzählt, ihr Mann sei als Kind ziemlich herumgestoßen worden und habe sich dann selbst emporgearbeitet. In der Tat habe er ihr nach der Hochzeit gesagt, daß er sich niemals vorher „sicher" gefühlt habe.

Eine gewisse Gefühlsveränderung ist Frau S. anzumerken, als der Caseworker sie veranlaßt, mehr von der verständlichen Unsicherheit ihres Mannes und seiner Abhängigkeit von ihr zu erzählen. Noch immer ist Verachtung vorhanden, aber diese wird nun anstelle des Ärgers mit einem etwas nachsichtigeren Mitgefühl verbunden. Ihre Gefühle werden jetzt durch ihr eigenes Denken modifiziert. Der Caseworker allerdings weiß, daß diese Gefühle nur von kurzer Dauer sein können und drängt sie daher, weiter darüber nachzudenken *und sich zu überlegen, was dies für sie selbst bedeute. Er spielt darauf an, daß, auch wenn Frau S. Verständnis aufbringe und ihren Mann bemitleide, es nicht immer leicht sei, mit einem Lügner zusammenzuleben. Frau S. sagt nachdenklich: „Das stimmt, es ist nicht leicht — aber eigentlich ist er wie ein Kind — er tut einem irgendwie leid — er hat auch seine guten Seiten." Der Caseworker äußert sich über ihre zwiespältigen Gefühle und rückt sie so in das Blickfeld von Frau S. Sie nickt und sinnt darüber nach.*

Der Caseworker meint, daß Frau S. eigentlich mehr tun möchte, als ihren Mann zu bemitleiden. Er fordert sie auf, weiter an ihrem Problem zu arbeiten und nicht mit der augenblicklichen Sympathie, die sie empfindet, zufrieden zu sein, denn er weiß, daß diese Sympathie, wenn sie sich nicht vom Gefühl zum Verstand durcharbeitet, sehr rasch wieder in Abneigung umschlagen kann. Er schlägt vor, sich weiter darüber zu unterhalten, was zwischen Frau S. und ihrem Mann vorgeht, wenn sie ihn bei einer Lüge ertappt — z. B. was Frau S. in einem solchen Fall gesagt und getan hat. Frau S. gibt sofort ein Beispiel, eine lebendige Schilderung dessen, was sie gesagt und getan hat, als ihr Mann ihr endlich gestand, daß er arbeitslos sei. Der Caseworker hört aufmerksam zu und stellt sich ganz auf ihre Gefühle ein. Als sie schließlich Atem schöpft, fragt er, was denn die Reaktion von Herrn S. gewesen sei. Frau S. sagt triumphierend: „Er zog den Schwanz ein und schlich davon."

Der Caseworker geht auf diese Bemerkung ein und sagt, daß ihr Mann sich wahrscheinlich „sehr klein gefühlt" habe. Frau S. reagiert darauf in doppelter Weise. „Na und ob!" ruft sie, und dann (weil sie es jetzt klarer sieht und vorübergehend auch den Standpunkt des Caseworkers annimmt) schlägt sie die Hand vor den Mund: „Du lieber Himmel, ich glaube, ich habe ihn direkt in seinen Komplex zurückgeworfen!" Sie rückt unruhig hin und her und verteidigt sich gegen ihre eigene Anklage, indem sie schließlich sagt: „Wirklich, ich hatte es einfach satt."

Der Caseworker würdigt ihre Gefühle verständnisvoll, aber er äußert auch, daß Frau S.' Interpretation wahrscheinlich richtig sei. Frau S. fragt halb herausfordernd, halb bittend: „Glauben Sie, daß es meine Schuld ist?" Der Caseworker vermutet, daß es an beiden liege, an Frau S. und an ihrem Mann in ihrer Beziehung zueinander. Und darüber gibt es in der nächsten Zeit genug nachzudenken.

Es ist nicht schwierig, die verschiedenen Veränderungen zu erkennen, die bei diesem Gespräch in Frau S.' Gefühlen, ihren Wahrnehmungen, ihrer Erkenntnis der Zusammenhänge und ihrem Verständnis des Problems stattgefunden haben. Mehrere dynamische Faktoren sind dafür verantwortlich, besonders aber der wiederholte Ansporn, den der Caseworker Frau S. gab, um die Tatbestände ihrer Situation und ihrer Gefühle dem Nachdenken zugänglich zu machen. Das kann man als eine Art Querschnitt durch die Arbeitsweise des Caseworkers betrachten, wie er in Bemerkungen, Fragen, Vorschlägen oder auch in nur halb ausgesprochenen Worten den Klienten dazu bringt, seine Gefühle mit seinen Gedanken und seine Gedanken mit seinen Gefühlen zu verbinden und so beides auf die Problemsituation einwirken zu lassen; zu analysieren, nachzudenken, zu reflektieren und Verbindungen herzustellen — kurz gesagt, an der Wiederanpassung der Vorstellungen und Kräfte des Klienten im Hinblick auf sein Problem zu arbeiten.

Die Art, wie der Klient reagiert und wie er gefühlsmäßig und gedanklich den Kampf mit seinem Problem aufnimmt, zeigt dem Caseworker, welche Schwierigkeiten und welche Hilfsmittel er zur Lösung des Problems einzukalkulieren hat. Er erhält diagnostische Anhaltspunkte und Hinweise, die er in seine Überlegungen über die Mittel und Wege weiterer Hilfe einbezieht. Was den Klienten betrifft, so sollte die gelenkte Diskussion sein Verständnis seiner selbst, seiner Schwierigkeiten und der möglichen Auswege — alle in Beziehung zueinander — klären und vertiefen. Das ist *seine* diagnostische Erfahrung; sie dient als Grundlage der bewußten Organisation seiner selbst. Zugleich ist sie eine Erfahrung des Hilfe-Empfangens und der Veränderung, denn Gefühle, die dem Licht des Denkens und Gedanken, die der Macht des Gefühls ausgesetzt sind, wirken aufeinander ein und modifizieren sich notwendigerweise gegenseitig zu einer verständnisvollen, stützenden, zielgerichteten Beziehung. Wenn eine solche Umwandlung emotionale Energien für wohldurchdachte Ziele nutzbar macht, wird eine problemlösende Aktivität daraus hervorgehen.

Eine Wahl zu treffen oder einen Entschluß zu fassen, ist die entscheidende Phase jeder problemlösenden Anstrengung im Casework.

All das Denken, Planen und Sammeln von Erfahrungen, wodurch das Casework gefördert und lebendig erhalten wird, ist eine Art Generalprobe für das ausführende Handeln des Ich. Dieses Handeln kann sich auf die innere Organisation der Persönlichkeit beziehen, unmerklich, abgesehen von feinen Anzeichen, die auf eine Veränderung von Gefühlen, auf ein Nachlassen der

Spannung und auf eine Stabilisierung des Wohlbefindens hindeuten; es kann
sich auch im äußeren Verhalten ausdrücken, in Reaktionen und Handlungen,
oder aber beides tritt ein. Beides jedenfalls ist das Ergebnis einer „Entscheidung", die vom Ich getroffen wird, manchmal unbewußt, aus dem spontanen
Zusammentreffen ausgewählter Wahrnehmungen, Ideen, Bestrebungen und
Teilanpassungen heraus, und oft bewußt, nach einer sorgfältigen Wahl angesichts der Tatsachen und ihrer kritischen Beurteilung und mit dem Versuch,
die möglichen Folgen vorwegzunehmen.
Das Treffen einer Wahl und das Fällen einer Entscheidung, aus der ein innerer
Wandel oder eine äußere Handlung hervorgeht, ist der dritte Schritt im Problemlösen. Auch bei diesem Schritt muß der Caseworker dem Klienten helfen.
Die Hilfe besteht darin, ständig im Auge zu behalten, was der Klient wünscht
oder erhofft, was er tatsächlich erreichen oder haben kann und was er wirklich
gewillt ist, dafür aufzuwenden. Das erfordert vom Caseworker und dann
auch vom Klienten die Erkenntnis des doppelten Antriebs, der zuweilen in
uns allen wirksam ist, das Wollen und das Nichtwollen des Klienten, das Ja
und Nein in ihm, und, über diese Erkenntnis hinaus, das Durcharbeiten dieser
Gefühle, um sie Kompromissen zugänglich zu machen. Das schließt auch das
gemeinsame Prüfen der Alternativen und der Folgen der Wahl mit ein — „Was
wird geschehen, wenn ich das tue?", „Was wird sein, wenn ich es nicht tue?"
usw., so daß Entscheidungen nicht blindlings, sondern mit einem gewissen
Maß an Voraussicht getroffen werden. Und es bedeutet sowohl für den Caseworker als auch für den Klienten, zuzugeben, daß für die meisten von uns die
Freiheit der Wahl nur ein begrenztes Vorrecht ist.
Damit „Wahl" und „Entscheidung" nicht zu bedeutungsvoll und schicksalhaft
klingen, sollte vielleicht gesagt werden, daß die Entscheidungen, die der Klient zu treffen hat, oft klein und alltäglich sind und nur gelegentlich einen
größeren Entschluß darstellen. Um genauer zu sein, sind es die kleinen Entscheidungen, die wir Woche für Woche, Stück für Stück fällen müssen, welche
den Charakter einer wesentlichen Entscheidung formen. Um das zu verdeut-
lichen, soll uns als Beispiel wieder Frau S. bei ihrem nächsten Gespräch
dienen:
Sie beginnt damit, daß sie lachend und etwas herausfordernd sagt, daß sie
beinahe nicht gekommen wäre. Sie könne eigentlich nicht glauben, daß sie hier
irgend etwas erreiche. Der Caseworker wird das wohl vorausgesehen haben.
Frau S. war es zu Ende des letzten Gesprächs unbehaglich geworden, denn

sie hatte plötzlich erkannt, daß sie aktiver Partner in einer Situation war, in der sie sich vorher hauptsächlich als Opfer betrachtet hatte, und zudem war ein Gefühl der Schuld und des Konflikts in ihr aufgestiegen. Aber der Caseworker erkennt, daß Frau S. eine, wenn auch nur augenblickliche Entscheidung getroffen hat, wiederzukommen, und er sagt: „Sie sind aber doch gekommen!" Frau S. erwidert: „Ja", aber sie stockt und betrachtet nur ihre Handschuhe.

Der Caseworker wagt die Bemerkung, daß Frau S. zwar geglaubt habe, daß es keinen Ausweg für sie gäbe, daß sie aber gleichzeitig doch noch immer darauf hoffe. Vielleicht sei sie deshalb wiedergekommen? Frau S. sagt etwas zögernd: „Ja, vielleicht." Der Caseworker tastet sich weiter vor, indem er sagt, daß, wenn es auch vieles in ihrer Ehe gebe, was sie sozusagen „krank" mache, Frau S. offensichtlich doch gern möchte, daß alles wieder in Ordnung käme. Er bringt also Frau S. ganz behutsam dazu, sich ihrer ambivalenten Gefühle über ihre Ehe klarzuwerden. „Ja", sagt Frau S., „das ist schon wahr, aber wie — das ist die Frage."

„Das Wie ist nicht leicht zu beschreiben", sagt der Caseworker. Es würde wohl bedeuten, daß sie und ihr Mann an sich selbst und beide gemeinsam an ihrem Problem arbeiten müßten, zu Hause und auch hier mit ihren Caseworkern. Die Schwierigkeit dabei ist, daß das unangenehm sein wird; und das bleibt nicht aus, wenn wir beginnen, uns selbst zu betrachten. Wahrscheinlich war schon das letzte Gespräch für Frau S. mit einem unangenehmen Gefühl verbunden . . .

Der Caseworker versucht Frau S. zu helfen, die Bedingungen zu sehen, auf die sie sich festlegen würde, sollte sie sich zum Weitermachen entschließen. Frau S. zieht ein Gesicht. „Es war unangenehm", sagt sie lakonisch, und dann ruft sie aus: „Ich hatte die ganze Woche das Gefühl, als ob ich auf Eiern ginge. Jedesmal, wenn ich etwas zu Tom sagte, dachte ich, ‚was tue ich ihm denn an!', und glauben Sie mir, das ist gar nicht schön."

Der Caseworker geht sofort freundlich auf dieses von Frau S. geäußerte Gefühl ein: „Natürlich, das ist gar nicht angenehm, im Gegenteil, es macht einen nervös." Und hier zeigt es sich, daß Frau S. bereits einen großen Schritt in Richtung auf die Lösung ihres Eheproblems getan hat — sie hat einsehen gelernt, daß sie selbst ein Teil davon ist. Frau S. antwortet mit einem langen Blick auf den Caseworker, einem Blick, der sagt: ‚Glauben Sie das wirklich?'

„Der andere Schritt, den Sie unternommen haben", sagt der Caseworker,

„war der, hierher zurückzukommen, obwohl Sie vielleicht verärgert waren und sich gewiß sehr unbehaglich gefühlt haben, und so glauben Sie wohl doch, daß wir Ihnen helfen können." (Der Caseworker akzeptiert ihre unangenehmen Gefühle und unterstützt gleichzeitig die konstruktiven Elemente in ihrem Verhalten.) „Das stimmt", sagt Frau S.

„Glauben Sie also", fragt der Caseworker, „daß Sie versuchen wollen, mit mir weiterzuarbeiten, obwohl es Zeiten geben wird, in denen Sie über das, was wir besprechen, irritiert oder unglücklich sein werden? Ich glaube, wir können gemeinsam etwas erreichen. Aber ich vermute, es wird sich die Frage ergeben: Ist es der Mühe wert, Ihr und Ihres Mannes Beisammenbleiben zu retten?" Wiederum hat der Caseworker Frau S. vor eine Wahl gestellt — Unbehagen und die Möglichkeit, ihre Ehe zu retten oder die Möglichkeit, die ganze Angelegenheit hinzuwerfen.

Frau S. antwortet nicht sofort. Sie nickt zwei- oder dreimal leicht mit dem Kopf, beugt sich vor und sagt: „Nun gut, ich will es versuchen. Ich werde Ihnen jetzt erzählen, was geschah, als ich vergangene Woche nach Hause kam."

Sie hat ihre ersten kleinen Entscheidungen getroffen: in die Dienststelle zurückzukommen und mit einer gewissen Erkenntnis und dem zwiespältigen Gefühl, daß sie den schweren Weg gewählt hat, zu versuchen, an ihrem Problem ein wenig weiterzuarbeiten. Da nun das kleine Problem, Hilfe anzunehmen oder nicht, gelöst ist, können ihre Energien jetzt auf das größere Problem, ob sie mehr Befriedigung in ihrer Ehe erzielen kann oder nicht, gerichtet werden. Aber auch dieses Problem kann nur durch eine ganze Serie kleinerer Entscheidungen gelöst werden, durch die jeweilige Wahl des geringeren Übels oder des höheren Wertes, was immer erforderlich ist, um aus einer Klemme herauszukommen.

Die Vorbereitung für die Entscheidung, was heute oder morgen getan werden und wie es im täglichen Leben praktiziert werden soll, erfolgt also im Dialog zwischen Caseworker und Klient. Wiederum ist es der Caseworker, der den Ansporn gibt, über die Mittel und Wege, die Handlungen und ihre Folgen, die positiven und negativen Gefühle, die die Wahl beeinflussen, nachzudenken. Entschlüsse, die eine sichtbare Handlung in Gang setzen, erfordern einen weiteren Schritt — den Entwurf dessen, was zu sagen oder zu tun ist und der zu erwartenden Reaktionen, zuerst in Gedanken und dann im Gespräch. Jeder von uns, der sich darauf vorbereitet, einer Situation zu begegnen, in der er Schwierigkeiten oder Gefahr erwartet, wendet diese Form der Phantasie an. Ob diese Vorsorge und Voraussicht nützlich ist, hängt gewöhnlich von mehreren Faktoren ab. Wir müssen die objektiven und die subjektiven Tatsachen realistisch sehen; wir müssen die wechselseitige Beziehung zwischen uns und den zu behandelnden Situationen begreifen, und wir müssen einer bewußten Anwendung dessen, was wir wissen und verstehen, fähig sein. Diese Faktoren gelten auch für den Klienten, und sein Vermögen, in seinen Handlungsversuchen erfolgreich zu sein, wird davon abhängen, ob er eine andere Einstellung zu seinem Problem und eine bessere Integration der Gedanken und Gefühle erreicht hat. Von dem Augenblick an, in dem er findet, daß er besser gerüstet ist, mit seinem Problem umzugehen, entsteht in ihm jenes Gefühl innerer Kraft und Hoffnung, das die Voraussetzung zur weiteren Anpassung ist.

Adäquates Funktionieren des Ich erweist sich in der Fähigkeit des Menschen, solche Handlungen in seinem Leben zu verwirklichen, die sowohl seiner sozialen Realität als auch seinen bewußt gewählten Zielen angemessen sind. Oft erscheint dieser Schritt zur Tat als ein riskantes Geschäft, denn es kann bedeuten, daß man sich anders verhalten muß — manchmal gilt es, einen kühnen Vorstoß im Reden oder Tun zu wagen; manchmal, sich von impulsiven Handlungen zurückzuhalten; in manchen Fällen, liebgewordene Lebensgewohnheiten auszumerzen; in anderen, lang bestehende Beziehungen aufzugeben. Und wiederum ist es die Casework-Beziehung, die es dem Klienten ermöglicht, ein solches Risiko auf sich zu nehmen, weil ihm hier der Hafen geboten wird, in den er zurückkehren kann, um seine kleinen Triumphe oder Mißerfolge, seine Befriedigungen oder Frustrationen mitzuteilen und sich außerdem für neue Versuche zu rüsten. Wenn diese Versuche Erfolg haben, wenn das, was er tut oder wie er sein Gleichgewicht aufrechterhält, ihn befriedigt oder befriedigendere Reaktionen anderer hervorruft, gewinnt er zunehmend an Selbstsicherheit. Der Ausspruch „Nichts ist erfolgreicher als der Erfolg" trifft auf nichts besser zu als auf das Ich. Wenn es sich als ohnmächtig erweist, verkümmert es und zieht sich zurück; sobald es jedoch seine Fähigkeiten unter Beweis stellen kann, wird es stärker und wagemutiger.

Ein Verhalten, das etwas einbringt, wertet das Ich als seinen Erfolg, und es wird bereitwillig in die Gesamtorganisation des Ich aufgenommen. Auf diese

Weise werden Anpassungsmuster aufgestellt; sie sind die Vorbedingung für
die Festigung von Lernprozessen. Ein Teil der Belohnung des Klienten für sein
neues Verhalten erwächst ihm aus der Anerkennung und freundlichen Unterstützung seiner Anstrengungen durch den Caseworker. Aber noch wirksamer
und noch lebenswichtiger ist die Genugtuung, die er aus seiner neuen Fähigkeit, mit seinem täglichen Leben fertig zu werden, und aus dem Anklang, den
er bei jenen Personen und Dingen findet, auf die sich seine Anstrengungen beziehen, gewinnt.

Eine Gruppe von Menschen, die zu vielen Dienststellen kommt, muß noch
in Betracht gezogen werden. Das Lösen ihrer Probleme fällt hauptsächlich
dem Caseworker zu, da diese Menschen selbst wenig Energie oder Fähigkeiten
mitbringen. Diese Klienten finden sich unter den senilen Alten, den beinahe
Psychotischen und unter jenen Menschen, deren physische, emotionale oder
intellektuelle Behinderungen die wenigen vorhandenen Lebensenergien fast
völlig aufbrauchen. Ihre Ich-Fähigkeiten können so sehr herabgesetzt oder
so unbeständig sein, daß eine „Verschanzung" faktisch zur unumgänglichen
Notwendigkeit für die Lebenserhaltung wird. Sie können auf ihre Abwehrreaktionen ebenso angewiesen sein wie verkümmerte Muskeln auf einen Stütz-
apparat. Diesen Klienten gegenüber muß der Caseworker mehr das Akzeptieren als die Erwartung betonen, mehr den Rückhalt als die Herausforderung, mehr die Rechtfertigung als das Fragen. Und doch kann man sogar
mit diesen Unglücklichen Probleme wie etwa, ob eine Operation notwendig
ist oder nicht, ob man in einem Heim leben soll oder nicht, sogar ob man zur
Kirche gehen soll oder nicht, in geduldiger Diskussion der Tatsachen, des
„Warum" und des „Warum nicht", durcharbeiten, um zu möglichen Entschlüssen zu kommen. Das hilft einem solchen Menschen, die engen Grenzen
seines Selbst zu erweitern.

Und zum Schluß noch eine Tatsache, an die man Sozialarbeiter kaum erinnern muß: Die Gründe für den Mißerfolg eines Menschen, seine Probleme
durch Anpassung und Entschlüsse zu lösen, müssen nicht allein in ihm selbst
liegen, sondern können auch auf die Verhältnisse zurückzuführen sein. Es gibt
Situationen im Leben, die schwerer und zermürbender sind, als der Mensch
ertragen kann, und es gibt andere Situationen, in denen die Bedürfnisse und
Wünsche eines Menschen einem Nichts gegenüberstehen. Der Verlust oder die
Schwächung der Ich-Kräfte können nur dann richtig eingeschätzt werden,
wenn die Umstände, auf die das Ich reagiert, bekannt sind. Das Ich kann

weder Lebenskraft noch Geschmeidigkeit entwickeln, wenn es gewissermaßen ausgehungert oder von einer unnachgiebigen Umwelt in Fesseln geschlagen ist (siehe Towle, 60). Und deshalb richtet sich das Augenmerk des Casework, das sich mit der Stärkung des Ich des Klienten befaßt, nicht nur auf die Persönlichkeit in ihrem Ringen um wirksames, angemessenes Verhalten, sondern auch auf die soziale Umwelt, mit der der Mensch in Wechselbeziehung steht. Die direkten Anstrengungen des Caseworkers, andere wichtige Personen im Leben des Klienten zu beeinflussen, Hilfe von anderen Stellen herbeizuschaffen, Vorkehrungen zu treffen oder auch Geldmittel bereitzustellen, die zur Erhaltung einer angemessenen Lebensweise notwendig sind, das Auffinden von und das Zusammenarbeiten mit Möglichkeiten und Hilfsquellen, durch welche der Klient seine beengten Lebensumstände erweitern kann — durch alle diese Hilfeleistungen rüstet der Caseworker das Ich des Klienten mit neuen Kräften aus.

Sobald dem Menschen tatsächlich weniger zugesetzt wird, sobald sein Kampf gegen soziale Schwierigkeiten weniger niederdrückend ist, sobald er um sich schauen kann und bemerkt, daß seine Umgebung ihm eine gewisse Selbsterfüllung verspricht, wird die Integrierung seines Ich gefördert und zur Entwicklung angeregt. Wenn echter Not begegnet wird, dann lassen die Abwehroperationen nach, und es werden Energien zur Verfolgung neuer Ziele freigesetzt. Darüber hinaus kann das Ich, wenn ein Mangel behoben oder Ersatz für Verluste geleistet werden kann, wirklichen Schwierigkeiten viel eher ins Gesicht sehen, weil es vom Druck der Angst befreit ist und durch neue Hoffnung Auftrieb erhält. So können selbst solche Dienstleistungen, die dem Caseworker alltäglich scheinen mögen, wenn sie ausbleiben, das Gleichgewicht des Menschen untergraben, wenn sie aber vorhanden sind, die Ausgeglichenheit des Ich und sein empfindsam gesteuertes Funktionieren stützen und fördern. Zusammenfassend können wir sagen, daß die ständige Aufgabe des Ich das Lösen von kleineren oder größeren Problemen ist, die sich aus dem ergeben, was der Mensch will, welche körperlichen und geistigen Kräfte er für seine Ziele aufbieten kann und was seine Umwelt verlangt, bereitstellt oder verweigert. Die ständige Aufgabe des Casework ist, dem Menschen, der im Lösen seiner Probleme Schwierigkeiten begegnet, zu helfen, die eigenen Kräfte zu stärken, seine Möglichkeiten zu erweitern und seine sozial wünschenswerten Ziele zu erlangen. Zu diesem Zweck bietet der Casework-Prozeß des Problemlösens die helfende Stütze der Beziehung, die Belebung und Entwicklung der Fähigkeiten des Klienten zum Fühlen, Denken und Handeln, die Herabminderung sozialer Belastungen und die Erschließung neuer Möglichkeiten. Dieser berufliche Prozeß kann in seiner Struktur, seinen Handlungen und seinen Zielen als eine kluge, geschickte Ergänzung der positiven Funktionen und Aufgaben des Ich angesehen werden.

Die praktische Ausführung, die Details, wie einem Menschen mit einem Problem in der sozialen Dienststelle anhand eines Casework-Prozesses geholfen werden kann, sollen in den folgenden Kapiteln entwickelt werden.

Teil II

Casework im Querschnitt

8. Person, Problem, Platz und Prozeß
in der Anfangsphase

Ein altes Sprichwort sagt: „Gut begonnen ist halb gewonnen." Vielleicht hat
das nirgends mehr Gültigkeit als in den Anfängen einer Erfahrung mit einem
menschlichen Wesen, von der erwartet wird, Kontinuität zu haben und
Veränderungen herbeizuführen. Damit eine solche Erfahrung gut beginnt,
muß sie gleich am Anfang die wesentlichen Elemente und Operationen, die
ihre Natur ausmachen, enthalten. Der Mensch registriert seine Erlebnisse nicht
nur, sondern er reagiert auch auf sie und wertet sie aus. Auf Grund seiner
Erfahrungen und der Art, wie er sie sieht, nimmt er die künftige Entwicklung vorweg und paßt sich entsprechend an. Es ist daher von großer Wichtigkeit, daß der Beginn und der Verlauf eines jeden Prozesses einander so weit
als möglich gleichen. Sonst fühlt sich der Mensch gezwungen, immer wieder
von neuem zu beginnen, weil sich der Anfang als falsch erwiesen hat.
Aus diesem Grund ist die Anfangsphase des Casework-Prozesses von so
großer Bedeutung. Soll der Klient wissen, was er unternimmt und soll er imstande sein, sich entsprechend zu organisieren, dann muß ihm ganz konkret
gezeigt werden, was von ihm erwartet wird. Dieses Demonstrationsbeispiel
sollte ihm in gedrängter Form das Wesen der Wechselwirkung zwischen ihm,
seinem Problem, der Dienststelle und den Kräften und Mitteln, die auf seine
Schwierigkeiten einwirken sollen, vor Augen führen. Wenn das, was der
Klient im Prozeß des Problemlösens im Casework erfahren soll, mehr als eine
freundliche Handreichung und ein Bereitstellen von Hilfsmitteln sein soll,
dann muß die Anfangsphase dieser Erfahrung mehr enthalten als eine bloße
Beschreibung des Problems und das Angebot einer Hilfeleistung. Soll diese
Erfahrung mehr bieten als Verständnis und Beschwichtigung, dann muß gleich
zu Anfang mehr getan werden, als dem Klienten nur zu helfen, sich auszusprechen, und ihn zu beruhigen. Soll sie nicht nur einfach ein Übergeben auf
der einen Seite und ein Übernehmen auf der anderen sein, dann muß sie von
Anfang an anders sein. Wenn, um es positiv auszudrücken, Casework ein Prozeß sein soll, der den Klienten dahin führt, seine Problemsituation zu erfassen,
darüber nachzudenken und entsprechend zu handeln, während er zugleich
Stütze und Hilfe erfährt, dann muß er schon in der Anfangsphase in reichem

Maße gekräftigt und unterstützt werden. So zieht der Klient von Anfang an seinen Nutzen aus den helfenden Mitteln der Dienststelle; er kann voraussehen, was auf ihn zukommt; er und der Caseworker haben „gut begonnen". Die Anfangsphase beginnt in dem Augenblick, in dem der Klient sich mit der Dienststelle in Verbindung setzt, sei es telefonisch, durch persönliche Vorsprache oder durch Vermittlung einer anderen Person. Diese Phase endet, wenn zwischen Klient und Caseworker eine Art Abkommen im Sinne eines „Probevertrags" getroffen ist, der ihnen gestattet, gemeinsame Anstrengungen zur Lösung des Problems zu unternehmen. Diese Übereinkunft kann manchmal in einem einzigen Gespräch erzielt werden, zuweilen sind aber auch vier oder fünf Besprechungen erforderlich, ehe Klarheit, gegenseitiges Verständnis und Entschlüsse erreicht werden. Innerhalb dieser Konzeption der Anfangsphase kann deren Ziel folgendermaßen umschrieben werden: den Klienten und seinen Willen darauf zu verpflichten, in einer helfenden Beziehung zusammen mit der Dienststelle und ihren besonderen Hilfsmitteln etwas im Hinblick auf sein Problem zu unternehmen. Wenn dieses Ziel erreicht ist, folgt die nächste Phase [20].

Die Person in der Anfangsphase des Casework-Prozesses

An die soziale Dienststelle wendet sich ein Mensch, der ein Problem hat. Dieses mag einfach oder kompliziert sein, alt oder neu, alltäglich oder ungewöhnlich, aber für den Menschen selbst hat es immer die gleiche Bedeutung: es ist etwas, das er in seiner gegenwärtigen Lebenssituation als frustrierend empfindet, und es ist etwas, mit dem er ohne Hilfe nicht fertig werden zu können glaubt. Meistens hat er bereits versucht, es allein mit dem Problem aufzunehmen oder sich der Hilfe von Menschen und Dingen in seiner normalen sozialen Umwelt zu bedienen. Entsprechend seiner Art, sich zu verteidigen oder anzupassen, kann er schon versucht haben, das Problem auf verschiedenartige Weise zu behandeln: er kann es entschlossen aus seinem Gesichtskreis verbannt und versucht haben, es nicht wieder ins Bewußtsein aufsteigen zu lassen; er kann ungestüm oder mit Vorbedacht Lösungen gesucht und dabei seine physischen und sozialen Kräfte erschöpft haben; er kann immer wieder darüber nach-

---

[20] Ein anderer Standpunkt findet sich bei Scherz (52).

gedacht und mit Angehörigen und Freunden darüber gesprochen haben, mit dem Ergebnis, daß das Problem ihm nur größer und er selbst sich immer hilfloser vorkam. Die Art des Problems kann ihn ganz besonders erschrecken; es kann für ihn bedeuten, daß er sich nicht mehr sicher fühlt („Die Welt ist für mich eingestürzt"), daß er sich als unangemessen empfindet („Wenn ich mehr Mumm hätte, wäre das Ganze eine Kleinigkeit für mich") oder beides, was noch schlimmer ist. Die Ängste, die das Problem erzeugt, bedrängen den Menschen noch mehr und verstärken in ihm das Gefühl der Hilflosigkeit. Selbst ein Problem, das objektiv gesehen, „einfach" erscheint, ist für den Menschen, der es hat, kompliziert, weil es an ihm nagt, sein Vertrauen und seine Hoffnung aufzehrt und ihn ganz in Anspruch nimmt.

Was immer der Mensch auch sonst an seinem Problem hat tun können: sein Erscheinen bei der Dienststelle — oder auch nur ein schüchterner Telefonanruf — bedeutet, daß er den Entschluß gefaßt hat, fremde Hilfe in Anspruch zu nehmen. Er weiß vielleicht gar nicht, welche Aufgabe diese Stelle hat und was sie für sein Problem tun kann; er stellt sie sich vielleicht als „die Fürsorge" oder „die Jugendwohlfahrt" vor oder auch als einen Ersatz für die psychiatrische Hilfe, die er glaubt nötig zu haben, sich aber nicht leisten kann; oder aber er ist über ihre Funktion genau unterrichtet. Aber was er sich auch darunter vorstellen mag, er weiß, daß es sich um eine organisierte Hilfsquelle außerhalb seiner selbst handelt und daß sein erster Schritt dahin für ihn eine neue Anstrengung in der Bekämpfung seines Problems bedeutet.

Und doch erscheint diese neue Anstrengung dem Menschen selbst nicht immer konstruktiv und hoffnungerweckend. Sie kann im Gegenteil mit Gefühlen der Verzweiflung, der Preisgabe eigener Rechte und Verantwortlichkeiten an andere belastet sein. Manche sind auch so sehr von der Dringlichkeit ihres Problems erfüllt, daß die Anstrengung, Hilfe zu suchen, mit der Forderung nach vorgefaßten Lösungen verbunden ist. Dieses Gefühl zukünftiger Abhängigkeit oder kämpferischer Selbstbehauptung mischt sich mit den Emotionen, die in dem potentiellen Klienten bereits aufsteigen.

Aber das ist noch nicht alles, denn in dem Augenblick, in dem der Klient zur sozialen Dienststelle kommt, wird er sich bewußt, daß er einem neuen Problem gegenübersteht — dem Problem des Um-Hilfe-Bitten- und Hilfe-Annehmen-Müssens von einem Fremden an einem fremden Platz. Wenn er diese Stelle finanziell unterstützt oder wenn er andere Leute dorthin schickt, wird er sie nicht als „fremd" empfinden; aber wenn er sie für sich selbst bei intimen, unangenehmen Anlässen in Anspruch nehmen muß, wird sie für ihn „fremd" sein. Er empfindet den Caseworker und die Dienststelle als „sie"; die dritte Person Mehrzahl, die für uns alle eine oft vage Macht in der Gesellschaft darstellt, dieses „sie", auf das wir unsere Schuld und unsere Zweifel projizieren. „Was werden sie von mir denken?", fragt er sich. „Ich sollte doch mit meinem Kind selber fertig werden." „Vielleicht glauben sie, daß es meine Schuld ist, daß ich arbeitslos bin." Und dann: „Was werden sie mich fragen?", „Was werden sie für mich tun?", „Was wird es mich kosten, wenn ich nicht mit Geld bezahlen muß?" Er beginnt, die Scham oder die Schuld, die Erwachsene in unserer Gesellschaft zu fühlen gelernt haben, wenn es ihnen an Unabhängigkeit und Selbstverantwortlichkeit fehlt, zu empfinden und darüber nachzudenken. Er mag sich selbst verteidigen, indem er die schlimmen Ursachen, die ihn veranlaßt haben, Hilfe zu suchen, aufspürt und sich an ihnen anklammert oder indem er sich in einer so vernichtenden Weise selbst verdammt, daß nichts, was „sie" sagen, ihn erleichtern kann, oder indem er seine Gefühle unterdrückt und eine Maske der Gleichgültigkeit oder Forschheit aufsetzt. Aber er kann nur abwarten, um die Antwort auf die unausgesprochenen Fragen, was mit ihm oder für ihn geschehen wird, herauszufinden.

Und so begegnet der Mensch an der Schwelle der Dienststelle zusätzlich zu seiner ursprünglichen Last einem neuen Problem: den Gefühlen und den noch unbekannten Bedingungen, die mit dem Annehmen der Hilfe verbunden sind. Sogar für den Klienten, der ein „alter Kunde" von sozialen Dienststellen ist, trifft manches davon zu. Dieser wird jedoch durch Erwartungen und Erfahrungen aus der Vergangenheit vorbereitet an die Dienststelle herantreten. Er sieht bereits voraus, was „sie" sagen und tun werden; und die Gefühle, die er bei seinen früheren Erfahrungen mit dieser oder einer anderen Dienststelle gehabt hat, werden sich wieder einstellen und ihn — oft in unangemessener Weise — dazu führen, sich von vornherein widerspenstig, fügsam oder unsicher zu verhalten. Wenn bei früheren Erfahrungen sein Vertrauen geweckt wurde, wird er mit Hoffnung und Zuversicht zur Dienststelle kommen. In jedem Fall, selbst wenn er mit einem alten Problem wiederkommen sollte, muß er neu beginnen, und der Caseworker sollte ihm helfen, dies und den Unterschied zwischen seiner vergangenen und seiner gegenwärtigen Erfahrung zu erkennen.

Das Problem in der Anfangsphase

Das Problem, das ein Mensch zur Dienststelle mitbringt — manchmal wie
einen schweren Rucksack, manchmal wie einen ekelerregenden Gegenstand,
den er nur widerwillig mit den Fingerspitzen anfaßt —, ist etwas, das ihn
heute bedrückt, verletzt oder behindert. Als gegenwärtiges Problem mag es
nur eine Äußerung oder eine Begleiterscheinung eines zentralen, langwierigen
Problems sein, aber er sieht, erlebt und berichtet es in seiner greifbaren, sozial
erkennbaren Form. Was immer die wahre Natur des Problems ist, es wird
für den Klienten veränderte Gesichtspunkte haben, sobald er das Problem und
die damit verbundenen Gefühle dem Caseworker mitteilt und sobald dieser
die Absicht und die Fähigkeit zu helfen zu erkennen gibt.
Aber das vielleicht größte Problem am Anfang ist nicht dasjenige, das der
Mensch zur Dienststelle bringt, sondern das, dem er an der Tür zur Dienststelle begegnet. Es ist nicht nur das Problem des Um-Hilfe-Bitten-, sondern
auch des Hilfe-Annehmen- und Anwenden-Müssens. Es ist eine Tatsache, daß
es für die meisten Probleme des Lebens keine fertigen Lösungen gibt, die das
Problem einfach verschwinden lassen, und diese Tatsache ist enttäuschend. Sie
wird noch schwieriger durch die Notwendigkeit, daß der Klient nicht das
Mündel der Dienststelle wird, sondern daß er als Partner auf eine vorher
vereinbarte Weise an dem Problem mitarbeitet; und das ist eine oft unver-
mutete Abmachung, die befriedigend, aber auch enttäuschend sein kann. Der
Grad der Schwierigkeit oder Erleichterung wird je nach der inneren Sicherheit des Menschen und der Wichtigkeit, die das Problem für ihn hat, unterschiedlich sein, aber daß er als aktiver Partner der sozialen Dienststelle an
seinem Problem mitarbeiten muß, ist die erste Schwierigkeit, die im Casework
zu lösen ist.
Das Problem am Anfang ist daher immer ein zweifaches. Welcher Aspekt die
meiste Aufmerksamkeit und Betonung erfordert, wird sehr davon abhängen,
wie bereit und fähig oder wie unvorbereitet und unfähig der Mensch selbst ist,
das konkrete Problem anzupacken.

Die Institution und der Caseworker in der Anfangsphase

Die soziale Dienststelle steht ihrerseits bereit, einen Menschen, den ein Problem zu ihr bringt, zu empfangen und ihm, wenn möglich, zu helfen. Die

Dienststelle hat ein festgelegtes Ziel, eine Reihe besonderer Funktionen, Strukturen, Grundsätze und Verfahren, die, wenn sie angemessen sind, der Verfolgung ihres speziellen Zweckes dienen. In der Dienststelle sind (oder sollten sein) Menschen mit beruflicher Kenntnis und Erfahrung in der Handhabung menschlicher Beziehungen und in der Anwendung solcher sozialer Mittel, die das Leben jener Menschen bereichern, für die die Stelle geschaffen wurde.

Damit ihre besondere Art der Hilfe wirksam und angemessen sein kann, muß die Dienststelle durch ihre beruflichen Caseworker so früh als möglich feststellen, ob der Hilfesuchende für die zur Verfügung stehenden Dienstleistungen in Frage kommt und ob er sie verwenden kann. Vor allem muß das Problem zu jenen Problemen gehören, für deren Bewältigung die Dienststelle ausgerüstet ist. Die Entscheidung darüber muß daher sehr rasch getroffen werden. Darüber hinaus gibt es immer gewisse Voraussetzungen, die die hilfegebende und hilfenehmende Beziehung bestimmen; es handelt sich entweder um Voraussetzungen, die sich auf die Fähigkeit und den Willen des Menschen, mit der Dienststelle zusammenzuarbeiten, beziehen oder um solche, die gewisse Bedingungen hinsichtlich Bedürftigkeit, Status oder Arbeitsweise vorschreiben. Der Caseworker muß schon sehr früh mit dem Hilfesuchenden diese Voraussetzungen erläutern, damit dieser sie kennenlernt und frei wählen kann, ob er die Hilfe von dieser Stelle und unter diesen Bedingungen wünscht oder nicht. Auf diese Weise kann der Caseworker ihm helfen, sich auf Grund genauer Kenntnis und ernsthafter Überlegung zu entscheiden.

Der Klient, der nur sein Problem sieht, weiß das alles kaum. Er kann ja auch im voraus gar nicht wissen, ob die spezielle Dienststelle, zu der er gekommen ist, ihm bei seinem speziellen Problem zu helfen vermag, und er kann auch nicht wissen, ob die Art der Hilfe und die Bedingungen, unter denen diese gewährt wird, für ihn annehmbar sind. Der eine Klient ist beim Betreten der Dienststelle, während er nur seinen Namen angibt, so sehr von Angst und Unruhe beherrscht, daß er kaum die Räumlichkeiten wahrnimmt. Der andere, in seiner Ängstlichkeit besonders auf der Hut, versucht vor allem einen Eindruck zu gewinnen, und von dem Eindruck, den er von den Menschen wie von der Räumlichkeit erhält, wird es abhängen, ob er glaubt, von dieser Stelle Hilfe erwarten zu können oder nicht. Aber die eigentliche Erfahrung mit der Dienststelle beginnt für jeden erst in dem Augenblick, in dem er dem Caseworker gegenübersteht und sich ihm mitteilt.

Der Caseworker repräsentiert und verkörpert die Dienststelle. Der erste Blick
des Klienten sucht ihn einzuschätzen, ihn als einen Menschen zu erfassen, der
die Macht hat, ihm entweder zu helfen oder ihn zu verletzen. Wenn der Caseworker mit der Sicherheit vorgeht, die ihm seine berufliche Identität und
Kompetenz verleiht, und mit der Klarheit, die sich aus seiner Funktion innerhalb des Programmes der Dienststelle ergibt, dann wird der Klient in ihm den
Menschen wie auch den fachlichen Vertreter der Dienststelle sehen. Als ersterer
ist er mitfühlend, ruhig, verständnisvoll und bereit zu helfen; als der letztere
ist er in der Lage, durch die Erfahrungen und Kenntnisse der gesamten Dienststelle und mit den ihm zur Verfügung stehenden organisierten Hilfsmitteln
auf Grund der Bedingungen, unter welchen Hilfe am besten gegeben und verwendet werden kann, dem Klienten zur Verfügung zu stehen. Das alles gibt
seiner Hilfsbereitschaft Form und Billigkeit und steckt die Grenzen des Möglichen ab.

Und nun sitzen sie einander gegenüber, Klient und Caseworker; und obwohl
vielleicht nicht mehr als eine höfliche Begrüßung ausgetauscht wurde, haben
sie einander bereits viel gesagt. Würde man den Klienten fragen und wäre er
imstande, in diesem Augenblick größter Spannung eine Auswahl zu treffen,
dann würde er von all den Dingen, die er benötigt und wünscht, von all den
Sätzen, die er sich zurechtgelegt hat, dem Caseworker sagen, daß er nur drei
Dinge wünscht: Er möchte anerkannt und mit Wohlwollen als ein Mensch in
Sorge akzeptiert werden; er wünscht seine Sorgen und was er von der Dienststelle benötigt auszudrücken; und er möchte wissen, *ob* und *wie* die Dienststelle ihm helfen wird. („Sagen Sie es mir schlicht und einfach", sagte einmal
ein Klient zu mir, „erstens, zweitens, drittens!")

Der Prozeß in der Anfangsphase

Wie der Caseworker den drei Hauptsorgen des Klienten begegnet, während
dieser seine ersten Erfahrungen mit der Dienststelle macht, wird zum Modell
des gesamten Prozesses. Es beginnt mit der Haltung, Aufmerksamkeit und
Aufnahmebereitschaft des Caseworkers, und sobald der Klient diese Einstellung spürt und sich sicher genug fühlt, sich und seine Geschichte mitzuteilen,
beginnt er das Aufkeimen einer Beziehung wahrzunehmen und empfindet,
daß der Caseworker mit ihm fühlt. Aber eine vertrauensvolle Beziehung ent-

steht nicht allein durch Akzeptieren und Wärme, sie hängt vor allem davon ab, daß der Caseworker nicht nur zu helfen *wünscht*, sondern daß er auch weiß, *wie* er helfen kann. Und das erweist sich schon in der Art, wie der Caseworker seinem Klienten hilft, von seinen Sorgen zu erzählen. Er ist nicht nur ein aufmerksamer Zuhörer, sondern auch ein aktiver Fragesteller. Er erkundigt sich nach den Tatsachen, die ihm und dem Klienten Klarheit darüber geben, worin die Schwierigkeiten bestehen, und er hilft die wichtigeren von den weniger wichtigen Fakten zu unterscheiden. Seine Fragen und Bemerkungen spornen immer wieder dazu an, über das Problem im Hinblick auf den Klienten selbst, auf mögliche Lösungen und auf die Dienststelle nachzudenken. Dabei geschehen mehrere hilfreiche Dinge gleichzeitig: Dem Klienten wird geholfen, von seinen Sorgen zu erzählen, sich von seinen Gefühlen über die Last, die auf ihm liegt, zu erleichtern; er fühlt sich durch die Haltung des Caseworkers gestützt; sein Vertrauen erwacht, wenn er sieht, daß der Caseworker sein Problem systematisch angeht. Er empfindet seine Last als eine geteilte, und durch die Perspektiven, die sich durch die Fragen und die Bemerkungen des Caseworkers eröffnen, beginnt er bereits, sein Problem in einem anderen Licht zu sehen, das nicht notwendigerweise rosig ist, das aber das Problem sicherlich klarer macht und es besser umgrenzt.

Aus den Tatsachen des Problems und aus den Reaktionen des Klienten in Wort und Verhalten wächst das Verständnis des Caseworkers in bezug auf die inneren und äußeren Hilfsquellen, die der Klient zur Lösung seiner Probleme beisteuern kann. Um die Fähigkeit des Klienten zu prüfen, die Hilfe der Dienststelle annehmen und verwenden zu können, muß der Caseworker zwei Dinge tun, die für den Anfang wichtig sind: Er muß die oft unausgesprochene Frage des Klienten, ob und unter welchen Bedingungen die Dienststelle Hilfe geben kann, beantworten, und er muß dem Klienten bei dem Entschluß helfen, sich zu bemühen, mit der Dienststelle zusammenzuarbeiten.

Der Caseworker beantwortet die Fragen des Klienten zwar nicht mit „erstens, zweitens, drittens", aber er macht es in der Diskussion des Problems genügend klar, daß hier tatsächlich eine Situation vorliegt, für die die Dienststelle zur Hilfe ausgerüstet ist und daß gewisse Vorgänge im Prozeß der Hilfeleistung eine besondere Bedeutung haben werden. Da der Klient, der die Dringlichkeit seines Problems und die unausbleibliche Enttäuschung, daß es kein Allheilmittel für ihn gibt, spürt, wankelmütig und unsicher werden kann, ob er die Mittel, die für ihn vorhanden sind, auch wünscht, und da echte Teilnahme nur aus freier Wahl erwächst, muß der Caseworker den Klienten dazu bringen, daß er sich entscheidet, ob er die Möglichkeiten der Dienststelle annehmen will oder nicht. Man kann sagen, daß dies für den Klienten das zentrale Problem in der Anfangsphase ist: der Wahrheit ins Gesicht zu sehen und zu akzeptieren, daß es kaum fertige Lösungen für Lebensprobleme gibt und daß er sich gemeinsam mit der Dienststelle an die Arbeit des Problemlösens begeben muß. Das Ziel dieser Phase ist, dem Klienten zu helfen, so bald und so genau wie möglich zu erkennen und zu erfahren, was er zu wissen wünscht — daß er hier an einem Ort ist, wo man ihn mitfühlend und aufnahmebereit anhört, daß er an einer Stelle ist, die Menschen mit Problemen wie dem seinen hilft (oder nicht hilft) — und daß er hier in dem Gespräch eine Vorstellung und eine Erklärung der Mittel und Wege, durch die ihm geholfen werden kann, erhält. Dann kann der Klient selbst entscheiden, ob er die Dienste und den Rat der Dienststelle annehmen oder ablehnen will.

Wir können daher sagen, daß das Gesamtziel der Anfangsphase des Casework-Prozesses das folgende ist: den Klienten zu veranlassen, willentlich etwas bezüglich seines Problems in einer aktiven Beziehung mit der Dienststelle, ihren Absichten und den besonderen Mitteln der Hilfsbereitschaft zu tun. Der Inhalt dieses Prozesses ist zwar ein ziemlich gleichbleibender und seine Methode eine recht systematische — so gleichbleibend und so systematisch, wie ein Prozeß eben sein kann, der sich mit einem lebenden, fühlenden, sich verändernden menschlichen Wesen befaßt —, aber er bleibt doch elastisch und beweglich.

Im folgenden wird versucht, Inhalt und Gegenstand der Anfangsphase im Casework darzulegen; worin das Helfen besteht; wie sowohl Inhalt als auch Methode — beides vorausbestimmt durch das Verstehen der Kräfte, die den Menschen bewegen und befähigen — jenes individuelle Verständnis für eine bestimmte Person ergeben, aus dem heraus die Hilfe für sie gestaltet werden kann.

9. Der Inhalt in der Anfangsphase

Was auch das Problem des Klienten sein und zu welcher Dienststelle er kommen mag, die Anfangsphase des Hilfeprozesses hat einen gemeinsamen Inhalt. Die besondere Art des Problems, die besondere Persönlichkeit des Klienten und die speziellen Funktionen und Mittel der Dienststelle werden bestimmen, welchem Teil dieses Inhaltes größere oder geringere Bedeutung verliehen wird, welche Tatbestände verfolgt und herausgearbeitet und welche zur Seite geschoben oder für künftige Überlegungen zurückgestellt werden. Nichtsdestoweniger gibt es gewisse Daten und Voraussetzungen, die man in allen Anfangsphasen im Casework als „Konstanten" bezeichnen kann.

Der gesunde Menschenverstand und die Logik des Problemlösens bestimmen diese Daten. Bei jeder alltäglichen und vernünftigen Bemühung, einem anderen Menschen (oder sich selbst) zu helfen, mit gewissen persönlichen Problemen fertig zu werden, müssen bestimmte Fragen beantwortet werden. Worum geht es — was ist es, das dieser Mensch benötigt, das er loszuwerden oder zu erhalten wünscht? Was bedeutet das Problem für den Menschen oder was tut es dem, der es hat, an — was ist an der Art, wie es sein physisches, soziales oder emotionales Wohlbefinden berührt, wichtig? Was verursacht es oder was bringt es zustande? Was hat sich der Mensch überlegt, und was hat er versucht, dagegen zu tun? Was möchte er erreichen und was erwartet er? Sind seine Erwartungen realisierbar?

Die Antworten auf diese Fragen, die aus dem gesunden Menschenverstand kommen, machen den Umfang dessen aus, was im Casework zusammengeführt und diskutiert werden muß. In einer formelleren Ausdrucksweise, zuweilen als Gegebenheiten der Casework-„Studie" bezeichnet, sind die gesuchten Fakten die folgenden:

1. *Die Art des vorgebrachten Problems.* Welches sind die Umstände der Schwierigkeiten, denen der Klient gegenübersteht — die Hindernisse, die er zu überwinden wünscht oder die Ziele, die er zu erreichen trachtet?

2. *Die Bedeutung dieses Problems.* Welches ist seine Bedeutung für den Menschen (oder für seine Familie oder für die Gemeinschaft) im psychologischen, sozialen oder physischen Sinn? Was bedeutet das Problem für ihn, und wie empfindet er es?

3. Die Ursache(n), der Ausbruch und das Auslösungsmotiv des Problems. Wie ist dieses Problem oder das Bedürfnis entstanden? Wieso ist es ausgebrochen? Welches sind die Ursache-Wirkung-, Wirkung-Ursache-Kräfte, die hier wirksam werden?

4. Die Bemühungen, die im Hinblick auf die Lösung des Problems unternommen wurden. Was gedachte der Klient zu tun, oder was hat er tatsächlich zu tun versucht, um selbst oder mit Hilfe anderer an dem Problem zu arbeiten? Welches sind seine Vorstellungen oder Wünsche in bezug auf dessen Lösung? Wie waren sein problemlösendes Verhalten, seine Anpassungs- oder Schutzmaßnahmen? Und welche Hilfsmittel stehen ihm innerhalb oder außerhalb seiner selbst zur Verfügung?

5. Die Art der Lösung oder die Ziele, die von der Casework-Dienststelle gesucht werden. Was ist das bewußte Motiv des Klienten, sich hilfesuchend an die Dienststelle zu wenden? Welches sind seine Vorstellungen, Wünsche und Erwartungen von der Dienststelle, was ist seine Rolle und in welcher Beziehung steht er zu ihr?

6. Die tatsächliche Beschaffenheit der Dienststelle und ihrer problemlösenden Mittel in Beziehung zum Klienten und dessen Problem. Was kann die Dienststelle tun, um diesem Menschen zu helfen, und wie kann sie es tun? Welche wirksamen Hilfsmittel hat sie zu geben? Welche Voraussetzungen muß sie vom Klienten verlangen? Welches ist ihre zweckmäßige Funktion in Hinsicht auf das vorgebrachte Problem?

Aus der beiderseitigen Erforschung dieser Daten kommen Caseworker und Klient zu einem gemeinsamen Verständnis ihrer Rollen und der nächsten Schritte, die zum Angriff auf das Problem notwendig sind. Es handelt sich um ein *gemeinsames* Verständnis und nicht um ein gleichartiges. Der Klient seinerseits mag bewußt oder unbewußt gewisse bedeutsame Fakten zurückgehalten haben. Es könnte sein, daß er der vor ihm liegenden Erfahrung zwar mit großem Vertrauen, aber mit nur geringer Erkenntnis gegenübersteht. Andererseits könnte er sich zwar darüber sehr im klaren sein, aber einige Zweifel und nur wenig Neigung haben, sich zu engagieren. Der Caseworker — auf Grund seiner Objektivität fähig, gleichzeitig zu beobachten und Anteil zu nehmen, auf Grund seiner Kenntnisse imstande, zugleich die Situation einzuschätzen, während er handelt und reagiert — wird seinerseits aus der Beurteilung der objektiven und subjektiven Tatbestände heraus vorläufige Schlüsse, sowohl in bezug auf die Art des Problems und der möglichen Lösungen als auch in bezug auf die Persönlichkeit des Klienten, seinen Willen und seine Fähigkeit ziehen, selbst zur Lösung des Problems beizutragen. Diese Teildiagnose ist das Resultat aus der Klarheit, die die Schilderung des Klienten ergibt und aus seinem responsiven Verhalten während des Gesprächs. Sein Nachdenken über das Problem, seine entsprechenden Gefühle und Reaktionen, seine Bemühungen, in Vergangenheit und Gegenwart und während des Gesprächs selbst damit fertig zu werden, seine Ansichten darüber — alles das enthüllt nicht nur die Problemsituation, mit der der Klient zu der Dienststelle gekommen ist, sondern darüber hinaus auch, wie er selbst eingestellt ist und wie er sich in der Anpassung an die Schwierigkeit, im Umgang mit ihr und der Hilfe wahrscheinlich verhalten wird. Diese allgemeinen Kategorien des Inhalts verdienen weitere Erläuterung.

Die Tatbestände des Problems

Die erste Aufgabe von Caseworker und Klient ist, die Tatbestände des Problems, so wie es gegenwärtig existiert, erscheint und empfunden wird, kennenzulernen. Die Betonung muß auf der Gegenwart liegen (die „Vergangenheit" kann in die Diskussion einbezogen, Überlegungen über die „Zukunft" müssen angestellt werden, aber vor allem müssen wir über das *Jetzt* sprechen). Was den Klienten zur Dienststelle führt, ist ein Problem, das ihn erst vor kurzem befallen oder mit dem er sich schon seit Jahren herumgeplagt hat, aber an diesem Tag ist es zu einem Problem geworden, mit dem er nicht mehr allein fertig werden kann.

Wie können die „Tatbestände", die die Natur eines Problems ausmachen, richtig gesehen werden? Tatbestände haben zwei Gesichter: das der „objektiven Realität", die die meisten Menschen in der Gesellschaft als vorhanden oder „wahr" empfinden oder erleben würden. Das andere ist das der „subjektiven Realität", nämlich die besondere Art und Weise, in der etwas von einer bestimmten Person erlebt wird. Jeder Tatbestand ist steril, wenn ihm nicht eine bestimmte Bedeutung zuerkannt wird. Die amerikanische Ausbildung schärft uns „Respekt vor den Fakten" ein, aber selbst jene statistischen Tatsachen, die wir am meisten „respektieren", haben keine Bedeutung, wenn wir sie nicht im Lichte einer bestimmten Idee betrachten. Umgekehrt kann man sagen, daß

subjektive Tatbestände keine „mittelbare" Bedeutung haben, wenn sie nicht
im Licht objektiver Daten betrachtet werden, noch lassen sich sonst ihre Angemessenheit und Gültigkeit oder ihr Realitätsgrad abschätzen. Darum müssen
beide Arten von Tatbestände in den Überlegungen des Caseworkers immer
einen Platz haben.

Der Klient selbst beginnt gewöhnlich damit, daß er die äußeren Fakten
seines Problems darlegt. Die Einzelheiten werden von einem Tag zum anderen
nicht die gleichen bleiben, denn das Problem wird vom Menschen „gelebt";
und während seine Aktualität sowohl durch den Klienten als durch das objektive Auge des Caseworkers festgestellt werden kann, wird die Bedeutung,
die ihm zugeordnet wird, für jeden Klienten verschieden sein und für jeden
einzelnen Klienten sich von Tag zu Tag ändern. Daß ein Mann keine Arbeit
hat, ist eine Tatsache. Daß er in einer Zeit der Vollbeschäftigung arbeitslos ist,
verleiht dieser Tatsache eine ganz andere Bedeutung, als wenn er während
einer Wirtschaftskrise arbeitslos wäre. Es ist ein weiterer Unterschied, ob er
als alleinstehender Mann arbeitslos ist oder als Familienvater. *Ein* Arbeits-
loser empfindet Scham, ein anderer wird zornig, ein dritter kann sich insge-
heim sehr erleichtert fühlen usw. In die Art des Problems sind daher alle Tatbestände und Bewertungen des sozialen Milieus einbezogen, aber auch alle besonderen persönlichen Bedeutungen, die es für jeden einzelnen hat. Beides muß
der Caseworker ständig im Auge behalten.

Die Gründe, weshalb die Fakten des Problems, sowohl wie es ist, als auch,
wie es vom Menschen erlebt wird, festgestellt werden müssen, wurden bereits
früher behandelt. In der Praxis gibt es jedoch Umstände, durch die der Caseworker davon abgelenkt wird, und es mag erwähnenswert sein, welcher Art
diese sind. Manchmal wird der Klient nicht sein Problem darstellen, sondern
die Lösung, die er bis jetzt gefunden hat, und die Dienststelle bitten, sie zu
Ende zu führen. Wenn der Caseworker, ohne sich näher nach den Tatbeständen zu erkundigen, überlegt, ob er das Verlangen des Klienten erfüllen kann
oder nicht, kann er irregeführt werden und selbst in die Irre führen. Drei
Mütter z. B. kommen zu einer Familienberatungsstelle, um eine Ferienunter-
bringung für ihre Kinder zu erbitten. Für jede von ihnen verspricht der Ferien-
aufenthalt die Lösung einiger Probleme. Aber was sind die Fakten? Mutter A
glaubt wegen der Verhaltensschwierigkeiten ihres Kindes am Ende ihrer Kraft
zu sein, und sie klammert sich an die Idee eines Ferienaufenthaltes, weil sie
darin eine zeitweilige Lösung für sich selbst und die Möglichkeit einer Art

Wunderheilung für ihr Kind sieht. Mutter B hat von ihrem Arzt Bettruhe verordnet bekommen, und zwei Wochen ohne Kinder zu sein, scheint ihr dies am besten zu ermöglichen. Mutter C wünscht sich ganz einfach einen Landaufenthalt für ihre Kinder, den sie selbst nicht bezahlen kann. In jeder dieser Situationen würden die Fakten des jeweiligen Problems, wie es ist und wie es von dem Betreffenden empfunden wird, die Grundlage sein, auf der eine richtige Planung oder Beurteilung möglicher Lösungen aufgebaut werden könnte.

Ein zweites Hindernis bei der Ermittlung der Fakten entsteht, wenn der Caseworker selbst voreilige Schlüsse zieht. Das kann dann geschehen, wenn das Problem, das der Klient vorbringt, typisch erscheint für viele andere, die der Caseworker bereits kennt, und wenn er beginnt, den Menschen in eine für selbstverständlich angenommene Kategorie einzuordnen, anstatt die Person mit ihrem Problem zu individualisieren. Ein Lehrer schickt z. B. ein Kind zur Erziehungsberatungsstelle mit der Beschwerde, es sei in der Schule „schwierig und aggressiv". Aber die Mutter des Buben sagt: „Bei mir ist er nicht schwierig. Vielleicht ist er ein bißchen mutwillig, wie es eben jedes neunjährige Kind ist." Daher besucht der Caseworker den Buben in der Schule, und wie die meisten kleinen Jungen, wenn sie sich von einem unbekannten Erwachsenen beobachtet fühlen, ist er respektvoll, vorsichtig und ruhig. Und nun stand der Caseworker vor der Frage, worin das Problem *besteht* und wie es anzupacken ist. Natürlich war das Problem in den Tatbeständen zu suchen, die das „schwierige und aggressive" *und* das „mutwillige" Benehmen verursachten, welches besondere Verhalten, welche Einstellung und welche Handlungen im einzelnen diese verallgemeinerte Schwierigkeit ausmachten.

In einem anderen Fall kam eine jungverheiratete Frau zur Familienberatung und bat um Hilfe bei der Entscheidung, ob sie ihrem Mann in eine andere Stadt, wo er eine neue Arbeit gefunden hatte, nachfolgen solle. Sie weinte hilflos, als sie über ihre Zweifel, ob sie wohl mitgehen sollte oder nicht, berichtete. Der Caseworker nahm an, daß es sich bei ihrem Problem um eine neurotische Ambivalenz handle. Aber wäre man den Tatsachen genau nachgegangen, dann hätten sie wahrscheinlich ein ganz anderes Licht auf die Situation geworfen. Daß die Frau sich nicht entschließen konnte, war nur die eine Seite des Problems. Der Caseworker mußte nach und nach in Erfahrung bringen, was es mit der Trennung auf sich hatte — was tatsächlich vorgegangen war, unter welchen Umständen der Mann fortgegangen war, was sie und er gedacht

und gemeinsam geplant hatten, wie sie sein Weggehen interpretiert hatte usw.
— kurz gesagt, welches die Tatbestände der problematischen sozialen und
psychologischen Realität dieser Frau waren. Und überdies konnte nur durch
solche Tatbestände die wirkliche oder neurotische Natur der Ambivalenz und
Hilflosigkeit dieser Frau beurteilt werden.

Ein weiteres, nicht selten vorkommendes Übergehen der wesentlichen Fakten des Problems rührt von der oft ausgesprochenen Vorstellung her, daß
wir es im Casework nicht mit einem Problem, sondern mit einem Menschen,
der ein Problem hat, zu tun haben. Die Folge davon ist, daß man glaubt, die
langweiligen, trockenen Tatbestände der Situation, in der sich der Mensch
befindet, seien im Vergleich mit den Fakten seiner Persönlichkeitsgestaltung
und Dynamik eigentlich unbedeutend. (Vielleicht ist es eher als eine zu rasche
Verallgemeinerung gerade dieser Trugschluß, von dem sich der Caseworker
im obigen Beispiel verleiten ließ.) Deshalb sollten wir näher darauf eingehen.
Was immer das besondere Interesse des Caseworkers sein mag, der Klient, der
zu einer sozialen Dienststelle kommt, setzt sich selbst in Beziehung zu einem
sozialen Problem. Wenn die zweifachen Aspekte dieser Wechselwirkung erforscht sind, werden die Fakten zeigen, ob der Ursprung des Problems im
Klienten selbst, in seiner sozialen Situation oder in einer Interaktion von
beiden liegt. In jedem Fall wird er als Person an den notwendigen Veränderungen aktiv mitwirken müssen. In diesem Sinn haben wir es mit dem Menschen zu tun. Wir beziehen ihn in die inneren oder äußeren Entwicklungen
ein, die in Bewegung gesetzt werden müssen. Aber zugleich ist es ebenso wahr,
daß das *Problem* ist, *was* Klient und Caseworker in den Mittelpunkt ihrer
Aufmerksamkeit stellen; in diese Aufgabe investieren beide ihre ganze Kraft.
In diesem Sinne arbeiten wir an dem Problem mit all seinen ineinander ver-
flochtenen physischen, sozialen und psychologischen Fakten.

Wenn wir also die Fähigkeiten oder Schwierigkeiten eines Menschen genau
einschätzen wollen, seine Kräfte und Möglichkeiten oder seine Hilflosigkeit
und seine Grenzen, dann müssen wir sie im Lichte der Tatsache betrachten, mit
welchen Problemen er in seiner gegenwärtigen Lebenssituation zu kämpfen
hat. Und weiter: Wenn zur Behandlung des Problems Hilfsmittel nötig sind,
die der Caseworker durch die Dienststelle oder durch die Allgemeinheit bereitstellen muß, dann wird es wiederum notwendig sein, die objektiven Tatbestände zu kennen und zu berücksichtigen. So war es z. B. wichtig, als eine
Mutter berichtete, daß ihre vier Kinder alle Bettnässer seien, den einfachen,

aber für sich sprechenden Tatbestand festzustellen, daß alle vier in ein und demselben Bett schliefen. Um die emotionalen Bedürfnisse einer Frau, die bis vor kurzem Alkoholikerin war, zu befriedigen, war es wichtig, zu erfahren, daß der Ehemann sehr wenig verdiente, waren die widerwärtigen Wohnverhältnisse in Betracht zu ziehen, die Einzelheiten ihres schwierigen Haushalts und deren Auswirkungen zu kennen und etwas dagegen zu tun. Das sind Tatbestände von Problemen, die von den Fakten der Personen, die mit ihnen leben müssen, nicht getrennt werden können und die darüber hinaus dem Caseworker bekannt sein müssen, ehe er die Fakten der subjektiven Realität beurteilen kann.

Die andere Seite der Wirklichkeit, die sich von der ersten nicht trennen läßt, ist die subjektive Bedeutung objektiver Tatbestände für die Person, die darin verwickelt ist. Wie der Mensch seine Realität erlebt, wie er das, was er erlebt, empfindet, wie er dessen Bedeutung interpretiert — alles das müssen Klient und Caseworker aus verschiedenen Gründen wissen. Einmal soll dem Klienten ermöglicht werden, den Unterschied zu erkennen zwischen dem, was außerhalb seiner selbst existiert und was ihn zu dem macht, was er ist und der Vorstellung, die er in seine Situation projiziert und die diese so sein oder erscheinen läßt, wie sie ist. Zum anderen können durch den Ausdruck und das Mitteilen seiner Gefühle die Bande einer Beziehung zwischen ihm und dem Caseworker geknüpft werden. Das trifft für die Anfangsphase des Casework-Prozesses wie für jeden späteren Zeitpunkt zu. Sobald der Caseworker den Klienten ermutigt, seine Gefühle mitzuteilen und sobald er die Natürlichkeit dieser Gefühle anerkennt, erfährt der Klient ein Nachlassen seiner inneren Spannungen. Das ist die erste Erfahrung, die der Klient von der ehrlichen Absicht des Caseworkers gewinnt, sowohl *ihn* als auch sein Problem zu verstehen, denn für uns alle bedeutet sich „verstanden" fühlen, daß unsere Gefühle verstanden werden.

Jedes menschliche Wesen besitzt eine Vielzahl verschiedenartiger Gefühle — solche, die es aus dem Blickfeld verdrängt oder abschwächt, solche, die einander widerstreiten, solche, die vorübergehender Natur sind und wieder andere, die tiefer liegen und lange andauern. Mit welchen von ihnen hat es der Caseworker zu tun? Welche soll der Caseworker den Klienten aussprechen lassen? Die Wahl ist einfach. Es sind diejenigen Gefühle, die durch die Situation, für die der Klient Hilfe sucht, hervorgerufen wurden wie auch jene, die durch das Annehmen der Hilfe selbst entstehen. Es sind die Gefühle bezüglich der Tat-

sachen, die sich bei der Faktenerhebung herauskristallisieren. Es sind die Gefühle des Hier und Jetzt, hervorgerufen durch die gegenwärtige Situation.
Wir wissen, daß solche Gefühle ihre Wurzeln in der Vergangenheit haben
können, daß sie sogar als Ganzes und völlig unangebracht aus der Vergangenheit übernommen sein können und daß sie mit anderen Gefühlsbereichen
verbunden sind. Später mag es notwendig sein, Gefühle, die aus anderen
Lebensbereichen des Klienten herüberwirken, zu behandeln. Dann sollte sie
der Caseworker mit dem gegenwärtigen Problem, für das Hilfe gesucht wird,
in Beziehung bringen. Aber bei der ersten Untersuchung über die Art des Problems und über die Bereitschaft des Klienten zur Zusammenarbeit mit der
Dienststelle sollten zunächst jene Gefühle ausgesprochen werden, die aus der
augenblicklichen Situation herrühren. Sie bestehen aus der Reaktion des Klienten auf das, was Umstände oder Menschen ihm angetan haben, aus dem
Schuldbewußtsein gegenüber seiner eigenen Unzulänglichkeit oder seinen Mißerfolgen oder aus seiner Scham und Erbitterung darüber, daß er in eine Situation geraten ist, in der ein anderer ihm helfen muß. So einfach oder alltäglich
das Problem auch sein mag, von dem Menschen, der es hat, wird es nie so empfunden. In dem Augenblick, in dem er es einem anderen Menschen mitteilen
muß, ist es für ihn neu und akut, auch wenn er es schon lange Zeit mit sich
herumgeschleppt hat. Und selbst wenn die Wurzeln seines Problems in alten
und ungelösten Gefühlen liegen, in den ersten Gesprächen mit dem Caseworker wird ihm bewußt, wie ihn das augenblickliche Problem in seinen Beziehungen zu anderen Menschen oder Dingen oder zu den Hilfsmaßnahmen
beeinflußt. Manche seiner Gefühle werden nur durch die Sprache seines Körpers zum Ausdruck kommen — durch seine Nervosität, seine Tränen, seine
Abgespanntheit; andere wird er aussprechen, spontan oder auf das ermu-
tigende Zureden des Caseworkers.
Die Gründe, weshalb die Untersuchung der Tatbestände sich auf die Sorgen
und Konflikte der gegenwärtigen Situation richtet, wurzeln im gesunden
Menschenverstand. Sie enthalten, wie so vieles, was uns der gesunde Menschenverstand sagt, eine tiefe psychologische Wahrheit. Diese im Augenblick erlebten Gefühle des Klienten sind ihm unmittelbar bewußt; sie sind
daher leicht zugänglich und mitteilbar; oft brennen sie gewissermaßen darauf,
erzählt zu werden. Der Klient ist sich ihrer scheinbaren (nicht notwendigerweise wirklichen und letzten) Ursache bewußt, und es erscheint ihm logisch,
daß er sie mitteilt. Sie sind einer realistischen Prüfung auf ihre Stichhaltigkeit

und Angemessenheit gegenüber den Tatbeständen der objektiven Realität zugänglich. Jetzt sind sie lebendig und somit empfänglich für Veränderungen in ihrer Intensität und Qualität, Veränderungen, die das neuartige Erlebnis der Casework-Beziehung und deren Bemühungen zur Modifizierung von Situation und Einstellung bewirken können.

Seine Gefühle kennen, bedeutet auch, zu wissen, daß sie oft vielschichtig und untereinander verquickt sind und daß sie gleichzeitig in zwei Richtungen wirken können. Jeder hat einmal diese Doppelseitigkeit erlebt, z. B. etwas stark zu wünschen und zugleich davon abzulassen, sich zu etwas aufzuraffen, aber doch nicht entschlossen zu sein, das Vorhaben auszuführen. Das gehört zu dem, was wir unter Ambivalenz verstehen. Ein Mensch kann zwei einander widerstreitenden inneren Kräften zur gleichen Zeit ausgesetzt sein — einer, die sagt: „Ja, ich will", und einer anderen, die sagt: „Nein, ich will nicht"; einer, die sagt: „Ich möchte", und der anderen, die sagt: „Eigentlich doch nicht." Eine bejahend, die andere verneinend. Es gehört zum Wesen des Konflikts, daß diese einander entgegengesetzten Gefühle von gleicher Stärke zu sein scheinen. In Erkenntnis dieses häufigen Phänomens muß der Caseworker dem Klienten helfen, sowohl der positiven als auch der negativen Seite der gerade jetzt erlebten Gefühle, die sich auf sein Problem beziehen, Ausdruck zu geben. Der Klient wird von seinen Gefühlen vorwärtsgedrängt oder zurückgehalten, ängstlich gemacht oder beruhigt. Soll er nicht seinen uneingestandenen Gefühlen ausgesetzt bleiben und soll ihm statt dessen geholfen werden, sich durch die Emotionen, die ihn hemmen, hindurchzuarbeiten, dann müssen beide Seiten seiner Gefühle erforscht, in sein Bewußtsein gebracht und zur Diskussion gestellt werden.

Es ist ein allgemein anerkannter Grundsatz im Casework geworden, daß der Klient selbst die wichtigste Informationsquelle über die Tatbestände seines Problems sein muß, weil es eben sein Problem ist. Niemand kann es so gut kennen wie er selbst, von innen wie von außen, und wenn er daran arbeiten soll, so kann er das nur aus seiner Vorstellung heraus tun. Aber es gibt Situationen, in denen seine Vorstellung geändert werden muß, weil sie unrealistisch, unzulänglich oder wegen eines Mangels an Kenntnissen und Informationen oder infolge einer unscharfen Wahrnehmung verzerrt ist. Es gibt sogar Dienststellen, die es zur Vorschrift machen, daß bestimmte Fakten, die den Klienten für ihre Dienstleistungen qualifizieren, vorher verifiziert oder ergänzt werden müssen. Unter diesen Umständen kann es vorkommen, daß der Caseworker über seine

Gespräche mit dem Klienten hinaus die notwendigen objektiven Tatbestände
aus anderen Quellen feststellen muß. Die Verifizierung von Einkommen oder
Wohnsitz, die Bestätigung eines medizinischen oder psychiatrischen Befundes,
die Interpretation eines Schulproblems, die Konsultierung eines Familienmit-
glieds, die Feststellung früherer Erfahrungen des Klienten mit einer anderen
sozialen Dienststelle — alles das sind Erhebungen oder Beratungen, die außerhalb des Gesprächs mit dem Klienten stattfinden und die notwendig sein
können, um den vollen Tatbestand kennenzulernen.

In den letzten Jahren hat es unter den Caseworkern Meinungsverschiedenheiten über das Einholen von Informationen über den Klienten und sein Problem aus anderen Quellen (als von ihm selbst) gegeben. Vielleicht sind hier
einige Bemerkungen dazu am Platz. In der Sozialen Einzelhilfe wurde eine
längere Zeit hindurch stillschweigend oder ausdrücklich vorausgesetzt, daß
nahezu jeder, der den Klienten kannte, mehr über ihn und sein Problem wüßte
als er selbst. Der Klient teilte seine Schwierigkeiten mit, aber der Caseworker
wandte sich an seine Angehörigen und Freunde (und manchmal auch an seine
Feinde), weil sie „objektivere" Quellen des Verständnisses seien, so als ob sie
die Möglichkeiten für die Anpassung des Klienten besser übersehen. Die Gründe
dafür ergaben sich aus der Einstellung zum hilfesuchenden Menschen, aus dem
mutigen Bemühen, eine „wissenschaftliche", objektive Grundlage für Beur-
teilungen und Handlungsweisen entsprechend dem Casework zu finden, aus
einer soziologischen Orientierung (in den ersten zwei Jahrzehnten dieses
Jahrhunderts) und aus der ungenügenden Kenntnis der Bedeutung und der
Wichtigkeit menschlichen Verhaltens.

Das Abstandnehmen von der Fremdermittlung über den Klienten und von
der Benutzung anderer Informationsquellen war ein weiter Weg. Casework
ist ein Beruf, in dem Gefühle eine große Rolle spielen, und Veränderungen
und Entwicklungen vollziehen sich in ihm oft weniger durch allmähliche
Wandlungen als vielmehr durch einen gefühlsgeladenen, radikalen Um-
schwung. Das andere Extrem war, den Klienten als die einzige Quelle der
Information über sich und sein Problem anzusehen. Auch hier setzten sich die
Gründe dafür aus vielen Faktoren zusammen. Mitbestimmend war eine veränderte Einstellung zum Klienten als einem Menschen mit vollem Recht auf
Diskretion und Selbstbestimmung, als einem Menschen, der potentiell befähigt
und motiviert ist; ferner die rapide Entwicklung des psychologischen Wissens,
das den Caseworker in die Lage versetzte, die Bedeutung von Worten und

Gesten im Gespräch „abzulesen", die wachsende Zahl von Personen, die bei den Dienststellen eher um Hilfe für ihre zwischenmenschlichen Probleme als um materielle Hilfe nachsuchten und — vielleicht? — die größere Befriedigung für den Caseworker oder sein gesteigerter „Berufssinn", als er und sein Klient sich innerhalb der vier Wände eines Büros aussprechen konnten. Glücklicherweise scheint die jüngste Entwicklung auf ein Stadium des Gleichgewichts zuzusteuern. Man weiß jetzt, daß es bestimmte wesentliche Fakten gibt, die der Klient nicht mitteilen kann, weil er sie entweder nicht kennt oder weil er keinen Zugang zu ihnen hat. In manchen Dienststellen wird eine gewisse „Verifizierung" verlangt, wenn man glaubt, daß das allgemeine Interesse es erfordert, während es im Einzelfall nicht notwendig sein muß. Es sind genügend Kenntnisse über emotionale Störungen vorhanden, um zu wissen, daß sie die Wahrnehmung der Wirklichkeit verzerren können und daß die tatsächliche Situation zuweilen durch die Augen einer anderen Person, die weniger in Mitleidenschaft gezogen ist als der Klient, festgestellt werden muß. Manchmal können Verhalten und Gefühl nicht einmal hinsichtlich ihrer Angemessenheit beurteilt, noch können begründete Erwartungen aufgestellt werden, bevor die soziale Realität des Klienten in ihrer Übereinstimmung oder Unterschiedlichkeit zu seiner psychologischen Realität ermittelt wurde. Aus allen diesen Gründen kann es notwendig sein, „Ergänzungsquellen" oder zusätzliche Interpretationen für Fakten zu suchen. Wenn man solche Quellen benutzt, dann muß es sicher sein, daß sie zusätzlich und nicht als Ersatz für die eigene Darstellung des Klienten verwendet werden. Die Daten, die so gewonnen werden, richten sich nicht „gegen" den Klienten, sie erwachsen nicht aus einem grundsätzlichen Mißtrauen, sondern sie dienen letzten Endes dazu, ihm wirksamer helfen zu können.

Wenn Tatbestände durch andere Informationsquellen festgestellt oder geklärt werden müssen, dann sollte der Klient bei diesen Bemühungen Partner sein. Man sollte nicht nur seine Erlaubnis dazu einholen, sondern auch sein Verständnis dafür gewinnen. Die Erlaubnis wird er sicher gern erteilen, wenn ihm durch die Erklärungen des Caseworkers und durch die offenkundige Absicht, ihm zu helfen, versichert wird, daß die gesuchte Information dazu dient, die erwartete Hilfe zu fördern. Sein Verständnis wird vertieft werden, wenn der Caseworker ihm einige der Gründe mitteilt, weshalb die gesuchten Daten notwendig erscheinen und welchen Einfluß sie auf das Problem haben können, das gelöst werden soll. Daß etwas „routinemäßig" getan wird, bedeutet dem

Menschen, der in diese Routine einbezogen wird, sehr wenig. Er mag sich ihr mit Resignation oder Widerstreben unterwerfen, doch er wird kaum geneigt sein, sie aktiv zu unterstützen. Aber wenn eine „Routinesache" seiner eigenen individuellen Situation wirklich angemessen ist, dann wird er nahezu mit Sicherheit interessiert sein und seine Mitwirkung nicht versagen. Voraussetzung dafür, daß der Caseworker den Klienten ehrlich um Erlaubnis fragen und ihm die Notwendigkeit erklären kann, ist natürlich, daß er selbst davon überzeugt ist, daß die Fakten, die aus anderen Quellen ermittelt werden sollen, auch tatsächlich von Wert und Wichtigkeit sind. Außerdem hat der Klient das Recht, zu entscheiden, ob er seine Bedürfnisse und Wünsche irgend jemand außerhalb der Dienststelle oder der Organisation, an die er sich gewandt hat, mitteilen will, und der Caseworker hat die ethische Verpflichtung, ihm dieses Recht nicht willkürlich zu entreißen.

Wie bei allen Verallgemeinerungen gibt es auch hier bemerkenswerte Ausnahmen. Es gibt Klienten, die geistig, emotional oder moralisch so gestört sind, daß sie nach dem Urteil der Gesellschaft zeitweilig ihre Rechte eingebüßt haben, da sie die Verantwortung, die an die Rechte Erwachsener gebunden sind, nicht tragen können. Es gibt Menschen, die in mannigfacher Hinsicht so unfähig sind, daß sie nur in sehr geringem Maße als Informanten, Gesprächspartner oder als handelnde Personen an den problemlösenden Aufgaben teilhaben können. In solchen Fällen übernehmen die soziale Dienststelle und ihre Caseworker eine schützende oder autoritative Rolle, und der Klient wird im vollsten Sinne des Wortes zum „Empfänger". Aber im großen und ganzen ist der Klient, der an der Besprechung seiner Sorgen und der möglichen Methoden der Verfahrensweisen teilnehmen kann, auch dazu zu bringen, den Vorschlag des Caseworkers, daß bestimmte Fakten ergänzt oder durch Rückfragen bei anderen Personen bestätigt werden müssen, zu verstehen und damit einverstanden zu sein (siehe Perlman, 46).

Die Bedeutung des Problems

Wie jemand sein Problem ansieht und empfindet, wird weitgehenden Einfluß darauf haben, was er dagegen zu unternehmen wünscht und imstande ist, und das ist einer der Gründe, weshalb sich der Caseworker so sehr darum bemühen muß, die subjektive Bedeutung des Problems des Klienten zu erfassen. Aber gleichzeitig muß der Caseworker auch die Perspektive aufrechterhalten, die er auf Grund seines Fachwissens und seiner Urteilskraft besitzt, und er muß die Bedeutung des Problems aus diesem Abstand heraus einschätzen. Das besagt, daß die Interpretation der Bedeutung des Problems durch den Caseworker eine ganz andere ist als die des Klienten. Diese unterschiedliche Beurteilung befähigt den Caseworker, eine genauere Vorstellung von den zu verfolgenden Zielen zu gewinnen und dadurch der problemlösenden Arbeit eine bestimmte Richtung zu geben.

Eine verheiratete Frau mag z. B. die Schürzenjägerei ihres Mannes und die daraus resultierenden Unaufrichtigkeiten nur durch die Unterstützung der Schwiegermutter verursacht sehen; das Urteil des Caseworkers über die Bedeutung des Problems wird tiefergehend, umfassender und vielfältiger sein. Je nach den vorliegenden Tatsachen wird er die Untreue auf die Frigidität der Frau oder auf die charakterliche Unreife des Mannes zurückführen, oder er wird sie als Beweis für einen Zusammenbruch der Persönlichkeit des Mannes ansehen. Ein krimineller Jugendlicher, der vom Gericht an einen Caseworker verwiesen worden ist, mag sein Problem ganz einfach als „Pech" betrachten; es bedeutet für ihn, daß er „hereingelegt" wurde und nun „aus keinem ersichtlichen Grund" in Schwierigkeiten geraten ist. Der Caseworker sieht noch viele andere Bedeutungen in dem Problem des Jungen und seiner Einstellung. Das Problem bedeutet etwas in seiner Auswirkung auf das Gemeinwohl, auf die Kameraden und auf die Familie des Jungen. Es „bedeutet" (wiederum sind es die Tatsachen, die dies bestätigen oder nahelegen), daß es sich hier um einen Jungen mit einer fehlerhaften Charakterstruktur handelt, und es weist auch darauf hin, daß es in der Familie dieses Jungen niemanden gibt, der zu seiner Führung oder Kontrolle beitragen kann. Aus diesen beiden Beispielen läßt sich ersehen, daß die Wichtigkeit oder Bedeutung des Problems entsprechend ihrer Beurteilung durch den Caseworker Einfluß darauf hat, welche Lösungen gesucht, welche Mittel angewendet, welche Richtungen eingeschlagen und welche allgemeinen Erwartungen aufgestellt werden können. Auch wird so vom ersten Augenblick an deutlich, ob und in welchem Ausmaß dem Klienten geholfen werden muß, die Bedeutung des Problems in einer anderen Perspektive zu sehen, so daß er imstande ist, ihm realistisch und wirksam zu begegnen.

Diese Aufgabe des Caseworkers, dem Problem die richtige Bedeutung zuzumessen, macht einen großen Teil dessen aus, was wir unter „Diagnosestellen" verstehen. Die „gemeinsame Diagnose", die Idee, daß der Caseworker dem Klienten die Wichtigkeit des Problems offen darlegt, bedeutet noch längst nicht, daß er alles, was er sieht oder erfaßt, mit dem Klienten teilt. Das wäre im schlimmsten Falle verletzend und im besten Falle nutzlos. Es bedeutet vielmehr, wie bereits erwähnt wurde, daß der Caseworker, um seinem Klienten die Möglichkeit zu geben, das Problem besser zu erfassen und seine Anstrengungen darauf zu konzentrieren, sein und des Klienten Urteil über die Bedeutung des Problems vergleicht und dann für die gemeinsame Überlegung das auswählt, was den Bedürfnissen und Zielen des Klienten am besten dient. Um den Zusammenhang mit dem problemlösenden Prozeß wiederherzustellen, wird die gemeinsame Diskussion über die Bedeutung des Problems im wesentlichen eine Erörterung der „Ideen über die Fakten" sein, jener Ideen, die darüber bestimmen, was verstanden und getan werden muß.

Die Ursachen des Problems

Die besondere Natur eines Problems und die Möglichkeiten zu seiner Lösung können durch ein bloßes Aufzählen der Symptome oder Auswirkungen allein oder auch im Zusammenhang mit den psychologischen Reaktionen des Klienten kaum erkannt werden. Um den besonderen Charakter des Problems und die individualisierte Behandlungsmöglichkeit zu erfassen, ist es wesentlich, etwas über die Entstehungsursachen zu wissen.
Sobald wir fragen, wie ein Problem entstanden sei, werden wir mit dem Rätsel der endlosen Kette in jedem menschlichen Leben konfrontiert, die aus dem immer wiederkehrenden Wechselspiel von Ursache und Wirkung gebildet wird. Was immer die letzten oder grundlegenden Ursachen der Schwierigkeit eines Klienten sein mögen — die Ursachen, die wir in der Anfangsphase des Casework zu bestimmen und zu verstehen haben, sind jene, die dem gegenwärtigen Problem unmittelbar vorangegangen sind oder es zum Ausbruch gebracht haben. Vielleicht werden während der fortschreitenden Arbeit an dem Problem immer tiefere Schichten von Ursachen sichtbar, und der Caseworker gewinnt eine immer umfassendere Einsicht in das Problem und seine Variationsbreite. Aber selbst dann müssen wir uns zuallererst mit denjenigen Ursachen beschäftigen, die das gegenwärtige Problem hervorgerufen oder kompliziert haben. „Wodurch ist es entstanden?", „Wann hat es begonnen?",

„Wieso hat es sich in dieser Richtung entwickelt?", „Warum, glauben Sie, hat sich das ereignet?" — diese Erklärung oder Feststellung des „auslösenden Faktors" ist es, die der Caseworker zuerst sucht. Die Gründe für diese Auswahl sind naheliegend. Es handelt sich um die Ursachen, die der eigenen Erkenntnis des Klienten am leichtesten zugänglich sind. Vor kurzem erst entstanden und noch in einem Gärungsprozeß begriffen, lassen sie sich zudem noch am ehesten behandeln, ob sie nun aufzuhalten, zu modifizieren oder zu umgehen sind oder ob sich der Klient gegen sie widerstandsfähig machen läßt. Und weil die heutige Wirkung in einer Kettenreaktion die Ursache von morgen sein wird, ist eine frühzeitige Feststellung dieser aktiven Faktoren, die das Problem erzeugen und ihrerseits von ihm erzeugt werden, erforderlich.

Die Situation von Frau R. mag dies illustrieren[21]. Als sie zum Sozialarbeiter im Krankenhaus geschickt wurde, litt sie an einem Anfall von Neurodermatitis, einem Zustand, der sich schon in mehreren entscheidenden Perioden ihres Lebens wiederholt hatte. Sie befand sich zudem in einer weiteren echten Krise: ihr Baby war in einem diabetischen Koma ins Krankenhaus eingeliefert worden. Die „Ursache" der Neurodermatitis von Frau R. lag in ihrem lebenslangen, heftig unterdrückten Schuldgefühl und Widerstreben ihrer eigenen strengen, herrschsüchtigen Mutter gegenüber. Vielleicht ging die Ursache sogar noch weiter zurück, nämlich auf ihre konstitutionelle Veranlagung, nervöse Spannungen durch Veränderungen der Haut auszudrücken. Aber keine dieser grundlegenden Ursachen würden sich ändern lassen. Der „Auslösungsfaktor" des Hautausschlages von Frau R. (und aller begleitenden Symptome der Angst) lag in der Krankheit ihres Babys und deren Folgen. Ihre Spannungen verstärkten sich durch gewisse falsche Vorstellungen, die sie über Diabetes hatte und durch den Druck, unter dem sie bei der Erlernung der Diätvorschriften stand. Dies waren neue, verhältnismäßig oberflächliche Gründe; und doch waren sie fest verknüpft mit den grundlegenden Ursachen, die leichtes Spiel hatten, ein weiteres Glied in der Kette der Schwierigkeiten zu schmieden. Es waren diese am ehesten erfaßbaren Umstände, die der Sozialarbeiter herausgriff, um sowohl die Ursachen zu modifizieren (er machte dem Klinikpersonal Frau R.'s Bedürfnis nach mehr Zeit und Geduld verständlich), als auch die Mutter im Umgang mit ihrem Problem zu stärken (durch die Klar-

---

[21] Frau R. wurde bereits im 3. Kapitel (Seite 47) erwähnt.

stellung der Tatsachen über die Krankheit des Babys und eine Aufteilung der
unmittelbaren Aufgaben der Mutter). Die Neurodermatitis verschwand, Frau
R.'s Angstzustände gingen zurück, die Pflegemethoden wurden erlernt, und
das Baby konnte nach Hause entlassen werden. Die grundlegenden Ursachen
waren zwar unberührt geblieben, aber dennoch wurde wirksame, realistische
Hilfe im Hinblick auf die neuen Ursachen des neuen Problems geleistet. Für
den Augenblick zumindest wurden verhängnisvolle Wirkungen durch günstige ersetzt, und einem Verschlimmerungsprozeß wurde Einhalt geboten.

Ob es nun möglich ist, die unmittelbaren Ursachen eines Problems sofort zu
behandeln oder nicht, es gibt noch andere Zwecke, für die eine Ermittlung
hinsichtlich Entstehung, Verlauf und Wechselbeziehung zwischen Ursache
und Wirkung dienen kann. Die Art der Ursache wirft sofort ein weiteres Licht
auf die Art des Problems. Sie führt zu ersten Vorstellungen über mögliche
Lösungen und über die Frage, welche Mittel und Wege am besten verwendet
und welcher Grad von Veränderung und welches Tempo des Vorgehens erwartet werden können. Dadurch lassen sich natürlich zunächst nur grobe Anhaltspunkte gewinnen, aber schon eine solch skizzenhafte Vorausschau gibt
den Bemühungen des Caseworkers Ziel und Richtung. Nehmen wir z. B. drei
Frauen in mittleren Jahren, die beinahe identische Symptome aufweisen —
Depressionsgefühle, Abgespanntheit, Unfähigkeit, ihre Kräfte zu mobilisieren. Die eine führt den Beginn ihrer Depressionen auf den Tod ihres Ehe-
mannes zurück; er war vor etwa sieben Monaten gestorben, und sie hatte ihn
vorher drei Jahre lang aufopfernd gepflegt. Die andere ist schon solange
sie sich zurückerinnern kann „so gewesen" und hat bereits mehrere Kranken-
hausaufenthalte wegen schwerer Depressionen hinter sich. Die dritte glaubt,
daß ihre Gefühle der Niedergeschlagenheit und Nutzlosigkeit die Folge einer
kürzlich erfolgten Hysterektomie sind. Die auslösenden Gründe weisen sofort
auf die Unterschiede in der Diagnose und der Fallbehandlung hin. Welche
Fakten der Caseworker zur näheren Untersuchung auswählt, welche Hilfsmittel er anzuwenden beschließt (sicherlich wird im zweiten Fall ein Psychiater hinzugezogen werden müssen, während in dritten Fall ein Arzt und
möglicherweise medikamentöse Behandlung neben der Casework-Hilfe notwendig sein werden), welche Reaktionen als pathologisch und welche als verhältnismäßig normal anzusehen sind, welche Folgerungen sich hinsichtlich der
Behandlungsmethoden und -erwartungen ergeben — all das läßt sich nach der
Feststellung der Ursache-Wirkung-Faktoren besser überschauen.

Es liegt schließlich in der Natur der problemlösenden Bemühungen sowohl des Klienten als auch des Caseworkers, zu versuchen, die Ursachen festzustellen. Angefangen vom Kleinkind, das die Räder seines Autos abmontiert oder eine Uhr zerlegt, um herauszufinden, wie sie funktioniert, bis zum Philosophen, der über das letzte Warum aller Existenz nachgrübelt, ringen wir alle um das Verstehen von Ursächlichkeiten. Vielleicht ist es nur eine Illusion, aber wir glauben alle daran, daß wir, wenn wir erst das „Warum" erfaßt und verstanden haben, auch weitgehend in der Lage sind, mit den Phänomenen fertig zu werden. Umgekehrt: Geschehnisse, die dem Verstand nicht zugänglich sind, entziehen sich auch der Kontrolle. Vielleicht war es der Glaube an diese Illusion, der Caseworker viele Jahre hindurch dazu verleitet hat, eine endlose Verfolgung endloser Ursachen der Probleme ihrer Klienten aufzunehmen in der Hoffnung, irgendwo zu einem endgültigen Verständnis zu kommen, das wie ein „Sesam-öffne-dich" eine Wende herbeiführen würde. Aber eines bleibt doch wahr: Ohne eine gewisse Einsicht in die Zusammenhänge und Wechselbeziehungen von Ursache und Wirkung stehen wir einem Chaos gegenüber. Und wenn ein ursächlicher Zusammenhang zwischen Geschehnissen und Verhaltensweisen, zwischen Ereignissen, Handlungen und Folgen festgestellt werden kann, dann empfinden Caseworker und Klient, daß das Problem zumindest der Erkenntnis zugänglich ist und daß nach dem ersten Schritt zu einem Verständnis des Problems ein nächster logischer Schritt zu seiner Bewältigung unternommen werden kann.

Die problemlösenden Bemühungen und Mittel des Klienten

Kein Problem bleibt in dem Zustand, in dem es war, als es zum erstenmal als Problem erlebt wurde. Manchmal versuchen wir zwar, eine unangenehme Schwierigkeit beiseite zu schieben, sie sozusagen auf Eis zu legen, aber das ist eine Abwehrhandlung, die psychische Energie verbraucht. Die unmittelbare Reaktion des menschlichen Organismus, wenn er von innen oder von außen angegriffen oder frustriert wird, besteht darin, seine mannigfachen Formen der Anpassung anzuwenden. Je nach der individuellen Eigenart, mit der ein Mensch seine Schwierigkeiten empfindet und auf sie reagiert, kann er das Problem frontal angreifen oder es zu manipulieren versuchen; er kann sich zurückziehen, um seine Kräfte zu sammeln oder in der Hoffnung auf einen

Ausweg; er kann allein oder zusammen mit anderen darüber nachdenken, sich fruchtlos darüber Sorgen machen oder in eine Phantasiewelt entfliehen; er kann ein planvolles Handeln anstreben oder blindlings seinen Impulsen nachgeben — und so fort. Wie immer er sich physisch, geistig und emotional verhält, was er auch tut oder unterläßt — er beeinflußt die Art und den Ausgang des Problems. Andererseits werden Erfolge oder Mißerfolge Einfluß auf sein Urteil über sich selbst haben: ob er sich für fähig oder unfähig, der Situation gewachsen hält oder nicht.

Wenn der Klient mit seinem Problem zur Dienststelle kommt, hat er bereits bewußt oder unbewußt an seinem Problem gearbeitet. Was er zu unternehmen versucht oder was er unterlassen, was er sich bereits überlegt, welche Hilfsmittel er in Bewegung gesetzt oder unberührt gelassen hat — kurz, wie er allein versucht hat, mit seiner Schwierigkeit fertig zu werden, ist ein bedeutsamer Teil des Inhalts der Diskussion zwischen ihm und dem Caseworker.

Die Bemühungen des Klienten haben noch eine weitere Bedeutung. Zuerst werden sich Klient und Caseworker auf das konzentrieren, was *ist* und zum Teil auch auf das, was *war*. Nun ist es notwendig, daß sie ihr Augenmerk auf das richten, was *sein könnte*. Was „sein könnte", hängt von drei für eine Veränderung wichtigen dynamischen Faktoren ab: von den Möglichkeiten, die die Dienststelle in Form greifbarer Hilfe und auch oder nur in Form von therapeutischem Verständnis und Können des Caseworkers bieten kann; von dem Vorhandensein und der Verwendbarkeit von Hilfsquellen im sozialen Milieu des Klienten, vom engeren Familienkreis bis hin zur Gesellschaft im ganzen; und von den latenten oder bereits wirksamen Motivationen und Fähigkeiten im Klienten selbst. Die letzteren offenbaren sich in der Diskussion über das, was der Klient im Hinblick auf sein Problem schon überlegt und zu tun versucht hat.

Wenn man dem Klienten hilft, seine Vorstellungen auszudrücken und über das, was er bisher getan hat, zu berichten, läßt er sozusagen einen Film über sich selbst ablaufen. Seine Phantasie, seine Initiative, seine Urteilskraft, seine Beweglichkeit und sein Elan; seine Panik, seine Hilflosigkeit, seine Scheu, seine emotionale oder intellektuelle Armut; seine realistischen oder phantastischen Hoffnungen; sein Zurückgreifen auf andere Personen und Hilfsquellen; sein Vertrauen oder sein Mißtrauen gegenüber den Menschen, an die er sich gewandt hat — von all dem erhält man einen, wenn auch oft nur flüchtigen Eindruck, wenn der Klient über sein Verhalten im Hinblick auf sein Problem Rechenschaft ablegt. Und in der abwägenden Beurteilung durch den Caseworker offenbaren diese Angaben gewisse charakteristische Reaktionen und Anpassungsweisen, die man vom Klienten erwarten kann, sowie seine Charaktereigenschaften und deren Auswirkung auf die Beziehung und das Vorgehen. Ein solches Gespräch wird auch Hinweise geben auf die Hilfen durch andere Personen und Dinge, die für ihn erreichbar sind und an deren Verwendung er bereits gedacht oder auch nicht gedacht hat. Kurz gesagt, das Vorhandensein oder Fehlen von Kräften, die der Klient zum Problemlösen einsetzen kann — Energie, Intelligenz, Wendigkeit und Erfindungsgabe —, wird deutlich, wenn er vom Caseworker veranlaßt wird, zu erzählen, was er in bezug auf dieses Problem bereits getan und wie er sich bisher verhalten hat.

Doch Probieren geht über Studieren, und der Wille und die Fähigkeit des Klienten, an seinem Problem zu arbeiten, offenbaren sich in seinem Verhalten, wenn er die erste Bekanntschaft mit der Dienststelle und die erste Erfahrung mit dem Caseworker macht. Dieser Test und die Beurteilung von Motivation und Fähigkeit des Klienten sind die Nebenprodukte des folgenden wichtigen Abschnitts über den Inhalt der Anfangsphase.

Die Lösung, die vom Klienten gesucht wird, und ihre Beziehung zur Hilfe der Dienststelle

Die Frage, die jeden Klienten bewegt, wenn er sich an eine Organisation um Hilfe wendet, ist, ob ihm das, was er wünscht, gegeben werden kann (oder ob ihm geholfen wird, es zu erhalten). Manchmal stellt er diese Frage auf direkte oder indirekte Weise, oft aber bleibt sie unausgesprochen. Es ist jedoch eine sehr wichtige Frage, die zum Ausdruck gebracht werden muß. Seine Motivation, zusammen mit der Dienststelle weiterzuarbeiten, wird sich verstärken oder verringern, je nachdem, ob er glaubt, daß er das Erhoffte auch erreichen kann. Seine Vorstellungen über das, was von ihm erwartet wird, was er tun muß und was er von der Dienststelle erwarten kann, werden seine Mitarbeit erheblich beeinflussen. Sein freier Entschluß, gemeinsam mit dem Caseworker vorzugehen, kann nur aus der Kenntnis dessen, wofür er sich entscheidet, erwachsen. Aus all diesen Gründen ist die Diskussion darüber, was der Klient wünscht und erwartet und was die Dienststelle geben kann und erwartet, von besonderer Wichtigkeit für den Inhalt der Anfangsphase.

Glücklicherweise ist in den letzten Jahren ein allmählicher Wandel in der
Aufnahmepraxis, die bei vielen sozialen Dienststellen üblich war, vor sich
gegangen[22]. Diese Praxis bestand darin, die Aufnahme zu dem Zeitpunkt zu
„beenden", in dem der Klient dem Caseworker die Art seines Problems dargelegt hatte, dessen jüngste Ursachen und seine Anstrengungen, damit fertig
zu werden. Auf Grund dieser Angaben entschied der Caseworker, ob er „den
Fall annahm" oder nicht. Auf der Basis seiner Bewertung der Schwierigkeiten
und Bedürfnisse des Klienten urteilte der Caseworker, ob die Dienststelle dem
Klienten ihre Dienste anbieten sollte. Fiel dieses Urteil positiv aus, dann
wurde dem Klienten versichert, daß man ihm Hilfe gewähren würde, und
man versprach ihm, daß man sich mit ihm in Verbindung setzen oder daß der
gleiche Caseworker ihn regelmäßig betreuen würde.
Der Klient ging nach Hause, wartete und dachte nach. Man kann sich vorstellen, womit sich seine Gedanken beschäftigten. Sie unterschieden sich wohl
kaum von unseren eigenen Überlegungen, hätten wir ein Problem und einen
Teil unserer Gefühle auf die Schultern eines anderen geladen und hätte man
angedeutet, daß es diesem anderen überlassen bliebe, zu entscheiden, was zu
tun sei. Für den Klienten könnte es eine angenehme Erleichterung bedeuten,
daß er der Verantwortung enthoben wäre, allerdings vielleicht auch eine Art
Verrat, wenn sich später zeigte, daß dies ein Trugschluß war. Der Klient
könnte mißtrauisch darüber nachgrübeln, welche Pläne in seiner Abwesenheit
geschmiedet würden, oder es könnten Zweifel in ihm aufsteigen, was aus
einem Gespräch mit dem Caseworker an jedem Dienstagmorgen wohl Gutes
herauskommen würde; oder der Klient könnte sich im Zweifel, ob er sich oder
seine Situation überhaupt ändern soll, dazu entschließen, lieber gar nichts zu
tun. Kurz gesagt, alle Variationen von Abwehrmechanismen könnten gegen
die Angst vor dem Unbekannten mobilisiert werden. Was man ganz oder teilweise im ungewissen gelassen hatte, war das, was die Dienststelle im Hinblick
auf sein Problem tun konnte, was sie zu unternehmen vorschlug und ferner,
was der Klient im Hinblick auf diese neue Methode zur Behandlung seines
Problems fühlte, dachte und tun würde. Erst als die Caseworker die volle
Tragweite der Selbstbestimmung erfaßt hatten, ihren Zusammenhang mit der
freien Willensentscheidung und der dynamischen Partnerschaft, wurde klar,
daß ein wesentlicher Teil des Inhalts in der Anfangsphase eigentlich das

---

[22] Für Hinweise bezüglich dieser Veränderung siehe Anderson und Kiesler (7), Coleman u. a. (11) und
Freudenthal (20).

Problem ist, das Ich des Klienten in den problemlösenden Prozeß einzubeziehen.

Der Inhalt der Diskussion über die gesuchten Lösungen und die vorhandenen Mittel besteht in der Hauptsache aus vier Teilen:

1. Den Äußerungen des Klienten (wobei der Caseworker ihm hilft, klar zu formulieren), welches seine Erwartungen, Wünsche oder Fragen in Hinsicht auf die Hilfe der Dienststelle sind — was er zum gegenwärtigen Zeitpunkt von der Dienststelle erhofft.

2. Den Erläuterungen des Caseworkers über die Möglichkeiten der Dienststelle in bezug auf das besondere Problem, das der Klient vorträgt und in bezug auf dessen Erwartungen oder Befürchtungen. Es sollte eine *individualisierte* Erklärung sein und nicht ein stereotypes Herunterleiern der Ziele und Versprechungen der Dienststelle. Kein Klient will in all seinen Sorgen und Schwierigkeiten wissen, „um was es sich bei der Dienststelle handelt"; er will nur wissen, was sie *für ihn zu diesem Zeitpunkt* bedeutet. Er kann sich auch die Vision einer entfernten Zukunft nicht so leicht zu eigen machen, wie er sich die nächsten Schritte, auf die er sich vorbereiten muß, vorstellen und überlegen kann. Auch die Möglichkeiten einer Dienststelle haben ihre Grenzen; es gibt Dinge, die sie nicht tun oder bereitstellen kann, Wünsche, die nicht erfüllt werden können. Sie muß zudem Bedingungen stellen, die sich aus ihren Zielen und allgemeinen Vorschriften ergeben. An diesem Punkt kann es notwendig werden, daß der Caseworker schlicht und einfach die Unterschiede klarlegt zwischen den zufälligen Bemühungen, die der Klient bis jetzt unternommen hat und dem fachlich organisierten Vorgehen, das er nun gewählt hat.

Das bedeutet noch nicht, daß diese Klarstellung ein für allemal erledigt ist. In Wirklichkeit kann das Problem der angestrebten Ziele und der erreichbaren Mittel zu jedem Zeitpunkt der fortschreitenden Arbeit auftreten, sobald Veränderungen drohen oder Widerstände den Fortgang aufhalten. Außerdem gibt es Zeiten, in denen das, was vom Klienten und vom Caseworker ursprünglich als Problem oder als Ort dieses Problems identifiziert wurde, sich verlagert und einen anderen, wichtigeren Problembereich sichtbar macht, der gemeinsam bearbeitet werden muß. In solchen Fällen wird es notwendig, diesen Teil des Anfangs in einer offenen Diskussion über die Möglichkeiten und die Bedeutung der gemeinsamen Beschäftigung mit dem zu behandelnden Problem noch einmal durchzuarbeiten.

Zwei verbreitete Arten des Mißbrauchs der Bedingungen, unter denen die
Hilfe der Dienststelle gewährt werden kann, verdienen erwähnt zu werden.
Eine davon besteht darin, die Bedingungen so darzustellen, als wären sie Hür-
den, über die der Klient springen oder klettern muß, um seine „Tauglichkeit"
für die Hilfe zu beweisen. Wenn der Caseworker Bedingungen in dieser Weise
aufstellt oder sie den Klienten so sehen läßt, dann verhält er sich weniger wie
ein Caseworker, sondern eher wie ein Funktionär.
Manchmal gibt es unabänderliche oder für absolut notwendig gehaltene Bedingungen, die tatsächlich für den Klienten ein beträchtliches Hindernis bedeuten. Wenn das so ist, dann darf der Caseworker nicht beiseitestehen, während
der Klient sich seiner Hilflosigkeit bewußt wird, sondern er muß ihm durch
Ermutigung und Erklärung der Gründe helfen, über das Hindernis hinwegzu-
kommen. Ein zweiter Mißbrauch von Bedingungen der Dienststellen ist, sie
als „Routine" zu verwenden. („Ich sagte ihr, daß unsere Dienststelle ein
Honorar von Leuten verlangt, die es sich leisten können, und daß sie in die
Gruppe komme, die einen Dollar pro Gespräch zahlt. Sie fragte, ob sie nicht
zwei Dollar zahlen könne, aber ich sagte ihr, das sei nicht notwendig." Hier
sieht der Sozialarbeiter die Berechnung eines Honorars als eine „Routinesache" an, die man hinter sich bringen muß; aber der Klient —?) Von Berufs-
bettlern vielleicht abgesehen, ist das Erbitten und Annehmen von Hilfe keine
Routineangelegenheit. Als sehr persönliches Erlebnis, das für jeden Menschen
eine andere Bedeutung hat, verlangt es Feingefühl und Anpassungsvermögen
von seiten des Helfers. Die Art der Hilfe und unter welchen Bedingungen sie
gegeben werden kann, sollte daher bei jedem Klienten von neuem bezüglich
seiner Eignung in seiner besonderen Situation und hinsichtlich seiner Reaktionen überlegt werden.
3. Den Reaktionen des Klienten — in Gefühlen, Gedanken und Handlungen
— auf das, was der Caseworker als das „Was" und „Wie" ihrer gemeinsamen
Arbeit hingestellt hat. Die Reaktionen des Klienten können eine offene Ablehnung der Hilfe der Dienststelle ausdrücken („Ich dachte, Sie hätten eine
Art von Internatsschule für die Kinder; ich will keine Pflegestelle"), eine
offene Annahme („Ja, das ist es, was ich gern versuchen möchte"), eine vor-
behaltlose Unterwerfung („Ich werde tun, was Sie sagen") oder auch Unentschiedenheit („Ich weiß nicht genau — aber vielleicht").
Trotz der Unterschiede in diesen Reaktionen sind sie alle irgendwie mit einem
zwiespältigen Gefühl verbunden. Im ablehnenden Klienten ist zwar die nega-

tive Einstellung vorherrschend, aber sie richtet sich nur gegen bestimmte Leistungen und Bedingungen der Dienststelle. Sein „Verlangen", der Drang in ihm, Hilfe zu erhalten, wenn auch von einer anderen Art, bleibt bestehen. (Der unmotivierte oder widerwillige Klient, dem ein Sinn für das „Verlangen" fehlt, stellt ein anderes Problem dar, das später noch besprochen wird.) In dem willig mittuenden Klienten herrscht ein positives Gefühl der Dienststelle gegenüber vor, aber er mag gewisse Fragen oder Zweifel im Hintergrund halten, die er für den Augenblick unterdrückt oder die er erst später vorbringen will. Der unterwürfige Klient kann von stark negativen Reaktionen erfüllt sein, aber charakteristischerweise hat er Angst, sie zum Ausdruck zu bringen. Um von einem anderen Menschen beschützt zu werden, zahlt er fortlaufend den zu hohen Preis der Aufgabe seiner Rechte, und darum kann er so lange kein wirklicher Partner in der Gestaltung seines Schicksals werden, bis er imstande ist, für seine Gefühle einzustehen. Bei dem Klienten mit ambivalenten Reaktionen kann einmal das Verlangen nach Hilfe und dann wieder eine innere Abwehr dagegen überwiegen. Das eine Gefühl kann oft das andere aufheben, so daß er immer unschlüssig bleibt, oder das unausgesprochene negative Gefühl kann, sobald er wieder mit sich allein ist, die Oberhand gewinnen. Dies alles bedeutet, daß der Caseworker noch eine vierte Überlegung anstellen muß.

4. Der auf richtiger Beurteilung beruhenden Hilfe für den Klienten, sich seiner ambivalenten Gefühle im Hinblick auf das bevorstehende Wagnis klarzuwerden, so daß er sich frei entscheiden kann, die Hilfe des Caseworkers anzunehmen. Das Versäumnis, die unterschwellige Unentschiedenheit des Klienten ans Licht zu holen und zu bearbeiten, mag den Verlust vieler Fälle nach dem Aufnahme-Gespräch bei einer Dienststelle erklären. Der Klient hat vielleicht mit seinen widerstreitenden Gefühlen des „Verlangens" allein anstatt mit Hilfe des Caseworkers gerungen, und er mag eher die Sicherheit eines bekannten Unbehagens gewählt haben als das Risiko, sich selbst in einer Weise aufzugeben, die ihm als völliges Sich-Ergeben an einen anderen erscheinen mag. Um diese Situation zu vermeiden, muß der Caseworker dem Klienten helfen, seine negativen Reaktionen zu erkennen und auszudrücken, so daß sie einer offenen, bewußten Handhabung zugänglich werden und ihnen der Klient nicht unwissentlich unterworfen bleibt. Es ist der Caseworker, der die Initiative ergreifen muß, dem Klienten vorzuschlagen, die Ja- und Nein-Gefühle, die der Klient gerade erlebt, ebenso mit ihm zu besprechen wie die Realitäts-

faktoren, die bei einer Entscheidung über das Erhalten und Annehmen von Hilfe erwogen werden müssen. Diese „Wahl" in der Anfangsphase des Casework ist im besten Fall eine vorläufige, weil der Klient nicht mit Sicherheit wissen kann, was das Erlebnis der Beziehung und des Problemlösens für ihn bedeuten wird. Alles, was er wissen kann, ist das Beispiel der Hilfsbereitschaft, das er im Augenblick durch die Haltung des Caseworkers und durch das erfährt, was ihm gegeben und was von ihm erwartet wird und was er aus dieser Anstrengung herausholt, um sowohl sein Problem als auch sein Verhältnis und das der Dienststelle dazu klarzustellen. Das ist es, was er annehmen oder ablehnen kann.

Die Literatur und die Praxis des Casework haben sich seit langem mit dem Begriff der Selbstbestimmung befaßt. Wir sagen, daß es das „Recht" des Klienten ist, weil wir in der Tat glauben, daß es das Recht jedes Menschen ist, der Selbstverantwortung übernehmen kann. Das Wesen der Selbstbestimmung ist genau dies: daß das Individuum erkennen sollte, was es fühlt und denkt, was es will und nicht will, daß es die möglichen Folgen voraussieht und sich dann zu dieser Handlung oder für jenen Umstand entscheidet. Das ist der Zweck, dem der Casework-Prozeß dient, indem er den Klienten anregt, die Aufgaben und Bedingungen der Dienststelle in Betracht zu ziehen und seine eigene Bereitschaft, sich auf die Lösung seiner Schwierigkeiten einzulassen, zu überdenken: seine Entscheidung, gemeinsam mit der Dienststelle weiterzuarbeiten, soll von ihm selbst so frei und so verständnisvoll als es für ihn möglich ist, getroffen werden. Dieser Entschluß, das Ergebnis gemeinsamer Überlegung und Diskussion, kennzeichnet den Unterschied zwischen der eigenen Entscheidung eines Menschen und derjenigen, die ein anderer oder ein zwingender Umstand für ihn getroffen hat, zwischen einer bewußten Anpassung und einem Hineinschlittern in eine günstige oder ungünstige Situation. Vielen Klienten wird dabei zum erstenmal der Unterschied zwischen ihrer früheren und der neuen Art des Problemlösens bewußt.

Ein Nebenprodukt dieses Prozesses, der dem Klienten hilft, diese erste Entscheidung zu erkennen und zu treffen, ist für den Caseworker der Beweis, daß der Klient willens und fähig ist, an der Lösung seines Problems mitzuarbeiten.

Wie elegant und logisch läßt sich der Inhalt der Anfangsphase im Casework zu Papier bringen! Aber in der lebendigen Begegnung zwischen Caseworker und Klient wird er selten so ordnungsgemäß von der Feststellung des Problems zu seiner psycho-sozialen Bedeutung, zu seinen Ursachen usw. fortschreiten. Vielleicht legt der Klient zuerst die Lösung vor, oder das Problem entfaltet sich wie ein Fächer, oder der Caseworker muß, noch bevor das Problem ganz erklärt ist, einige Fakten über die Dienststelle ins Gespräch bringen, die der Klient offensichtlich nicht beachtet. Jeder von uns erzählt die gleiche Geschichte anders. Die Schilderung des Klienten über seine Beschwerden oder seine Hoffnungen wird sich von einem Aspekt zum anderen bewegen, hin und her, vorwärts und rückwärts, keiner Logik unterworfen als der seiner eigenen Triebe und seiner Art, sich mitzuteilen. In der Praxis stellt sich daher die Frage, auf welchen Teil des Inhalts sich Klient und Sozialarbeiter konzentrieren sollen, was mehr und was weniger betont werden soll. Um diese Fragen zu beantworten, setzt man sich der Scylla eines kategorischen Dogmatismus oder der Charybdis einer vagen Ungewißheit aus. Einige wenige, weithin bekannte Gedanken mögen helfen, hier einen einigermaßen sicheren Kurs zu steuern.

Drei untereinander zusammenhängende Leitgedanken, nach denen ein bestimmter Teil des Gesamtproblems in den Mittelpunkt gestellt werden kann, wurden bereits im dritten Kapitel behandelt: die Auswahl 1. jenes Problems oder Teilproblems, das der Klient selbst für das wichtigste hält; 2. des Teiles seines gesamten Problems, der in den Hilfebereich der Dienststelle fällt; und 3. des Problems, das in der Beurteilung des Sozialarbeiters Hilfe am meisten benötigt und dieser am ehesten zugänglich ist.

Der erste dieser Leitgedanken ist in dem Casework-Grundsatz „Anfangen, wo der Klient steht" formuliert. Dazu gehört mehr als eine grundsätzliche Höflichkeit (die allerdings eine unentbehrliche Tugend ist), nämlich die Erkenntnis, daß der Klient das Bedürfnis und das Recht hat, Hilfe in jenen Schwierigkeiten zu erbitten, die ihn am meisten bedrängen. Es handelt sich ferner um die Erkenntnis, daß ein Mensch nur aus seinen eigenen Überlegungen heraus zu Veränderungen oder Handlungen veranlaßt werden kann und daß er mit seinem Problem nur dort erreichbar ist, wo er selbst steht. Damit ist natürlich nicht gesagt, daß Caseworker und Klient notwendigerweise in dem gleichen Bereich stehen bleiben, in dem sie begonnen haben. Selbstverständlich bleiben sie in ihrem Gedankenaustausch in enger Verbindung, wobei der Caseworker den Berichten oder Enthüllungen des Klienten mit ständiger Aufmerksamkeit folgt. Aber das berufliche Wissen und Urteilsvermögen befähigen den Caseworker, den Klienten zu einer gewissen Verlagerung von Perspektive oder Akzent zu bewegen.

Auch der zweite Leitgedanke ist leicht zu verstehen: die Funktion der Dienststelle ist der Rahmen, innerhalb dessen der Inhalt gesammelt und konzentriert werden kann. Manchmal werden die Neugier oder die Interessen des Caseworkers oder augenblickliche Gedankenassoziationen des Klienten beide auf unwichtige Seitenwege führen. Dem Klienten nützt es wenig, wenn Dinge besprochen werden, für die die Dienststelle keine Hilfe gewähren kann, außer es geschieht zu dem Zweck, den Klienten an eine andere Stelle zu verweisen. Wenn dagegen bei Klient und Caseworker Klarheit über das Verhältnis zwischen den Zwecken und Mitteln der Dienststelle und der Art der Schwierigkeit, für die Hilfe gesucht wird, besteht, dann wird den Gesprächen von vornherein eine Richtung gegeben.

Von dem, was der Klient zu besprechen wünscht und was vom Standpunkt der Dienststelle aus sachdienlich ist, sollte das im Mittelpunkt der Überlegungen gehalten werden, was in den Augen des Caseworkers die meiste Aufmerksamkeit verdient oder am ehesten behandelt werden kann. Im Rahmen dieses dritten Leitgedankens kann der Caseworker von einem Thema auf ein anderes lenken oder einen bestimmten Aspekt einer Situation besonders betonen. Die Situation, in der sich Herr S. und Herr B. befinden, gibt ein Beispiel dafür. Herr S. kommt zur Familienberatungsstelle, um eine Haushaltshilfe zur Betreuung seiner Kinder zu beantragen, weil seine Frau vorübergehend ein Krankenhaus aufsuchen muß. Der Caseworker hört ihm zu, beobachtet ihn und seine Reaktionen und kommt zu dem Schluß, daß Herr S. realistisch auf seine Situation reagiert. Natürlich ist er ängstlich und besorgt, aber trotz dieser Gefühle und der physischen Müdigkeit, die durch seine Arbeit und den Versuch, seine Kinder zu betreuen, verursacht wurden, ist er doch fähig, sich dazu aufzuraffen, eine dafür zuständige Hilfsorganisation aufzusuchen, seine Situation klar darzustellen usw. Die Beziehung seiner Notlage zu den Leistungen der Dienststelle ist klar, und seine Vorstellungen bezüglich dessen, was er von einer Haushälterin erwarten kann und was seine Rechte und Pflichten sind, stimmen völlig mit denen der Dienststelle überein. Kurz, er beweist, daß er die Hilfe der Organisation braucht, wünscht und zu verwenden imstande ist.

Herr B. kommt mit dem gleichen Problem zur gleichen Dienststelle — er kann seine Kinder während des Krankenhausaufenthaltes seiner Frau nicht allein betreuen. Er sucht die gleiche Lösung, nämlich eine Hauspflegerin. Aber da er zuerst über die Auswirkungen der Krankheit seiner Frau auf ihn selbst (seine Magengeschwüre machen ihm wieder Beschwerden; er muß jeden Abend bis spät in die Nacht die Wohnung aufräumen, weil seine Frau so viel Arbeit liegengelassen hat) und dann von seinen Ansprüchen an eine Hauspflegerin und den Einzelheiten ihrer Beaufsichtigung durch ihn spricht, wird offenkundig, daß nicht nur er als Persönlichkeit, sondern auch seine Vorstellungen und Gefühle über seine und seiner Frau Verantwortung, über seine Rolle und die der Dienststelle sowohl die Natur seines Problems als auch dessen Lösung komplizieren. Vielleicht wird das erste Problem, das man gemeinsam mit Herrn B. in Angriff nehmen muß, die Erörterung seiner unrealistischen Erwartungen von der Dienststelle und der Hauspflege sein. Was der Caseworker erreichen muß, ist eine Aussprache über den Inhalt des Problems im Hinblick auf das, was die Dienststelle tatsächlich bieten kann.

Das Verhältnis zwischen Problem und Lösung unterscheidet sich in den Fällen von Herrn B. und Herrn S. sehr wesentlich, und daher wird auch der Inhalt, der in beiden Situationen besprochen werden muß, verschieden sein. Der Unterschied wird nicht in den grundlegenden Fakten liegen, sondern in der Akzentsetzung und Schwerpunktbildung. Im Fall von Herrn S. wird sich der Inhalt hauptsächlich auf die Bedürfnisse und die Mittel konzentrieren. In Herrn B.'s Fall wird sich die Aufmerksamkeit besonders auf seine nicht vorhandene Bereitschaft richten, den Unterschied zwischen einer Hauspflege, die die Organisation bereitstellen kann und dem, was er sucht, nämlich ein Mittelding zwischen unterwürfiger Hausgehilfin und liebender Mutter, wahrzunehmen und sich darauf einzustellen.

Nachdem die Hauspflegerin eine Woche lang im Haus von Herrn S. gewesen ist, berichtet sie, daß seine fünfjährige Tochter unter schweren Verhaltensstörungen leidet. Als Herr S. der Aufforderung des Caseworkers, ihn zu besuchen, um diese Situation zu besprechen, Folge leistet, scheint er es vorzuziehen, dieses Thema zu meiden und nur darüber zu reden, wie hilfreich sich die Hauspflege erwiesen habe und wie erleichtert seine Frau sei. Auch hier muß der Caseworker wieder die Initiative ergreifen, um den Schwerpunkt des Gesprächs zu verlagern — weg von den Ablenkungsmanövern, die Herr S. unternimmt (sei es aus Besorgnis um sein Kind oder sei es, weil er fürchtet, daß die Dienststelle die Hauspflege wieder zurückziehen könnte) und direkt auf die Frage zu, ob Herr S. begreift, daß sein Kind gestört ist und ob er Hilfe dafür wünscht. Schwerpunkt und Akzent verlagern sich in dem Augenblick, da der Inhalt des Gesprächs sich den Symptomen des Kindes zuwendet. Der Caseworker wird sich erkundigen müssen, wie Herr S. das Problem sieht, wie das Kind sich verhält, wie Herr S. darauf reagiert, welchen Einfluß das Problem auf seine Frau, auf seine anderen Kinder und auf die Hauspflegerin hat; was er als die Ursache oder die Mitursachen der Schwierigkeiten seines Kindes ansieht, was er und seine Frau dagegen tun wollen, was sie bisher unternommen haben, ob sie an einer Hilfe des Caseworkers für das Kind interessiert wären und so fort.

Mit dem Auftauchen dieses neuen Problems muß der Caseworker den Inhalt des Gesprächs auf die Ermittlung in einem anderen Bereich lenken — sozusagen auf die Einzelheiten einer anderen Geschichte. Immerhin werden die Kategorien der gesuchten Fakten konstant bleiben. Wie dieses Gebäude aus Fakten und Vorstellungen zwischen Klient und Caseworker errichtet wird und wie es therapeutischen Wert haben kann, das gehört zum Vorgehen des Caseworkers, das im nächsten Kapitel besprochen werden soll.

10. Die Methode (das Vorgehen) in der Anfangsphase

Das, was getan wird, von dem, wie es getan wird, also den Inhalt von der Methode zu trennen, ist nur zum Zweck einer Analyse möglich. In jeder Form des Austausches zwischen zwei menschlichen Wesen, ob durch Worte, Gesten oder durch künstlerische Formen, wird das „Wie" als solches bedeutungsvoll erlebt, und es wird daher zum Teil des Inhalts. Nur im vollen Bewußtsein dieser Tatsache können wir beginnen, die Casework-Methode zu untersuchen, indem wir sie vom Inhalt, mit dem sie in ständiger Wechselbeziehung steht, absondern.

Ebenso wie sich in der Anfangsphase des Casework bereits eine Struktur des Inhalts vorfindet, die während des ganzen Casework-Prozesses gleich bleibt, so enthält sie auch die wesentlichen Konstanten der Methodik. Viele dieser Methoden werden im Verlauf des Prozesses weiterentwickelt, verfeinert und ausgebaut werden, und es können auch einige neue Methoden hinzukommen; aber man kann wohl doch sagen, daß das Abc der Methode schon in den ersten Gesprächen mit dem Klienten enthalten ist. Das muß so sein, denn sonst könnte zwischen dem, was zuerst und dem, was später geschieht, keine Kontinuität bestehen.

Das Vorgehen in der Anfangsphase des Casework-Prozesses besteht im großen und ganzen darin: sich so gegenüber dem Klienten zu verhalten, daß seine Angst verringert und sein Gefühl des Vertrauens und der Hoffnung gestärkt wird, ihm zu helfen, sein Problem in seiner emotionalen und Situationsbedeutung zum Ausdruck zu bringen und darüber nachzudenken; ihm zu helfen, seine verschiedenen Bedürfnisse mit den Dienstleistungen der Organisation und mit seinen eigenen Zielen in Einklang zu bringen; und schließlich, seine Mitwirkung bei der zu bewältigenden problemlösenden Arbeit zu gewinnen. Alles das geschieht durch die lange bekannten und angewendeten Verhaltensweisen des Caseworkers: Beziehung, Stützung, Aufmunterung, Klarstellung, Beratung, Erklärung usw.

Das Verhältnis zum Klienten

Der Klient muß bei seiner ersten Begegnung mit der Dienststelle spüren, daß er mit Verständnis und mit dem Willen zur Hilfeleistung empfangen wird, und dieses Gefühl kann ihm nur die Haltung des Caseworkers vermitteln. Es ist eine Haltung der Aufmerksamkeit, der Achtung, des Mitgefühls und der Beständigkeit. Es ist eine Haltung, die daraus erwächst, daß der Caseworker seine eigenen Gefühle kennt und unter Kontrolle hat, so daß er seine berufliche Perspektive aufrechterhalten kann und nicht von den Gefühlen des Klienten oder von dem, was sie im Zuhörer hervorrufen können, überwältigt wird. Das geflügelte Wort: „Nichts Menschliches ist mir fremd" könnte eigens für den Caseworker geschrieben worden sein. Seine beständige Hilfsbereitschaft und Aufgeschlossenheit, verbunden mit Objektivität und therapeutischer Intention, die sich im Verhalten des Caseworkers ausdrücken, hilft dem Klienten, die Schranken, die er vielleicht zum Schutz gegen seine Angst errichtet hat, abzubauen.

Einen Menschen als eigenständige, auf seine Weise von allen anderen sich unterscheidende Person anzuerkennen und ihn verständnisvoll zu empfangen, geht über das Maß normaler Freundlichkeit und Sympathie hinaus. „Anerkennung" verlangt vom eigenen Ich, die Einzigartigkeit dieses Menschen und das, was er von sich sagt und was er mit sich anfängt, offen zu akzeptieren. Dahinter müssen Erfahrung und Wissen stehen, die seinen Worten und Handlungen Bedeutung geben. „Verständnis" schließt jene scheinbar paradoxe Reaktion ein, die emotionales Feingefühl mit objektiver Beurteilung und die Fähigkeit, mit einem Menschen zu fühlen, mit der Fähigkeit, sich zugleich über ihn Gedanken zu machen, verbindet. Mehr noch: es verlangt die Fähigkeit, durch die Oberfläche von Sprache und Gebaren hindurch zu sehen und zu hören, um in Erfahrung zu bringen, was ein Mensch wirklich mitteilen oder verbergen möchte. Der Caseworker weiß, daß Worte und Handlungen zugleich offenbaren und verhüllen können, daß halbausgesprochene Dinge oft die wichtigsten sind und daß zwischen Sein und Schein sorgfältig unterschieden werden muß.

Es gibt Fälle, sogar zu Beginn des Kontaktes, in denen der Klient so sehr auf sich selbst eingestellt oder so auf sein Problem oder auf frühere Beziehungen fixiert ist, daß er den Caseworker gar nicht zu bemerken scheint oder daß er ganz unangemessen reagiert. Dann wird der Caseworker erklären müssen, wozu er da ist, welchem Zweck seine Hilfe dient, oder er wird durch (nicht herausfordernde, aber doch sondierende) Fragen den Klienten dazu bringen, seine unrealistischen Reaktionen einzusehen. (Ein Beispiel: Einer Frau, die gegen ihren Wunsch vom Klinikpsychiater zum psychiatrischen Caseworker verwiesen worden war und die nun darauf beharrte, auch diesen mit „Doktor" anzusprechen, erklärte der Caseworker immer wieder, daß er kein Arzt, sondern ein Sozialarbeiter sei und daß der Grund für die Überweisung darin bestehe, daß er ihr auf andere Weise helfen könne.) Es muß nicht erst gesagt werden, daß solche „rationalen" Erklärungen durch eine fortdauernde, geduldige Demonstration der Rolle und der Intentionen der helfenden Beziehung des Caseworkers getragen werden müssen. Es ist diese Demonstration sympathisierender Einstellung und Haltung, die mehr als Worte den Klienten ermutigt, offen von seinen Sorgen zu sprechen.

Dem Klienten helfen, von seinen Sorgen zu sprechen

Das englische Zeitwort „to tell" (sprechen) hat verschiedene Bedeutungen. Die eine ist, etwas zum Zweck der Mitteilung in Worte zu kleiden; eine andere, etwas zu erkennen, zu wissen und zu unterscheiden. Mit beiden Bedeutungen dieses Wortes haben wir es zu tun, wenn wir sagen, daß der Caseworker dem Klienten hilft, seine Sorgen *auszusprechen*. Dies befähigt ihn, die Angelegenheit, für die er Hilfe sucht, in einem anderen Licht zu sehen, so daß seine Bemühungen, mit seinen Problemen fertig zu werden, angemessen und wirksam sind.

Den Klienten in die Lage zu versetzen, seine Sorgen auszusprechen und zu sagen, was er wünscht, erfordert mehr als eine aufnahmebereite Haltung. Natürlich gibt es einige Probleme, die so einfach und deren Lösungen so naheliegend sind, daß besonderes Können nicht notwendig ist. Aber die meisten Probleme, mit denen Sozialdienststellen konfrontiert werden, sind so verwickelt und von persönlichen Gefühlen erfüllt, daß man sie weder sich selbst, geschweige denn jemand anderem logisch oder leicht darstellen kann. Das bedeutet, daß der Caseworker nicht nur ein aufmerksamer Zuhörer sein, sondern auch aktiv seinem Klienten helfen muß, sein Problem in konzentrierter Form vorzutragen und gewisse Fakten ausführlich klarzustellen, andere für den Augenblick beiseitezulassen und sich selbst und sein Problem in Beziehung zu den Hilfsmitteln und dem Zweck der Dienststelle zu sehen.

Entgegen der zuweilen geübten Praxis, den Klienten einem Kreuzfeuer bereits vorbereiteter Fragen auszusetzen, wurde oft im Casework gesagt, daß dem Klienten „erlaubt sein sollte, seine Geschichte auf seine eigene Weise zu erzählen". Das gilt besonders für den Anfang, weil der Klient sich gedrängt fühlen mag, gerade das zu tun und über das, was *er* sieht, denkt und fühlt, sein Herz auszuschütten, weil es sich um *sein* Problem handelt und weil *er* damit gelebt und vielleicht seit Tagen oder Monaten darüber nachgegrübelt hat. Darüber hinaus ist es „seine eigene Weise", die dem Caseworker wie dem Klienten nicht nur die objektiven Fakten des Problems vermittelt, sondern auch einen Hinweis auf ihre Bedeutung gibt. Für den Klienten, der bereit und auch fähig ist, seine Sorgen „auszuschütten", wird die Aufnahmebereitschaft des Caseworkers ermutigend genug sein, und ein zustimmendes Kopfnicken oder ein verständnisvolles Gemurmel von seiten des Caseworkers — irgendeine der nicht-verbalen Arten, durch die wir unsere Teilnahme zu erkennen geben — mögen alles sein, was der Klient in diesem ersten Erlebnis des Erzählens und Angehörtwerdens braucht.

Aber oft genügt es nicht, Menschen das Sprechen zu „erlauben". Oft ist es schwierig für den Klienten, von seinen Sorgen zu reden, sei es aus Mangel an Unterscheidungsvermögen oder an Ausdrucksmöglichkeit. Das ist deshalb so, weil bei seelisch bedrückten Menschen die Wahrnehmung getrübt werden kann. Die Störungen können Blockierungen verursachen: jenes Schweigen, das wie ein Damm gegen das Überfließen der Gefühle aufgerichtet wird oder eine innere Leere, die für den Augenblick das auslöscht, was ein Mensch nicht ertragen zu können glaubt. Vielen Menschen fällt es nicht leicht, sich auszusprechen — denjenigen, die von jeher gewohnt sind, ihre Sorgen für sich zu behalten, die sich beherrschen oder die das Gefühl haben, es sei gefährlich, auszusprechen, was sie wünschen oder fühlen; und auch denjenigen, die ihr Leben lang auf Erlebnisse eher mit impulsiven Handlungen reagiert haben, als darüber nachzudenken oder darüber zu sprechen. Diese Menschen finden oft nicht die Worte, um ihre Schwierigkeiten zu beschreiben, und ihre bruchstückhaften Berichte verraten, daß sie nicht einmal sich selbst zusammenhängend Rede stehen können. In diesen Fällen wird es am Caseworker liegen, seinem Klienten zu helfen, sich mitzuteilen.

Solche Hilfe besteht in der üblichen Art und Weise, die wir alle kennen und verwenden, um einen Menschen zu ermuntern fortzufahren oder ihm zu versichern, daß das, was er erzählt, von Wichtigkeit ist oder ihn aufzufordern, diese oder jene Situation ein wenig ausführlicher zu erklären. Manchmal werden nur direkte Fragen helfen. Als Reaktion gegen gewisse Ermittlungsmethoden waren direkte Fragen im Casework eine Zeitlang etwas verrufen,

und auch heute noch finden wir angehende Caseworker, die darüber nachgrübeln, wie sie eine Frage formulieren können, ohne den Klienten zu belei-
digen. Aber es gibt nichts, was der Caseworker von direkten Fragen zu fürchten hätte, es sei denn, sie wären unangebracht (d. h. aggressiv oder belanglos).
Manchmal wird es gut sein, wenn der Caseworker dem Klienten eine kurze
Erklärung gibt, warum gewisse Daten benötigt werden. Fragen, die „vernünftig" erscheinen, werden wahrscheinlich den Klienten dafür gewinnen, daß
er sich bemüht, sie zu beantworten. Eine weitere Hilfe, dem Klienten das
Sprechen und die genaue Formulierung seines Anliegens zu erleichtern, liegt
in den unterstützenden Bemerkungen des Caseworkers, die in enger Beziehung zu dem stehen, was der Klient sich zu sagen bemüht oder die das aufnehmen oder wiederholen, was der Klient gerade gesagt hat, als er ins Stocken
geriet oder sich anschickte, die Aussprache zu beenden.
Wie bereits angedeutet, liegen die Hauptursachen der Unfähigkeit „zu sprechen" in den Abwehrmaßnahmen, die gegen Gefühle aufgebaut wurden,
die dem Klienten entweder unzulässig oder unerträglich erscheinen. Eines der
wichtigsten Hilfsmittel, den Klienten von seinen emotionalen Fesseln zu befreien, ist das ständige Bezugnehmen des Caseworkers sowohl auf die Gefühle
des Klienten als auch auf die Umstände oder Situationen, die er beschreibt.
Etwas ist ihm zugestoßen, und seine Gefühle beschäftigen sich damit; er hat
sich zu etwas entschlossen, und seine Gefühle haben Anteil daran; er hat
jemandem etwas getan oder jemand hat ihm etwas getan, eine Episode hat
sich ereignet, eine Situation existiert — alles das hat Einfluß auf seine Gefühle.
Wenn der Klient diese nicht sogleich zugeben oder ausdrücken kann, so kann
sich der Caseworker doch darauf beziehen, und zwar hauptsächlich durch die
wiederholte Versicherung, daß es ganz normal und natürlich sei, daß Gefühle
bei persönlichen Problemen eine Rolle spielen, und durch den Hinweis darauf,
daß bei jedem anderen ähnliche Gefühle zu erwarten wären („Ich kann mir
vorstellen, wie Ihnen dabei zumute war", oder „die meisten Menschen würden sich dadurch betrogen fühlen", oder „es ist verständlich, wenn Sie sich
darüber ärgern"). Selbst wenn der Klient, wie es zuweilen vorkommt, immer
noch alle Gefühle leugnet oder für sich selbst die allgemeinen Gefühle, die
den meisten Menschen zugeschrieben werden, ablehnen muß, gewinnt er doch
aus den Bemerkungen des Caseworkers ein gewisses Bewußtsein, daß Fühlen
erlaubt, ja sogar natürlich ist. Dieses Bewußtsein kann dann allmählich seine
eigene Intoleranz oder seine Furcht vor seinen inneren Erlebnissen abbauen.

Wir wissen oft nicht ganz genau, was wir fühlen, ehe wir es einem anderen mitgeteilt haben. Wir wissen vielleicht, daß sich eine Menge Unbehagen in uns angesammelt hat, aber woraus es besteht und warum es uns verwirrt oder unsere Bemühungen, mit unserem Problem fertig zu werden, kompliziert, das wissen wir nicht, ehe wir es nicht in Worte gekleidet haben. Einem mitfühlenden Zuhörer darüber zu erzählen, gibt uns manchmal einen besseren Einblick und, davon ausgehend, eine bessere Möglichkeit, damit fertig zu werden. Schließlich, wie bereits gesagt wurde, werden wir von unseren Emotionen motiviert oder gelähmt. Aus all diesen Gründen muß der Caseworker dem Klienten helfen, sich auszudrücken, um so seine gefühlsmäßige Wechselbeziehung zu seinem Problem zu erkennen.

Dem Klienten „sprechen" zu helfen, ist während des ganzen Casework-Prozesses notwendig. Selbst wenn es wünschenswert wäre, ist es nicht möglich, die ganze Geschichte eines einzigen Vorfalls oder einer einzigen Situation in unserem Leben zu erzählen, weil „die ganze Geschichte" eng mit unserem ganzen Ich, unserer Vergangenheit, Gegenwart und unmittelbaren Zukunft verbunden ist. So wie seine Situation sich entfaltet, wie jeder Wochenablauf sie verändert, wie die Erinnerung ihn zurückhält oder die Hoffnung ihn vorwärtstreibt, wird der Klient von Gespräch zu Gespräch sowohl sich selbst als auch dem Caseworker die sich neu ergebenden Tatsachen und ihre Bedeutung für ihn und seine Bemühungen, damit fertig zu werden, erzählen müssen. Der Caseworker wird die spontanen ebenso wie die vorher überlegten Berichte ermutigen und dem Klienten mit allen Mitteln helfen, die ihm zur Verfügung stehen.

Schwerpunktbildung und Aufteilung des Problems

Das „Sprechen" ist nur der erste Schritt im Problemlösen. Es muß auf einen Zweck oder ein Ziel gerichtet sein, das nicht zu weit weg liegt, nicht auf eine himmelblaue Hoffnung, daß das Besprochene irgendwie schon verwirklicht werden wird, sondern auf eine nahegelegene, wenn auch vielleicht nur zeitweilige Möglichkeit der Erfüllung. Wir sind uns seit langem klar darüber, daß das Sprechen über unsere Sorgen und Gefühle allein diese noch nicht ins reine bringt. Es gewährt zwar eine vorübergehende Erleichterung und das Gefühl einer geteilten anstelle einer allein getragenen Last, aber hauptsächlich dient es dem Zweck, sowohl uns selbst als auch unserem Helfer die einzelnen Fakten von Situation und Gefühl vor Augen zu führen, um sie im Lichte neuer Ideen klarer zu sehen, um das Wichtige vom weniger Wichtigen zu trennen und die Möglichkeiten einer Lösung abzuwägen. Das ist der Grund, warum irgend jemand von uns seine Sorgen jemand anderem erzählt — nicht nur, um sich „Luft zu machen" (was, wenn es sich nicht um ein sich nicht wiederholendes Problem handelt, nur weitere Verwicklungen auslöst), sondern in der Annahme, daß die klare Sichtweise und Perspektive des anderen Menschen in diesem Fall unsere eigene übertrifft und daß er uns dadurch helfen kann, neue Wege zu finden, um das Hindernis zu überwinden oder das Ziel zu erreichen. Das ist auch die Hilfe, die der Klient vom Caseworker braucht und sucht; ein wesentlicher Schritt, um aus der Schwierigkeit herauszukommen und auf eine Lösung zuzusteuern, ist, das Problem einzugrenzen und in seine Bestandteile zu zerlegen.

Wenn eine Anzahl von Problemen gleichzeitig existiert, kann der Klient sich völlig verloren vorkommen oder sich wie in einem Labyrinth verirren. Anderseits hat auch ein einzelnes Problem verschiedene Ebenen, von denen aus es betrachtet werden kann — seine Oberfläche, situationsbedingte Erscheinungen, seine unmittelbare psychologische Bedeutung, seine wechselseitige Beziehung zu den charakteristischen Reaktionsweisen des Individuums usw. Drittens gibt es Menschen, die sehr leicht von ihren Gedanken abgelenkt werden können, wenn Spannungen auftreten. Das sind jene umständlichen, vom Gegenstand leicht abschweifenden Redner, die wir alle kennen und die niemals einen festen Ausgangspunkt für ihre Gedanken finden können. Und da die Belastung durch vielfältige geistige, materielle und emotionale Probleme die Fähigkeit eines Menschen, sich zu konzentrieren, beeinträchtigen kann, muß der Caseworker selbst versuchen, die zur Lösung des Problems so wichtige Konzentration herbeizuführen.

Unter „Schwerpunktbildung" verstehen wir die Auswahl eines bestimmten Brennpunktes der Aufmerksamkeit oder der Überlegung. Physikalisch wird der Begriff „Brennpunkt" folgendermaßen beschrieben: „Der Schnittpunkt eines Systems von Strahlen, die von einer Linse gebrochen oder von einem Spiegel reflektiert werden, bildlich irgendein zentraler Punkt." Es ist der Caseworker, der als Linse oder Spiegel fungiert, der die Strahlen des Problems oder der Besprechung auf einen zentralen Bereich lenkt. Das tut er auf verschiedene Weise. Während er dem, was der Klient sagt, zuhört, sondert er gleichzeitig die wichtigen von den weniger wichtigen Schwierigkeiten, die belangvollen von den weniger belangvollen Daten und versucht festzuhalten, was der ersten (nicht notwendigerweise grundlegenden) Überlegung bedarf. Manchmal ist das ziemlich leicht, besonders wenn das Problem unkompliziert ist, wenn der Klient selbst sein Denken geordnet hat und imstande ist, sich auf seine Schwierigkeiten zu konzentrieren. Aber oft muß der Caseworker gleichzeitig jene feine Koordination von aufgeschlossenem und sensitivem Zuhören und Einordnen der Ideen entwickeln, wie sie ihm von dem, was er sieht und hört, eingegeben werden, und in einer Weise reagieren, die dem Klienten hilft, ebenso systematisch mitzudenken.

Hilfsmittel für die Schwerpunktbildung sind richtungweisende Fragen, Bemerkungen oder Vorschläge. Es sollte selbstverständlich sein, daß „richtungweisend" nicht „diktatorisch" bedeutet; es heißt ganz einfach anzudeuten, in welche Richtung weitergegangen oder wo zunächst stehengeblieben werden muß. Vorschläge wie etwa „Lassen Sie uns noch einmal auf das, was Sie gerade gesagt haben, zurückkommen", Bemerkungen wie „Das scheint aber sehr wichtig zu sein, darüber müßte man noch etwas ausführlicher sprechen" oder Fragen wie „Was erscheint Ihnen hier am wichtigsten für Sie selbst?" — lauter einfache, einleuchtende Formulierungen — dienen dazu, herauszufinden, was zunächst im Mittelpunkt der gemeinsamen Arbeit von Klient und Caseworker stehen soll.

Manchmal verlangt der Klient selbst nach dieser Art Führung und Wegweisung: „Warten Sie einmal", sagt er vielleicht hilflos mitten in seiner Erzählung, „was wollte ich eigentlich sagen?" Oder er sucht eine Erklärung: „Ich weiß wirklich nicht, wohin mich dieses Gerede führt." Oder er kapituliert vor den Schwierigkeiten, deren er sich plötzlich bewußt wird, während er sie sich und dem Caseworker vor Augen führt: „Es ist alles so viel — ich weiß nicht, wo ich anfangen soll." Weil die Wahrnehmungen des Caseworkers klarer sein sollten als die seines bedrängten Klienten und weil er besser weiß, worauf sie hinzielen, liegt es in der Verantwortlichkeit des Caseworkers, Akzente zu setzen und die Richtung anzugeben.

Frau O. mag hier als Beispiel dienen. Eine gehetzte, unordentlich aussehende Frau kam zur Familienberatungsstelle, um ihr Eheproblem zu besprechen. Sie redete wie ein Wasserfall; während der Caseworker kaum ein Wort sagte, erzählte sie die Geschichte ihrer Ehe von den Anfängen an, sprach von den Brutalitäten ihres Mannes ihr gegenüber, von ihrer Krankheit, die es ihr unmöglich machte, für sich selbst zu sorgen, von den Eigenheiten der Persönlichkeit ihres Mannes, von den Verhaltensstörungen ihres Kindes, von denen sie glaubte, daß die väterliche Erziehung daran schuld sei, von ihrer Überlegung, eine Arbeit anzunehmen (aber sie sei doch krank), von ihrer Absicht, den Mann zu verlassen (aber sie brauche doch Geld), ihr Kind von einem Psychologen untersuchen zu lassen (aber ihr Mann sei dagegen) und so fort. Aus dem Protokoll geht nicht deutlich hervor, ob der Caseworker einfach nur zuhörte, weil es ihm schwerfiel, Frau O. zu unterbrechen oder weil er von der Annahme ausging, daß, sobald Frau O. ihre „ganze" Geschichte erzählt hätte, sie wissen würden, was nun zu tun sei. Jedenfalls war es so, daß am Ende der ersten Stunde, in der Frau O. „die Geschichte auf ihre eigene Weise erzählt" hatte, der aufmerksame Caseworker ebenso verwirrt war wie seine Klientin, und daß er nicht wußte, wo er in diesem immer weitere Kreise ziehenden Strudel von Schwierigkeiten anfangen oder aufhören sollte.

Es war klar, daß Frau O.'s Ängste sich am Klang ihrer eigenen Worte, die ihr die Schwierigkeiten noch realistischer vor Augen führten, steigerten und daß ihr die „Erzählung" keinerlei Erleichterung brachte. Der Caseworker hätte dieser verängstigten Frau, deren zahlreiche Probleme sie unbarmherzig bedrängten, viel früher helfen können, hätte er ihren Redeschwall unterbrochen und sie veranlaßt, sich zu überlegen, welches unter ihren vielen Problemen sie im Augenblick am meisten bedrückte, was sie am meisten „verletzte" und was sie zusammen mit der Dienststelle zu *tun* vorhätte. „Vielleicht können wir das für ein anderes Mal aufheben; diesmal wollen wir vorerst über das oder das reden", oder „Sie haben so viele Sorgen gleichzeitig, daß wir wirklich versuchen sollten, das festzuhalten, wofür Sie vor allem Hilfe brauchen." Solche und ähnliche Bemerkungen helfen dem Klienten, Atem zu schöpfen, eine Auswahl zu treffen und über ein Teilgebiet und dessen Bedeutung für das, wofür er Hilfe sucht, nachzudenken. Das Unbehagen, das Caseworker befällt, wenn sie ihren Klienten unterbrechen, muß unter dem Gesichtspunkt betrachtet werden, ob das, was der Klient erzählt, Bezug hat zu dem, was ihn in die Dienststelle geführt hat und ob es förderlich ist. Tatsächlich gibt es ihm ein Gefühl der Sicherheit, wenn er spürt, daß die Person, an die er sich um Hilfe wendet, nicht ebenso verwirrt ist wie er selbst und daß sie eine klare Vorstellung davon hat, worauf das Gespräch hinausgehen soll.

Bei den weiteren Diskussionen zwischen Klient und Caseworker können sich Schwerpunkt und Richtung verlagern. Es könnte sich z. B. herausstellen, daß

Frau O. emotionell so gestört ist, daß sie psychiatrischer Hilfe bedarf, und für eine Weile würde die Feststellung der Natur dieser Schwierigkeiten und die Vorbereitung von Frau O. auf eine psychiatrische Behandlung im Mittelpunkt der Aufmerksamkeit stehen müssen. Oder es könnte sich ergeben, daß die Enttäuschungen in ihrer Ehe gar nicht so groß sind, daß sie die Befriedigungen aufwiegen könnten und daß ihr Kind schwer unter der Belastung des neurotischen Gleichgewichts, das sie und ihr Mann aufrechterhalten, zu leiden hat. Nun würde sich der Akzent auf die Schwierigkeiten des Kindes und auf die Überlegung verlagern, mit welchen Mitteln man ihm helfen könnte. Vielleicht stellt sich heraus, daß Frau O. in all den Situationen, in denen sie sich befindet — mit ihrem Mann, ihrem Kind, den Nachbarn usw. — durch ihr eigenes Verhalten deren unangenehme Reaktionen auslöst. Der Schwerpunkt der Aufmerksamkeit würde sich dann von der äußeren Situation auf ihr persönliches Verhalten in den zwischenmenschlichen Beziehungen verlagern.

Selbst wenn der allgemeine Schwerpunktbereich geklärt ist, gibt es noch viele Situationen, in denen das Problem von solcher Kompliziertheit und solchem Umfang ist, daß es einer weiteren Eingrenzung bedarf, damit es überhaupt noch überschaubar bleibt. In der Familienberatungsstelle kann sich die Aufmerksamkeit auf die ehelichen Beziehungen konzentrieren, in der Erziehungsberatungsstelle auf das Eltern-Kind-Verhältnis und in der öffentlichen Fürsorgestelle auf die Verwendung finanzieller Mittel. Aber auch innerhalb solcher Schwerpunktbereiche können Größe und Detail des Problems dem Menschen, der etwas dagegen unternehmen muß, erdrückend erscheinen. Das erfordert, daß man im Hinblick auf die Lösung des Gesamtproblems zunächst einen Teil zur intensiven Erörterung herauslöst. Diese Methode, einzelne Aspekte in den Brennpunkt zu rücken, hat man als „Aufteilung des Problems" bezeichnet.

Wenn wir uns einem großen Problem gegenübersehen, versucht jeder von uns, es dadurch in den Griff zu bekommen, daß er es in einzelne Teile zerlegt. Wir können das tun, indem wir es auf besonders charakteristische Einzelheiten reduzieren, oder wir zerlegen es in Teile, die nacheinander behandelt werden können — der eine Teil zuerst, der andere später. Es ist entmutigend für eine Frau, wenn sie vor der Frage steht: „Wie kann ich das schlechte Verhältnis zu meinem Kind ändern?", aber es ist nicht allzu schwierig für sie, sich zu überlegen: „Was kann ich gegen die Weigerung meines Kindes, in die Schule zu gehen oder gegen seine kindische Art zu sprechen tun?" Für einen Mann, der soeben eine Nervenheilanstalt verläßt, ist es erschreckend, daran denken zu müssen: „Wie soll ich zu meiner Arbeit zurückkehren, zu den Anforderungen meiner Familie, zu neuen Nachbarn, und alles das gleichzeitig?" Aber er wird es über sich bringen, dies Schritt für Schritt zu tun, sich zuerst bei seiner Frau und seinen Kindern wieder einleben und sich dann den anderen Dingen zuzuwenden. Wir alle versuchen, wenn wir uns schweren Verpflichtungen gegenübersehen, die Last der Probleme zu tragen, indem wir sie in ihre Bestandteile zerlegen, d. h. das herauslösen, was für einen Tag tragbar scheint, oder indem wir Dinge, die zuerst getan werden müssen, auswählen und sie einzeln eines nach dem anderen erledigen. Zusammengesetzt ergeben diese Einzelheiten wieder ein Ganzes. Wenn daher die einzelnen Probleme wie etwa die der Mutter in ihrer alltäglichen Beziehung zu ihrem Kind oder die des Mannes, der nach seiner Nervenkrankheit wieder in seine Umgebung zurückkehrt, zusammengesetzt werden, dann bilden sie wieder das Problem in seiner Ganzheit; aber sie lassen sich, wie gesagt, am besten jeweils für sich behandeln.

Der Grund für die Notwendigkeit dieser Aufteilung liegt in den Ich-Funktionen. Wenn uns etwas übermächtig Erscheinendes in den Weg tritt, dann sucht das Ich davor zurückzuweichen oder sich dagegen zu schützen, oder es versucht auf konstruktivere Weise, das Problem auf ein zu bewältigendes Maß zu reduzieren. Und dies ist ein erster Schritt zur Anpassung. Er ermöglicht eine bessere Einschätzung des Problems und lenkt die Energien des Ich in eine Richtung. Oft kann der Klient das nicht allein tun. Indem der Caseworker ihm hilft, ein Stück eines größeren Problems herauszugreifen und es auf einige aktuelle Teile, an denen man zu arbeiten beginnen kann, zu reduzieren, assistiert er sozusagen dem Ich des Klienten. Was er dabei tatsächlich tut, ist, einen genügend kleinen Teil aus dem Gesamtproblem herauszulösen, so daß selbst ein zaghafter Klient ihn ins Auge zu fassen und in Angriff zu nehmen wagt. Wenn dieses Teilproblem lösbar erscheint, dann wächst im Klienten die Zuversicht, daß er es „schon schaffen" wird; und wenn es ihm gelungen ist, in einem Teilaspekt seines Problems eine Wende herbeizuführen, dann wird er sich, wie wir alle, ermutigt fühlen, auch die anderen Teile in Angriff zu nehmen.

Welcher Teil ist es nun, der in der Anfangsphase der Arbeit des Klienten an seinem Problem herausgegriffen werden sollte? Die Kriterien, die sich von selbst ergeben, sind folgende: *größte Unmittelbarkeit* — also der Teil, der sich offensichtlich und direkt dem Caseworker und dem Klienten als erster

anbietet; *Repräsentativität* — d. h. ein Teil, der engstens mit dem Gesamtproblem verbunden ist; *Behandlungsfähigkeit* — d. h. jener Teil, von dem
man vom Klienten erwarten kann, daß er mit ihm trotz Angst und Widerstreben fertig werden kann.

In den ersten Gesprächen gibt es für die Auswahl des „Teiles" kein Patent-
rezept. Hier geht es darum, jenes Einvernehmen herzustellen, das die Grundlage für eine beginnende produktive Partnerschaft zwischen Klient und Dienststelle bildet. Die *Unmittelbarkeit* dieses Vorgangs ist klar. „Welches ist der
nächste Schritt?" oder „Was werden Sie, und was werde ich tun?" — das sind
Fragen, die die Gedanken des Klienten und des Caseworkers in erster Linie
beschäftigen. Seine *Repräsentativität* ist für jeden erkennbar, der die un-
ausweichliche Flut und Ebbe von Motivationen erlebt hat, die sich während der Arbeit am Problem einer Person einstellen, — einmal wird der
Klient von dem Vorsatz, zu kämpfen und weiterzukommen vorwärtsgetrie-
ben, dann wieder ist er versucht, sich zurückzuziehen und zu resignieren.
Widerstand gegen etwas Neues oder etwas Bedrohliches kann nicht ein für
allemal überwunden, er kann nur allmählich abgebaut werden — weil er auch
allmählich hervorgerufen wurde —, und zwar durch die Behandlung des zu
diesem Zeitpunkt gerade aktuellen speziellen Inhalts. Der Widerstand dagegen, das eigene Ich in einem neuen problemlösenden Unternehmen zu engagieren, ist typisch für das, was immer wieder geschieht, wenn Problem oder
Brennpunkt sich verlagern. Gleich zu Anfang damit zu ringen, gibt dem Klienten eine erste Vorstellung von dem, was er im Hinblick auf die Bewältigung
seiner negativen Gefühle noch erfahren wird. Die *Behandlungsfähigkeit* dieses
Anfangsteiles wird dadurch gefördert, daß es ein Problem der Beziehung
zwischen Klient und Dienststelle ist und der Caseworker es direkt aufgreifen
kann.

Die Fähigkeit des Klienten und seine Motivierung, Hilfe zu nutzen, wird
sich darin zeigen, wie sicher seine Überlegung und seine Wahl ist, was er mit
der Dienststelle zusammen tun oder nicht tun will. Die Art des Caseworkers,
bei dieser Entscheidung mitzuhelfen, ist von größter Bedeutung, um dem
Klienten diese Wahl gut und der Mühe wert erscheinen zu lassen.

Dem Klienten helfen, die Hilfe der Dienststelle zu nutzen

Vielleicht ebenso wichtig wie das Bestimmen der Art des Problems des Klienten ist es, die Art der Lösung, die er sucht, und der Vorstellungen, die er dazu hat, festzustellen. Ein Klient mag gewisse Dienstleistungen oder Ergebnisse erwarten, die in Wirklichkeit unmöglich sind. Ein anderer mag eine realisierbare Hilfeleistung erbitten, jedoch unter unausführbaren Bedingungen (wie etwa die Frau, die nicht will, daß ihr Mann davon erfährt, daß sie um Geld ersucht, um sein Einkommen zu verbessern; oder die Frau, die die Hilfe der Dienststelle in Anspruch nehmen will, um ihre in einem Heim untergebrachten Kinder wieder nach Hause zu holen, aber die Gerichtsfürsorge davon nicht unterrichten will). Wieder ein anderer Klient mag sich völlig klar darüber sein, was er braucht, aber nicht darüber, was er tun oder was geschehen soll (wie etwa der Jugendliche, der mit seinen Eltern, mit der Schule und mit sich selbst nicht ins reine kommt, der aber gerade deshalb keinem anderen Erwachsenen zutraut, daß er ihm helfen könnte; oder der Vater, der während der Geisteskrankheit seiner Frau seine Kinder nicht versorgen kann und trotzdem einer Heimunterbringung nicht zustimmen möchte). Und dann gibt es den Klienten, der ganz offensichtlich die Hilfe des Caseworkers benötigt, sie aber nicht wünscht (wie z. B. der kriminelle Jugendliche, der ein Problem für die anderen, aber offensichtlich nicht für sich selbst darstellt und der daher keine andere Lösung sucht, als von der Dienststelle nicht mehr behelligt zu werden; oder jemand, der eine bestimmte Art von Hilfe gesucht hat und dem eine andere angeboten wurde — wie z. B. die Mutter, die an den Sozialarbeiter im Krankenhaus verwiesen wird, um die Hauterkrankung ihres Kindes zu besprechen, von der sie meint, daß sie das Resultat einer Nahrungsmittelallergie sei, die aber der Arzt als psychogen ansieht). Und schließlich gibt es den verzweifelten Klienten, der bislang kaum in der Lage war, sich überhaupt einen Ausweg aus seinem Problem vorzustellen und der deshalb leicht dazu neigt, sich dem Caseworker und der Dienststelle auf Gnade und Barmherzigkeit auszuliefern.

Die Art der gesuchten Lösung, die Vorstellung des Menschen über das, was er selbst und was die Dienststelle zur Erreichung dieses Zieles tun sollte, das Maß an Hoffnung und Vertrauen, das er mitbringt — alle diese Faktoren werden eine Reihe wichtiger Unterschiede im Hilfsprozeß schaffen. Es ist daher die Pflicht des Caseworkers, mit dem Klienten zu besprechen, was dieser wünscht

oder erwartet. Weil in Theorie und Praxis des Casework diesem speziellen
Bereich von Inhalt und Vorgehen in der Anfangsphase bisher weniger Aufmerksamkeit gezollt wurde als vielen anderen Aspekten der Gesprächsführung
und weil gerade in diesem Bereich die entscheidende Auseinandersetzung mit
den Motivationen des Klienten stattfindet, soll er im folgenden etwas eingehender diskutiert werden.

Am besten sollte dem Klienten bereits im ersten oder zweiten Gespräch Gelegenheit geboten werden, seine Vorstellungen bezüglich einer Lösung, auch im
Hinblick auf die Dienststelle, vorzubringen und zu besprechen. Es ist nicht
notwendig, daß der Caseworker alles über das Problem weiß, um beurteilen
zu können, ob es in den Bereich seiner eigenen Dienststelle fällt. Sobald fest-
steht, daß die Dienststelle für die betreffende Schwierigkeit Kenntnisse, Erfahrungen und Dienstleistungen zur Verfügung stellen kann, erhebt sich die
neue Frage, ob dieser bestimmte Klient imstande und gewillt ist, sein Problem mit den Mitteln, die für die Dienststelle erreichbar sind, anzugehen.
Deshalb muß der Caseworker, wenn auch nur die groben Umrisse des Problems erkennbar werden und die damit verbundenen Gefühle nur oberflächlich zum Ausdruck kommen, durch gezielte Fragen in Erfahrung bringen, was
der Klient von der Dienststelle erwartet. (Was nun folgt, bezieht sich auf den
Klienten, der selbst Hilfe sucht. Vom „unwilligen" Klienten, der durch eine
Amtsperson zur Dienststelle gebracht oder an sie verwiesen wurde, soll später
die Rede sein.)

Nun wird jenes Hin und Her, jene kontrapunktische Bewegung in Gang
gebracht, die die bewußte Anstrengung, systematisch an einem Problem zu
arbeiten, charakterisiert. Dieses Hin und Her, Auf und Ab zwischen Klient
und Caseworker ist eine ständige Wechselbewegung zwischen Gefühlen und
Fakten, zwischen Erwartungen und realisierbaren Möglichkeiten, zwischen
den Bedürfnissen und Wünschen des Klienten und zwischen dem, was er
verlangt und dem, was er erhalten kann. Einmal richtet sich der Brennpunkt
auf die Fakten des Problems, dann wieder auf die diesbezüglichen Gefühle
des Klienten, einmal auf die Möglichkeiten und Hilfsmittel der Dienststelle
und dann wieder auf das darauf bezogene Denken und Fühlen des Klienten,
ein andermal auf das Verhältnis zwischen den Vorstellungen, die der Klient
und denen, die die Dienststelle über die Lösung hat — und so kommt eins nach
dem andern zur Sprache.

Bei alldem ist der Caseworker ein aktiver Partner, der Fakten beiträgt, die der Klient nicht kennt oder nicht sieht; der andere Perspektiven vorschlägt und durch Andeutungen und Bemerkungen hilft, den Sachverhalt und die Wahl, die der Klient zu treffen hat, zu klären und zu erhellen und die Bedürfnisse und Wünsche des Klienten mit den realen Möglichkeiten zu verbinden, der gleichzeitig Hoffnung, Sicherheit und Ermutigung gibt, wo immer dies möglich ist. Da es sich hier um einen fließenden Prozeß handelt, kann man ihn nicht anhalten, um ihn zu beschreiben, ohne dabei zu riskieren, ihn statisch und zu sehr vereinfacht erscheinen zu lassen, während man seine einzelnen Teile analysieren und seinen Fortgang schildern will.

Wenn der Klient seine Vorstellungen über die Lösung äußert, hört der Caseworker aufmerksam zu. Ein Mensch sagt sehr viel über sich selbst aus, während er seine problemlösenden Gedanken und die damit verbundenen Gefühle mitteilt. In Erwiderung auf das, was der Klient vorschlägt oder verlangt, macht ihn der Caseworker mit den jeweils anwendbaren Dienstleistungen der Organisation bekannt. Auf diese Weise unterrichtet der Caseworker den Klienten zu dessen Erwägung über jene Möglichkeiten der Dienststelle, die er zur Erreichung seiner Ziele oder zur Bewältigung seiner Schwierigkeiten verwenden kann. Dadurch bestätigt der Caseworker entweder, daß der Klient hier finden kann, was er sucht, oder er zeigt gewisse Unterschiede zwischen den Erwartungen des Klienten und den Möglichkeiten der Dienststelle auf. Jetzt oder zu einem späteren Zeitpunkt während des ersten Gesprächs, je nachdem, wie sich die Diskussion entwickelt, wird der Caseworker auch die Bedingungen einer Zusammenarbeit klarlegen müssen — die gemeinsamen und die individuellen Verpflichtungen, die Gesprächstermine, die Anforderungen der Dienststelle hinsichtlich Qualifikation und Arbeitsweise usw. Auch diese Bedingungen werden „aufgeteilt"; sie beziehen sich jetzt vor allem auf die Grundlegung eines vernünftigen gemeinsamen Beginnens.

Der Klient wird natürlich auf das, was die Dienststelle ihm bieten oder nicht bieten kann und auf die Bedingungen für die Hilfe reagieren. An diese Gefühle, ob mit Worten oder auf andere Weise ausgedrückt, muß der Caseworker jetzt anknüpfen. Sie sind entscheidend dafür, ob der Klient sich entschließt, mit der Dienststelle zusammenzuarbeiten, und daher ist es sehr wichtig, sie zu erkennen und auf sie einzugehen. Sie können mehr der positiven oder mehr der negativen Seite zuneigen oder aber zwischen diesen beiden Polen hin- und herschwanken. Der Caseworker versucht, die Gefühle so weit zu beeinflussen, daß der Klient seine Absicht, an seinem Problem zu arbeiten, klar erkennt und daran festhält. Auf keinen Fall jedoch besteht diese Bemühung in dem Versuch, den Klienten zu überreden oder seine Einwilligung zu erschleichen; vielmehr besteht sie von beiden Seiten in einem offenen, klaren Überdenken der Reaktionen des Klienten in bezug auf das, was ihn erwartet. So kann er seine Bedürfnisse, die Mittel, sie zu befriedigen und die Konsequenzen seiner Entscheidung erkennen, bewußt abwägen und danach frei bestimmen, was er tun will.

Man muß hier allerdings gleich sagen, daß in vielen Fällen fast gar keine Meinungsverschiedenheiten über Art und Bedingungen der Hilfe bestehen. Das gilt für jene Situationen, in denen die geforderten Veränderungen hauptsächlich die Lebensumstände des Klienten betreffen und nicht die Art und Weise, in der er selbst fühlt oder handelt. Dies ist immer dann der Fall, wenn die von der Dienststelle verlangte Hilfe den Bedürfnissen leicht entsprechen kann und wenn der Mensch, der die Hilfe sucht, das Gefühl hat, daß er an der Entstehung seines Problems nicht beteiligt war (Herr S., der wegen der Krankheit seiner Frau eine Haushalthilfe sucht, war ein Beispiel dafür, nicht nur, weil spezifische Hilfe für ein spezifisches Problem vorhanden war, sondern auch deshalb, weil er durch seine Bedürfnisse nicht gefährdet wurde und weil er seine Forderungen und die Möglichkeiten der Dienststelle realistisch eingeschätzt hatte). Es gibt andere, fast entgegengesetzte Fälle, in denen der Klient zur Zeit des Hilfesuchens so wenig physische oder psychische Reserven zur Verfügung hat, daß ihm frei und großzügig geholfen werden muß, bis seine Panik oder seine Apathie nachläßt und sein Zutrauen wächst, daß er die schwierige Situation durchstehen oder sich ihr anpassen kann. Das heißt, er muß wieder Fuß fassen können, um fähig zu sein, eine gewisse Verantwortung für seine Entschlüsse und seine Wahl zu übernehmen. Im ersten Beispiel macht die Diskussion dessen, was gewünscht wird und was erreicht werden kann, nur einen verhältnismäßig kleinen Teil des Inhalts aus und ist methodisch ziemlich einfach; im zweiten Fall wird ein Aufschub und eine sorgfältige Aufteilung notwendig sein.

Der Caseworker kann leicht durch einen Klienten, der völlig bereit scheint, die Hilfe der Dienststelle anzunehmen, irregeführt werden. Die fügsame Einwilligung des Klienten kann den Caseworker für sein Wissen über zwiespältige Gefühle blind machen. Er ist so zufrieden mit der scheinbar positiven Einstellung des Klienten, daß er vielleicht nur daran anknüpft. Unerklärlicherweise erscheint jedoch ein solcher Klient manchmal nicht zum nächsten Gespräch oder er läßt, wenn er es doch tut, gewisse Anzeichen von Zweifel oder unbefriedigter Erwartung erkennen, so als habe man ihn irgendwie im Stich gelassen. Was geschehen sein kann, ist, daß er zuerst so von seinen Nöten bedrängt war, daß er bereit war, nach jeder Hilfe zu greifen und daß er dann beim zweiten oder dritten Kontakt findet, daß es sich nicht um „irgendeine" Hilfe, sondern um eine spezielle Hilfe handelt, die vielleicht langwieriger und mühseliger ist oder ihn vielleicht mehr in Anspruch nimmt, als er sich vorgestellt hat. Oder er ist zu Hause mit sich oder mit seinen Angehörigen zu Rate gegangen, und dann sind jene Zweifel und Ängste, die er in der beruhigenden Gegenwart des Caseworkers nicht erkannt hatte, hochgekommen und haben ihn zu der Überlegung gedrängt, ob er nicht am Ende doch lieber alles auf sich beruhen lassen sollte. Gegen diese Zweifel hätte man ihn schon in den allerersten Gesprächen wappnen müssen; und anstatt ihm zu erlauben, alle ihm gebotenen Möglichkeiten kritiklos zu akzeptieren, hätte man ihn dazu bringen müssen, die Möglichkeiten wie die Grenzen der gesuchten Hilfe zu sehen und sich bis zu einem gewissen Grade nicht nur seines Eifers, sondern auch seines inneren Widerstrebens bewußt zu werden.

Wenn dieses Widerstreben nicht durch eine Diskussion ans Licht gebracht wird, dann bleibt es dem Klienten überlassen, allein damit fertig zu werden, was das gleiche bedeutet, wie ihn mit der Problematik seiner Gefühle alleinzulassen, also gerade mit dem emotionalen Aspekt, für den er Hilfe benötigt. Dies legt nahe, daß der Caseworker vor allem dem Klienten, der nachgiebig scheint und die Mittel und Bedingungen der Hilfe der Dienststelle ohne Zögern annimmt, Gelegenheit geben muß, seine Zweifel oder Fragen zu äußern.

Der Grundsatz, der die Diskussion mit dem Klienten über seine Reaktionen auf die Hilfe der Dienststelle leiten muß, ist der gleiche wie bei anderen Situationen, wo mit ambivalenten Gefühlen umgegangen werden muß. Er kann so formuliert werden: Gib den ausgedrückten Gefühlen volle Anerkennung, aber gehe auch auf das Gegenteil ein. Bei einem Klienten, der unentschlossen und unsicher ist, ob er der Dienststelle vertrauen kann und ob er ihre Hilfe wirklich wünscht, anerkennt und unterstützt der Caseworker auf diese Weise voll das „Ja" in seiner Einstellung, während er zur gleichen Zeit das Natürliche seiner „Nein"-Gefühle akzeptiert und ihnen offen Rechnung trägt.

Es gibt aber auch den Klienten, der ganz offen ablehnt, was die Dienststelle für ihn oder mit ihm tun kann. Er mag sich an irgendein Schema oder an einen Plan klammern, der undurchführbar ist, und keine Alternative akzeptieren, oder er sieht von Anfang an keine Notwendigkeit für eine Hilfe. In solchen Antragstellern ist weniger die bewußte Furcht vor einem Hineingezogenwerden oder einer Veränderung am Werk, sondern viel häufiger ihre Unfähigkeit, die Relation zwischen dem, was die Dienststelle zu bieten hat und ihrer eigenen Vorstellung von ihren Bedürfnissen zu erfassen. Ihre Motive sind nicht, einen Weg zu finden, um ein Problem zu bewältigen, sondern ein Mittel zu finden (nämlich die Dienststelle), um eine im voraus beschlossene Lösung verwirklichen zu können. In solchen Fällen muß der Caseworker die negativen, abweisenden Gefühle akzeptieren und den Versuch machen, herauszufinden, ob nicht doch ein positiver Wunsch nach Hilfe vorhanden ist. Ein solcher Wunsch kann entweder aus dem Druck der gegenwärtigen Zwangslage heraus oder aus Furcht vor zukünftigen Folgen bestehen. Was, so fragt sich der Caseworker, hat diesen Menschen hierhergebracht und bis jetzt beim Gespräch festgehalten? Diese Bruchstücke eines Beweggrundes muß der Caseworker mit dem widerspenstigen Bewerber zusammen herauszufiltern suchen, um ihn klarer erkennen zu lassen, in welchem Bereich seiner Bedürfnisse die Dienststelle ihm von Nutzen sein kann.

Der Bewerber, der nichts mit der Dienststelle oder dem Caseworker zu tun haben will, ist offensichtlich am schwierigsten zu erreichen, zur Mitarbeit zu gewinnen oder auch nur zu ertragen. Und doch muß man ihn tolerieren, muß man sich bemühen, ihn für die gemeinsame Arbeit zu interessieren, und das aus mehreren Gründen. Ein Grund ist, daß gerade dieser Klient — der ein Dorn im Fleisch der Gesellschaft ist (wie etwa der kriminelle Jugendliche) oder der das Gemeinschaftsleben in Unruhe versetzt (wie etwa die unverheiratete Mutter) — in den Augen der Öffentlichkeit in den eigentlichen Verantwortungsbereich des Sozialarbeiters gehört. Wozu ist die Sozialarbeit da, fragt die sie tragende Gemeinschaft, wenn sie nicht aus diesen unglücklichen Außenseitern soziale Wesen machen oder die Gesellschaft vor ihren schädlichen Einflüssen schützen kann? Wo sonst kann ihnen geholfen oder mit ihnen umgegangen werden, wenn man sie nicht in Erziehungs- oder Strafanstalten unterbringt? Und das ist in der Tat eine berechtigte Frage, der Sozialarbeiter mehr oder weniger mutig ins Auge sehen. Schließlich werden diese Menschen zu einer sozialen Dienststelle geschickt, manchmal zu denen, die ihre Dienste dem Klienten zur freien Wahl zur Verfügung stellen und machmal zu solchen, die einem schützenden Zweck dienen oder als der helfende Arm autoritativer Körperschaften handeln. Von allen Berufen, die psychologische Mittel der Beeinflussung anwenden, begegnet die Sozialarbeit am häufigsten dem Problem des unwilligen Klienten. Es sind daher die Caseworker, die der einmaligen Herausforderung und Gelegenheit gegenüberstehen, Mittel und Wege zu finden, durch die der unwillige Klient zur Mitarbeit gewonnen werden kann.

Methoden, durch welche solche Menschen dazu gebracht werden können, die Arbeit mit dem Caseworker zumindest zu beginnen, können hier nur angedeutet werden. Wohl der mindeste Wunsch oder Beweggrund von Menschen, die gezwungen oder gedrängt werden, sich an eine soziale Dienststelle zu wenden, ist, die Konsequenzen ihres Tuns zu vermeiden — ob nun diese Konsequenz die Dienststelle ist oder noch Schlimmeres. Sie mögen gar nicht den Wunsch haben, anders zu sein oder anders zu handeln, aber auf jeden Fall möchten sie nicht durch die Folgen ihres Tuns gestraft oder frustriert werden. Um mit solchen Menschen einen Anfang zu finden, muß sich der Caseworker, wie immer, auf die Antriebskräfte des Klienten beziehen, und in diesem Fall ist es das nackte Motiv des Selbstschutzes. Die dargebotene Hilfe zielt nie darauf ab, den Forderungen der Gesellschaft auszuweichen; vielmehr trägt sie dazu bei, ihnen entgegenzukommen, wenn vielleicht auch nur, um weitere Schwierigkeiten zu verhindern. Das, was der Caseworker zu wecken sucht und was er dem Klienten zu überlegen gibt, ist das Interesse am Selbstschutz vor unangenehmen Folgen. Wenn die mit dem Caseworker eingegangene Beziehung eine gewisse Befriedigung bietet, dann kann es sein, daß der Klient seine Haltung der Selbstverteidigung in ein Gefühl des Unbehagens mit sich selbst verwandelt und dabei den Wunsch zeigt, zuerst für den Caseworker und dann auch für die Gesellschaft, die der Caseworker repräsentiert, annehmbarer zu werden[23].

Der Caseworker muß von Anfang an wissen, daß dieser Klient nicht hier sein will, daß seine Gefühle negativ sind und, noch mehr als das, daß er oft mißtrauisch und feindselig ist. Dies muß offen und gemeinsam erkannt wer-

---

[23] Das „Family Centered Project", St. Paul, Minnesota, hat unter der Leitung von Alice Overton sehr intensiv an dem Problem gearbeitet, wie man die Mitarbeit von „unwilligen" Familien mit vielschichtigen Problemen gewinnen kann. Vgl. A. Overton, „Casework as a Partnership", in: „Children", Sept./Okt. 56 und A. Overton/ K. H. Tinker, „Casework Notebook", St. Paul 1957.

den. Danach wird es manchmal vorkommen, daß der Klient die Erklärung des Caseworkers, wie sich seine verzerrte Vorstellung von den Leistungen der Dienststelle von dem unterscheidet, was sie tatsächlich für ihn tun kann, akzeptiert, obwohl er immer noch mit seinem Vertrauen zurückhalten wird, bis es dem Caseworker gelungen ist, seine Hilfsbereitschaft zu beweisen, ohne ihn zu verletzen. Aber selbst wenn der Klient sich nicht überzeugen läßt, so bleiben doch die tatsächlichen Folgen seiner Weigerung, sein Verhalten zu kontrollieren oder zu modifizieren, bestehen. Sie wurden nicht vom Caseworker geschaffen; sie sind einfach vorhanden. Die Bemühungen des Caseworkers müssen dahin gehen, seinen Klienten dazu zu bringen, diesen Tatsachen und deren Bedeutung für ihn und sein Wohlbefinden ins Gesicht zu sehen und ihn dann Verhaltensweisen wählen zu lassen, die ihm mehr Befriedigung bieten als sein gegenwärtiges Verhalten. Die materiellen Hilfsmittel, die viele soziale Organisationen bereitstellen können, lassen die Hilfe der Dienststelle dem Klienten, der auf eine hilfsbereite Einstellung nicht reagiert, als eine greifbare Realität erscheinen, und diese Hilfsmittel sind manchmal der erste Hoffnungsschimmer für seinen Glauben an die helfende Absicht des Caseworkers.

Unbekannten Ereignissen auf unbestimmte Zeit entgegenzusehen, hat immer etwas Abschreckendes, wenn wir uns entschließen müssen, uns auf ein neues Wagnis einzulassen. Man könnte es wirklich mit der Angst zu tun bekommen, wenn der Zahnarzt nach seiner Untersuchung einfach eine regelmäßige wöchentliche Behandlung bis auf weiteres vorschlüge, und sehr argwöhnisch werden, wenn eine Schule z. B. verlangte, einen Kursus so lange mitzumachen, bis man genügend gelernt hätte. Den meisten von uns gibt das Wissen, daß es uns freisteht, eine unangenehme Situation zu beenden oder daß sie zeitlich begrenzt ist, ein Gefühl der Sicherheit. Die Bedeutung dieser allgemeinen Reaktionen für die Anfangsphase des Casework ist klar. Sich auf partnerschaftliche Zusammenarbeit an seinem Problem einzulassen, erscheint dann wesentlich weniger bedrohlich und eher annehmbar, wenn sie zunächst für eine Probezeit vereinbart wird. Die Probezeit wird so zu einer Zeit des gegenseitigen Kennenlernens und Ausprobierens. Sie kann nach einer bestimmten Dauer, vielleicht nach einigen Wochen, beendet werden, wonach dann eine gemeinsame Bestandsaufnahme stattfinden wird. Es kann auch beiden Seiten angenehmer sein, sich keinen bestimmten Termin zu setzen, sondern sich darüber einig zu werden, daß Widerstände in der Form von Zweifeln auftauchen

können, daß vielleicht kein Verlangen mehr besteht, wiederzukommen usw.
und daß, sobald Klient oder Caseworker eine solche Unsicherheit erkennen,
dies ein Signal sein soll, offen darüber zu sprechen und dem Klienten die Entscheidung zu überlassen, ob er weitermachen möchte oder nicht.
Vielleicht ist die folgende Bemerkung überflüssig, aber allgemeine Casework-
Prinzipien sind so oft zum Kult erhoben worden, daß es einmal gesagt werden muß: Dieses Gespräch mit dem Klienten über seine positiven und negativen Reaktionen auf die Arbeit mit der Dienststelle, über ihre Bedingungen
und den Wert ihrer Leistungen, über die Entscheidungen, die er treffen muß,
ist kein „Routine-Geplänkel", das Klient und Caseworker als Vorspiel zu ihrer
Hauptaufgabe erledigen müssen. Es kann in sich selbst eine Hauptaufgabe
sein oder, wie bereits angedeutet, nur kurze Überlegungen erfordern. In beiden Fällen bedeutet es für den Klienten den ersten Schritt, den er in der
Erfahrung, Probleme mit Casework-Hilfe zu lösen, unternimmt. Sie ist ein
Prozeß, der, wie andere, dem Klienten individuell angepaßt werden muß,
seiner Persönlichkeitsstruktur, seinem Problem und seiner Beziehung zur
Dienststelle. Ob Wahl und Entscheidung mit wenigen Worten im ersten Gespräch erreicht werden oder ob sie das Ergebnis von Diskussionen sind, die sich
über mehrere Zusammenkünfte erstrecken, hängt von all diesen veränder-
lichen Faktoren ab.
Wenn nun Klient und Caseworker miteinander übereingekommen sind, daß
der Klient von der Dienststelle Hilfe für sein klar umrissenes Problem
wünscht, daß die Dienststelle in der Lage und bereit ist, solche Hilfe zu geben,
daß bestimmte Voraussetzungen diese Partnerschaft bedingen und sie arbeits-
fähig machen, dann ist ein Arbeitsabkommen erreicht, und eine neue Phase
beginnt. Durch das, was er gesagt hat, in der Art und Weise, wie er sich
spontan oder responsiv gegenüber den Äußerungen des Caseworkers verhalten hat, durch die Eigenart seiner Gedanken und Gefühle hat der Klient
bereits vieles von sich als Persönlichkeit und als Partner im Casework enthüllt. Das alles sind diagnostische Nebenprodukte dieser ersten Hilfe, die ihm
geboten wurde; sie sollen in einem späteren Kapitel noch näher ausgeführt
werden.

Einige Bemerkungen zur Arbeitstechnik

Innerhalb der großen Umrisse von Struktur und Methode des Casework-Prozesses gibt es jene Feinheiten des Könnens und der Erfahrung, die „Techniken" genannt werden. Es ist kein Wunder, daß Caseworker sehr begierig sind, solche Fertigkeiten zu erlernen. Da gibt es so viele dornige Probleme, mit denen sie sich befassen müssen, so viele hartnäckig verschlossene Türen, die allen noch so erfindungsreichen Öffnungsversuchen trotzen, daß sie eifrig nach Schlüsseln Umschau halten, mögen diese nun aus Worten oder Handlungen bestehen, die sich als ein „Sesam-öffne-dich" erweisen könnten. Aber je individualisierter und schöpferischer ein Prozeß ist, um so schwieriger wird es, jenes Können einzufangen und in den kleinen Schlingen vorfabrizierter Verhaltensweisen festzuhalten. Das Paradoxe ist, daß, je weniger sich dieses Können einfangen oder durch gebrauchsfertige Formeln beherrschen läßt, um so begieriger nach einem Schema verlangt wird. „Was soll ich sagen, wenn...?" „Was tut man, wenn...?" „Wie kann man einen Klienten dazu bringen, daß...?" Das sind typische Fragen, die Caseworker ihren Supervisoren, ihren psychiatrischen Beratern oder ihren Kollegen stellen, wobei sie nach *dem* Verhalten, nach *dem* Wort suchen, das ihnen über das Hindernis hinweghelfen soll.

Innerhalb einer „systematischen Einteilung oder Anpassung der Mittel zur Erreichung eines Zieles" (eine Lexikon-Definition von Kunst) wird jeder Künstler oder Handwerker seine eigenen Techniken entwickeln und anwenden. Innerhalb der systematischen Struktur und der psychologischen Grundsätze des Problemlösens wird auch jeder Caseworker seine eigene Art haben, gemäß seinem Wissen und seiner Zielsetzung zu sagen und zu tun, was zur Erreichung seines Ziels nötig ist. Eine Technik ist eine besondere Weise, in der ein methodologisches Prinzip in Handlung umgesetzt wird. Sie ist Ausdruck einer Persönlichkeit, der ganz persönliche Stil, mit dem ein Individuum seine bewußten Ziele verfolgt. In der Malerei — um eine analoge Situation zu nehmen — können gewisse gemeinsame Ziele und Prinzipien bestimmen, was eine Anzahl von Künstlern tut, und doch wird jeder das gleiche Thema ganz verschieden malen. Van Gogh, Monet, Renoir und Seurat waren z. B. alle bestrebt, Licht auf eine bestimmte Weise einzufangen und seine Wirkung auf Farbe, Material und Form zu zeigen; doch trotz dieser ihnen gemeinsamen Intention und der Verwendung gleichen Materials und gleicher Prinzipien waren ihre

Techniken und die Art und Weise, in der sie ihrer künstlerischen Absicht Ausdruck verliehen, höchst individuell. In der Casework-Methode, die der Ausdruck grundlegender Prinzipien ist, wie menschliches Verhalten günstig beeinflußt werden kann, sind viele Variationen der Technik möglich. Einige von ihnen scheinen manchen Caseworkern zur „zweiten Natur" zu werden, andere bleiben ihnen fremd. Welche die „besten" sind, wird oft von der Beurteilung der einzelnen Person abhängen, für die eine bestimmte Technik als die richtige erscheint oder für die sie sich bewährt hat. Der Gesprächston und die Einstellung, die Qualität der Beziehung, das Stadium der Arbeit, die Persönlichkeit von Klient und Caseworker in ihrer Wechselbeziehung und (seien wir ehrlich) das nachträgliche Besserwissen, das uns das Ergebnis bietet, sind nur einige der Faktoren, die uns eine bestimmte Technik gut oder schlecht erscheinen lassen. Jeder Caseworker bemüht sich, angemessen zu handeln, d. h., sich seinem Klienten gegenüber nach Maßgabe seines Verstehens und seiner Beziehung zum Problem, zur Dienststelle und zum problemlösenden Prozeß zu verhalten. Zuerst mag er das nur zaghaft und unbeholfen tun; wenn aber die wachsenden Kenntnisse und das Verständnis des Caseworkers sich mit seinem „Gefühlssinn" verbinden und alles zusammen durch die Praxis und durch erfolgreiches Experimentieren ihm sozusagen in Fleisch und Blut übergegangen ist, wird das „angemessene Handeln" zum „Können"[24]. Nachdem dies gesagt ist — vielleicht ein wenig aus Protest gegen den blassen Ersatz frischer und spontaner Reaktionen durch synthetische Kniffe —, muß wiederholt werden, daß Können von einigen allgemeinen Prinzipien therapeutischer Beziehungen geleitet wird.

Wir sind gewohnt, im Schema gewisser Klassifizierungen der Casework-Hilfe, die verschiedene Methoden und Techniken vereinen, zu denken (siehe Austin, 9 und Hollis, 27). Aber, wie immer der Behandlungsprozeß oder das Behandlungsziel sein mögen, es gibt zwei Hauptarten der gesprochenen Mitteilung zwischen Caseworker und Klient. Eine besteht aus Fragen und Bemerkungen, die darauf hinzielen, aus dem Klienten ein Maximum an Mitarbeit herauszuholen; die andere besteht aus Information und Beratung, die darauf ausgerichtet sind, dem Klienten die notwendigen Kenntnisse oder eine gewisse Führung zu geben. Die folgenden Bemerkungen dazu sind (damit die Gren-

---

[24] In diesem Zusammenhang ist John Deweys Bemerkung in „Art as Experience" treffend: „Kunstfertigkeit muß, um im wahren Sinn des Wortes Kunst zu sein, ‚liebevoll' sein; sie muß dem Sujet, auf welches das Können angewendet wird, besonders zugetan sein."

zen dieses Kapitels nicht überschritten werden!) absichtlich auf Überlegungen beschränkt, die den Caseworkern in der Praxis oft Sorgen bereiten. Ganz allgemein darf man wohl sagen, daß sich *Fragen* für gewöhnlich eher an den Verstand als an das Herz des Befragten richten. Sie drücken aus: „Sage mir, was ich nicht weiß" oder „Erkläre mir (und dir selbst), was noch nicht ganz verstanden ist." Der einzelne versucht auf eine Frage eine vernünftige Antwort zu geben, d. h. er läßt seine Antwort durch das selektive Sieb seines Verstandes laufen. Sogar eine Frage über Gefühle: „Wie empfinden Sie dieses oder jenes?", „Warum haben Sie diese Gefühle?", kann den Menschen dazu führen, nach einer „logischen" Antwort zu suchen. Fragen sind notwendig, um bestimmte Fakten objektiver Realität festzustellen. Darüber hinaus regen sie den Klienten, der dazu fähig ist, an, über etwas vernünftig und logisch nachzudenken. Sie erfordern eine bewußte geistige Arbeit seitens des Klienten. Aus diesen Gründen sind sie zum Problemlösen notwendig und nützlich.

Bemerkungen richten sich viel eher an die Stimmung und die Gefühle des Menschen. Sie festigen und ermutigen die Ausdehnung subjektiver Realität und Emotion. Sie geben die einfühlende Aufnahmebereitschaft des Zuhörers zu erkennen, sein Verständnis für das, was gesagt wird und seine Ermunterung, damit fortzufahren. Das ist der Grund, weshalb die emotionalen Reaktionen des Klienten durch Bemerkungen meist besser hervorgelockt werden können als durch Fragen. Wenn man von uns verlangt, unsere Gefühle zu „erklären", dann geschieht es viel öfter, daß wir sie rationalisieren, anstatt sie nach ihrem Gefühlsinhalt darzustellen. Wenn man uns andererseits versichert, daß starke und womöglich „schlimme" Gefühle erwartet oder akzeptiert und daß sie von einem anderen verstanden und unterstützt werden, dann ist die Wahrscheinlichkeit größer, daß es zu einem direkten Ausströmen der Gefühle von ihrer Quelle her kommen wird. Wenn ein Mensch jedoch seine Gefühle nicht mitteilen will, dann steht es ihm immer noch frei, neutrale Bemerkungen zu ignorieren oder von sich zu weisen.

Bemerkungen versuchen die Aussagen des Klienten zu erleichtern, zu bekräftigen, ihnen Richtung zu geben oder sie zu erweitern, und sie suchen jedenfalls immer den Eindruck zu vermitteln, daß der Caseworker mit dem Klienten mitfühlt. Letzteres zeigt sich hauptsächlich im Gesichtsausdruck und in der Körperhaltung des Caseworkers, welche besser als Worte seine Einstellung ausdrücken. Die wichtigsten Arten und Ziele von Bemerkungen sind folgende: solche, die andeuten, daß der Caseworker den Klienten versteht und richtig einschätzt („Ich verstehe, was Sie meinen" oder auch nur ein zustimmendes Murmeln oder Kopfnicken); solche, die dem Klienten die Richtung angeben, die er eingeschlagen hat, um ihm zu helfen, den Faden wieder aufzunehmen („Sie haben das und das gesagt"); solche, die seine Gefühle widerspiegeln, die ihm helfen, diese wahrzunehmen und zu wissen, daß sie akzeptiert werden („Das hat Sie zornig gemacht"); solche, die ihm helfen, weitere Überlegungen anzustellen und Ideen zum besseren Verständnis zu produzieren („Ich möchte nur wissen, warum das so sein soll?"); solche, die fehlende Zusammenhänge herstellen, um ihm zu helfen, die Beziehung zwischen einer Tatsache oder einer Idee und einer anderen zu erfassen („Das erinnert mich an eine andere Sache, die Sie mir erzählt haben, als Sie das gleiche Gefühl hatten" oder „Aber jetzt ist es anders als damals"); solche, die eine Interpretation versuchen, um den Klienten die Bedeutung einer Sache sehen zu lassen („Manchmal tut das jemand, wenn er seine Familie strafen will"); solche, die ihn als Menschen stützen, ihm das Gefühl der Sicherheit geben, während er weiter mit seinem Problem kämpft („Sie tun ohnedies alles, was Sie tun können, wenn man bedenkt, was Sie durchmachen mußten") usw.[25].

Fragen und Bemerkungen sind nicht immer voneinander zu unterscheiden, weil Gesichtsausdruck und Modulation der Stimme häufig ihren Charakter bestimmen. Beide müssen der Unterstützung des Klienten dienen und sich auf den Tenor dessen, was der Klient sagt, beziehen. Wenn das nicht möglich ist, wenn beispielsweise bestimmte klärende Daten innerhalb einer begrenzten Zeit festgestellt oder wenn Konzentration und Richtung gelenkt werden müssen, dann ist es nützlich, wenn der Caseworker eine Erklärung dafür gibt, warum eine Änderung des Themas erforderlich wird. Wenn die Gründe dafür dem Interesse des Klienten dienen, dann können sie offen und ehrlich erklärt werden, und es ist wahrscheinlich, daß er sie zumindest tolerieren wird.

Besonders in der Anfangsphase des Casework kann der Klient Fakten über die Dienststelle oder andere Möglichkeiten der Hilfe benötigen oder wünschen, und manche seiner Entschlüsse werden davon abhängen, daß ihm die Gegebenheiten klargemacht werden. Es gibt auch Situationen, in denen dem Klienten Fakten oder Kenntnisse über die Art seines Problems mangeln. In diesen und ähnlichen Fällen muß der Caseworker solche Informationen

---

[25] In „The Initial Phase of Psychotherapy" schlägt Coleman (12) vor: „Es gibt sechs Arten von Kommentaren, die in der Psychotherapie allgemein verwendet werden, und zwar mitfühlende, nachdenkliche, zusammenfassende, erleichternde, konfrontierende und verbindende Bemerkungen."

direkt geben. Die Regel, die bestimmt, was der Caseworker an tatsächlichen
Erklärungen vorbringt, wurde bereits angedeutet: nur solche Informationen,
die sich unmittelbar auf die Bedürfnisse des Klienten beziehen und von ihm
verwendet werden können, sollen mitgeteilt werden.

Eine angedeutete oder ausdrückliche Forderung, die vom Klienten häufig vorgebracht wird, bezieht sich auf praktische Ratschläge. Er ist gewöhnt, diese
von anderen Menschen, an die er sich um Hilfe gewandt hat, zu erhalten, und
es ist verständlich, daß er voraussetzt, der Caseworker werde ihm in gleicher
Weise helfen, soweit es sich nicht um eine besondere Dienstleistung handelt.
Er verlangt zwar danach, setzt sich aber mit der häufig anzutreffenden Un-
gereimtheit menschlichen Wesens gleichzeitig dagegen zur Wehr. Das ist andererseits auch wieder verständlich, denn die Ratschläge, die ihm von anderen
gegeben wurden oder die er sich selbst gegeben hat, haben ihm ja nicht geholfen [26].

Weit davon entfernt, diese Erwartung des Klienten zu erfüllen, gibt es heutzutage manche Caseworker, die sich davor hüten, etwas zu sagen, was den
Verdacht eines „Ratschlags" erwecken könnte. Weil gute Ratschläge, freundlich oder energisch erteilt, einmal unser hauptsächlichstes Rüstzeug waren
und weil wir fanden, daß sogar verlangter Rat oft nicht befolgt werden
konnte, wenn Gefühle, Motive und Umstände in eine andere Richtung dräng-
ten, kam es dahin, daß wir vermieden, Klienten zu beraten oder daß wir zumindest das Erteilen von Ratschlägen mit Mißtrauen betrachteten. Soweit dies
von Bemühungen begleitet war, dem Klienten zu helfen, seine eigenen Lösungen zu erarbeiten, war es gut. Jedoch möchte ich hier zwei einschränkende
Überlegungen zu bedenken geben:

Auf das Verlangen des Klienten, daß der Caseworker ihm ein Allheilmittel
bieten möge, neigt dieser oft dazu, auszuweichen und statt dessen darauf hinzuweisen, daß im Verlauf der gemeinsamen Arbeit die Antwort schon gefunden werden würde. Das ist an sich durchaus richtig, aber es darf dabei
nicht übersehen werden, daß einem solchen Wunsch häufig eine tiefe Unruhe
zugrunde liegt und daß der Klient oft nicht einen konkreten Ratschlag, sondern die Anerkennung und Behandlung der Sorgen wünscht, auf denen seine
Frage beruht. Wenn daher eine Mutter fragt: „Soll ich aufhören, mein Kind
zu schlagen?", dann setzt sie eigentlich voraus, daß ihr geraten wird aufzu-

---

[26] Diogenes soll einmal gesagt haben: „Als Thales gefragt wurde, was schwierig sei, sagte er: ‚sich selbst
zu kennen', und was leicht sei: ‚einem anderen zu raten'."

hören; in Wirklichkeit bittet sie darum, der Caseworker möge sich mit der Tatsache beschäftigen, daß sie höchst beunruhigt ist über das, was sie getan hat. Wenn ein Mann fragt: „Glauben Sie, daß ich mich scheiden lassen soll?", dann ist er darauf vorbereitet, sich gegen ein glattes „Ja" oder „Nein" zur Wehr zu setzen. Was er wirklich fragt, ist: „Sehen Sie, in welch schrecklichem Konflikt ich mich befinde?" Daher ist es besser, wenn der Caseworker aufmerksam auf die zugrunde liegenden Angstsymptome horcht, auf denen die Frage beruht, als eine solche Bitte um Rat zu übergehen oder die Lösung der Zukunft zu überlassen. Wenn Stimme, Gesicht und körperliche Verkrampfung des Klienten anzeigen, daß seine Frage gefühlsgeladen ist, dann muß der Caseworker eher auf dieses Gefühl eingehen als auf die getarnte Abwehrhaltung. Wenn andererseits die Frage oder die Bitte um Rat eindeutig von dem Bedürfnis oder dem Wunsch zu „wissen" getragen ist, wenn der Klient offensichtlich in der Lage ist, den Ratschlag in die Tat umzusetzen, dann kann der Caseworker ohne Bedenken sagen, was seiner beruflichen Meinung nach wünschenswert oder richtig ist.

Es gibt gelegentlich Situationen, in denen Schaden entstehen kann, wenn nicht sofort und unmißverständlich geraten wurde, von einer Sache entweder Abstand zu nehmen oder sie auszuführen. Ein Rat mag nicht verlangt, oder erbeten und doch nicht ausgeführt werden; aber die bessere Kenntnis oder Voraussicht, die der Caseworker in einer konkreten Situation hat, verpflichtet ihn, dem Klienten davon Mitteilung zu machen. Einer unglücklichen Frau z. B., die ihre Arbeit haßte und sie aufgeben wollte, wurde geraten („Ich schlug vor", sagen die Aufzeichnungen des Caseworkers), dies nicht zu tun, bis sie beide Gelegenheit gehabt hätten, die Gründe für ihre Unzufriedenheit zu besprechen. Einem verängstigten Mann, der berichtete, daß seine Frau am Tag zuvor gedroht hatte, sich und die Kinder umzubringen, wurde geraten (und das nicht nur andeutungsweise), ihr schleunigst psychiatrische Hilfe zukommen zu lassen. Manchmal ist es nicht möglich, darauf zu warten, daß der Wille oder die Fähigkeit des Klienten wachgerufen wird, und in diesen Fällen ist direkter Rat und zuweilen sofortiges Handeln eindeutig gerechtfertigt.

Die Methoden, durch die der Caseworker seinen Klienten in die Arbeit der Anfangsphase des Casework einbezieht, sind die gleichen, mit gewissen Unterschieden der Betonung und der Details, die auch die weiteren Phasen des Casework-Prozesses charakterisieren. Die konsequente therapeutische Haltung des Caseworkers, das ständige Ringen mit den Fakten der Umstände,

der Ereignisse und der Gefühle, die Hilfsmittel, um Konzentration und
Richtung aufrechtzuerhalten, die Fragen und Bemerkungen, die Mitgefühl
und Verständnis erkennen lassen und helfen, Probleme und Pläne zu fixie-
ren, zu erläutern, zu klären und aufzuhellen, das Zusammenwirken von Beistand und Ansporn zur Bewältigung einander widerstreitender Emotionen,
zum Hinarbeiten auf Entschlüsse und konstruktive Handlungen — das sind
die grundlegenden fördernden Mittel des Casework. Jeder Klient wird verschieden darauf reagieren, und seine individuelle Art der Reaktion und der
Anwendung gibt dem Caseworker Aufschluß über seine Motive und Fähigkeiten zur Anpassung und zum Problemlösen.

Die Diagnose und ihre Konsequenzen für die weitere Arbeit mit dem Klienten ergeben sich zu einem großen Teil aus der Beurteilung der Einstellung des
Klienten zur angebotenen Hilfe. Wirksame Methoden sind nicht nur untrenn-
bar von einem soliden Inhalt im Problemlösen, sie werden nicht nur vom
Klienten als Teil dessen erlebt, was die Dienststelle mit ihm und für ihn tut,
sondern sie bieten auch die zuverlässigsten Testbedingungen für das, was der
Klient bezüglich des Problems tun kann und tun will, wenn ihm systema-
tische und sachkundige Hilfe gegeben wird. Während also der Caseworker
Inhalt und Methode seines Gesprächs auf die Erzielung der bestmöglichen
Anpassung des Klienten ausrichtet, beobachtet und beurteilt er zugleich die
Wirkung seines Vorgehens. Die diagnostischen Schlußfolgerungen, die er dar-
aus zieht, bestimmen dann seine weiteren Ziele und Methoden.

11. Diagnose:
Das Denken in der problemlösenden Arbeit

In jedem einzelnen Fall hat der Caseworker seine eigene problemlösende Aufgabe: zu entscheiden, wie er dem Klienten am besten helfen kann. Mehr von Überlegungen geleitet als von Impulsen oder Gewohnheit, mehr planend als experimentierend muß der Caseworker seine eigene, fachliche problemlösende Arbeit tun, indem er die Fakten von Person, Problem und Platz auf einen Nenner zu bringen sucht, sie im Zusammenhang der Casework-Situation analysiert und organisiert, durchdenkt und ihre Bedeutung im Hinblick auf das, was er zu tun hat und wie es zu tun ist, beurteilt. Diese geistige Arbeit, die Teile des Problems in Hinsicht auf die Bedeutung ihrer besonderen Natur und Zusammensetzung, auf die wechselseitigen Beziehungen zwischen ihnen und auf ihre Beziehung zueinander und zu den Lösungsmöglichkeiten zu untersuchen — das ist der *diagnostische Prozeß*. Die Schlußfolgerungen, zu denen dieser Prozeß führt, nämlich die Feststellung, welche Schwierigkeiten zu bestehen scheinen, wie diese sich zu den Zielen des Klienten verhalten, welche Mittel die Dienststelle, der Caseworker und der Klient selbst aufbringen können, um auf die Schwierigkeiten einzuwirken — diese Schlußfolgerungen sind das *diagnostische Ergebnis*. Soll Diagnose mehr sein als ein bloßes intellektuelles Manöver, dann muß sie in einem „Handlungsmodell" resultieren[27]. Dieses reflektierende Denken ist es, das der problemlösenden Arbeit Form und Gestalt verleiht.

Wohl kein anderer Prozeß im Casework bereitet den Caseworkern so viele Schwierigkeiten wie der der Diagnose. Die Symptome ihres problematischen Charakters zeigen das Ausmaß der defensiv-adaptiven Reaktionen des Caseworkers an — vom unnachgiebigen Verfolgen eines „vollständigen" diagnostischen Verstehens, als ob dieses zu einer Wunderheilung führen könnte, bis zur Abneigung, überhaupt zu irgendwelchen Schlüssen, die über einen „Eindruck" hinausgehen, zu gelangen; vom Widerstreben gegen jegliche Fall-

---

[27] Dr. Cameron, von dem dieser Ausdruck stammt, geht in seinem Essay „A Theory of Diagnosis" noch einen Schritt weiter, indem er sagt: „‚Was ist es' ist immer verknüpft mit ‚Was werde ich diesbezüglich tun'; Diagnose ist also eine Ankündigung von Absichten" (10). Ähnlich schreibt Dr. Ackerman in seinem Artikel „The Diagnosis of Neurotic Marital Interaction": „Diagnose hat nur im Zusammenhang mit der Aufstellung eines Handlungsplanes Bedeutung" (2). Einige Autoren über Casework-Diagnose, insbesondere Hamilton, ziehen es vor, die Diagnose von bewertenden Schlußfolgerungen zu trennen (26).

aufzeichnung bis zum Festklammern an vorgefertigten Klischees; vom blinden
Glauben an das Konzept der Diagnose bis zu seiner Verdammung.
Die Gründe für diese Einstellung und für dieses Verhalten gegenüber der
Diagnose sind vielfältig, und man ist versucht, sie genauer zu erforschen (und
der Leser mag sie möglicherweise in sich selbst und in anderen finden und
darüber nachdenken), aber dieser Verlockung soll hier nicht nachgegeben
werden. Statt dessen wollen wir uns bemühen, die Vernünftigkeit und Nützlichkeit der Diagnose aufzuzeigen und dabei versuchen, einige der falschen
Auffassungen, die sie — als Prozeß oder als Ergebnis — verdunkeln, zu
korrigieren.
Tatsache ist, ob wir nun „für" oder „gegen" die Diagnose sind, ob wir an ihre
Nützlichkeit glauben oder nicht, ob wir uns ihr gewachsen oder nicht gewachsen fühlen, daß jeder von uns im Begriff ist, Diagnosen zu stellen, wenn
er in einer zielstrebigen, problemlösenden Handlung zu einem anderen Menschen in Beziehung tritt. Wir alle halten in einer solchen Situation unsere
Beobachtungen und Erlebnisse im Geiste fest, ziehen Schlüsse aus unseren
Wahrnehmungen und sehen die nächsten Schritte auf Grund der Bedeutung,
die wir den Anzeichen entnehmen oder entnehmen zu können glauben, voraus. Bewußt oder unbewußt suchen wir uns über Natur und Struktur des Materials (Person-Problem-Platz-Prozeß), das wir zu beeinflussen suchen, klarzuwerden. Und bewußt oder unbewußt versuchen wir, unsere halb gefühlten,
halb gedachten Eindrücke in Schlußfolgerungen umzusetzen, die, so vorläufig
sie auch sein mögen, für das, was als nächstes zu tun oder zu erwarten ist,
richtunggebend sein werden. Das gilt für jede Art von problemlösender
Tätigkeit, die nicht aufs Geratewohl geschieht, ob es sich nun darum handelt,
einen Radioapparat zu reparieren, ein Bild zu malen, eine Einladung vorzubereiten oder die Gefühle und Handlungen eines anderen Menschen zu beeinflussen.
Das Argument für die Diagnose im Casework ist daher, präzise gesagt, einfach die Folgerung, das, was in uns bereits halb bewußt und zusammenhang-
los vor sich geht, bewußt und planvoll zu machen. Es bedeutet nicht mehr
und nicht weniger, als diesen wahrhaften Schwarm von Intuitionen, Ahnun-
gen, Einsichten und halbgeformten Vorstellungen, die wir „Eindrücke" nennen, bewußtzumachen; sie dann im Lichte der Kenntnisse, die wir haben, zu
untersuchen, manche als wichtig auszuwählen, andere beiseite zu legen oder sie
in unserem geistigen Karteisystem für eine spätere Überprüfung zu registrie-

ren; dann die einzelnen Teile zu einem Bild zusammenzufügen, das einen Sinn zu ergeben scheint (zumindest für den Augenblick), so daß wir die Natur dessen, womit wir uns beschäftigen, erklären und mit dem in Zusammenhang bringen können, was getan werden sollte und getan werden kann. Was für den Caseworker selbst sinnvoll wird, geht so in seinen vollen Besitz über: es wird seiner bewußten Beurteilung und Handhabung unterworfen. Darüber hinaus wird es anderen mitteilbar, die die Verantwortung für das, was getan werden soll, teilen. „Diagnostizieren" als ein Prozeß, der in Gedanken vor sich geht und „eine Diagnose stellen" als das Ergebnis dieses Prozesses bedeuten daher, die einfache, aber wichtige Verantwortung zu übernehmen für unser bewußtes Denken über das, was wir fühlen, erraten, wissen oder halb wissen, um es als Richtschnur bei der Hand und im Kopf zu haben für das, was weiterhin gewußt, verstanden oder getan werden muß; zu sagen: „Das ist es, was ich zu diesem Zeitpunkt als Inhalt des Problems ansehe, wie es sich auf die Art der Person, die dafür Hilfe benötigt, bezieht und wie beide sich zu der Hilfe, die ich (oder andere) geben kann (bzw. können), verhalten" [28].

Zuweilen wurde die Sorge geäußert, der Caseworker könne, wenn er die Diagnose zu systematisch, zu intellektuell betrachte, in seiner Beziehung zum Klienten jenes fein abgestimmte Reaktionsvermögen verlieren, jenes mitfühlende intuitive Verständnis, das spontaner und manchmal unmittelbarer sein kann als intellektuelles Begreifen, oder er könne sich sogar gezwungen fühlen, sein Interview zu jener Art von Befragung werden zu lassen, die sich eher ein rein diagnostisches als ein therapeutisches Ziel setzt. Aber, wie Dr. Maurice Levine betont, der Versuch zu verstehen ist „intellektuell und einfühlend" zugleich (37). Einfühlendes Verständnis entsteht aus dem direkten Erlebnis mit dem Klienten und durchdringt es; intellektuelles Verständnis ist das Resultat bewußten Denkens über die Bedeutung dessen, was bekannt und erkennbar ist.

---

[28] Bei dieser Diskussion wird als selbstverständlich vorausgesetzt, daß das Verständnis der Natur des Materials, mit dem wir arbeiten, unvermeidlich zu einer sparsameren und fachkundigeren Arbeit mit ihm führt. Für mich war eine sinnvolle Definition von Fachkenntnis die folgende: „Fachkenntnis ist die Fähigkeit, einen Prozeß der Veränderung von spezifischem Material derart in Bewegung zu setzen und zu kontrollieren, daß die Veränderung im Material durchgeführt wird mit *der größtmöglichen Berücksichtigung und Nutzbarmachung der Qualität und Kapazität des Materials.*" Diese Definition findet sich in dem Aufsatz von Virginia Robinson „The Meaning of Skill" in dem Buch „Training for Skill in Social Case Work" (Philadelphia: University of Pennsylvania Press, 1942). Die Hervorhebung stammt von mir, um auf einen Zusammenhang hinzuweisen, der kaum zu übersehen ist: „Berücksichtigung und Nutzbarmachung der Qualität und Kapazität des Materials" schließt einen Prozeß diagnostischen Denkens und Bewertens ein.

Im fachkundigen Caseworker verbinden sich Intuition und Intellekt, anstatt miteinander in Konflikt zu geraten, eines im Dienste des anderen. (Sicherlich gibt es Menschen, die therapeutische Hilfe leisten können, ohne sich jemals von bewußter Diagnose leiten zu lassen, aber es steht außer Zweifel, daß diese Unterlassung nicht ihr Können erklärt!)

Wohl eines der Haupthindernisse für die problemlösende Tätigkeit des Caseworkers in der systematischen Form, die das diagnostische Denken erfordert, liegt darin, daß in der diagnostischen Literatur oder im Unterricht nicht immer Klarheit über das „Was" der Diagnose geherrscht hat[29]. Der wesentliche Inhalt des diagnostischen Entwurfs und die Überlegungen, die hier begrenzend und konzentrierend wirken, benötigen sorgfältige Erläuterung. Der Caseworker, der in jedem Fall einer Unmenge von Daten und Eindrücken gegenübersteht, muß gewisse organisch gegliederte Vorstellungen entwickeln, wie er den Mittelpunkt seiner diagnostischen Überlegungen finden kann. Im folgenden soll ein neuer Versuch gemacht werden, zu sagen, womit sich Casework-Diagnose beschäftigt, welchen Bereich sie umfaßt und wo ihre Grenzen liegen.

Wenn wir einmal annehmen, es gäbe den Begriff „Diagnose" noch nicht, so können wir ganz unvoreingenommen darüber nachdenken. Wahrscheinlich könnte man sich darüber einigen, daß jeder, der eine Arbeit verrichtet, sei er Handwerker, Künstler, Therapeut oder Erzieher, in dem Augenblick, in dem er an seine spezifische Aufgabe herangeht, dem gleichen Problem gegenübersteht: das Material, mit dem er arbeitet, in seiner Beziehung zu dem, was er damit tun will, zu erfassen und auf seine Eigenschaften zu prüfen. Ein Steinblock als Material wird von einem Baumeister oder einem Bildhauer auf seine Härte, seine Formbarkeit, seine Farbe usw. hin betrachtet, verstanden und beurteilt werden, aber Baumeister und Bildhauer werden ihn je nach dem Verwendungszweck verschieden sehen und bewerten. Ein Hase wird von einem Jäger, einem Koch und einem experimentierenden Pathologen jeweils anders betrachtet und eingeschätzt werden.

Das menschliche Wesen ist das komplizierteste unter allen „Materialien", die bearbeitet werden oder mit denen gearbeitet wird. Alle, die mit Menschen

---

[29] Eine Durchsicht der jüngsten Literatur über Casework zeigt eine gewisse Verschiedenheit der Vorstellungen über den wesentlichen Gegenstand der Diagnose. Vgl. z. B. zur Diagnose in Eheproblemen: Ackerman (2) und „Diagnosis and Treatment of Marital Problems" (17); zur Casework-Diagnose im allgemeinen: Hamilton (26), Hollis (28 und 29) und Rawley (49).

zu tun haben, benötigen ein gewisses Verständnis der menschlichen Natur und des menschlichen Handelns im allgemeinen und eine Vorstellung von den spezifischen Verschiedenheiten, die jedes Individuum auszeichnen. Derjenige, der dieses Verständnis und diese richtige Einschätzung sucht, kann ein Lehrer, ein Arzt, ein Verkäufer oder ein Sozialarbeiter sein. Durch die jeweilige Art der Tätigkeit unterscheiden sich Funktion und Ziel der Arbeit mit Menschen deutlich voneinander.

So wird ein erfahrener Künstler, Wissenschaftler oder Facharbeiter nicht nur die Natur seines „Materials" im allgemeinen zu verstehen und die besondere Natur des einzelnen Falles zu beurteilen suchen, sondern er wird auch um der Exaktheit und Wirtschaftlichkeit seines Könnens willen dieses Material in der Beziehung zu seinen besonderen Absichten und zu den ihm zur Verfügung stehenden Arbeitsmethoden betrachten und bewerten. Mit anderen Worten: bei jeder Bemühung, in der ein Mensch die Verantwortung übernimmt, ein bestimmtes Material zu verändern oder zu beeinflussen, muß er versuchen, in drei Dingen zu einem Schluß zu kommen. Es sind: 1. der Charakter des Problems, das gelöst werden soll, ob es sich nun darum handelt, ein bestimmtes Ziel zu erreichen oder eine gewisse Schwierigkeit zu überwinden, und seine Beziehung zu 2. den Qualitäten und Eigenschaften (des Materials, der Person, der Sache oder des Umstands), die zu beeinflussen sind, und die Beziehung dieser dynamischen Verbindung zu 3. den Zielen, die angestrebt werden und den Mitteln, die vorhanden sind. Sobald diese dreifache Wechselwirkung erkannt und formuliert ist, kann sie mit dem Etikett „diagnostische Beurteilung" versehen werden. Das gilt für die Praxis der Medizin, der Technik, der Erziehung — und der Sozialen Einzelhilfe.

In der Praxis des Casework beginnt die Diagnose, wenn eine Person mit einem Problem zu einer Dienststelle kommt. Die Person und das Problem je für sich und das dynamische Wechselspiel zwischen ihnen könnten endlos studiert werden, wenn es nicht zwingende Grenzen gäbe. Diese Grenzen werden gesetzt durch das, was der Mensch hinsichtlich seines Problems zu tun oder zu erhalten wünscht und welche Hilfe die Dienststelle willens und fähig ist, ihm durch eigene oder fremde Hilfsquellen zu vermitteln. Daher zeigt der Inhalt der Casework-Diagnose die gleiche dreiteilige Struktur wie andere fachliche Aktionsmodelle. Er besteht aus: 1. dem Wesen des Problems, das der Klient vorbringt und den Zielen, die er verfolgt, beides in Beziehung zu 2. dem Wesen der Person, die das Problem in sich trägt (ihre soziale und psychologische Situation und ihr Funktionieren) und die Hilfe für dieses sucht (oder benötigt) in Beziehung zu 3. dem Wesen und Zweck der Dienststelle und der Art der Hilfe, die sie anbieten oder erreichbar machen kann.

Der Inhalt der Casework-Diagnose wird also konzentriert, geprüft und begrenzt durch die *Ziele* und *Mittel* von Klient und Dienststelle. Deshalb werden die Tatsachen und Daten, die im Denken des Caseworkers einen zentralen Platz einnehmen und jene, die für den Augenblick als sekundär oder sogar als unerheblich beiseite gelegt werden, in jedem einzelnen Fall und für jede Dienststelle verschieden sein, und sie werden sich auch bei jedem Einzelfall innerhalb der gleichen Dienststelle, sobald sich neue Probleme oder Bedürfnisse zeigen, wieder ändern. Der letztere Fall wird durch das Beispiel des Herrn S. (Seite 160 f.) illustriert, wo der Bedarf nach einer zeitweiligen Haushaltshilfe plötzlich das Bedürfnis nach Erziehungshilfe sowohl für die Eltern als auch für das Kind enthüllte.

Der erstere Fall kann am Beispiel der Situation von Herrn G. erläutert werden, einem älteren, fast schon senilen Mann, auf den drei verschiedene soziale Dienststellen aufmerksam wurden: Er fordert bei der öffentlichen Fürsorge Altersunterstützung an; in der Klinik, wo er wegen eines akuten Magenleidens Patient ist, wird er an den Sozialarbeiter im Krankenhaus verwiesen, der ihm bei der Einhaltung der Diätvorschriften helfen soll, und schließlich wird er eines Tages von einem Polizisten, der ihn in verwirrtem Zustand auf der Straße umherirrend aufgelesen hat, zur Aufnahme in eine psychiatrische Klinik gebracht. Die Caseworker jeder dieser drei Dienststellen werden den gleichen Mann sehen: verbraucht, müde, ängstlich, ein wenig durcheinander und verschwommen in seinem Denken, und jeder wird sich mit ihm in der Weise befassen, in der er die Bedeutung seines Verhaltens im Hinblick auf seine jeweiligen Umstände erkennt. Aber für jeden von ihnen wird ein anderes Problem im Mittelpunkt der Aufmerksamkeit stehen, und dieses Problem in Verbindung mit der besonderen Funktion der Dienststelle wird die Daten bestimmen, die jeder herausfinden und beurteilen muß. Der Caseworker der öffentlichen Fürsorge wird sich auf die materiellen Bedürfnisse und Ansprüche des Mannes konzentrieren und danach auf die Feststellung, ob er körperlich und geistig imstande sein wird, selbständig und unabhängig zu leben. Der Sozialarbeiter im Krankenhaus wird sich auf das Problem konzentrieren, warum Herr G. seine Diät nicht einhält, ob ihn Mangel an Geld, an Verständnis, an Überzeugung oder Fähigkeit — oder alle vier Umstände — davon abhalten, den Anordnungen des Arztes Folge zu leisten. Der Sozialarbeiter in der psychiatrischen Klinik wird sich zusammen mit dem Psychiater darauf konzentrieren, die Gründe für die Verwirrtheit des Mannes zu klären und zu entscheiden, ob er als ambulanter oder stationärer Patient behandelt werden kann und soll. Es wäre wünschenswert, daß diese drei Caseworker zu einem möglichst frühen Zeitpunkt der Faktenermittlung miteinander in Verbindung treten, weil in diesem Mann das Bedürfnis nach Geld, um Nahrungsmittel zu kaufen, nach richtiger Diät, um sein Leiden zu bessern und nach physischer Energie, um wieder zu klaren, angemessenen Empfindungen zu kommen, in engem Zusammenhang stehen können. Wenn sie miteinander sprechen und gemeinsame Pläne für Herrn G. ausarbeiten, mag jeder Caseworker ihn als Menschen gleich beurteilen, aber jeder wird sein Urteil über Herrn G. zu einem anderen Aspekt seines Lebensproblems in Beziehung bringen, weil jede Diagnose auf ein andersartiges Problem hin und im Hinblick auf die unterschiedlichen Ziele und Mittel der jeweiligen Dienststelle gestellt wird.

Im Rahmen dieser Richtlinien gibt es verschiedene charakteristische Arten des Verständnisses, das Caseworker anstreben, um wirksame Hilfe geben zu können. Vordringlich und wesentlich in der gesamten Casework-Praxis ist ein Verständnis des gegenwärtigen Problems, das der Klient erlebt, und der vielen Faktoren, die alle dessen Existenz, Natur und Lösung beeinflussen. Man kann es als *dynamische Diagnose* bezeichnen — d. h. als eine Diagnose jener Kräfte, die in dem Komplex Person-Problem-Situation eine aktive Rolle spielen. Sie umfaßt die sogenannte *psychosoziale Diagnose* (siehe Hollis, 29) ebenso wie die Diagnose des gegenwärtigen Funktionierens des Klienten, die ich seine Fähigkeit zur Mitarbeit nenne (s. Kap. 12, S. 211). Wenn die Prüfung dieser Faktoren ergibt, daß die Struktur oder die Funktion der Persönlichkeit des Klienten das Problem und auch seine Lösung verursacht oder wesentlich beeinflußt, dann muß die Art der Fehlanpassung, des Fehlfunktionierens der Persönlichkeit festgestellt und beurteilt werden. Das kann man als *klinische Diagnose* bezeichnen — d. h. als Klassifizierung und Bewertung dessen, was mit dem Menschen selbst „los" ist. Ob nun die dynamische Diagnose ausreicht oder eine klinische Diagnose notwendig erscheint — es ist oft nützlich, die Ursachen und die Entwicklung der augenblicklichen Schwierigkeiten zu verstehen. (Eine Ursache kann in manchen Fällen erst vor einem Tag entstanden,

in anderen so alt wie der Mensch selbst sein.) Den Ursprung eines Problems und seine Entwicklung in der Wechselbeziehung von Ursache und Wirkung festzustellen, nennt man *ätiologische* oder *genetische Diagnose*.
Der spezifische Inhalt und die Voraussetzungen der Zweckmäßigkeit sind für alle diese Arten der Diagnose verschieden, aber sie überschneiden sich häufig. Eine dynamische Diagnose enthält immer etwas Ätiologie, zumindest was die jüngsten Ursachen des Problems betrifft, und sie kann, je nach der Art des Problems und dem Verständnis des Caseworkers, eine annähernde klinische Beurteilung der Persönlichkeit des Klienten enthalten. Eine ätiologische Diagnose wäre geradezu nutzlos, wenn sie nicht in die Vorstellungen des Caseworkers über die konkrete Problemsituation eingebaut wird; und eine Klassifizierung von Struktur und Funktion der Persönlichkeit des Klienten wäre nur eine intellektuelle Übung und nicht Teil eines Handlungsmodelles, wenn sie nicht mit der Dynamik des gegenwärtigen Problems und den Zielen des Klienten und der Dienststelle eng verknüpft wäre. Weil es um diese diagnostischen Inhalte immer noch einige Verwirrung gibt, verdient jeder dieser Aspekte, die zum Verständnis in bezug auf die Behandlung beitragen, eine gesonderte Diskussion.

Die dynamische Diagnose

Die dynamische Diagnose ist eine Art Querschnitt-Betrachtung der Kräfte, die in der Problemsituation des Klienten aufeinander einwirken. Diese Kräfte operieren gegenwärtig im Klienten selbst, innerhalb seiner sozialen Situation und zwischen ihm und dieser Situation. Die dynamische Diagnose sucht festzustellen, worin die Schwierigkeit besteht, welche psychologischen, physischen oder sozialen Faktoren dazu beitragen (oder sie verursachen), welchen Einfluß sie auf das Wohlbefinden des Individuums (und auf das anderer) ausübt, welche Lösung gesucht wird und welche Mittel im Klienten selbst, in seiner Situation und den organisierten Diensten und Hilfsquellen vorhanden sind, durch welche das Problem beeinflußt werden kann. Die Formulierung einer dynamischen Diagnose würde eigentlich einer Beurteilung gleichkommen, die auf einer Zusammenstellung der Daten, die bereits im neunten Kapitel aufgezählt und besprochen wurden, beruht. Natürlich würde sich eine solche Beurteilung nicht aus der einfachen Zusammenzählung einzelner Punkte ergeben, sondern eher aus einer zweckmäßigen Kombination dieser Daten, aus der Betrachtung ihrer Wechselbeziehungen und aus der Einschätzung ihrer einzelnen und gemeinsamen Bedeutung angesichts einer möglichen Handlung.

Entsprechend den Faktoren: Problem, Person, Platz und Zweck kann die dynamische Diagnose eine einfache oder komplexe Formulierung ergeben [30]. In einem Fall können psychologische Faktoren vorherrschen, in einem anderen soziale (und man sollte bedenken, daß eine dynamische Diagnose manchmal sozialpsychologisch sein kann und nicht immer psychosozial sein muß!). Der besondere Schwerpunkt der diagnostischen Faktensammlung in der Anfangsphase des Casework (die später in diesem Kapitel zu besprechen sein wird) ist unvermeidlich Veränderungen ausgesetzt. Es ist nicht so, daß die dynamische Diagnose notwendigerweise eine „völlige Umstellung" erfahren muß, wie es ein Caseworker als Erklärung seiner Angst, einen diagnostischen Fauxpas zu begehen, ausdrückte, sondern sie wird sich erweitern, vertiefen oder ihren Akzent verlagern, sobald der Klient und seine Situation besser bekannt und verstanden werden. Darüber hinaus bringt der problemlösende Prozeß selbst verändernde Faktoren in die Situation des Klienten hinein und ist in sich selbst etwas „Dynamisches", das in Betracht gezogen und verstanden werden muß.

Prüfstein der dynamischen Diagnose ist in jedem Fall ihre Nützlichkeit für den Caseworker, die Frage nämlich, ob sie ihm Richtlinien für sein unausweichliches Problem gibt: was ist in diesem Fall notwendig und möglich, und wie kann es am besten getan werden? John Dewey empfahl einmal: „Ein erstklassiges Kriterium für den Wert jeder Philosophie ist folgender: Lassen ihre Schlußfolgerungen, wenn sie auf alltägliche Lebenserfahrungen und ihre Kategorien bezogen werden, uns diese bedeutungsvoller, einsichtiger erscheinen, und machen sie die Beschäftigung mit ihnen für uns fruchtbarer?" Mir scheint das auch ein erstklassiger Prüfstein für den Wert der dynamischen Diagnose zu sein.

---

[30] Das erneuerte Verständnis im Casework von der Familie als einer sich gegenseitig beeinflussenden sozialen Situation und des einzelnen Klienten als eines untrennbaren Teils dieser dynamischen Situation bringt eine zusätzliche diagnostische Dimension in die Überlegungen der Caseworker. Vgl. Ackerman (2), Gomberg (24) und besonders Pollak u. a. (47).

Die klinische Diagnose

Eine klinische Diagnose ist genaugenommen der Versuch, einen Menschen
nach der Art seiner Krankheit zu klassifizieren. Sie stellt bestimmte Formen
und Eigenschaften der Fehlanpassung seiner Persönlichkeit und bestimmte
Bedürfnisse und Formen seines Verhaltens fest, die diese Fehlfunktion charakterisieren. Diese wiederum deuten auf die Verhaltens- und Reaktionsformen
hin, die von dem Menschen erwartet werden können und darauf, wie sie etwa
seine sozialen und zwischenmenschlichen Beziehungen einschließlich jene zum
Caseworker beeinflussen werden.

Der Mensch, der seiner Persönlichkeitsstörungen wegen Hilfe benötigt, sucht
für gewöhnlich einen Psychiater auf und ist dann eher ein „Patient" als ein
„Klient". Ist das der Fall, dann beschreibt die klinische Diagnose sowohl die
Art des Problems als auch dessen Beziehung zum Menschen und die Heil-
methoden. Sieht der Klient jedoch einen Aspekt seiner sozialen Fehlanpassung
als das Problem an, für das er Hilfe benötigt (und das kann sowohl Probleme zwischenmenschlicher Beziehungen als auch Person-Umstände-Bezie-
hungen betreffen), und begibt er sich mit seinem Problem zu einer sozialen
Dienststelle, so kann die klinische Diagnose nützlich sein oder auch nicht. Sie
ist dann von Nutzen, wenn deutlich wird, daß die soziale Störung von einer
Persönlichkeitsstörung begleitet ist, die jene hervorruft oder kompliziert.
Dann sagt die klinische Diagnose im allgemeinen aus, worin das Persönlichkeitsproblem besteht und welche Bedürfnisse und Verhaltensweisen etwa vom
Klienten vorausgesetzt werden können, sobald Hilfe geboten wird. Da aber
die klinische Diagnose nichts über die Art der psychosozialen Situation oder
über ihr Verhältnis zu den besonderen Hilfsquellen und Zielen des Klienten
selbst oder der Dienststelle aussagt, kann sie nur als eine Teildiagnose in der
Casework-Praxis betrachtet werden. Es bleibt deshalb die Notwendigkeit,
eine dynamische Casework-Diagnose zu stellen — eine Diagnose, die sagt,
welches Problem in den Mittelpunkt der Arbeit zu stellen ist, welche Faktoren über die Persönlichkeit des Klienten hinaus auf die Natur und die Lösung des Problems einwirken und wie sie mit den Zielen des Klienten und der
Dienststelle zusammenhängen.

Die Vorstellung, eine klinische Diagnose stellen zu müssen, hat schon manchen
Caseworker beunruhigt. Das ist verständlich, denn hier geht es um eine Beurteilung, die Kenntnisse erfordert, welche nicht aus dem täglichen Leben und

auch nicht durch noch so eifriges Verschlingen tiefenpsychologischer Literatur gewonnen werden können, sondern nur aus der wiederholten, unmittelbaren Erfahrung des Beobachtens, Studierens und Arbeitens mit Menschen, deren Persönlichkeit pathologische Züge erkennen läßt. Dieser Erfahrung ist der Psychiatrie-Student wiederholt ausgesetzt, nicht aber der Student der Sozialarbeit, wenn auch manche Caseworker, die beruflich mit Psychiatern zusammenarbeiten, solche Kenntnisse aus erster Hand gewinnen. In der neueren Casework-Literatur finden sich manche unterschiedliche Auffassungen, ob Caseworker solche Erfahrungen haben sollten oder nicht und ob sie überhaupt klinische Diagnosen stellen sollen [31].

Meine Auffassung ist, daß die präzise Klassifizierung und Darlegung eines klinischen Krankheitsbildes der Psychiatrie zusteht und nicht dem Caseworker, daß aber Casework zumindest Kenntnisse erforderlich macht, die es ermöglichen, schwere Störungen der Persönlichkeit festzustellen. Das bedeutet, daß der Caseworker, ob er in der Krankenhausfürsorge, Jugendhilfe, Familienberatung, Altenhilfe oder in anderen Organisationen arbeitet, in der Lage sein sollte, die Symptome einer Psychose, Neurose oder Charakter- und Verhaltensstörung zu erkennen. Die großen, allgemeinen Kategorien persönlicher Fehlfunktionen enthalten diagnostische Hinweise darauf, wie der Klient an die Lösung seines Problems herangehen wird (ob es sich darum handelt, daß er seine Medikamente nimmt, daß er seine Kinder unterbringt, daß er ein besserer Ehepartner wird oder eine Unterstützungsberechtigung erwirbt) und wie der Caseworker dementsprechend seine eigenen Methoden und Ziele ausrichten und anpassen muß. Vielleicht ist der Ausdruck „klinische Diagnose" nicht die richtige Bezeichnung für die grobe Klassifizierung, die mir vorschwebt. Ich verwende ihn nicht nur mangels einer besseren Bezeichnung, sondern auch weil er nahelegt, daß das Erkennen einer Krankheit des Klienten durch den Caseworker, auch wenn er nur eine allgemeine Vorstellung von den Folgerungen haben mag, ein wesentlicher Teil der dynamischen Diagnose sein kann. Und nicht zuletzt wird dadurch der Caseworker gegebenenfalls zu der Einsicht geführt, daß eine Konsultation durch oder eine Überweisung an den Psychiater notwendig ist.

In vielen Dienststellen, in denen Caseworker mit Klienten arbeiten, deren

---

[31] Siehe Hollis (28) und vgl. die darin gemachten Feststellungen mit denen des Herausgebers von „Social Casework" auf Seite 139 der Ausgabe März 1956 (Vol. XXXVII, Nr. 3); auch Gomberg (24) und Hamilton (26), S. 230—232.

Probleme bei der wirksamen Ausübung ihrer sozialen Rollen mit ihren Persönlichkeitsproblemen eng verbunden sind, wurde in letzter Zeit starker Nachdruck auf die Notwendigkeit gelegt, genau differenzierte klinische Diagnosen zu stellen, die meistens in Zusammenarbeit mit einem Psychiater entwickelt werden. Der tatsächliche Arbeitswert solcher Diagnosen verdient sorgfältige Überlegung. Es ist gar nicht ungewöhnlich, daß Fallberichte eine beträchtliche diagnostische Sorgfalt und Präzision erkennen lassen, daß aber die dann folgende Behandlung mit den diagnostischen Schlußfolgerungen kaum in einem organischen Zusammenhang zu stehen scheint. Das kann vorkommen, weil entweder der Caseworker die volle Bedeutung seiner diagnostischen Tour de force nicht begriffen hat, weil andere dynamische Faktoren als die Krankheit des Klienten vorrangig behandelt wurden oder auch weil die klinische Klassifizierung bisher nur in groben Zügen umrissen wurde. Psychiater selbst haben als erste auf diese Tatsache aufmerksam gemacht, und es ist erwiesen, daß die Meinungen der Psychiater über Natur, Bedeutung und Behandlungsimplikationen der emotionalen Probleme eines einzigen Menschen zum gleichen Zeitpunkt beträchtlich auseinandergehen können[32]. Auch sind Behandlungsmethode und -technik bislang noch nicht sehr differenziert, obwohl man oft so über sie spricht, als ob sie es wären, und es ist mehr über die charakteristische Dynamik und Ätiologie geistiger und seelischer Störungen bekannt, als bis heute in präzise Behandlungsmethoden umgesetzt wurde.

Damit soll nicht gesagt sein, daß die laufenden Studien und Experimente in Psychiatrie und Medizin zur Erzielung von Präzision in Diagnose und Behandlung unproduktiv sind. Vielmehr ist zu sagen, daß die heutige klinische Diagnose mit ihren Implikationen für die Behandlung von den Caseworkern nicht als endgültig oder als „Rezept" angesehen werden soll, sondern in der Erkenntnis, daß sie noch vorläufig und daß sie darüber hinaus nur einer von vielen wichtigen Hinweisen ist, was mit einem Menschen in seiner Problemsituation getan werden kann oder nicht. Wir dürfen nicht vergessen, daß jeder Mensch mehr ist als seine Krankheit oder seine Mißbildung. Innerhalb der Klassifizierung „Schizophrenie" zum Beispiel gibt es Menschen, die lebhaft und solche, die apathisch sind, physisch Gesunde und Behinderte, solche,

---

[32] Zwei neuere Studien beweisen die Unsicherheiten klinischer Klassifikationen: siehe Ash (8) und Hunt u. a. (30). Bei Rawley (49) wird Dr. Karl Menninger folgendermaßen zitiert: „Zu sagen, ein Patient habe eine ‚Schizophrenie', ist unwissenschaftlich, weil wir damit etwas präzisieren, das völlig gestaltlos ist."

deren Umgebung sie stillschweigend unterdrückt oder ausstößt, solche, deren Talente eine Sublimierung ermöglichen oder solche, die bar jeder Ausdrucksmöglichkeit sind, solche, die Hilfe wünschen und solche, die sie von sich weisen. Diese individuellen Unterschiede können niemals durch ein Klassifizierungssystem aufgedeckt werden; sie erklären, weshalb dieser Mensch anders ist als der andere, obwohl beide an der gleichen Krankheit leiden. Nicht nur ist jeder Mensch, der persönliche oder soziale Probleme hat, mehr als sein Problem, sondern er unterscheidet sich durch seine Fähigkeiten, durch seine Wünsche und durch seine Hilfsquellen von jedem anderen, der das gleiche Problem hat. So kommt es, daß die Diagnose jedes Menschen mehr sein muß als jenes grobe Aussortieren emotionaler und geistiger Fehlfunktionen, das die klinische Klassifizierung ermöglicht.

In der dreiteiligen diagnostischen Struktur, die bereits dargestellt wurde, trägt die klinische Diagnose zum Verständnis der Natur des zu behandelnden Menschen bei; für die Praxis der Sozialen Einzelhilfe bleibt aber die Notwendigkeit bestehen, die Bedeutung dieses Verständnisses für das Problem, das zu bearbeiten ist, für die Ziele, die angestrebt werden und für die erreichbaren Mittel abzuschätzen.

Die ätiologische Diagnose

Im reflektierenden Nachdenken des Caseworkers über das Problem des Klienten, in seinen Erwägungen, welcher Teil des Problems in Angriff genommen werden soll, muß oft früher oder später die Frage nach der Ursache und der Entwicklung des Problems beantwortet werden. Der Zweck der Feststellung jüngerer oder auslösender Ursachen wurde bereits im 9. Kapitel diskutiert; er besteht hauptsächlich in folgendem: klarzustellen, ob das Problem in erster Linie im Klienten selbst oder in seiner Lebenssituation liegt; die ursächlichen Faktoren direkt zu behandeln, um sie entweder unwirksam zu machen oder ihre Wirkung abzuschwächen; oder andererseits solche Ursachen, die nicht verändert werden können, in Rechnung zu stellen.

Der Begriff „ätiologische Diagnose" bezieht sich seltener auf die unmittelbaren Ursachen, sondern meist auf die Entstehung und die Lebensgeschichte eines Problems, für gewöhnlich auf das Problem, das in der Struktur oder im Funktionieren der Persönlichkeit des Klienten begründet ist. Die Nützlichkeit, eine solche Kette von Ursachen zu verstehen, kann vielfältig sein.

Dauer, Beschaffenheit und Verbreitung innerer Störungen oder äußeren Fehl-
verhaltens eines Menschen tragen wesentlich zu der Voraussage bei, welche
Fortschritte er in seinen problemlösenden Anstrengungen machen kann. Während das seiner Meinung nach zu lösende Problem gar nicht das Problem seiner
psychischen Schwierigkeiten sein muß — viel eher wird es vom Klienten als
ein Problem seiner Beziehung zu einem anderen Menschen oder zu einer sozialen Situation aufgefaßt und formuliert werden —, so hängt doch die Art
seines Vorgehens oder die Frage, welche Handlungen von ihm erwartet werden können, davon ab, wie tief, wie verzweigt und wie alt seine emotionalen
und Verhaltensprobleme sind. Die Geschichte der widrigen Erfahrungen, die
er machen mußte, aber ganz besonders die Geschichte seiner erfolgreichen oder
erfolglosen Anpassungen — die „Lösung" seiner Schwierigkeiten z. B. durch
Resignation, durch Einigelung, durch blindes Drauflosgehen oder durch Kom-
promisse, Umwege und konstruktive Ersatzmittel —, *diese Geschichte seiner
Entwicklung als ein Problemen begegnender und Probleme lösender Mensch*,
erleichtert dem Caseworker das Verständnis dafür, worunter sein Klient
leidet und wie groß das Ausmaß seiner Fähigkeiten sein kann, mit den Ereignissen seines Lebens fertig zu werden.
Aber — und diese Mahnung zur Vorsicht kann nicht oft genug wiederholt werden — das Bild, das sich aus seiner Geschichte ergibt, darf weder in unserem
Handeln noch in unserem Denken die Beweise, die sich aus dem gegenwärtigen Verhalten und den Reaktionen des Klienten außerhalb und innerhalb der
Casework-Situation ergeben, ersetzen. Es ist richtig, daß Erwachsene in einer
typischen Weise reagieren, und eine Lebensgeschichte kann sehr rasch solche
charakteristischen Formen enthüllen; aber es ist ebenso wahr, daß diese Formen
Modifizierungen unterliegen, die in ihrer Art und Intensität davon abhängen,
wie verschieden und wie erneuernd ein frisches Erlebnis ist und auch davon, wie
zwar vorhandene, aber ungeübte Fähigkeiten durch den Caseworker geweckt
und belebt werden können. Wir alle sind versucht zu glauben, daß eine Darstellung der Vergangenheit „wahrer" sei als unsere Beobachtungen von dem,
was sich dynamisch vor uns abspielt; sicherlich ist für uns das Vergangene deshalb leichter faßbar, weil es bereits statische Qualitäten angenommen hat. Aber
dieser Versuchung müssen wir unsere Erkenntnis entgegenstellen, daß das
Leben niemals statisch ist und ebenso unsere Absicht, die Casework-Situation
zu einer Erfahrung zu machen, der die Möglichkeit zur Veränderung und
Nuancierung innewohnt.

Besonders wenn sie sich auf die Anfänge und die Entwicklung eines bestimmten Aspektes im Funktionieren des Klienten konzentriert, kann eine ätiologische Diagnose von beträchtlichem Nutzen für die Erklärung der Hartnäckigkeit·unangemessenen Verhaltens oder starrer Reaktionen sein. Dieses Verständnis wird immer dann vom Caseworker gesucht werden, wenn die Reaktionen des Klienten, obwohl sein gegenwärtiges Problem im Mittelpunkt der Aufmerksamkeit steht, aus früheren fixierten Reaktionsmodellen hervorzugehen scheinen, so als ob sich ein vergangenes Erlebnis in die Wahrnehmung der gegenwärtigen Erfahrung eindrängen wollte. Dabei kann es für den Caseworker notwendig sein, daß er sieht und prüft und seinem Klienten festzustellen hilft, ob das Erkennen und die Diskussion dieser früheren Ursachen in ihrer unangemessenen Wirkung auf die Gegenwart den Klienten vom Griff der toten Hand der Vergangenheit befreien können. Wenn das gelingt, dann kann die Vergangenheit und ihre Beurteilung angesichts der gegenwärtigen Fähigkeiten, Ziele und Probleme des Klienten für therapeutische Zwecke verwendet werden[33]. Dies ist eine Situation, in der das diagnostische Verständnis durch den Klienten gleichzeitig mit dem des Caseworkers spontanen oder potentiellen Behandlungswert haben kann. Es ist natürlich möglich, daß der Klient niemals die Verbindung zwischen der Geschichte, die er erzählt, und seinem gegenwärtigen Handeln sieht; es kann ihm an dieser Fähigkeit zur Einsicht mangeln. Aber auch das wäre für den Caseworker für die Diagnose und für die weitere Behandlung von Bedeutung.

Bei der Beschäftigung mit Problemen von Kindern ist ätiologisches Material von besonderer Wichtigkeit. Der Grund dafür liegt auf der Hand: die „Ursachen" im Leben eines Kindes sind größtenteils jüngeren Ursprungs oder zeigen sich noch in gegenwärtigen Handlungen, und sie sind oft leicht zu beeinflussen oder zu beseitigen. Darüber hinaus befindet sich das Kind in einem Prozeß radikalerer Veränderung und Entwicklung, als das beim Erwachsenen der Fall sein kann, und neue „Ursachen", die durch die Casework-Leistungen geboten werden, können dazu dienen, den Kräften, die sein Wachstum stören oder behindern, entgegenzuwirken. Wenn man zu diesen Überlegungen die Tatsache hinzunimmt, daß das Kind für eine treffende Beschreibung seines Problems Verantwortung weder übernimmt noch in einem Maß übernehmen kann wie ein Erwachsener, dann wird deutlich, wie notwendig es ist, die

---

[33] Eine gute Illustration und Ausführung einer solchen Verwendung findet sich in dem von Gomberg (24) geschilderten Fall.

Entstehungsgeschichte seiner Schwierigkeiten zu kennen, um ihm helfen zu können.
In manchen Einrichtungen, besonders in psychiatrischen Kliniken für Erwachsene und in Erziehungsberatungsstellen wird die „Erhebung" der Anamnese des
Patienten beinahe zur Routine. Diese Praxis wurde zu einer Zeit eingeführt,
als man annahm, daß gewisse Ursachen unweigerlich zu bestimmten Wirkungen führen und daß daher die Ursache identifiziert werden müsse, um
die Auswirkungen mit einer gewissen Sicherheit voraussagen zu können;
aber in den letzten Jahren wurde allgemein anerkannt, daß eine so mecha-
nistische Auffassung für ein so komplexes Phänomen wie das menschliche
Leben nicht ausreichend ist und daß es unerklärliche Widersprüche zwischen
den vergangenen Erlebnissen von Menschen und ihrer gegenwärtigen Anpassung gibt, was jeder, der einmal solche Lebensgeschichten studiert hat,
sehr rasch herausfindet. Aus diesen und anderen Gründen wird die Routine-
untersuchung der Vergangenheit des Klienten oder Patienten, um einen
Schlüssel für sein gegenwärtiges Verhalten zu finden, heute mit größerer
Differenzierung angewendet als früher [34].
Um in Erfahrung zu bringen, wie Menschen im allgemeinen zu dem werden,
was sie sind und wie das menschliche Wesen seine Lebenserfahrungen in sich
verarbeitet, gibt es wohl kaum ein anderes Mittel als das wiederholte Erlebnis
des Erhebens und Analysierens von Lebensgeschichten. Als „Lernmittel" bietet es dem noch wenig erfahrenen beruflichen Helfer reiches Material, und
vielleicht ist das der Grund, weshalb in so vielen Kliniken die Praxis vor-
herrscht, daß die jungen Ärzte und psychiatrischen Sozialarbeiter den Klienten oder Patienten zunächst durch Erforschung des ätiologischen Hintergrunds
kennenlernen. Der Nutzen für den Anfänger im Casework oder in der Psychiatrie und die Sicherheit, die dem Diagnostiker dadurch gegeben wird, sollte
offen anerkannt, jedoch zugleich von der Annahme, daß es sich immer auch
um ein nützliches Hilfsmittel für die Planung der Behandlung handele, unterschieden werden.
Die ätiologische Diagnose im Sinne der Lebensgeschichte einer Person oder
eines Problems kann zum Verständnis der Art des Problems, das behandelt
werden soll, beitragen und auch zum Verständnis der Person, die das Pro-

---

[34] In „The Functioning of Psychiatric Clinics in New York City" (21) findet sich eine Studie, die sich
auf die Auswirkungen der „Anamnese-Erhebung" auf die fortbestehenden Kontakte des Patienten
bezieht.

blem hat und der Mittel und Wege, die als hilfreich angesehen werden können. Ein solcher Beitrag besteht großenteils in der Klarstellung fixierter oder beeinflußbarer Verhaltensformen oder Situationen. Auf diese Weise kann die ätiologische Diagnose die Vorstellungen des Caseworkers im Hinblick auf das, was er von seinem Klienten erwarten kann, ergänzen oder abwandeln. Aber wie bei der klinischen Diagnose handelt es sich auch hier nur um eine Facette der Kenntnisse, die das Casework-Denken und -Handeln bestimmen. Weil jedoch selbst über die Vergangenheit nicht „alles" ausgesagt wird, kann auch nicht „alles" erklärt werden; weil der Mensch ebenso mächtig getrieben und gezogen werden kann durch das, was „ist" und was „sein wird" wie durch das, was „war", muß die Bedeutung seiner Vergangenheit als ein beitragender Faktor, aber niemals als ein Ersatz für die vielen dynamischen Faktoren, die in seinen gegenwärtigen problemlösenden Bemühungen am Werk sind, angesehen werden [35].

Die Methode des diagnostischen Prozesses soll hier nicht diskutiert werden; sie wurde andernorts bereits ausführlich erklärt [36]. Es ist die Methode des logischen Denkens, wie wir sie täglich anwenden. Wenn wir uns im täglichen Leben bemühen, ein Problem zu lösen, bewegen wir uns von Beobachtungen zu Schlußfolgerungen (die auf der Summe unserer Kenntnisse und Erfahrungen basieren) und Entscheidungen und von da zu der Voraussicht, was sich auf Grund unseres Tuns als nächstes ereignen wird oder kann. Unsere Handlungen, die von dieser Voraussicht ausgehen, erweisen und bestätigen die Gültigkeit unserer Schlußfolgerungen oder decken ihre Ungültigkeit auf. Dieses Phänomen des menschlichen Denkprozesses wurde von Logikern festgestellt, aber nicht erfunden. Alfred North Whitehead sagte: „Wissenschaft wurzelt in dem ganzen Denkapparat des gesunden Menschenverstandes" [37]. Die Anwendung bewußter, logischer Denkweisen im Casework gehört wesentlich zu seiner verantwortlichen problemlösenden Arbeit. Eigentlich ist das alles, was gemeint ist, wenn dem Casework „Wissenschaftlichkeit" zugesprochen wird.

---

[35] Vielleicht wurde das letzte Wort im Social Casework über die Anwendung der ätiologischen Diagnose vor mehr als einem Vierteljahrhundert von Mary Richmond gesprochen. Sie zitierte Jung (auszugsweise) wie folgt: „Ein Mensch kann nur zur Hälfte verstanden werden, wenn man weiß, wie sich alles in ihm entwickelt hat; nur ein toter Mensch kann in Begriffen der Vergangenheit erklärt werden." Und sie fügte hinzu: „Unsere Untersuchung des Gestrigen und des Heutigen sollte immer mit einem besonderen Blick auf das Morgen unserer Klienten vorgenommen werden" („Some Next Steps in Social Treatment", ein Vortrag, 1920 gehalten vor der National Conference of Social Work und veröffentlicht in „The Long View" [New York: Russell Sage Foundation, 1930]).

[36] Siehe Dewey (16), Lehrman (36) und Richmond (50).

[37] „The Organization of Thought", in „The Aims of Education" (Mentor Books, 1949).

Zusammenfassend kann gesagt werden, daß das Ziel des diagnostischen Prozesses und seines Ergebnisses im Casework darin liegt, die hilfsbereiten Absichten und das Können des Caseworkers abzustecken und ihnen Richtung und Bedeutung zu geben. Als Prozeß sucht die Diagnose die Natur des Problems in Beziehung zur Person des Klienten, sein inneres und äußeres Funktionieren und seine Hilfsquellen in Beziehung zu den helfenden Mitteln der Dienststelle zu erkennen und zu beurteilen. Als Ergebnis gibt sie den weiteren Kontakten zwischen Caseworker und Klient und zwischen Caseworker und anderen Personen, die entweder als Teile des Problems oder als Partner an dessen Lösung beteiligt sind, Akzent und Richtung. Der diagnostische Prozeß versucht die Zusammenhänge zwischen Ursache und Wirkung herauszuarbeiten, so daß durch einen Eingriff der Ablauf eines Problems aufgehalten oder verändert werden kann. Die Diagnose stellt keine Behandlungsrezepte aus, aber sie deutet gewisse Erwartungen an und gibt auf diese Weise der Arbeit des Caseworkers allgemeine Richtlinien. Sie erfordert logisches Denken, das ja die Vorbedingung für jedes geplante Handeln ist. Sie setzt im Casework bewußte, verantwortliche Beurteilung und Voraussicht an die Stelle von verschwommenen Eindrücken und Zufallsreaktionen. Diese Zielsetzung der Diagnose bleibt während des ganzen Verlaufs eines Falles bestehen.

Die Diagnose in der Anfangsphase

Wie bereits gesagt wurde, richten sich die Daten, die für eine diagnostische Untersuchung benötigt werden, nach der vorhandenen Situation und beziehen sich entweder auf die unmittelbaren oder die langfristigen Ziele des Klienten und des Sozialarbeiters. Wenn man daher akzeptiert, was hier vorgeschlagen wurde, daß nämlich das Ziel der Anfangsphase im Casework ist, „diesen Klienten mit seinem Problem und seinem Wollen zu engagieren, etwas Sachdienliches in einer Arbeitsbeziehung mit der Dienststelle, ihren Absichten und besonderen Hilfsmitteln zu tun", dann folgt daraus, daß in dieser Phase die besondere Aufmerksamkeit, was die Diagnose betrifft, auf Einsichten in die Art und den Zusammenhang der Gegebenheiten und des besonderen Zieles zu richten ist.
Sobald der Caseworker genügend Informationen erhalten hat, um festzustellen, daß die allgemeine Natur des Problems und die Lösungen, die vom

Klienten gesucht werden, im Aufgabenbereich der sozialen Dienststelle und ihrer Mittel liegen, dann lautet die unmittelbare Frage, die beantwortet werden muß: in welchem Maße ist der Klient fähig und willens, an seinem Problem zu arbeiten? Das bedeutet, daß am Anfang die „Fähigkeit des Klienten zur Mitarbeit" zum Mittelpunkt diagnostischer Aufmerksamkeit wird. Was immer die Art des Problems des Klienten oder seines Fehlfunktionierens sein mag und wie immer diese entstanden sein mögen: jede Änderung hängt vor allem davon ab, was der Klient diesbezüglich zu tun wünscht und was er selbst dazu beitragen kann. Soll der Klient von Anfang an in eigener Sache aktiv werden, dann müssen die Quellen seiner Motive und die Kräfte, die er einsetzen kann, bekannt sein und ausgenutzt werden können. Es sind die Anzeichen solcher Kräfte, die vom ersten Augenblick an beobachtet und eingeschätzt werden müssen und auf die eingegangen werden muß, damit die Aktionen des Caseworkers auf die Anwendung dieser Kräfte des Klienten abgestimmt werden können. Ob der Caseworker die Motivierung des Klienten aufrechterhalten, herausfordern, vertiefen oder klarstellen muß, hängt von seinem Verständnis ihrer Qualität, Quantität und Richtung ab. Wie der Caseworker sein Gespräch lenkt — was er sagt oder ungesagt läßt, wie er formuliert —, hängt wiederum weniger von der Klassifizierung des persönlichen oder situationsbedingten Problems seines Klienten ab, sondern mehr von der diagnostischen Beobachtung und Beurteilung der Funktionsfähigkeit des Klienten. Das Verständnis des Problems eines menschlichen Wesens deutet darauf hin, was getan werden muß oder was getan werden könnte, aber es ist auch notwendig, die Stärke von Trieben und Fähigkeiten, die der Mensch aufbringen muß, zu verstehen, um zu wissen, was getan werden *kann*.

Der Nachweis für die Motivierung und Fähigkeit des Klienten, die Hilfe der Dienststelle zu verwenden, liegt hauptsächlich in dem spontanen Verhalten des Klienten und in seinen Reaktionen innerhalb und außerhalb der Gesprächssituation. Der Inhalt der ersten Gespräche (wie im 9. Kapitel dargelegt) bringt den Klienten dazu, seine Schwierigkeiten, seine Gefühle, seine Gedanken, sein Handeln, seine Vorstellungen von Ursache und Lösung usw. zu besprechen. Alles das resultiert in viel mehr als in bloßer Information über die Schwierigkeiten, mit denen er zu kämpfen hat. Wir erhalten dadurch eine Art dreidimensionalen Film eines Menschen, der nicht nur von sich erzählt, sondern auch sich selbst darstellt, und dabei werden Reaktionen nicht nur auf das, was er mitbringt, hervorgerufen, sondern auch auf die neuen Anreize, die ihm

Einstellung, Fragen, Sympathiebezeugungen, Reaktionen und Informationen
des Caseworkers bieten. Wenn dann der Caseworker erklärt und demonstriert, wie das soziale Casework versuchen kann, Hilfe für seine Schwierigkeiten zu geben, dann liefern die positiven wie auch die negativen oder ge-
mischten Reaktionen des Klienten, sein widerstrebendes oder einwilligendes
Verhalten weitere Beweise seiner Bereitschaft und Fähigkeit, sich selbst zu
engagieren. Das wurde von Sanford Sherman recht gut zum Ausdruck gebracht, als er sagte, daß durch diese Beweise „die Diagnose einer *Person* zur
Diagnose eines *Klienten* wird" (54), d. h. eines Menschen, der eine bestimmte
Art fachkundiger Hilfe sucht.

Die Diagnose der „Fähigkeit zur Mitarbeit" eines Klienten ist also ein Neben-
produkt der Arbeit, in die er von Anfang an einbezogen wird. Der Casewor-
ker gelangt zu dieser Diagnose durch die Anzeichen des Funktionierens des
Klienten, die sich in seinen ersten problemlösenden Schritten herausschälen.
Es ist die Anfangsbehandlung (Behandlung bedeutet hier „sich mit einer
Handlung beschäftigen" oder „einer Handlung unterziehen"), die diesen
Beweis hervorbringt und durch die er am zuverlässigsten geprüft werden
kann.

Wie bei anderen Formen der Diagnose hängt die Treffsicherheit der Diagnose
über die „Fähigkeit zur Mitarbeit" von dem Wahrnehmungsvermögen und
den besonderen Kenntnissen ab, die der Diagnostiker seinen Beobachtungen
zugrunde legen kann und auch von seinem Können, mit dem er bedeutsame
und zweckmäßige Reaktionen hervorzurufen vermag. Die Beweise für Bereitschaft und Fähigkeit des Klienten, Casework-Hilfe für sein Problem anzuwenden, sind Zeichen, die seit langem wahrgenommen, aber von den Caseworkern
nicht immer identifiziert oder klassifiziert werden konnten. Weil diesen Indikatoren in unserer Praxis und Literatur weniger Aufmerksamkeit geschenkt
worden ist als den Anzeichen, die auf Fehlfunktionen hindeuten und weil sie
auf die Energien des Klienten — die wir so oft unter der Bezeichnung „Ich-
Kräfte" subsumieren — hinweisen, verdienen sie, in einem eigenen Kapital
erläutert zu werden.

12. Die Fähigkeit des Klienten zur Mitarbeit und das Ziel des Casework

Für den Gebrauch des neugeprägten und vielleicht irritierenden Begriffes „Fähigkeit zur Mitarbeit"[38] (workability) bin ich dem Leser eine Erklärung schuldig. Er wurde in der Bemühung gewählt, jene Verbindung von Motivation und Fähigkeit zu bezeichnen, die einen Menschen in die Lage versetzt, sich selbst mit den Personen und Mitteln zur Lösung seines Problems zu engagieren. Er betrifft nur die dynamische Beziehung des Klienten zu seinem Problem und zur Dienststelle zu einem ganz bestimmten Zeitpunkt. Wie er hier verwendet wird, bedeutet er sowohl die „Fähigkeit zur Mitarbeit" als auch die „Ansprechbarkeit gegenüber therapeutischen Einflüssen". Er erhebt keinen Anspruch darauf, den Ausgang oder den Grad des Erfolges vorauszusagen, noch berücksichtigt er solche Mittel oder Möglichkeiten, die für den Klienten herangezogen werden können. Sein Zweck ist, die Bemühungen des Caseworkers zu unterstützen, der spontanen Reaktion des Klienten auf die Casework-Hilfe einen Namen zu geben und sie richtig einzuschätzen, um durch eine solche diagnostische Beurteilung die Angemessenheit und Beweglichkeit der Gesprächsführung des Caseworkers zu erhöhen.

Eine Abschätzung der voraussichtlichen Ansprechbarkeit des Klienten bietet dem Caseworker einige Vorteile. Berichte und Darstellungen über den Klienten aus anderen Quellen oder aus früheren Erfahrungen geben eine ungefähre Vorstellung darüber, wie der Klient reagieren wird; doch seine tatsächliche Ansprechbarkeit erweist sich am besten im Casework-Gespräch selbst und in dessen Auswirkungen. Die Formen der Abwehr und Anpassung des Klienten ändern ständig ihre Beziehungen und ihren Akzent; sie unterliegen in Art und Stärke Veränderungen, die wiederum von den wechselnden Anreizen und Wahrnehmungen abhängig sind. Wenn das nicht so wäre, wenn das Verhalten durch die Vergangenheit starr festgelegt wäre, dann wären Casework oder jede andere therapeutische Bemühung sinnlos. Trotz etwaiger Vorkenntnisse über den Klienten muß sein spontanes, unmittelbares Verhalten während des Gesprächs und nachher auf seine neue Bedeutung hin beobachtet werden. Wie stark sich die Triebkräfte und Fähigkeiten des Klienten in der Auseinander-

---

[38] Dieses Kapitel ist die erweiterte Form eines Vortrags, der im März 1956 an der Boston University School of Social Work gehalten und in „Social Work" I, 4 (Okt. 56) veröffentlicht wurde.

setzung mit der heutigen Gesprächs- oder der heutigen Lebenssituation erweisen, ist sehr aufschlußreich für die Beurteilung und Förderung seiner Bereitschaft zur Mitarbeit. Seine kleinen Erfolge oder Mißerfolge, angemessen zu
reagieren oder sich anzupassen, müssen dem Caseworker für sein eigenes
Handeln richtungweisend sein. Die „voraussichtliche Ansprechbarkeit" kann
daher nur als eine sehr vage Voraussage angesehen werden; die tatsächliche,
gegenwärtige Ansprechbarkeit — die Fähigkeit zur Mitarbeit — muß dagegen in jeder neuen Situation von neuem geprüft werden.

Was wir von der Fähigkeit des Klienten zur Mitarbeit zu erkennen suchen,
ist nicht die Gesamtsumme seiner starken und gesunden Seiten. Wo das geschieht — wenn z. B. Caseworker versucht haben, „Aktiva" und „Passiva"
einander gegenüberzustellen —, kommt nichts weiter heraus als eine bloße
Aufzählung. Das ist etwa so, als wolle man die Erscheinung eines Mannes
beschreiben, indem man sagt, er sei dick, kurzsichtig und zahnlos, andererseits
aber groß gewachsen, mit einer gesunden Haut und einer wohlgeformten
Nase. Aber wie hat er wirklich ausgesehen, und unter welchen Vorstellungen
wurde seine Erscheinung analysiert? Es würde nämlich einen Unterschied
bedeuten, ob es sich um einen Bräutigam, einen Filmschauspieler oder einen
Lastkraftwagenfahrer handelte. In jeder Beurteilung, die sich mehr um diagnostische als um äußere Eindrücke bemüht, müssen die Daten, die gesucht
werden, in Beziehung zu irgendeinem Ziel und miteinander in Verbindung
stehen. Beziehung ist wiederum das Schlüsselwort: nämlich die Beziehung der
Aktivposten zu dem Problem und zu den gesuchten Zielen und Mitteln. Wenn
wir daher erfassen wollen, welche Ichkräfte und problemlösenden Aktivposten der Klient besitzt, dann tun wir gut daran, diejenigen Aktiva, die mit
dem Problem, für das er Hilfe benötigt und mit der Hilfe, die erreichbar ist,
eng verbunden sind, auszusondern und einzeln zu untersuchen. Hier werde
ich nicht versuchen, alle Qualitäten zu benennen, die die Ich-Kräfte oder
Aktivposten des Klienten ausmachen, sondern nur *die* Eigenschaften des Klienten festzuhalten, durch die am ehesten seine Bereitschaft und seine Fähigkeit, die Hilfe der Dienststelle zu verwenden, erkannt und gefördert werden
können [39].

[39] Für Anregung und Beiträge zu meinen Überlegungen in diesem Bereich bin ich meinen Studenten in
unserem akademischen Casework-Seminar und meinen Fakultätskollegen Dank schuldig, besonders
aber Lilian Ripple, Direktorin des Research Center of the Social Service Administration der Universität Chicago, für die Anregung durch ihre neue Arbeit über Motivation und Fähigkeit in Beziehung zur Verwendung von Casework-Dienstleistungen (siehe Ripple, 51).

Die Motivierung des Klienten, Casework-Hilfe zu nutzen

Der Begriff „Bereitschaft" ist hier im engeren Sinn der bewußten Absicht des Klienten, sich auf die Verwendung von Hilfe einzulassen, gebraucht. Fehlt diese Bereitschaft, dann ist das ganze Arsenal des Könnens und Verstehens nutzlos. Gleichgültig, welcher Art das Problem des Klienten ist: er muß Hilfe oder Veränderung wünschen, und er muß sich auf irgendeine Weise auch bemühen, die gebotene Hilfe zu gebrauchen. Mehr vielleicht als in jedem anderen helfenden Beruf müssen die Fachkenntnisse und die Energien des Caseworkers in der Praxis der Sozialen Einzelhilfe auf das Ringen mit gerade diesem Problem gerichtet sein: dem Menschen zu helfen, ein Klient sein zu wollen und es so lange wie nötig zu bleiben. Deswegen und weil die Notwendigkeit dazu sich jederzeit bei jedem einzelnen Fall ergeben kann, wenn Zweifel oder Widerstände den Klienten erwägen lassen, der Dienststelle den Rücken zu kehren, muß sich der Caseworker ständig jener Elemente bewußt bleiben, die die „Bereitschaft" des Klienten ausmachen, so daß alle verborgenen Motivierungen, die im Klienten vorhanden sind, geweckt und aktiviert werden können.

Es gibt mehrere aufeinanderfolgende Stadien, die ein Mensch durchläuft, ehe er „bereitwillig" ist. Manchmal hat der Klient seine Bereitschaft schon entwickelt, noch bevor er zur Dienststelle kommt, aber oft braucht er dazu erst die Hilfe des Caseworkers. Für gewöhnlich geht „Wünschen" dem „Wollen" voraus. Ein Mensch empfindet das Bedürfnis nach etwas und wird von diesem Gefühl angetrieben, oder er nimmt etwas wahr, von dem er glaubt, daß es sein Wohlbefinden erhöht, und wird von dieser Vorstellung angezogen. Er *wünscht* eine Schwierigkeit loszuwerden oder ein Ziel zu erreichen, aber dieses „Wünschen" kann ein bloßes Verlangen nach einer Änderung bleiben, eine Hoffnung, daß irgend etwas außerhalb des eigenen Selbst sich ereignen wird — daß die Umstände oder andere Menschen das Ersehnte herbeiführen werden. So kann der Klient mit dem *Wunsch* auf eine Änderung zur Dienststelle kommen, aber er wünscht eigentlich nur, daß sein Ziel hauptsächlich durch die Bemühungen anderer erreicht werde. Das ist bei Menschen mit einer körperlichen Behinderung oder bei Menschen, deren Lebenserfahrung sie psychologisch von anderen abhängig gemacht hat oder die ihr Schicksal dem Zufall überlassen, nicht selten der Fall.

„Wollen" bedeutet, einige Schritte über das „Wünschen" hinaus zu tun, ent-

weder einen nach dem anderen oder alle auf einmal. Sie bestehen darin, das
Ich als eine potentielle Kraft zur Erreichung der eigenen Ziele zu sehen; sich
selbst zu befehlen, eine aktive Rolle bei den notwendigen Veränderungen zu
übernehmen; und das eigene Ich zum Handeln zu bewegen. In diesem Fortschreiten vom Wünschen zum Wollen kann man die typische Anpassungs-
funktion des Ich erkennen, von der Wahrnehmung der Bedürfnisse und der
Ziele bis zur Organisation und Mobilisierung aller Energien zu deren Verwirklichung.
Wenn jedoch ein Mensch auf diesem Weg Hindernissen — in der äußeren
Realität oder in sich selbst — begegnet, können seine Impulse zersplittert oder
blockiert werden, und es kann sein, daß er sich dann vom Wollen in die beque-
mere Rolle des Wünschens zurückzieht. Das kann einem Klienten im Laufe
der weiteren Behandlung viele Male zustoßen, und er wird immer wieder die
Hilfe des Caseworkers benötigen, um seine Bedürfnisse oder seine Ziele und
sich selbst in Beziehung zu ihnen zu sehen und um dann von sich aus seinen
Teil an der Lösung seiner Probleme beizutragen oder eine Änderung herbeizuführen. Der Klient, der freiwillig zu einer sozialen Dienststelle gekommen
ist, hat sich zwar selbst zu diesem Schritt aufgerafft; aber seine ursprüngliche
Bereitschaft kann sich schnell verflüchtigen, sobald er sieht, daß die Lösung,
die er vorschlägt, nicht sofort zur Hand ist oder daß ihm die Hilfe, die ihm
angeboten wird, nicht nur Nutzen bringt, sondern auch Ansprüche an ihn
stellt.
Zwei Voraussetzungen müssen gegeben sein, um eine verantwortliche Bereitschaft zur Arbeit am Problemlösen aufrechtzuerhalten: Unbehagen und
Hoffnung. Selbst die kaum wahrnehmbaren Verlagerungen der Körperhaltung, die wir tausendmal am Tag vornehmen, sind Reaktionen auf empfun-
denes Unbehagen; so wird gewiß auch eine Verlagerung des seelischen Gleichgewichts durch ein Gefühl des Unbehagens und den gleichzeitigen Impuls verursacht sein, ein größeres Wohlbefinden oder ein besseres Gleichgewicht zu
gewinnen. Daher muß ein Mensch mehr Unbehagen als Zufriedenheit gegenüber seinem Problem empfinden, um etwas dagegen tun zu wollen; dieses Unbehagen wird ihn zum Handeln anstacheln. Dieser Antrieb von innen (oder
auch ein äußerer Druck, der Unbehagen hervorruft) muß von der Aussicht auf
Erleichterung oder Befriedigung begleitet sein, und diese Aussicht veranlaßt
den Menschen, seine Bemühungen auf ein Ziel zu richten. Aussicht ist ein
Bestandteil der Hoffnung — Hoffnung, die als das Ergebnis früherer Befrie-

digungen in der Persönlichkeit selbst verankert ist, verbunden mit der Hoffnung, die der Situation innewohnt oder die der Caseworker gibt, wenn er
wirksame Hilfe zusichern kann. Das Vorhandensein eines Elementes ohne das
andere oder ein zu starkes Überwiegen des einen über das andere wird die
Motivierung untergraben. Unbehagen ohne Hoffnung heißt Resignation,
Apathie, Fixierung; es bedeutet, daß der Mensch sich so energieleer, so unfähig und hilflos fühlt, daß er keine Zukunftsorientierung, keinen Sinn für
das „Werden" mehr hat. Hoffnung ohne Unbehagen (d. h. ohne jeden inneren
Antrieb des Vorwärtswollens) charakterisiert den unreifen, auf Wunscherfül-
lung ausgerichteten Menschen, der davon abhängig ist, daß andere oder die
Umstände für seine Belange arbeiten. Die Zukunftsorientierung eines solchen
Menschen ist daher nicht in der Realität begründet, und er sieht sich selbst als
das mögliche Opfer oder günstigstenfalls als der Liebling des Zufalls. Der
Caseworker wird, indem er die optimale Erkenntnis der Realität als Maßstab
anlegt, die Kombination von Unbehagen und Hoffnung in seinem Klienten
abschätzen, um zu beurteilen, was er abzuschwächen, zu modifizieren oder zu
ermutigen versuchen sollte, um in seinem Klienten jene Impulse zu erzeugen,
die ihn zu neuem Handeln mobilisieren.

Die Bereitschaft, sich auf Veränderungen einzulassen, führt noch zu einer
weiteren Überlegung: die Antriebe des Klienten sollten auf eine realisierbare
Lösung oder auf ein berechtigtes Ziel gerichtet sein. Die Motivierung kann
stark, aber auf unerreichbare Ziele ausgerichtet oder auch ziellos zersplittert
sein. Der Caseworker muß herausfinden, zu welchen Handlungen der Klient
mobilisiert wird und ob er eine realistische Vorstellung davon hat, welche
Ziele aussichtsreich und seinen Anstrengungen zugänglich sind. Die Antwort
darauf wird dem Caseworker sagen, in welcher Weise er die Vorstellungen
des Klienten zu klären oder zu ändern hat.

Welches sind nun die Anzeichen, an denen der Caseworker die „Bereitschaft"
seines Klienten erkennen kann? Das erste ist natürlich, daß der Klient mit
einem Problem zu ihm kommt, das ihm so viel Unbehagen bereitet hat, daß
er die Hilfe einer Dienststelle sucht. Was er sagt, ist von seinem Verhalten
begleitet — Körper- oder Gesichtsspannungen, Gefühlsäußerungen oder Abwehrmaßnahmen, um diese weder zu zeigen noch zu fühlen —, das eine innere
Belastung verrät. Er läßt erkennen, daß er sich in seiner Problemsituation
mehr unbehaglich als behaglich, mehr besorgt als befriedigt fühlt.

Im Gespräch sagt der Klient, was er wünscht, welche Lösung er sucht. Er verfolgt ein bestimmtes Ziel. Während der Caseworker seine Wunschvorstellungen sondiert, erweist sich bald, ob sie realistisch oder unrealistisch sind. Wenn die Ziele des Klienten angesichts des Problems und der vorhandenen Mittel zu ihrer Verwirklichung gerechtfertigt sind, dann kann seine Bereitschaft als zweckgerichtet angesehen werden. Seine Mitwirkung gibt uns einen weiteren wichtigen Hinweis auf seine Bereitwilligkeit. Der Klient sollte sich selbst als aktiven Partner im Hinblick auf sein Problem betrachten, als jemand, der entweder in der Vergangenheit darauf eingewirkt hat oder in der Gegenwart daran arbeitet. Der Caseworker prüft und fördert die Bereitschaft des Klienten, zu erkennen, daß sein Verhalten ein tatsächlicher oder potentieller dynamischer Faktor in seiner Problemsituation oder deren Lösung ist — daß er ein aktiver Partner in dem Team ist, das Caseworker und Klient bilden.

Die Bemühungen des Klienten, sich im Gespräch zu engagieren, sind Anzeichen seiner Bereitschaft. Ob er sich richtig ausdrücken, ob er angemessen reagieren oder denken kann, hängt natürlich von seinen Fähigkeiten ab und auch von der Geschicklichkeit des Sozialarbeiters, ihn zur Mitarbeit anzuregen; doch schon sein *Bemühen,* teilzunehmen, zeugt von seiner positiven Motivierung. So setzt sich der motivierte Klient in der Beantwortung der Fragen und Bemerkungen des Sozialarbeiters mit einer gewissen Intensität ein; er „legt sich ins Zeug", um sich und seine Situation zu erklären. Wenn seine Motivierung positiv ist, dann versucht er, „auf Gegenseitigkeit" zu operieren, d. h., er sucht dem, was der Sozialarbeiter sagt, zu folgen, beantwortet Fragen, denkt über diesen oder jenen Punkt nach; kurz, er demonstriert seine Absicht und sein Bemühen zur Zusammenarbeit.

Wohl am eindrucksvollsten erweisen sich Motivierung oder Bereitschaft, wenn der Sozialarbeiter die Realitäten der erreichbaren Hilfe und ihre Bedingungen ins Gespräch bringt. Manchmal entsprechen sie den Erwartungen des Klienten, und er ist froh, daß die Dienststelle ihm sogar eine bessere Lösung vorschlagen kann, als er selbst für möglich hielt; aber oftmals ist die Realität der verfügbaren Hilfe enttäuschend, weil sie keine fertigen Lösungen enthält, weil sie den Wünschen des Klienten nicht genügend entgegenkommt oder weil die Wege zur Lösung erst erforscht werden müssen und viele Unsicherheiten enthalten. An dieser Stelle kann die Bereitschaft des Klienten in seiner Bemühung, die Frustrierung des Wartenmüssens auf sich zu nehmen, und in seinen Äußerungen der Hoffnung und des Vertrauens in eine spätere Lösung gesehen werden. Er ist bereit, die Befriedigung aufzuschieben, weil Hoffnung und

Zuversicht ihn stützen und auch weil er versucht, einer Person und einer Stelle, die er bereits als vertrauenswürdig empfindet, Vertrauen entgegenzubringen. So versucht er zumindest, zaghaft die Tatsache zu akzeptieren, daß die Dienststelle für ihre Methoden, Maßnahmen oder für die anderen Perspektiven, die auf ihrer Erfahrung beruhen, gute Gründe hat, und er ist einverstanden (spontan oder in Reaktion auf Vorschläge und Ermutigungen des Caseworkers), mit der Dienststelle, zumindest für eine Probezeit, zusammenzuarbeiten.

Die Fähigkeiten des Klienten, Casework-Hilfe zu nutzen

Fähigkeit bezieht sich, wie dieser Begriff hier verstanden wird, auf solche Eigenschaften des Gefühlslebens und der Persönlichkeitsstruktur, der intellektuellen und physischen Begabung, über die das Individuum verfügt und die es in seiner problemlösenden Tätigkeit einsetzen kann. Das „Einsetzenkönnen" verdient dabei die meiste Überlegung, und zwar wegen der Häufigkeit, mit der die potentiellen Fähigkeiten des Menschen blockiert oder durch Konflikte in der Schwebe gehalten werden. Ein wichtiger Teil der Hilfe des Caseworkers für einen Klienten besteht gewiß darin, potentielle Fähigkeiten zur Entfaltung zu bringen. Der Zusatz „in seiner problemlösenden Tätigkeit" bezeichnet die Abgrenzung, welche Fähigkeiten der Caseworker in diesem Anfangsstadium festzustellen hat. Innerhalb dieser Grenzen versuchen wir, die Fähigkeiten, die im Gefühl, der Intelligenz und der Gesundheit liegen, zu ermitteln [40].

Emotionale Fähigkeiten

Vielleicht die wichtigste Fähigkeit, die Hilfe eines anderen zu nutzen, beruht darauf, mit jemand anderem in eine Beziehung treten zu können. Ohne das kann man vieles für oder gegen, aber niemals *mit* einer Person tun. Beziehungsfähigkeit ist etwas sehr Nuanciertes und Vielseitiges; sie schließt sehr Verschiedenartiges ein: den zarten, verhüllten Sinn für Nähe oder Distanz, dem man in der schizoiden Persönlichkeit begegnet; das herausfordernde

---

[40] Im folgenden werden viele der gleichen Fähigkeiten erörtert, die von Green genannt werden (25). Als Wegweiser „zu den wichtigsten Ich-Funktionen" führt er an: Objektbeziehungen, Realitätsprüfung, Beurteilung, Formen der eigenen Beweglichkeit, Frustrationstoleranz, Beeinflußbarkeit, Abwehrmechanismen und grundlegende intellektuelle Fähigkeiten. Siehe auch Murray und Kluckhohn (41).

Zögern des Mißtrauischen; das hungrige Anklammern des abhängigen und das aufgeschlossene Geben und Nehmen eines normal angepaßten Menschen. Die Fähigkeit zur Beziehung kann nur dann richtig bewertet werden, wenn der Sozialarbeiter sich selbst als aufnahmebereite, empfängliche, einfühlende, hilfreiche „Beziehungsperson" erweist.

Über die vielen Möglichkeiten, wie man eine Beziehungsfähigkeit feststellen und erkennen kann, könnte eine eigene Abhandlung geschrieben werden. Der ganze Mensch tritt in die Beziehung ein, und daher legen seine Körperhaltung, sein Gesichtsausdruck, sein Gefühlston, seine verbalen Äußerungen — alles dies und noch viel mehr — Zeugnis davon ab, ob er sich im Wesen auf andere Menschen zu- oder von ihnen wegbewegt oder ob er grundsätzlich gegen sie eingestellt ist. In sehr groben Umrissen folgen nun die Indikatoren für eine gute Beziehungsfähigkeit. Ein Klient, der sich bei der ersten Zusammenkunft realistisch zum Caseworker verhält, wird sich eine gewisse Zurückhaltung auferlegen —, d. h. er wird seinem Mitteilungsbedürfnis nicht freien Lauf lassen, und zwar nicht deshalb, weil er unbedingt vorsichtig oder ängstlich ist, sondern weil er den Wunsch hat, das Wesen der anderen Person zu „erfassen" oder zu „erfühlen", um angemessen reagieren zu können. Er handelt eher in Beziehung zu der anderen Person als zu seinen eigenen augenblicklichen Bedürfnissen oder Impulsen. Der Mensch, der bei der ersten Begegnung entweder völlig verschlossen scheint oder übersprudelt, bezieht sich in diesem Augenblick hauptsächlich auf sich selbst. Die Person mit normaler Beziehungsfähigkeit hört zumindest den offenkundigen Inhalt dessen, was ihr gesagt wird. Sie nimmt mit den Augen und anderen Sinnesorganen wahr, was der andere zu sein scheint und reagiert richtig auf das, was ihre Sinne ihr übermitteln.

Sobald der Klient entdeckt, daß das Interesse an ihm und an seinen Fragen einem helfenden Zweck dient und daß er als die Person, die er ist, akzeptiert wird, fühlt er sich beträchtlich erleichtert und ist bereit, von sich und seinem Problem mehr preiszugeben. Sein Vertrauen wird durch den Beweis des Caseworkers, daß er Verständnis und die Absicht zu helfen hat, noch vertieft. Der Klient, der gute und angemessene Beziehungen eingehen kann, sieht und akzeptiert die berufliche Persönlichkeit des Caseworkers (obwohl seine Vorstellung hier und da korrigiert werden muß, wenn seine Sicht durch Gefühle verzerrt wird). Seine Reaktionen auf den Caseworker als einen helfenden Partner sind daher von Belang. Während die Diskussion in einer Anzahl von Gesprächen weitergeht, zeigt er, daß er fähig ist, etwas von sich selbst dem Caseworker zu übergeben (d. h. er kann seine Gefühle, seine Hoffnungen und Geheimnisse mitteilen), und er nimmt vom Caseworker Einstellungen, Ideen und Einsichten an, die ihm zu seiner Verwendung geboten werden. Zur gleichen Zeit, da er das Gefühl der Zusammengehörigkeit mit dem Caseworker in der gemeinsamen, aber doch unterschiedlichen Aufgabe erlebt, erhält er sich (oft mit erheblicher Hilfe von seiten des Caseworkers) den Sinn für seine Identität als Erwachsener (siehe Towle, 61).

Die Fähigkeit zur Beziehung kann auch aus den Schilderungen des Klienten von seinen Beziehungen zu anderen Menschen in seinem täglichen Leben und aus den Gefühlen, die er zeigt, wenn er von anderen spricht, erkannt werden. Gute Beziehungsfähigkeit läßt sich aus dem Vermögen des Klienten ersehen, die Gefühle anderer Menschen, die in sein Problem verwickelt sind, zu verstehen und eine gewisse Sympathie für andere zu zeigen, obwohl er überwiegend gegen sie eingestellt oder von sich selbst in Anspruch genommen sein mag. Sie wird weiterhin angedeutet durch unterschiedliches Reagieren eines Klienten auf verschiedene Beziehungen; es weist darauf hin, daß er Wahrnehmungsvermögen und Elastizität anstelle von festgelegten Reaktionsmustern in zwischenmenschliche Begegnungen mitbringt (siehe Mitchell u. a., 40).

Eng verbunden mit der Fähigkeit, Beziehungen zu bilden und zu unterhalten, ist die Fähigkeit zu „fühlen" — d. h. seine Emotionen zu erleben, zu kennen und zu ertragen. Wenn man das so einfach feststellt, klingt „Fähigkeit zu fühlen" geradezu absurd, denn alle menschlichen Wesen fühlen und haben Emotionen. Aber nicht alle Menschen erhalten sich die Fähigkeit, ihre Emotionen zu kennen und zu erleben in dem Sinn, als ob man sie kostete und auf der Zunge zergehen ließe oder ihnen gestattete, sich über Herz und Sinne zu ergießen, damit diese vollen und bewußten Besitz von ihnen ergreifen. Die Erfahrung hat viele Menschen gelehrt, ihre Gefühle sozusagen zu verkleiden oder sie so lange in Dunkelheit gefangenzuhalten, bis sie verkümmern. Solche Menschen haben allen Grund, ihre Gefühle zu fürchten und Angst zu haben, von ihnen überwältigt zu werden. Die Motivkräfte dieser Menschen können oft eingeengt oder von den Absichten des Verstandes abgeschnitten sein.

Es gibt andere Menschen, die buchstäblich Geschöpfe ihrer eigenen Emotionen sind und die ständig von der inneren Anarchie ihrer Gefühle bedrängt und herumgestoßen werden. Diese Menschen erleben ihre Gefühle zwar intensiv, aber sie „kennen" sie nicht in dem Sinne, daß sie ihre Bedeutung oder Herkunft erkennen könnten, noch können sie sie tolerieren oder mit ihren Zielen in Einklang bringen. Solche Menschen werden in gewisser Weise von ihren Gefühlen beherrscht und buchstäblich von ihrer emotionalen Energie aufgezehrt, die eher in ihnen Amok läuft, als daß sie ihrem Handeln Kraft verleiht.

Von diesen beiden Arten von Menschen könnte man sagen, daß Verstand und Herz nur wenig Verbindung miteinander haben. Erleben bedeutet nicht notwendigerweise Wissen, und Wissen ist nicht notwendigerweise Erlebnis. Beides muß aber seinen Platz haben und ineinanderfließen, damit sich ein Mensch als ein Ganzes und lebenstüchtig fühlen kann. Eine der Veränderungen, die der Casework-Prozeß wiederholt anstrebt und die sich oft aus dem Erlebnis einer bedeutungsvollen Beziehung zu entwickeln scheint, ist gerade diese Veränderung des Gefühls in einem Menschen, die ihm hilft, sich selbst als fühlendes, denkendes und handelndes Wesen zu erkennen, zu erfahren und zu tolerieren. Aber wenn das geschehen soll, muß die Fähigkeit, Gefühle zu erleben, zumindest im Keim vorhanden sein.

Ein Mensch mit guter emotionaler Kapazität ist derjenige, der es wagt, seine Gefühle zu erleben und der sie auch zu äußern vermag, der sie aber dennoch, wenn notwendig, für sich behalten kann, sobald von ihm verlangt wird, bestimmte Tatsachen, die mit starken Empfindungen verbunden sein können, zu erzählen. Die Anzeichen einer solchen Fähigkeit können manchmal vereinzelt, manchmal gemeinsam auftreten, aber sie können im ganzen besser als im einzelnen eingeschätzt werden. Der Klient mit guter emotionaler Fähigkeit zeigt, wenn er über sich und seine Probleme spricht, durch seinen Gesichts- und Körperausdruck nicht nur an, daß er Gefühle in das, was er sagt, investiert, sondern auch, daß das Gefühl in Form und Intensität dem Inhalt des Gesagten angemessen ist. Er ist imstande, zuzugeben, daß er Gefühle hat, und muß sie nicht ständig verleugnen oder projizieren. Er kann seine Gefühle, wenn vielleicht auch nur mit einiger Mühe, zum Ausdruck bringen, d. h. er kann sie dem anderen erklären und mitteilen. Er kann nicht nur über sie sprechen, sondern er kann es auch wagen, sie in der ihm Sicherheit gewährenden Gegenwart des Sozialarbeiters „auszuleben". Sie unterliegen seiner Kontrolle — er wird nicht von ihnen überwältigt. Und schließlich erweist es sich, daß er auf das vom Caseworker zum Ausdruck gebrachte Mitgefühl, Interesse und Vertrauen ansprechen und aus der Einwirkung dieser Qualitäten auf seine eigenen Gefühle Nutzen ziehen kann.

Die Art und Weise, wie ein Mensch seine Notlage und seine Bedürfnisse, seine

Rolle darin und seine Reaktion darauf darstellt und erklärt und wie er auf die neuen Anregungen der Dienststelle oder die Maßnahmen des Sozialarbeiters reagiert, enthüllt nicht nur vieles über die Natur seiner Sorgen, sondern auch über seine Bemühungen zur Abwehr und Anpassung. Daß seine Abwehrmaßnahmen beim Namen genannt und in Aktion gesehen werden können, ergibt noch keine Beurteilung. Das Material für die Beurteilung liefern die Wendigkeit oder Verkrampftheit der Bemühungen des Klienten, mit seinem Problem umzugehen und damit fertig zu werden, sein freimütiges Verhalten oder sein chronischer Eigensinn und die unangemessene oder konstruktive Art seiner Reaktionen. Diese Anzeichen können in der Interaktion beim Gespräch beobachtet werden; sie können aber auch aus Erzählungen des Klienten (oder anderer) von seinem typischen Verhalten in der unmittelbaren Vergangenheit, wenn er mit seiner Schwierigkeit oder seinem Konflikt konfrontiert wurde, entnommen werden oder aus seiner Fähigkeit, seine bewußten Absichten auszuführen. Daß der Klient Abwehrmaßnahmen bereithält und sie anwendet, bedeutet nur, daß er über Möglichkeiten verfügt, seine Einordnungsfähigkeit und sein Gleichgewicht aufrechtzuerhalten. Daß seine Schutzmaßnahmen sich in Anpassungsmaßnahmen umwandeln können, wenn er Stützung und Hilfe erfährt, bedeutet, daß er seine Gefühle beherrscht (und er nicht von ihnen beherrscht wird) und daß seine Mittel, ein dynamisches Gleichgewicht zu erzielen, als wirksam und rationell beurteilt werden können.

Geistige Fähigkeiten

Der Intelligenzquotient eines Menschen gibt uns keinen Maßstab seiner Fähigkeit, Probleme, die ihn unmittelbar betreffen, zu lösen. So wie Motivation und emotionale Freiheit den Intellekt bereichern, so schwächen ihn das Fehlen oder die Verkümmerung des einen oder des anderen. Nichtsdestoweniger ist intellektuelle Begabung gewiß kein Hindernis, und sicherlich wird der verbale Teil unserer Beziehung durch das Verständnis von Wortdeutungen und Ideenassoziationen erleichtert. Vielleicht muß der Caseworker weniger die intellektuelle als vielmehr die Fähigkeit der „sozialen Intelligenz" des Klienten beurteilen. „Soziale Intelligenz" läßt sich sogar vom Psychologen nicht exakt definieren, aber einige ihrer hauptsächlichen Komponenten können vielleicht hier beschrieben werden.

Das erste wesentliche Merkmal der Intelligenz ist Scharfblick. Ein Mensch, den man als scharfsichtig bezeichnen kann, sieht mit mehr als seinen beiden Augen. Er „sieht" vielmehr mit allen seinen Sinnen gleichzeitig, und er sieht sofort Zusammenhänge, so als ob ein spontaner Kontakt zwischen seinem Wahrnehmungs- und seinem Vorstellungsvermögen hergestellt würde. Er sieht, was sich außerhalb seiner selbst und zugleich was sich in ihm befindet, und er sieht, was beides verbindet und was sie unterscheidet. (So nehmen wir z. B. ganz allgemein als erstes Anzeichen der „Intelligenz" eines Babys an, daß es imstande ist, seine Mutter als ein zwar innig mit ihm verbundenes, aber doch getrenntes Wesen zu sehen.)

Der Bereich des Wahrnehmungsvermögens ist, wie der der Beziehungsfähigkeit und der Gefühlsfähigkeit, groß und vielfältig; er spannt sich über einen weiten Bogen von dem Menschen, dessen geistiges „Empfangsgerät" grob und unscharf arbeitet bis zu jenem, dessen Feinfühligkeit jeden Grad der Differenzierung registriert. Eine solche Variationsbreite kann in jedem Menschen zu verschiedenen Zeiten angetroffen werden, weil heftige Gefühle unsere Wahrnehmungskräfte in Mitleidenschaft ziehen. Je nach der Situation können wir blind sein (vor Zorn oder aus Liebe), oder wir können bei der Konzentration und „Scharfeinstellung" der Wahrnehmung auf ein einzelnes Objekt (z. B. wenn man „Gefahr wittert" oder die Gefühle eines anderen Menschen „spürt") eine verstärkte Sinneswahrnehmung erleben. Das Wahrnehmungsvermögen kann als gut betrachtet werden, wenn ein Mensch klar und präzise beobachten kann und darüber hinaus den Dingen auf den Grund sieht. Vielleicht kann man sagen, daß er in drei Dimensionen sieht, in Breite, Tiefe und Zusammenhang. Er liest die richtige Bedeutung aus den Ereignissen heraus und ist so in der Lage, Differenzierungen und Kombinationen vorzunehmen. Diese Fähigkeit ist offensichtlich eine wesentliche Voraussetzung für gute Ich-Funktionen. Der Klient, den wir als scharfsichtig bezeichnen können, ist jener, der nicht nur sein Problem in Beziehung zu sich selbst, sondern auch sein eigenes Verhältnis zu der Dienststelle und zur Casework-Hilfe sieht oder doch ohne Schwierigkeit dazu gebracht werden kann.

Ein zweites Merkmal sozialer Intelligenz ist die Fähigkeit, sich mitzuteilen, sowohl sich selbst als auch anderen gegenüber. Wie wir wissen, können Mitteilungen auf verschiedenen Ebenen stattfinden. Eine Form ist die Sprache des Körpers; Gesten, Körperhaltung und Gesichtsausdruck bringen oftmals tiefere Dinge zum Ausdruck als Worte. In Augenblicken, in denen wir einem

Erlebnis mit allen Sinnen aufgeschlossen gegenüberstehen, erfahren wir jene Art vollen Verständnisses, das eher durch die Poren als durch den Verstand in uns eindringt. So kommt es, daß bei Kindern oder auch bei Erwachsenen, die vorübergehend oder von Natur kindlich sind, die Worte des Caseworkers nur geringfügige Bedeutung haben, und was sie empfangen oder auf was sie reagieren, wird eher „erspürt" sein. Eine andere Ebene der Mitteilung, die für gewöhnlich die Körpersprache begleitet, ist die der subverbalen Laute — der Bejahungen, Verneinungen, der kleinen Äußerungen des Vergnügens oder des Schmerzes. Diese ungeformten Mitteilungen sind Bestandteile unserer Alltagssprache, und wie die Körpersprache übermitteln sie eher allgemeine als fein differenzierte Reaktionen.

Immerhin, damit ein Mensch „sich selbst beherrschen" kann, d. h, um imstande zu sein, die eigenen Erlebnisse zu erkennen, zu verstehen, bewußt festzuhalten und zu lenken, muß es Worte geben. Worte identifizieren Teile des Erlebnisses; sie bezeichnen Unterschiede. Aber mehr noch: der tastende Versuch, etwas einen Namen zu geben, schmiedet ein Bindeglied zwischen Fühlen und Denken. Imstande zu sein, ein Gefühl oder ein Erlebnis in Worte zu kleiden, bedeutet, daß zwischen dem Herzen und dem Verstand ein inneres Kommunikationssystem besteht. Solange das Erlebnis eines Menschen nicht seinem Verstand übermittelt werden kann, bleibt es für eine bewußte Handhabung unerreichbar. Das ist der Grund, weshalb das Sprechen, das Verwenden von Worten, um amorphen Gefühlsmassen Namen zu geben, das wichtigste Instrument psychotherapeutischer Methoden ist. Soziale Beziehungen sind zutiefst abhängig von der Fähigkeit, sein Selbst in Beziehung zu anderen bewußt einzuschätzen und zu lenken. Das wiederum hängt ab von der Fähigkeit, das, was man spürt, fühlt, denkt und tut, richtig mitteilen zu können. Darum kann soziale Intelligenz zum Teil an der Fähigkeit des Klienten, Bedeutung und Meinung durch Worte auszudrücken, gemessen werden, und darum muß der Caseworker auch versuchen, diese Fähigkeit seines Klienten zu stärken, indem er ihn ermutigt, seinen Gefühlen und Gedanken verbalen Ausdruck zu verleihen.

Natürlich können Worte auch zur Abwehr und zur Irreführung gebraucht werden, so daß man sich hüten muß, allzu fest auf diese Fähigkeit zu verbaler Mitteilung zu bauen, es sei denn, sie zeigt sich in Verbindung mit Anzeichen angemessenen Affekts und Verhaltens. Tritt sie aber in dieser Kombination oder als das Ergebnis einer wachsenden inneren Freiheit des Klienten auf, dann zeigt sie das adaptive und integrierende Funktionieren des Ich an.

Ein weiteres wichtiges Element sozialer Intelligenz ist die Fähigkeit zur Aufmerksamkeit. „Beim Thema zu bleiben", etwas im Mittelpunkt der eigenen Überlegungen festzuhalten, während man weniger Wichtiges im Auge behält, ohne es gleich zu verfolgen, ist für jede intensive Beschäftigung mit einem Problem wesentlich. Die Fähigkeit, einer Idee oder einem Problem Aufmerksamkeit zu widmen, schließt sowohl Motivation als auch zumindest ein teilweises Interesse an etwas, das sich außerhalb des Selbst befindet, ein. Sicherlich gibt es Fälle, in denen die Aufmerksamkeit zu sehr fixiert wird und der Mittelpunkt des Interesses sämtliche anderen Interessen und Energien eines Menschen aufzusaugen droht. Das ist dann ein deutlicher Hinweis auf den Verlust von Wahrnehmungsfähigkeit und Anpassungsvermögen. Man kann daher sagen, daß die Fähigkeit zur Aufmerksamkeit im Problemlösen sowohl Konzentration als auch Beweglichkeit erfordert. Aufmerksamkeit ist notwendig, um zum Verständnis einer Idee oder einer Situation zu gelangen, das wiederum Voraussetzung für ein Urteil oder eine Schlußfolgerung ist.

Gute Urteilskraft ist ein Hauptvorzug sozialer Intelligenz. Sie erwächst aus einer realistischen Wahrnehmung, aus dem Herstellen von Zusammenhängen zwischen Ursache und Wirkung, zwischen vergangenen und gegenwärtigen, gegenwärtigen und zukünftigen Handlungen und ihren Folgen und aus der Fähigkeit, sich zu erinnern und von da aus zu planen und vorauszusehen. Sie hängt aber auch von der emotionalen Fähigkeit des Menschen ab, Spannungen zu ertragen, die durch Überlegen, Abwägen und Wählen verursacht werden. Daraus kann man ersehen, daß das Urteilsvermögen von den emotionalen Fähigkeiten und Zuständen des Menschen immer stark beeinflußt wird. Weil der Klient, wie schon früher gesagt, zu einem Zeitpunkt zur Dienststelle kommt, da seine Ich-Integration herabgemindert ist, kann man nicht erwarten, daß seine Fähigkeit zu einem guten Urteil sich in raschen, ungehinderten Entschlüssen zeigen wird. Sie kann vielmehr darin gesehen werden, daß er bereit ist, diese Fähigkeit anzuwenden, wenn der Caseworker ihm hilft, Tatsachen und Ideen zu überdenken und abzuwägen, bevor er etwas unternimmt.

Soziale Intelligenz ist wohl in jeder Situation auch stark von der erforderlichen Sachkenntnis abhängig. Um „intelligent" zu handeln, muß der Mensch eine Vorstellung davon haben, wie er sich in einer Situation verhalten soll und was von seiner Rolle erwartet wird. Wenn er auch die Einzelheiten noch nicht kennt, muß er doch einen allgemeinen Begriff von dem haben, was von ihm und von der Situation verlangt wird. Das Ausmaß der Sachkenntnis des Klienten zeigt sich in seinen früheren Bemühungen, sein Problem zu lösen, in der Art und Weise, wie er sein Problem darstellt, in seinem Auffassungsvermögen für die Erklärungen des Caseworkers hinsichtlich der beiderseitigen, aber unterschiedlichen Rollen, die ihnen bei ihrer gemeinsamen Arbeit zukommen usw. Der Klient, der „keine Ahnung hat", was er zu erwarten oder zu tun hat, wird erheblich mehr direkte Vorschläge und Informationen vom Caseworker benötigen als derjenige, der bereits einige Vorkenntnisse besitzt. Sachkenntnis erweist sich im richtigen Handeln in einer bestimmten sozialen Situation. Dieses Handeln wird durch einen Gefühlskonflikt offensichtlich verzerrt oder beeinträchtigt. Ausmaß oder Ausbreitung eines Konfliktes lassen sich tatsächlich an den unterschiedlichen Situationen erkennen, in denen ein Mensch, obwohl er seine eigene Rolle richtig sehen mag, nicht angemessen funktionieren kann. Umgekehrt ist es ein gutes Zeichen, wenn ein Mensch trotz innerer Störungen oder äußerer Schwierigkeiten noch imstande ist, in Übereinstimmung mit den an ihn gestellten sozialen Anforderungen zu handeln. Der Einklang von Wissen und Handeln weist darauf hin, daß die ausführenden Funktionen des Ich trotz aller Hindernisse noch ziemlich intakt sind. Zusammenfassend kann man vielleicht sagen, daß soziale Intelligenz die Fähigkeit eines Menschen ist, sein Verhalten auf Grund dessen, was er in der Realität wahrnimmt, weiß oder erlebt, zu ändern oder zu modifizieren.

Körperliche Fähigkeiten

Die physischen Fähigkeiten des Klienten sind wahrscheinlich am leichtesten zu bewerten; sicherlich sind sie es, für die man am ehesten fachliche Gutachten erhalten kann. Wenn das Problem des Klienten nicht gerade seinen physischen Zustand selbst betrifft, dann wird es in erster Linie notwendig sein, festzustellen, ob der Klient physische Energien frei hat, die er in die Arbeit an seinem Problem investieren kann oder ob seine Energien durch Krankheit oder durch die Schwäche und Erschöpfung, die seine physischen und emotionalen Entbehrungen verursacht haben, aufgebraucht sind. Der Geist mag willig sein, aber das Fleisch ist schwach, nicht nur infolge der Zwiespältigkeit, auf die dieses alte Sprichwort hindeutet, sondern auch, weil ständige Mühsal die Kraft eines Menschen aufgezehrt haben kann.

Die Bewertung von Motivation und Fähigkeit

Was bereits angedeutet wurde, muß vielleicht noch klarer gesagt werden: eine bloße Zusammenstellung der oben angeführten oder anderer Merkmale von Motivation und Kapazität wird die Fähigkeit des Klienten zur Mitarbeit noch nicht sichtbar machen. Vielmehr wird es notwendig sein, sie in ihren dynamischen Zusammenhängen zu betrachten. Es ist oft nicht möglich, zu bestimmen, wo Fähigkeit aufhört und Motivation beginnt. Darüber hinaus kann weder Motivation noch Fähigkeit einfach durch die Beobachtung der Art und Weise, in der der Klient sich und sein Problem spontan präsentiert, beurteilt werden. Wie schon früher gesagt, können die Fähigkeiten und Antriebe des Klienten am besten in der planvollen Wechselwirkung des Gesprächs gesehen, geprüft und zur Entfaltung gebracht werden, wobei der Caseworker dem Klienten Anreiz und Beistand gibt, damit er seine vorhandenen Kräfte gebrauchen kann. Wenn der Klient sich als unfähig erweist, wird der Caseworker untersuchen und beurteilen müssen, welche Faktoren in der Wechselwirkung zwischen dem Klienten und seiner gegenwärtigen Lebenssituation (die psychosoziale Evidenz), in seiner Persönlichkeitsstruktur (die klinische Evidenz) oder in seiner vergangenen Lebenserfahrung (die ätiologische Evidenz) sein Funktionieren erklären und beeinflussen. Welche diagnostischen Daten auch verwendet werden, ihr Zweck besteht darin, den weiteren Bemühungen des Caseworkers, die adaptiven Anstrengungen des Klienten zu fördern und zu honorieren, eine Richtung zu geben.

Der besondere Zweck, dem die Diagnose der augenblicklichen Fähigkeit des Klienten zur Mitarbeit dient, erfordert eine eigene Erörterung. Mehr als jede andere enthüllt diese diagnostische Evidenz, die sich vor den Augen des Caseworkers entfaltet und sozusagen auf seine Berührung anspricht, das augenblickliche Funktionieren des Klienten. Sie zeigt vor allem an, was im Klienten trotz seiner Krankheit oder der Probleme, die ihn bedrängen, noch funktionsfähig geblieben ist. Es geht um dieses verhältnismäßig unbeeinträchtigte Funktionieren, das der Caseworker erkennen, unterstützen und in Bewegung setzen will. Wir neigen oft dazu, etwas leichthin zu sagen, daß wir „die Ich-Kräfte unterstützen", aber wir sollten es zugeben, daß wir nur eine geringe Vorstellung von dem haben, was wir unterstützen, ehe wir nicht genau festgestellt haben, woraus diese Kräfte in dem jeweiligen Klienten bestehen.

Darüber hinaus ist es in vielen Fällen gerade der Mangel an Motivation oder

Fähigkeit des Klienten, der den Inhalt seines Problems ausmacht oder doch das erste Hindernis, das zu überwinden ist. Hier wie bei der Behandlung des unmotivierten Klienten müssen die ersten Bemühungen des Caseworkers sich weniger auf das Problem richten, das den Menschen zum Klienten macht, sondern mehr auf die Widerstände, die ihn daran hindern, Klient zu sein. „Befähigen" bedeutet, einem Menschen zu helfen, seine eigenen Triebkräfte und Fähigkeiten in der gewünschten Richtung zu mobilisieren, und solche Hilfe kann nur gegeben werden, wenn der Caseworker erkennt und unterscheidet, welches diese Triebkräfte und Fähigkeiten sind.

Wenn der Caseworker sich verantwortlich fühlt, eine Situation zu schaffen, in der er die Anzeichen der Fähigkeit des Klienten zur Mitarbeit stärkt und bewertet, wird er dem Klienten zwangsläufig von Anfang an eine wichtige Erfahrung bieten. Die ersten Interviews werden dann mehr als ein Erlebnis des Erzählens und Zuhörens, des Fragens und Antwortens, des Erklärens und Verstehens sein. Während der Caseworker versucht, die Motivation des Klienten und seine Fähigkeit, die Arbeit an seinem Problem zu beginnen, zu prüfen und ihr weiteren Ansporn zu geben, wird er die Erfahrung machen, daß er seine Aufmerksamkeit mehr einer funktionierenden und nicht nur einer bedürftigen Persönlichkeit zuwendet. Der Klient andererseits wird in solchen Gesprächen spüren, daß er mit einem Menschen verbunden (und nicht nur auf ihn bezogen) ist, der ihn durch sein Akzeptieren und sein Verständnis stützt und ermutigt und der ihm auch hilft zu sagen, was er wünscht, zu erkennen, ob und wie er es erhalten kann und ein wenig von dem zu erfahren, wie die Zusammenarbeit mit der Dienststelle aussieht. Seine Reaktionen auf diese Anfangsbehandlung liefern diagnostisches Material und Einsichten von großer Bedeutung.

Wie bereits gesagt wurde, ist die Beurteilung der Bereitwilligkeit und Fähigkeit des Klienten eher das Ergebnis als der eigentliche Zweck der gemeinsamen Arbeit in der Anfangsphase. Dem Klienten sollte diese Anfangsphase nicht nur die verbalen Antworten auf seine Fragen geben, sondern auch das wichtige Erlebnis des Gefühls, daß ihm geholfen wird. Das wird erreicht, wenn der Casework-Prozeß nicht nur ein helfendes Ziel hat, sondern wenn auch seine helfenden Mittel dieses Ziel enthalten. Das bedeutet, daß durch alle Gespräche hindurch, die den Klienten und den Caseworker zu der Übereinkunft führen, wo, womit und wie sie miteinander weiterarbeiten wollen, der Caseworker Unterstützung und Anreiz, Akzeptieren und Erwartung,

Konzentration und Zielstrebigkeit bietet, die den gesamten helfenden Prozeß
charakterisieren.

Die Ziele des Casework

Abschließend sind für unsere Überlegungen über Casework-Ziele die Diagnose und die Bewertung der gegenwärtigen Funktionsfähigkeiten des Klienten wichtig. Wie der Begriff der „Diagnose" ist auch der Begriff des „Zieles"
im Casework oft verwendet und unterschiedlich interpretiert worden. Einmal
wurde er im Sinne von Idealen und absoluten Werten, ein andermal im Sinne
bestimmter praktischer Zwecke gebraucht; häufig wird er auch definiert durch
etwas, das das Ziel *nicht* ist — „die Reorganisation der Persönlichkeit ist nicht
Ziel des Casework" —, woraus man schließen könnte, daß immerhin einige
Caseworker behaupten, daß dies ein Ziel sei. In Diskussionen unter Caseworkern äußert sich ein gewisses unterschwelliges Gefühl, daß ihr Ziel die
völlige Lösung des Problems des Klienten sein sollte[41]. Die Notwendigkeit,
die Zielvorstellung in unserer Praxis zu klären, wird von verschiedenen
Überlegungen diktiert: die Selbstachtung des Caseworkers und die Wirksamkeit seiner Tätigkeit hängen damit zusammen; der Inhalt, die Methoden
und die Dauer der Behandlung beziehen sich darauf; und die Brauchbarkeit von Dienstleistungen für einen sich immer mehr erweiternden Kreis
von Klienten ist davon abhängig.
Wenn die vollständige Lösung von Problemen, einschließlich der Persönlichkeitsprobleme, als Casework-Ziel angesehen wird, fühlen sich Caseworker oft
frustriert und niedergeschlagen. Diese Erfahrung trägt zu Zweifeln an sich
selbst, zur Skepsis gegenüber ihrem Beruf und zu der Annahme bei, andere
Berufe — besonders die Psychiatrie — erzielten „Heilungen" oder dauernde,
grundlegende „Anpassungen". Wo solche Vorstellungen herrschen, kann die
Behandlung eines Klienten unangemessen und endlos werden — unangemessen, weil sie von den Wunschzielen des Caseworkers und nicht des Klienten
angetrieben wird und endlos, weil sie der Fata Morgana eines „angepaßten"

---

[41] Die jüngere Literatur in Psychiatrie und Social Casework, die sich mit dem Problem der therapeutischen Ziele beschäftigt, versucht der Tendenz entgegenzuwirken, Ziele anzustreben, die für den
Patienten oder Klienten unerreichbar oder für den Therapeuten unrealistisch sind. Hierbei bieten
Pollak und Neumann (48) und Wolberg (63) brauchbare Richtlinien; vgl. auch „Scope and Method of
the Family Service Agency" (53).

Klienten nachläuft, der keine Angst (oder Hoffnung?) mehr hat und keine Furcht (oder keinen Mut?) mehr kennt, sondern (komme, was das wolle?) in vollkommener Harmonie mit sich und seiner Umgebung lebt. Wenn Fälle über lange Zeit hinweg fortgeführt werden im Glauben (und weniger in der Gewißheit), daß eine Wendung eintreten werde, die näher an das erhoffte Ziel heranführt oder weil nur die angestrebten Ziele in Betracht gezogen wurden, aber nicht auch die vorhandenen Mittel, dann wird die Fallzahl der Dienststelle gleichbleiben und die Warteliste der Klienten mehr und mehr anwachsen. Kurz, der wirtschaftliche Einsatz von Energie, Zeit und Geld, die Zugänglichkeit der Dienstleistungen, das optimale Angebot an die größtmögliche Klientenzahl — alles das erfordert, daß die Casework-Ziele, besonders wenn man sie im Hinblick auf den individuellen Fall betrachtet, realistisch untersucht werden.

Selbst in der Medizin ist „Heilung" ein Begriff, dem viele Grenzen gesteckt sind. Ein spezifischer Anfall von Krankheit auf den menschlichen Organismus mag behoben, die Anfälligkeit eines Menschen gegen gewisse Krankheiten kann vermindert, andere Krankheiten können aufgehalten werden. Aber die Möglichkeit von Rückfällen bleibt immer offen, es sei denn, es werden bestimmte Lebensbedingungen für das Individuum sichergestellt, gewisse gesundheitserhaltende Maßnahmen der Gemeinschaft durchgesetzt und die Durchführung vorgeschriebener Diät, Ruhe, Hilfe usw. auferlegt. Darüber hinaus wird die Medizin immer wieder von der Erfindungskraft der Natur heimgesucht, die ständig neue Krankheitsformen hervorzubringen scheint, sobald die alten durch neue Medikamente in Schach gehalten werden, so als wolle sie diejenigen, die vorgeben zu „heilen", Lügen strafen.

Um wieviel begrenzter muß dann die Idee einer Heilung bei jenen Lebensprozessen sein, die umfassender und vielfältiger sind als die physischen! Auch im Casework können spezifische „Erkrankungen" behoben (z. B. kann ein gutes Heim für ein Kind anstelle eines schlechten gefunden) werden; die Anfälligkeit gegenüber den Wechselfällen des Lebens kann vermindert werden (durch eine Änderung der Einstellung sich selbst und anderen gegenüber), einer Verschlimmerung kann Einhalt geboten werden (durch Ergänzung und Unterstützung des gegenwärtigen Funktionierens) und so fort. Aber die persönliche und soziale Stabilität des einzelnen hängt sehr stark von der Sicherheit der größeren Gemeinschaft ab, der er angehört (das ist der Grund, warum Caseworker immer um die Wohlfahrt bemüht bleiben) und auch

von den besonderen Lebensumständen, denen er begegnet. Was wir daher
suchen, ist kein statisches Ziel, genannt „Heilung"; vielmehr suchen wir
solche Anpassungskräfte in Bewegung zu setzen und zu halten und solche
materiellen Mittel und Möglichkeiten zu bieten, die einen Menschen im besten
Falle befähigen, seiner Schwierigkeiten Herr zu werden oder ihn im ungün-
stigsten Fall zu einem einigermaßen erträglichen Kompromiß mit diesen
führen.

In den letzten Jahren hat der Begriff der „Anpassungsfähigkeit" glücklicherweise den Platz der schlichten „Anpassung" eingenommen. Das letztere
deutet zu sehr auf Resignation oder auf Kapitulation vor den Umständen
hin, so bequem dies auch sein mag. Die „Anpassungsfähigkeit" trägt dagegen
dem ständigen Fluß und Wandel innerhalb des Menschen und seiner Kräfte
und schöpferischen Fähigkeiten Rechnung, die er bewußt anwendet, um den
Lauf und die Umstände seines Lebens zu formen und zu beeinflussen. Im Casework sind daher die Ziele in den problemlösenden Mitteln eingeschlossen; Prozeß und Ziel verschmelzen miteinander. In jeder Phase der problemlösenden
Arbeit muß der Klient seine Anpassungsfähigkeiten einsetzen, sei es im Hinblick auf eine Idee, eine Beziehung oder eine Situation oder auf einen kleinen
oder größeren Teil des Problems. Der Caseworker verhält sich so, daß die
Anpassung durch seine feste Beziehung, sein Verständnis und durch die greifbaren Möglichkeiten, die er zu bieten hat, gefördert und aufrechterhalten
wird.

Das Ziel muß daher in jedem einzelnen Fall auf das Erreichen oder die An-
näherung an eine Lösung für ganz bestimmte Probleme begrenzt werden,
die zwischen Klient und Caseworker als ihre konkrete Aufgabe festgelegt
wurden. Innerhalb der Grenzen der Wünsche und Fähigkeiten des Klienten,
der Fachkenntnisse und materiellen Mittel der Dienststelle (und der Gemeinschaft) ist das spezifische Ziel, dem Klienten zu helfen, das frühere Niveau
seines Funktionierens wieder zu erreichen oder das wirksamste Funktionieren,
dessen er zu diesem Zeitpunkt fähig ist, zu fördern. Dieses Ziel muß denn auch
ebenso individualisiert sein wie der Mensch und sein Problem und auch das,
was er wünscht und diesbezüglich tun kann (siehe Wolberg, 63). Zwischen
wünschenswerten und möglichen Zielen muß ein Ausgleich geschaffen werden.
Die klinischen und ätiologischen Diagnosen deuten hauptsächlich auf Probleme, Ursachen und Bedürfnisse hin. Die psychosoziale Diagnose zielt auf
das Zusammenspiel von Persönlichkeit und sozialen Umständen in seiner pro-

blematischen oder günstigen Wechselwirkung mit dem zu lösenden Problem ab. Der Teil dieser Diagnose, der sich auf die Fähigkeit des Klienten zur Mitarbeit konzentriert, deutet — wenn sie mit einer Beurteilung der helfenden Mittel verbunden wird — an, welche Kräfte für die problemlösende Arbeit aufgebracht werden können.

Während man also die Berufsziele der Sozialarbeit (und des Casework als eines ihrer Prozesse) im Sinne unserer höchsten Bestrebungen für menschliches Wohlergehen formulieren kann, muß sich das Ziel bei jedem einzelnen Klienten aus der realistischen Diagnose des Problems und seiner inneren und äußeren Lösungsmöglichkeiten heraus entwickeln. „Entwickeln" ist hier ein bedeutsames Wort, weil das erwartete Endziel bei einem Klienten nicht im voraus festgelegt werden kann, so wie man die Ziellinie einer Rennstrecke zieht. Vielmehr muß die Zieleinschätzung mit einer Art gleitender Skala vorgenommen werden, die sich ausdehnen und verkürzen läßt und auf der am einen Ende das Wünschenswerte, am anderen das Mögliche eingezeichnet ist. Was wünschenswert ist, kann frühzeitig aus den Bedürfnissen des Klienten projektiert werden; aber was möglich ist, läßt sich nur allmählich aus den Reaktionen des Klienten und der Situation erkennen und zu der bestmöglichen Hilfe, die gegeben werden kann, entwickeln.

Zum Beispiel wäre das „ideale Ziel" für das, was wir eine „ablehnende Mutter" nennen, daß sie es erreichen sollte, ihrem Kind gegenüber Zärtlichkeit zu empfinden. Der Caseworker kommt beim Versuch, ihre Gefühle zu beeinflussen (und gleichzeitig auf die Probe zu stellen), zu dem Schluß, daß die Härte, die sich in dieser Frau zeigt, die Möglichkeiten für eine größere emotionale Veränderung einengt. Das Ziel wird eingeschränkt. Es wird eingeengt auf das Bemühen, der zwanghaften, gehemmten Mutter zu helfen, sich ihrem Kind gegenüber so zu verhalten, daß es nicht allzu sehr unter ihr zu leiden hat und daß die sich ergebenden Reaktionen des Kindes die Mutter befriedigen. Diskussionen mit der Mutter über die Art und Weise, wie sie Ratschläge in die Praxis umsetzt, ihre folgenden Reaktionen usw. zeigen auf, daß sie gestört ist und ihr Kind mehr schädigt, als ursprünglich angenommen wurde. Das Ziel engt sich weiter ein oder ändert sich sogar, denn es besteht jetzt darin, diese Mutter dazu zu bringen, ihr Kind für eine anderweitige Unterbringung freizugeben.

Man kann auch eine umgekehrte Entwicklung beobachten. Herr S., dem wir zuletzt im 9. Kapitel begegneten, forderte eine Haushaltshilfe an. Nachdem

dieser Dienst bereitgestellt worden war, entdeckte der Caseworker, daß dieser
Vater Hilfe für seine Tochter brauchte. Das erste Ziel war, die Anpassungsfähigkeit der Familie S. aufrechtzuerhalten. Dann erweiterte es sich darauf,
eine Modifizierung des Anpassungsverhaltens von zumindest einem Mitglied
der Familie mit einzuschließen. Auf dem Weg zu diesen langfristigen Zielen
würde es notwendig sein, eine Reihe von Zwischenzielen zu erreichen. Zuerst
würde man Herrn S. helfen müssen, die Gründe für die Besorgnis der Hauspflegerin und des Caseworkers wegen der Fehlanpassung des Kindes einzusehen. Dann müßte man ihn veranlassen, dafür Hilfe zu wünschen, und dann
müßte er dazu gebracht werden, zusammen mit dem Caseworker über dieses
Problem nachzudenken und zu sprechen. Sein Wahrnehmungsvermögen, seine
Beziehungs- und Urteilsfähigkeit würden ihre Stärke oder Schwäche erweisen,
während er versucht, das Problem zu erklären, zu verstehen und entsprechend
zu handeln. Was immer die Schwierigkeiten des kleinen Mädchens wären und
was immer der Caseworker als dessen Bedürfnisse erkennen würde, das realistische Ziel würde sich aus dem Wünschen, dem Wollen und den Fähigkeiten
von Herrn S. ergeben.

Das mögliche Ziel ist nur ein Punkt, der in der Ferne winkt. Unsere erste
Überlegung mit jedem Klienten muß sich darauf richten, das nächstliegende
Ziel zu erreichen: daß er sich mit so viel Gefühl und Verständnis, als er aufbringen kann, darauf einläßt, unsere Hilfe zu wünschen, anzunehmen und zu
verwenden. Solange dieses Ziel nicht bis zu einem gewissen Grad erreicht ist,
werden alle Ideen hinsichtlich eventueller Ziele im Bereich der Ideen bleiben
und nur dazu dienen, den Caseworker zu plagen und zu frustrieren, weil er
offensichtlich die Kluft zwischen dem, was der Klient zu benötigen und dem,
was er zu wünschen scheint, nicht überbrücken kann. Soll das jeweils nächstliegende Ziel erreicht werden, dann muß der Caseworker sein Denken und
Handeln mit dem Wollen und den Anpassungsreaktionen des Klienten, mit
seinen zielgerichteten Kräften verbinden. Dann wird das Ziel für jeden Klienten zu einem allmählich sich öffnenden Ausblick anstelle eines fixierten End-
zwecks, der so ideal oder so entfernt ist, daß sowohl Klient als auch Caseworker schon bald die Hoffnung aufgeben, es jemals zu schaffen. Man kann
es eher mit einer Reihe von Rastplätzen vergleichen, wie man sie auf Berg-
pfaden findet. „Ich kann vielleicht den Gipfel nicht erreichen", denkt der
Wanderer, „bei meinem Alter, mit meinen müden Beinen, meinen anderen
Interessen und da doch die Zeit so rasch verfliegt. Aber ich bin zu einem Weg-

weiser gekommen, der mir anzeigt, daß ich vorwärtsgekommen bin, von dem
ich mit dem Gefühl, etwas erreicht zu haben, zurückblicken kann. Jetzt kann
ich eine Pause machen und entscheiden, ob das mein Ziel für heute sein soll
oder ob ich weitergehen kann und will." So ist es auch mit dem Caseworker
und seinem Klienten: während sie sich anschicken, ihre Arbeit fortzusetzen,
kann der Caseworker gemeinsam mit dem Klienten überlegen, wo das Ziel
liegt und welche Richtung dahin führt. Aber er sollte wissen, daß er vorerst
mit dem Klienten ein Terrain zu durchqueren hat, das zu einem Zwischenziel
führt. Dort können sie dann eine Pause einlegen, um das Problem noch einmal
abzuschätzen und um die bisherigen Bemühungen und Fähigkeiten des Klienten, vorwärtszukommen oder seinen Wunsch und sein Bedürfnis, eine Weile
auszusetzen, in Erwägung zu ziehen und dann zu beurteilen, wie sich die Entscheidung zu der fachkundigen Bewertung des Caseworkers von den verfügbaren Mitteln und den wünschenswerten Zielen verhält.

Angesichts dieser Überlegungen kann man das Ziel der Anfangsphase darin
sehen, den Klienten in eine problemlösende Beziehung zu der Dienststelle zu
bringen. Wenn das erreicht ist (obzwar es vielleicht in einem späteren Stadium
der Behandlung von neuem angestrebt werden muß), wissen sowohl Klient
als auch Caseworker — was sie auf andere Weise nicht hätten erfahren können —, wohin und wie es weitergeht. Im Verfolgen dieses Zieles verschmelzen
die problemlösenden Mittel und der Zweck der Problemlösung zu einer
Einheit.

Teil III
Zwei Fallbeispiele

13. Zwei Fallbeispiele: Herr Grayson und Frau Whitman

Bei der Sondierung des Fallmaterials, das den problemlösenden Prozeß des Casework illustrieren könnte, habe ich nicht den „perfekten Fall" gesucht. Wenn man einen solchen findet, dann erscheint er auf dem Papier so glattgeschliffen, daß er entweder einer Analyse nicht zugänglich ist oder Neid bei dem erregt, der ihn studiert. Was man sich eher wünscht, ist ein „typischer Fall" — typisch in dem Sinn, daß er die Art von Menschen und Problemen darstellt, die man gewöhnlich in der Casework-Praxis antrifft, daß er sich in einer charakteristischen Dienststelle abspielt und daß das, was der Caseworker unternimmt, bei allen möglichen Fehlern doch durch die Kombination von logischem Denken und feinfühligem Lenken dem Klienten weitgehend hilft. In diesem Sinn kann man die Fälle G. und W.[42] als typisch ansehen.

Für die Analyse wurden von diesen Fällen nur die ersten Gespräche herausgegriffen. Die gleichen Überlegungen, die dazu zwangen, den Umfang des Buches zu begrenzen, beschränken auch das Fallmaterial: das erste Gespräch ist ein kleiner Querschnitt durch den Casework-Prozeß; weil er klein ist, gestattet er eine gründliche Untersuchung, und weil es ein Querschnitt ist, enthält er alle Grundelemente des Problemlösens.

Schon an der Schwelle der Dienststelle kann man unzählige Unterschiede zwischen den beiden Fällen feststellen. Einer davon ist der Platz. Herr G. befindet sich in einer psychiatrischen Klinik, deren Hauptfunktion, nämlich die Psychotherapie, durch Casework unterstützt wird. Frau W. finden wir in einer Familienberatungsstelle, wo Sozialarbeit die primäre Funktion, Soziale Einzelhilfe der Hauptprozeß und Familienberatung der Hauptzweck ist. Ein zweiter wesentlicher Unterschied liegt in der Art des Problems, das der Dienst-

---

[42] Der Fall G. mag dem Leser bereits bekannt sein, da er bis vor kurzer Zeit in Casework-Kursen vieler Schulen für Sozialarbeit in USA (als Herr H.) verwendet wurde. Er war ursprünglich dem Case Records Committee der American Association of Psychiatric Social Workers unterbreitet und dann zum Schulgebrauch an die damalige American Association of Schools of Social Work weitergegeben worden. Der Caseworker war bis zur zweiten Auflage dieses Buches unbekannt, wo ich erfuhr, daß es Frau Ethel Wannemacher, Socialwork-Administrator im Friends Hospital, Philadelphia, war. Ich habe beiden, der A. A. P. S. W. und Frau Wannemacher dafür zu danken, daß ich diesen Fall zitieren darf. Der Fall W. ist mit freundlicher Erlaubnis des Family Service Bureau der United Charities of Chicago angeführt. Der Caseworker war Fräulein Frances Martin. In beiden Fällen wurden einige redaktionelle Änderungen zwecks Kürzung und größerer Klarheit vorgenommen, ohne daß jedoch die grundlegenden Tatsachen oder deren Bedeutung verändert wurden. Die einzelnen Absätze in den Gesprächen dieses Kapitels sind numeriert, um deren Diskussion zu erleichtern.

stelle vorgetragen wird und in den Personen, die es vorbringen. Herr G. ist das Opfer innerer Konflikte, die er kaum versteht und über die er wenig Kontrolle hat. Frau W.s Konflikt besteht zwischen ihr und ihrem Mann, und ihr Funktionieren ist nicht beeinträchtigt, während jedoch ihre Rollen als Frau und Mutter sich aufzulösen beginnen. Von besonderem Interesse ist für den Beginn des Caseworkers der leicht erkennbare Unterschied in Bereitschaft und Willigkeit der beiden Klienten, Hilfe anzunehmen. Her G. ist sich nicht nur im unklaren über den Zweck der Dienststelle, die Identität des Caseworkers und seine Beziehung zur ersteren, er ist auch offensichtlich ein „unwilliger" Klient, der immer wieder Schutzwälle zwischen sich und der Dienststelle aufrichtet. Frau W. erfaßt dagegen die Funktion der Dienststelle und deren Beziehung zu ihr genau, und sie kommt, obzwar sie Zweifel hegt, ob sie an ihrer Ehe arbeiten soll oder nicht, dem Caseworker freimütig entgegen und zeigt, daß sie bereit ist, über ihre Schwierigkeiten zumindest nachzudenken und zu sprechen.

Im Fall von Herrn G. ist daher das Problem, an dem der Caseworker zuerst arbeiten muß, Herrn G. zu helfen, daß er die benötigte Hilfe auch wirklich wünscht. Bei Frau W. kann man sich auf die vorliegende Fehlanpassung konzentrieren. Innerhalb aller dieser Unterschiede, die noch durch tausend andere ungenannte Unterschiede zwischen den Personen, den sozialen Situationen, den Problemen und Dienststellen, die in diese beiden Fälle verwickelt sind, kompliziert werden, soll dann der Frage nachgegangen werden, ob die konstanten Komponenten des problemlösenden Prozesses innerhalb jeder dieser höchst individuellen Situationen gefunden werden können und ob dieser Prozeß mit der Beständigkeit fortschreitet, die man von ihm fordern muß.

Herr Grayson

Platz. Es handelt sich um eine aus Privatmitteln unterhaltene psychiatrische Klinik, die auf Grund eines Vertrags mit der Veterans Administration[43] einige von deren Patienten zur Behandlung übernimmt. In dieser Klinik spricht der Caseworker mit jedem neuen Patienten, um ihm bei der Entscheidung zu helfen, ob er glaubt, daß er psychiatrische Behandlung braucht oder wünscht und um ihn allmählich damit vertraut zu machen, was ihn

---

[43] Die Veterans Administration ist die bundesstaatliche Wohlfahrtseinrichtung zur Betreuung ehemaliger Angehöriger der bewaffneten Streitkräfte (Anm. d. Übersetzers).

erwartet, wenn er beschließt, sich behandeln zu lassen. In einem oder mehreren Gesprächen mit dem psychiatrischen Sozialarbeiter entscheidet der
Klient, ob er in der Klinik bleiben will oder nicht, und wenn seine Entscheidung positiv ist, wird er an den Psychiater überwiesen, dessen Patient er sein
wird. Während der Klient psychiatrisch behandelt wird, widmet sich der
Caseworker den Familienmitgliedern und den Umständen, die das Befinden
des Klienten beeinflussen.

Klient. Herr G., ein 23jähriger ehemaliger Kriegsteilnehmer, verheiratet.

Problem. Eine diagnostische Studie der Veterans Administration Mental
Hygiene Clinic (Psychohygienische Klinik) empfiehlt psychiatrische Behandlung. Herr G. war an die Klinik überwiesen worden (die Akten sagen nichts
darüber aus, ob die Überweisung in Form einer bloßen Benachrichtigung er-
folgte, aber das ist hier anzunehmen) mit der Diagnose „Psychoneurose,
Mischtypus". Ein summarischer Bericht sollte noch geschickt werden; eine Zusammenkunft mit ihm war verabredet worden.

Das erste Gespräch

*1. Unsere Sekretärin verständigte mich, daß Herr G. angekommen sei. Er
kam zu früh. Als ich die Treppe herunterkam, um ihn zu begrüßen, saß er
mit gesenktem Kopf auf einer Stuhlkante in der Empfangshalle. Ich grüßte
ihn, und er blickte ein wenig erschrocken und gespannt auf.*

*2. Ich sagte ihm, daß ich keine Ärztin, sondern eine Sozialarbeiterin sei und
daß ich alle neuen Patienten, die von der VA Mental Hygiene Clinic überwiesen werden, als erste begrüße, weil wir herausgefunden haben, daß die
meisten Patienten etwas über die Klinik erfahren wollen, bevor sie dem Arzt
vorgestellt werden. Ich fragte ihn, ob er nicht lieber in mein Büro kommen
möchte, wo wir allein sein könnten, anstatt in der Empfangshalle zu stehen.*

*3. Herr G. begann, auf die Treppe zuzugehen, und ich deutete zu meinem
Büro hinauf, das gerade darüber lag. Er stutzte und sagte leise: „Sind Sie
extra die Treppe heruntergekommen, um mich zu begrüßen?" Ich sagte ja,
und da dies sein erster Besuch sei, habe ich ihn zu meinem Büro begleiten
wollen.*

*4. Herr G. schaute mich gespannt an. Er war ein magerer junger Mann, der
älter als dreiundzwanzig Jahre aussah. Seine glatten, dunklen Haare, fest an*

den Kopf gebürstet, schienen seine Angespanntheit noch zu unterstreichen. Seine Augen lagen tief in den Höhlen, blickten ein wenig ängstlich und wanderten hin und her. Auf meine Einladung setzte sich Herr G. nieder, aber es fiel ihm offensichtlich schwer, mir ins Gesicht zu sehen, obwohl er mir direkt gegenübersaß.

5. Ich wiederholte, ich sei Sozialarbeiterin in unserer neuropsychiatrischen Ambulanz. Es sei meine Aufgabe, alle neuen Patienten, die von der VA Mental Hygiene Clinic an uns überwiesen würden, zu empfangen, ihnen von unserer Klinik und ihrer Arbeit zu erzählen und gemeinsam mit dem Patienten zu entscheiden, ob er daran interessiert sei, unsere Klinik in Anspruch zu nehmen. Es sei mir lieb, wenn er Fragen bezüglich seiner Überweisung an mich zu richten hätte. Darum wolle ich zuerst mit ihm sprechen, denn wir glaubten nicht, daß jeder Patient, der an uns verwiesen werde, sofort einen Psychiater konsultieren möchte.

6. Herrn G.s Augen wurden größer, und seine Spannung steigerte sich. Er fragte, ob dies eine psychiatrische Klinik sei, was ich bejahte. Sie sei dazu da, Patienten mit nervösen oder Geistesstörungen zu helfen. Herr G. bemerkte, er sei wohl an der falschen Stelle, und schickte sich an aufzustehen. Er zog einen Brief aus der Tasche, den er von der VA Mental Hygiene Clinic erhalten hatte und der ihn an uns verwies. „Ich wußte gleich, daß die sich geirrt haben mußten, als sie mir diesen Brief schickten — ich bin doch nicht verrückt.“

7. Ich drückte mein lebhaftes Interesse an dieser Feststellung aus. Ich stimmte ihm zu, daß eine so große Organisation wie die VA Irrtümer begehen könne, und daß es nach dem, was mir erzählt habe, ganz danach aussehe. Ich fragte ihn, wieso die VA dazu gekommen sei, ihm überhaupt diesen Brief zu schicken. Woher hätten sie denn seinen Namen gehabt, da doch die VA Hygiene Clinic nur ehemalige Armeeangehörige mit neuropsychiatrischen Störungen zu sehen bekäme?

8. Herr G. setzte sich wieder nieder, und er wurde, obwohl er sehr verstört aussah, etwas ruhiger. Ich sagte leichthin, daß er vielleicht glaube, in eine „Falle“ gelockt worden zu sein, und daß ich deshalb mit ihm sprechen wolle. Herr G. sagte nichts, schien aber doch aufgeregt zu sein. Ich fragte ihn, ob er eine Ahnung habe, was sich die VA wohl dabei gedacht hätte, ihn an uns zu überweisen. Ich erhielt keine Antwort von dem Patienten, und so fragte ich ihn, ob er möchte, daß ich ihm mehr über diese Klinik erzähle. Herr G. schob

*seinen Stuhl zurück und bemerkte, „sie" (die VA) hätten ihm einen „üblen
Streich" gespielt, als sie ihn hierher sandten. „Wie kommen sie bloß auf die
Idee, ich wäre verrückt?"*

*9. Ich sagte, daß seine Erregung sicherlich berechtigt sei, wenn die VA nicht mit
ihm über die Überweisung gesprochen hätte. Aber er solle doch wissen, daß die
an uns überwiesenen Patienten nicht „verrückt" seien, wenn er darunter ver-
stünde, daß sie nicht mehr Herr ihrer Sinne wären und klinischer Behandlung bedürften. „Unsere Patienten sind nervös, sie haben emotionelle Probleme, das heißt, sie haben ihre Gefühle nicht mehr ganz in der Hand. Sie
haben oft Schwierigkeiten, mit anderen Leuten auszukommen, manchmal
sogar mit ihren besten Freunden; einige Patienten haben deshalb Schwierigkeiten an ihrem Arbeitsplatz und leisten nicht so viel, wie es sonst möglich
wäre. Alles in allem sind unsere Patienten wegen ihrer Probleme ziemlich
unglücklich und suchen Hilfe, um alles wieder in Ordnung zu bringen. Einige
wenige unserer Patienten leiden unter verschiedenen Formen von Geistesstörungen, aber auch diese Patienten möchten wieder besser arbeiten können.
Unsere Patienten werden von unseren Psychiatern untersucht, sie werden für
ein Interview zu einer bestimmten Zeit eingeladen und können nach jeder Besprechung wieder nach Hause gehen. Wir haben keinerlei Vereinbarung mit
der VA getroffen, Patienten, die eine stationäre Behandlung benötigen, zu
behandeln."*

*10. Herr G. schaute mich ständig an, während ich sprach. Ich glaubte, er habe
sehr intensiv zugehört. Als ich fertig war, machte ich eine Pause, und da er
keine Anstalten machte, etwas zu sagen, fragte ich ihn, ob er möchte, daß ich
die VA anriefe, um zu fragen, warum sie ihn zu uns geschickt hätten. Herr G.
machte ein ernstes Gesicht und erwiderte, das sei nicht notwendig. Er glaube,
wir könnten das unter uns ausmachen. Ich sagte, daß ich das gerne versuchen
würde, und fragte ihn, wie er sich vorstelle, daß wir dabei vorgehen sollten.*

*11. Er räusperte sich und erzählte mir, daß sein Rückgrat und seine Füße ihm
Beschwerden machten; er könne die Schmerzen nicht mehr aushalten. Dann
schwieg er wieder. Ich fragte, ob er wegen seines Zustandes behandelt worden
sei, da die Schmerzen doch recht arg sein müßten. Er bejahte. Eineinhalb Jahre
lang sei er von einem Privatarzt behandelt worden. Der Arzt habe ihm Injektionen und Pillen gegeben. Solange er die Injektionen und die Pillen be-
kam, fühlte er sich besser, aber sobald die Wirkung nachließ, kehrten die
Schmerzen zurück. Trotzdem arbeite er weiter (als Mechaniker), aber er spüre,*

daß er „mehr und mehr —" der Patient zögerte und fügte dann halb scherzend hinzu, „nervös, reizbar und zappelig" werde. Herr G. wurde sichtlich erregt, als er von seiner Nervosität sprach. Er streckte die Hände aus, um mir zu zeigen, daß sie mit Schweiß bedeckt waren. Er begann sich die Stirn abzuwischen, strich sich mit den Fingern durch die Haare und sagte dann theatralisch: „Ich bin immer nervös gewesen. Ich kann keine Menschen ertragen; ich ertrage keinen Lärm, und wenn ich in Gesellschaft bin, bekomme ich schreckliche Magenschmerzen und muß mich erbrechen."

12. Ich sagte, ich könne mir recht gut vorstellen, was er meinte. Hierherzukommen habe ihn sicherlich genau so aufgeregt. Es tue mir leid, daß er sich so unwohl fühle. Herr G. zitterte, aber zum erstenmal schaute er mich an, und seine Augen hatten einen traurigen, flehenden Ausdruck. Ich fragte, ob er glaube, daß die Schmerzen in seinem Rückgrat und seinen Füßen in erster Linie für seine Nervosität, die er mir so lebendig geschildert hatte, verantwortlich seien.

13. Herr G. war durch meine Frage sichtlich bestürzt. Er flüsterte, er glaube nicht, daß das der Fall sei. Er sei schon immer nervös gewesen, aber die Schmerzen im Rückgrat und in den Füßen seien erheblich. Ich stimmte zu, daß dies wohl möglich sei und daß beides zutreffen könne. Da er doch wegen seines Rückgrats und seiner Füße ärztlich behandelt worden sei, was hätte der Doktor eigentlich gemeint? Herr G. antwortete sehr ruhig und vertraute mir an, der Arzt habe angedeutet, daß die Schmerzen durch seine Nervosität verursacht oder verstärkt sein könnten. Er habe ihn so weit behandelt, wie er konnte und vorgeschlagen, daß Herr G. einen Psychiater konsultieren solle.

14. Ich fragte Herrn G., ob die Ansicht des Arztes ein schwerer Schlag für ihn gewesen sei. Er sagte nein, aber er habe gehofft, daß der Arzt seine Schmerzen heilen könnte, und dann wäre er schon über seine Nervosität hinweggekommen. Ich wollte wissen, ob er einen anderen Arzt zu konsultieren wünschte. Herr G. schüttelte den Kopf. Ich fragte ihn, was er nun tun wolle. Er murmelte, er glaube, es sei wohl besser, einen dieser „Nerven"ärzte zu konsultieren — er habe es mit dem anderen Arzt ohne Erfolg versucht; vielleicht sollte er doch besser zu „einem dieser Psychiater" gehen.

15. Herr G. begann wieder stark zu transpirieren und war sichtlich erregt. Ich machte über seine Erregung eine Bemerkung und fragte, ob ihn jetzt etwas Besonderes aufrege. Stockend erzählte er mir, er wohne in einer Kleinstadt und habe Angst, daß seine Nachbarn, wenn sie erführen, daß er in eine neuro-

psychiatrische Klinik gehe, glauben würden, er sei verrückt. Ich stimmte ihm zu, daß dies eine berechtigte Besorgnis und die Situation nicht leicht zu bewältigen sei. Ich fragte, ob seine Nachbarn seine Schwierigkeiten, mit anderen auszukommen, bemerkt hätten, da doch in einer kleinen Stadt sich so etwas rasch herumspreche. Herr G. berichtete von wiederholten Anlässen, bei denen er das Zimmer verlassen mußte, wenn Besuch da war, da er das Geschwätz nicht ertragen konnte. Wir stimmten überein, daß, wie er die Situation immer betrachtete, seine Nachbarn zu dem Ergebnis kommen könnten, daß sein Verhalten gegenüber Menschen außergewöhnlich sei. Er stimmte zu, daß es nun für ihn wichtig sei, an sich und seine Gesundheit zu denken. Mit einer Handbewegung, als versuche er, einen unangenehmen Gedanken wegzuwischen, entschied er, daß es besser sei, er suche Hilfe bei der Klinik, gleichgültig, was die Nachbarn darüber dächten. Es sei richtig, daß er schon immer „ein bißchen" nervös gewesen sei, aber niemals so wie jetzt, und er datierte den Beginn seines Zustands auf den Tag, an dem er zur Armee einrücken mußte. Unmittelbar darauf sagte er jedoch heftig: „Darüber möchte ich nicht sprechen. Ich will es vergessen, zur Ruhe kommen und Zivilist sein." Dann bat er mich, ihm mehr über die Klinik zu erzählen.

16. Ich erklärte ihm, daß unser ärztlicher Dienst in Psychotherapie bestehe und daß er mit dem gleichen Psychiater regelmäßig und auf Verabredung zumindest während vier bis sechs Wochen, unserer „Untersuchungsperiode", zusammenkommen würde. Während dieser Zeit hätte der Psychiater Gelegenheit, ihn kennenzulernen und sich ein Bild von ihm zu machen, und er würde dann besser in der Lage sein zu wissen, ob er ihm helfen könne. Herr G. würde auch Gelegenheit haben, den Arzt kennenzulernen und herauszufinden, ob er sich frei genug fühle, ihm seine Besorgnisse und seine Probleme zu erzählen und ob er genügend Vertrauen in den Arzt habe, sich von ihm helfen zu lassen. Am Ende dieser Periode würden er und der Psychiater gemeinsam seinen Zustand besprechen und entscheiden, ob Herr G. die Behandlung fortsetzen solle oder nicht.

17. Herr G. war ganz erstaunt. „Sie glauben wirklich, daß der Psychiater mich fragen wird, was ich dazu meine?" Ich sagte, er werde es ganz sicher tun, weil unser Psychiater ihm gerne helfen möchte. Wie tüchtig ein Psychiater auch sein möge, es habe keinen Sinn, weiterzumachen, wenn Herr G. glaube, es sei ihm damit nicht geholfen. „Sie glauben, der Psychiater ist nicht beleidigt, wenn ich nicht wiederkommen will?" Ich sagte, daß es ihm leid tun würde, falls Herr G. die Behandlung abbräche, wenn er nach der Meinung des Arztes davon nur profitieren könnte. Der Psychiater wisse allerdings, daß sich kein Erfolg einstellen werde, solange Herr G. nicht das Gefühl habe, er brauche die Hilfe des Arztes. Herr G. schien etwas erleichtert, und der traurige Blick verschwand aus seinen Augen. Er begann rasch davon zu sprechen, wie und wann er den Arzt sehen könne, und wie es bei uns üblich ist, hatte ich bereits einen Termin für heute vereinbart. Dieses Interview beim Psychiater solle ein einführendes Gespräch sein. Er könne die Gelegenheit wahrnehmen, mit dem Arzt über sein Problem zu reden und dann entscheiden, ob er wiederkommen wolle. Herr G. antwortete sofort: „Dann ist das erledigt."

18. Nach der ersten Begeisterung, mit dem Psychiater zusammenzutreffen, wurde Herr G. nachdenklich. Vielleicht werde er doch über seine Nervosität hinwegkommen; „was werden ‚die anderen' denken?" murmelte er. Ich erinnerte an seinen Bericht über den Beginn seiner Nervosität und fragte ihn dann, wann er aus der Armee entlassen worden sei. Er sagte es mir. Ob sich danach sein Zustand gebessert habe? Er antwortete, es gehe ihm immer schlechter. Kurz nach seiner Heimkehr heiratete er ein Mädchen, das er seit fünf Jahren gekannt hatte. Sie erwarte jetzt ein Kind. Er begann als Mechaniker zu arbeiten. Da er bestrebt war, so viel wie möglich zu verdienen, kaufte er Altwagen, richtete sie her und verkaufte sie mit gutem Gewinn. Es gelang ihm, 1400 Dollar zu sparen, die er zum Kauf eines Hauses verwendete. Er arbeitete sehr hart und merkte dann, daß er das Tempo nicht durchhalten konnte. Er mußte tagelang von der Arbeit fernbleiben. Er wurde mehr und mehr ‚durchgedreht' und stritt sich mit seinem Chef, mit seiner Frau und seinen Eltern, mit denen sie zusammen gewohnt hatten, bis sie das Haus kauften. Er wollte alles allein machen und war ärgerlich, wenn ihm jemand helfen wollte, ja sogar wenn ihm jemand Geld leihen wollte, während er „in der Klemme saß". Seine Frau sagte ihm, er solle die VA um ärztliche Hilfe bitten, und auf diese Weise kam er zu uns.

19. Ich fragte ihn, ob er eine Invalidenrente bekomme, und er sagte, er glaube, er würde wegen seines neuropsychiatrischen Zustandes eine bekommen. Dann fragte ich ihn, ob er wisse, daß eine solche Invalidenrente nichts Dauerndes sei, daß die Regierung in erster Linie auf eine Rehabilitierung Wert lege und deshalb ehemalige Soldaten zwecks ärztlicher Betreuung an uns verweise. Herr G. schaute zu mir auf. Ich fügte hinzu, es sei die Aufgabe unserer Klinik, ihm zu helfen, gesund zu werden. Ich erklärte ihm unser Ver-

hältnis zur VA etwas ausführlicher, betonte, daß wir keine direkte Verbindung zur VA-Kommission für die Rentenfestsetzung hätten und auch keinerlei Kompetenz, eine Erhöhung oder Herabsetzung von Invalidenrenten vorzuschlagen. Allerdings erwarte die VA von uns monatliche Berichte über
unsere Patienten und deren Fortschritte. (Wir schicken diese Berichte zur VA-
Kommission oder jeder anderen VA-Dienststelle, die an dem Patienten interessiert ist.) Herr G. schien besorgt zu sein. Ich sagte, daß er vielleicht darüber
ein wenig länger nachdenken möchte. Es wäre leicht möglich, daß, sollte
Herr G. sich entscheiden, zur Behandlung zu kommen und sollte sich sein
Zustand bessern, die VA seine Rente kürzen oder gänzlich einstellen könnte.
Tatsächlich geht es den meisten der Patienten, die zu uns kommen, nachher
besser.

20. Offensichtlich dachte Herr G. über das nach, was ich ihm so sorgfältig
dargelegt hatte. Er forderte mich auf, zu wiederholen, was ich über unsere
Verbindung zur VA gesagt hatte, und das tat ich auch. Dann sagte er langsam,
er möchte, daß es ihm besser gehe. Es habe keinen Sinn, eine Rente zu bekommen, wenn es ihm dabei gesundheitlich schlechter ginge. Er warf seinen
Kopf zurück und fügte hinzu, er sei zu jung, um von „Almosen" zu leben. Er
wolle unabhängig sein. Ich erwähnte seinen Wunsch vorwärtszukommen und
seinen Eifer, zu arbeiten und sich und seine Frau zu ernähren. Es war ihm
klar, daß es auch seiner Frau nicht gefallen würde, wenn er ein „Schma-
rotzer" wäre.

21. Er wechselte das Thema und sagte, seine Frau sei seinetwegen besorgt.
Sie sage, sie kenne ihn kaum mehr, seitdem er von der Armee zurückgekom-
men sei. Er bemühe sich, sehr nett zu ihr zu sein, denn er liebe sie, aber manchmal sei seine Laune so schlecht, daß er sich nicht mehr beherrschen könne. Er
fahre sie ohne jeden Grund an, und sie breche dann in Tränen aus. Er wisse,
daß er sie nicht aufregen sollte, weil sie schwanger sei, aber wie könne er das
ändern? Es sei schlimm genug, daß er sich so elend fühle, aber er könne nicht
einsehen, warum er sie unglücklich machen sollte, da er sie doch über alles
liebe.

22. Ich sagte, daß jemand, der in einer solchen Verfassung sei wie er, sich
häufig im gleichen Dilemma befinde. Ich fragte, ob seine Frau wegen seines
Zustandes besorgt sei, und er antwortete sehr gefühlvoll, sie sei es wirklich.
Sie habe nur niemals zuvor mit einem nervösen Menschen zusammengelebt,
und er glaube, sie verhalte sich ihm gegenüber eigentlich genau wie die an-

deren Kleinstädter. Sie habe versucht, mit ihm Geduld zu haben, aber er gebe ihr keine Chance, weil er die meiste Zeit so reizbar sei.

23. Ich sagte, das Bild, das er mir geschildert habe, sei durchaus nicht ungewöhnlich. Es gehöre zu seinem augenblicklichen Zustand. Wir hätten herausgefunden, daß es einem Patienten und seiner Frau helfe, wenn wir Gelegenheit hätten, mit ihr über dieses zweifache Problem zu reden. Oft sorge sich eine Frau zu Tode wegen der Krankheit ihres Mannes, wegen der Notwendigkeit, eine neuropsychiatrische Klinik aufzusuchen und wegen der Probleme, die seine Krankheit für sie selbst auslöse. Es sei uns oft möglich, ihr zu helfen. Herr G. meinte, daß seine Frau mich wohl sprechen möchte, da sie darüber sonst mit niemandem reden könne. Ihre Eltern seien nett, aber unwissend, und sie müßten ihn für unmöglich halten.

24. Ich sagte, wir könnten darüber noch nachdenken. Aber wie stünde es um seine heutige Visite beim Psychiater? Herr G. sagte, er wolle ihn jetzt gleich aufsuchen. Ich nannte ihm den Namen des Psychiaters und sagte, daß ich ihn begleiten würde, um ihn vorzustellen. Dann bat ich ihn, nach dem Gespräch wieder in mein Büro zu kommen, falls der Arzt und Herr G. entscheiden würden, daß er zur Behandlung wiederkommen sollte, und ich würde ihm dann einen Ausweis der Klinik geben. Dann könnten wir auch beschließen, ob ich Frau G. einladen sollte, zu mir zu kommen.

25. Herr G. begrüßte Dr. K. sehr herzlich, und ich verabschiedete mich. Er kam nach dem Gespräch in mein Büro zurück, schien offensichtlich erleichtert, lächelte zum erstenmal und eröffnete mir, daß er zur Behandlung kommen werde. Er fragte mich, wann seine Frau kommen solle. Ich besprach mit ihm, was er seiner Frau über den Zweck ihres Besuches sagen sollte, und er verstand rasch, daß es wünschenswert wäre, wenn sie selbst mich besuchen wollte. Er bat mich um einen Termin für seine Frau in der nächsten Woche, wenn auch er kommen sollte; falls seine Frau aus irgendeinem Grund nicht kommen könnte, würde er es mich wissen lassen. Herr G. schüttelte mir die Hand und dankte mir für meine Freundlichkeit und Rücksichtnahme. Ich begleitete ihn die Treppe hinunter.

Der Casework-Prozeß in der Anfangsphase

In einer solchen Lage ist die vordringliche Aufgabe des Caseworkers klar umrissen: es dem Menschen, der die Dienste der Klinik braucht, zu ermöglichen,

diese Notwendigkeit zu erkennen und Hilfe zu wünschen. Diese „Bereitschaft" ist eine Vorbedingung für die weitere Arbeit. Der Caseworker bemüht
sich also nicht nur, herauszufinden, ob der Klient sein Problem sieht und deswegen etwas unternehmen will, sondern er sucht auch aktiv die Erkenntnis
des Klienten zu fördern, seine Abwehr gegen Veränderungen oder gegen die
Hilfsquelle zu verringern, falsche Auffassungen klarzustellen und ihn von
seiner Problem-Befangenheit zu konstruktivem Handeln zu bringen. Dazu
ist die Sozialarbeiterin in diesem Fall bereit.
Bevor sie Herrn G. empfängt, kennt sie bereits eine Diagnose über ihn: die
klinische Bezeichnung seines Problems lautet „Psychoneurose, Mischtypus".
Das ist ein recht weiter Begriff, der nur besagt, daß Herrn G.s emotionelle Störungen so schwer sind, daß sie die meisten der lebenswichtigen
Aspekte seines Funktionierens beeinflussen. Es läßt sich voraussehen, daß
seine Ängste so stark sind, daß sie sein Wahrnehmungsvermögen beeinträchtigen, seine Anpassungsfähigkeit hemmen, manche seiner Handlungen verzerren und zeitweilig die Form physischer Symptome annehmen. Die Diagnose sagt jedoch nichts darüber aus, was Herr G. über seine Krankheit hinaus
ist oder hat oder welche Beziehung er als Mensch zu seiner Krankheit hat
oder was er dagegen tun möchte oder kann. Das muß der Caseworker aus der
Art und Weise, wie er in dem Interview handelt und reagiert, diagnostizieren.
Diese Diagnose wird ein Nebenprodukt der Anstrengungen des Caseworkers
sein, Herrn G. zu veranlassen, Hilfe zu suchen und zu nutzen.
Weil die Sozialarbeiterin die natürliche Unsicherheit und die allgemeinen
Erwartungen einer Person, die an eine psychiatrische Klinik überwiesen
wurde, versteht und weil sie weiß, daß Angst die Wahrnehmung beeinflußt,
kommt sie Herrn G. entgegen, geleitet ihn zu ihrem Büro und stellt sich ihm
vor. Sie beobachtet sehr feinfühlig alle Andeutungen, die der Klient mit
seinem Körper macht und wodurch er ihr zuerst unbewußt mitteilt, wie er
fühlt und zum Teil sogar, worin sein Problem besteht (Absatz 3 und 4). Sein
Angespanntsein, seine Ängstlichkeit, sein In-sich-Versunkensein — alles das
zeigt sich in der Art, wie er sitzt, schaut und antwortet. Seine Bemerkung
über die Mühe, die sich die Sozialarbeiterin seinetwegen macht, zeigt seine
geringe Selbsteinschätzung an und vielleicht seine geringen Erwartungen, die
er andern Menschen gegenüber hat. Alle seine Handlungen sind für die
Sozialarbeiterin von Bedeutung (sie würde sie sonst nicht niedergeschrie-
ben haben), und sie deuten ganz allgemein an, daß hier ein Mensch ist, der

Angst hat — vielleicht vor dem Caseworker und dieser Dienststelle, vielleicht vor Menschen im allgemeinen, vielleicht vor dem, was in ihm selbst vorgeht —, und er versucht mit seiner Angst fertig zu werden, indem er sich in sich selbst zurückzieht. Das bedeutet nun, daß die erste Hilfe der Sozialarbeiterin darin bestehen muß, ihm einsehen zu helfen, daß er von ihr und von ihren Absichten nichts zu befürchten hat.

Die ausdrückliche Wiederholung der Aussage über sich selbst ist ein Versuch der Sozialarbeiterin, Herrn G. durch Worte dabei behilflich zu sein, sie genau von einem Arzt zu unterscheiden (den die meisten Patienten anzutreffen erwarten, sobald sie eine Klinik betreten), und zu begreifen, wie sie ihm möglicherweise von Nutzen sein kann (5). Es wird hier auch mit der Tatsache gerechnet, daß ein Klient sogar dann, wenn er von selbst zu einer Dienststelle kommt, noch gar nicht unbedingt wissen muß, was diese für ihn bedeutet. Das trifft um so mehr auf den Klienten zu, den jemand anders an die Stelle verwiesen hat. Bei diesem Klienten bedeutet „anfangen, wo er steht", mit seinen unausgesprochenen Fragen zu beginnen.

Herrn G.s Antwort darauf (6) zeigt, daß er eben erst jetzt den eigentlichen Charakter dieser Stelle erfaßt hat, daß er lieber weglaufen und deren Notwendigkeit für ihn ableugnen möchte. Er zeigt auch, daß er eine falsche Vorstellung und ein geringes Verständnis für die Probleme hat, mit denen sich psychiatrische Kliniken beschäftigen.

Die Sozialarbeiterin äußert ihr Interesse (nicht Überraschung oder Widerspruch) an der Bemerkung des Klienten, es sei ein Fehler begangen worden (7). Sie läßt das als eine Möglichkeit gelten. Aber sie geht noch weiter und versucht den Klienten durch Fragen dazu zu bringen, die Situation vernünftig zu sehen (und nebenbei seine Fähigkeit dazu auf die Probe zu stellen). Offensichtlich sind ihre Fragen sanft und freundlich genug gestellt, so daß sie Herrn G. nicht erschrecken, denn er zeigt durch sein Verhalten, daß er bereit ist, das Gespräch wieder aufzunehmen.

Die Sozialarbeiterin äußert zuerst eine Vermutung, worin der Grund für seine Gefühlsverwirrung bestehen könnte und deutet an, daß sie hier sei, weil man an dieser Klinik solche Gefühle voraussieht (8). Dabei wird als selbstverständlich hingestellt, daß negative Gefühle annehmbar und durchaus nicht ungewöhnlich sind. Der nächste Schritt ist das Bemühen, den Klienten dazu zu bringen, zu sagen, wie *er* die Situation einschätzt. Wenn dies mißlingt, werden ihm jene Informationen angeboten, durch die Fehlvorstellungen aufgeklärt werden

können. Herr G. hört jedoch — wie viele gestörte Menschen — mehr von dem
Monolog in sich selbst als von dem Dialog zwischen sich und jemand anderem.
Auf die Gefühle des Herrn G. reagiert die Sozialarbeiterin wiederum feinfühlig — das heißt, sie akzepiert seine Gefühle als natürlich (9). Dann führt
sie ihm die Tatsachen vor Augen, die zur Korrektur der Verzerrungen dienen,
unter denen er diese Stelle und ihre Funktion sieht. Die Information ist anscheinend klug ausgewählt; sie besteht aus einer teilweisen Erklärung dessen,
was diese Stelle ist und wie sie funktioniert, genau ausgerichtet auf das, was
den Klienten zu bedrücken scheint. Als darauf keine sichtbare oder hörbare
Antwort erfolgt, erbittet der Caseworker die Erlaubnis von Herrn G. zu
einem objektiven Test der Realität jenseits ihrer beiden Vorstellungen (10).
In der grundlegenden Notwendigkeit, der Realität ins Auge zu sehen, mag
eine gewisse Drohung dem Klienten gegenüber liegen (hoffentlich aber nicht
in dem Benehmen oder der Haltung des Caseworkers). Hier allerdings scheint
sich der Klient nicht bedroht zu fühlen. Im Gegenteil, er hält an der Tatsache
fest, die er halb-bewußt erkannt, aber zu leugnen versucht hatte. Als er
schließlich einer zeitweiligen Partnerschaft mit der Sozialarbeiterin zustimmt,
indem er vorschlägt, die Sache „unter sich auszumachen", gibt sie ihm Gelegenheit, die Führung zu übernehmen.
Das tut Herr G. auch. In seiner Darstellung (11, 12, 13) erkennt man die
ziemlich typische Reaktion eines Menschen, der emotionelle Störungen dem
Wahnsinn gleichstellt; der Angst hat, daß die andern ihn brandmarken werden und der ein Opfer der allgemeinen Vorstellung des Laien ist, daß, wenn
etwas „nur den Verstand" betrifft, es auch der Willenskraft und -kontrolle
untergeordnet sein müßte. Jeder von uns findet bewußt oder unbewußt eine
körperliche Krankheit eher annehmbar als eine krankhafte Störung des Gefühlslebens. Es ist daher kein Wunder, daß Herr G., wie so viele andere,
nicht nur physische Symptome zur Abwehr gegen seine Konflikte *hat*, sondern daß er sich auch an sie klammern und ihre Realität betonen muß. Manchmal sind sich sogar Caseworker nicht völlig im klaren, ob physische Symptome, die psychogen sind, „wirklich weh tun". Herrn G.s Sozialarbeiterin
hat diese Zweifel nicht.
Was man in der Diskussion mit Herrn G. in diesem Teil des Gesprächs sehen
kann, ist ein partielles, aber charakteristisches Vorgehen des Problemlösens.
Die Sozialarbeiterin erkundigt sich nach den Fakten der Behandlung seines

physischen Zustandes. Welche Hilfe hat man ihm dafür gewährt? Gleichzeitig äußert sie ihr Mitgefühl für den Schicksalsschlag, der ihn getroffen hat. Da sein Bericht unterdrückte Ängste zutage bringt, geht sie noch stärker auf seine Gefühle ein, die — so erkennt sie — nicht nur das Problem in ihm selbst betreffen, sondern auch das Problem, das er beim Sich-Ausliefern an die Klinik zu fühlen beginnt. Es gibt keine Möglichkeit, ihn völlig zu beruhigen, aber sie gibt ihm ihr Verständnis für seine Gefühle und ihr ehrliches Bedauern zu erkennen. Die Art, wie er sie anschaut, zeigt, daß er zum erstenmal während des Gesprächs Vertrauen zu ihr hat.

Nun versucht die Sozialarbeiterin aus Herrn G. herauszubekommen, welche Vorstellung er selbst von seinem Problem hat. Wie sieht er es an, nachdem er es nun beschrieben hat? Seine Antwort wird etwas von seiner Einsichtsfähigkeit enthüllen, das heißt von seinem Vermögen, über das Vordergründige hinauszusehen. Herr G. reagiert mit dem bestürzten Eingeständnis einer Möglichkeit, die er vorher gar nicht in Erwägung ziehen wollte. Wiederum auf ihn eingehend, akzeptiert die Sozialarbeiterin seine Teilerkenntnis des Wesens seines Problems, wobei sie ihm gestattet, an einem Teil seiner Abwehr festzuhalten. Sie knüpft wieder an seine Gefühle an (14). Was empfand er, als der Arzt ihn mit den Tatsachen konfrontierte? Sie läßt auch die Möglichkeit offen, daß er sein physisches Problem immer noch auf die alte Art behandeln wolle — nämlich indem er einen anderen Arzt konsultiert. Auf diese Weise versucht sie nochmals, Herrn G. völlige Freiheit zu lassen und dabei gleichzeitig abzuschätzen, wie er seine Situation sieht, ob sein Verständnis und seine Vorstellungen immer noch verschwommen sind oder ob er bereits Klarheit gewonnen hat. Mehr noch, sie spricht offen aus, was Herr G. eigentlich gern sagen möchte, und da sie das mit viel Verständnis tut, beweist sie zum wiederholten Male, daß sie ihm bei seiner Ambivalenz zur Seite steht. Und da schließlich der Klient diese alte Lösung zurückweist, stellt ihn die Sozialarbeiterin vor die Frage, was er zu tun vorschlägt. Wohin soll er gehen, was soll er tun — welches ist der nächste Schritt auf eine neue Lösung hin? Der Klient fügt sich der Notwendigkeit, psychiatrische Hilfe anzunehmen.

Aber er tut dies nur für den Augenblick (15), weil jede neue Entscheidung, wie für uns alle, eine Unsumme neuer Probleme aufwirft, weil sie bedeutet, Neues zu tun, zu überlegen, zu befürchten und zu überwinden. Der Schritt, den Herr G. auf den Psychiater zu gemacht hat, hat ihn erschreckt. Er läßt dies wieder durch die Sprache des Körpers und durch seine Worte erkennen.

Psychiatrie bedeutet für ihn „Gefahr"; seine physiologische Reaktion ist die Bereitschaft zu fliehen oder zu kämpfen, seine psychologische Reaktion eine Verteidigung gegen die drohende Lösung. Diese Abwehr ist eine Mischung aus Projektion und Rationalisierung. Noch einen Augenblick vorher sah er seine Schwierigkeiten in seinen Füßen und seiner Wirbelsäule; jetzt sieht er sie darin, was andere Leute denken werden und wie das seine Selbstachtung beeinträchtigen wird.

Die Sozialarbeiterin weiß, daß bei einem Problem vorwiegend emotioneller Natur die Gefühlsfaktoren von erstrangiger Bedeutung sind, und sie geht deshalb — wie schon zuvor — auf die Gefühle von Herrn G. ein (15). Sie unterschätzt oder übergeht nicht die Tatsache, daß das, was die Nachbarn denken, Herrn G. mit echter Sorge erfüllt. Vielmehr versucht sie diese Gefühle zu beeinflussen, und zwar nicht etwa durch schnell dahingesagte Versicherungen (wie leicht ist man versucht, einfach zu behaupten, es mache doch nichts aus, was andere Leute denken!) oder durch geschickte Überredung, sondern indem sie ihn auffordert, die objektiven Tatbestände nachzuprüfen: haben seine Nachbarn seine Schwierigkeiten bemerkt? Als er sich diesen Tatsachen stellt (was vielleicht durch die teilnahmsvolle Festigkeit des Caseworkers erleichtert wurde), gibt Herr G. seinen Abwehrschild „die Nachbarn" auf und unternimmt einen weiteren Schritt, um sein Problem anzupacken. „Ich bin bereit, Ihre Vorschläge zu hören", scheint er zu sagen. Nun legt der Caseworker, wiederum stückweise, etwas davon dar, wie die Dienststelle und der Klient zusammen vorgehen werden (16).

Der bemerkenswerteste Aspekt der Tätigkeit dieser Dienststelle ist vielleicht, daß ihre Methoden mit Verständnis für die menschliche Psyche einhergehen — ja sie scheinen sogar von diesem Verständnis diktiert worden zu sein. Die klar begrenzte Probezeit verringert die irrationale, aber doch wirkliche Angst vor einer unbegrenzten Verpflichtung, vor einem „Übernommenwerden". Hinzu kommt, daß dabei ein gegenseitiges Erforschen und Entscheiden vorgesehen ist, das ebensosehr vom Urteil des Klienten wie von dem der Dienststelle abhängt, und gerade dies stärkt beim Klienten das Selbstbewußtsein und das Gefühl der Selbstbestimmung. Natürlich hat der Klient, außer bei einer Zwangseinweisung, immer die Freiheit, zu entscheiden, ob er mit einer Dienststelle weiterarbeiten will oder nicht, aber er ist psychologisch nicht immer frei, das zu wissen oder dessen sicher zu sein. Die Anerkennung dieses Grundrechtes von seiten des Caseworkers ihm gegenüber und der Respekt der

Dienststelle in bezug auf seine Fähigkeit, dieses Recht auszuüben, beruhigt ihn nicht nur, sondern untermauert auch sein Gefühl der Selbstverantwortlichkeit. Herrn G.s Überraschung (17) zeigt lebhaft, wie ein Mensch, der bereits das Gefühl, Herr seiner selbst zu sein, verloren hat, annimmt oder fürchtet, daß er von anderen einfach „übernommen" wird. Die Sozialarbeiterin macht ihm auch klar (wobei sie die klaren Richtlinien der Dienststelle weitergibt), daß jemand zwar zu einem Psychiater gebracht, aber nicht gezwungen werden kann, „sich behandeln zu lassen". Caseworker müssen manchmal Klienten zwangsweise an Psychiater überweisen, wenn eine akute Psychose Schutzmaßnahmen erfordert, aber zur Psychotherapie muß der Klient selbst motiviert sein oder durch Casework-Hilfe dazu bewogen werden. Noch eine Bemerkung hierzu: In dem Wissen, daß diese Motivierung zurückgehen oder ganz erlöschen könnte, nimmt die Dienststelle sie sofort auf und verbindet sie gleich mit einer Handlung. Die Verabredung mit dem Psychiater, sollte Herr G. ihn aufsuchen wollen, kann sogleich verwirklicht werden, wenn der Klient dazu bereit ist. Leider ist das nicht für jede Dienststelle immer möglich, aber wie wertvoll es ist, liegt auf der Hand.

Bis zu diesem Punkt empfing Herr G. Hilfe durch das warme und feinfühlige Verständnis der Sozialarbeiterin, durch ihr Herauslösen und ihre Anerkennung seiner Gefühle, dadurch, daß sie ihn dazu bringt, den objektiven Tatbeständen seines Problems ins Auge zu sehen und dadurch, daß sie ihm das Wesen und die Arbeitsweise der Dienststelle darstellt, die sich von hilfreichen Absichten und Einsichten leiten läßt. Er ist von Furcht, Mißtrauen und Ablehnung zu — zumindest augenblicklichem — Vertrauen, Verständnis und Bereitschaft, etwas Neues in bezug auf sein Problem zu unternehmen, gekommen. Aber ebenso wie es keine physische Bewegung ohne Reibung gibt, so erzeugt auch eine seelische Bewegung von einer Position zur entgegengesetzten einen Widerstand, ein unbewußtes Bemühen, nicht Hals über Kopf das Gleichgewicht zu verlieren. So schreckt Herr G. wiederum zurück (18).

Es wäre nun ebenso naheliegend wie verlockend, Herrn G. zu überreden, wieder zu seinem Entschluß, psychiatrische Hilfe anzunehmen, zurückzukehren und ihm alle seine eigenen Argumente wieder vorzuhalten. Der Sozialarbeiterin gelingt es, dieser Versuchung zu widerstehen. Geduldig veranlaßt sie ihn, nochmals die Tatsachen in Betracht zu ziehen, um so seine Gefühle zu beeinflussen. Er ist schon lange aus dem Armeedienst entlassen; sein Zustand

hat sich verschlechtert; seine Frau meint, daß er Hilfe braucht. Weil er den
Schritt zur Lösung seines Problems noch immer nicht tun kann, obwohl er
die Tatsachen erfaßt, sucht die Sozialarbeiterin herauszufinden, was möglicherweise das Hindernis sein könnte (19).
Es ist wahrscheinlich, daß es nicht die Rentenfrage war, die Herrn G.s Weigerung, psychiatrische Hilfe zu suchen, ausgelöst hat; eher ist es die Angst vor
den Auswirkungen seiner Krankheit, gegen die er sich zu verteidigen scheint.
Sollte er jedoch nachgeben und sich behandeln lassen und dann herausfinden,
daß er mit den neurotischen Kompensationen zugleich auch die wirtschaftliche
Entschädigung für seine Krankheit aufgeben muß, könnte er sich hintergangen
oder zumindest im Stich gelassen fühlen. Daher bringt der Caseworker dieses
Thema zur Sprache. Man könnte einwenden, es sei zu riskant, diese heikle
Frage zu stellen, wenn es so wichtig erscheint, Herrn G. zu veranlassen, die
gebotene Hilfe anzunehmen; er solle besser diese Wahl erst dann treffen, wenn
er die erste Erleichterung durch die Behandlung verspüre. Andererseits könnte
der mögliche Verlust der Rente Herrn G. im Augenblick davon abhalten, eine
Entscheidung zu treffen, oder diese Möglichkeit könnte ihm erst später ein-
fallen, und er müßte sich dann allein damit auseinandersetzen. Das sind anscheinend die Überlegungen, die die Sozialarbeiterin in diesem Fall bewegen.
Jedenfalls bleibt dieser Grundsatz des Casework bestehen: wenn irgendein
Hindernis für das Hilfe-Verlangen des Klienten auftaucht, ob es nun in der
Situation des Klienten oder der Dienststelle liegt, dann sollte es besser gleich
beim Namen genannt und zwischen Klient und Caseworker offen auf den
Tisch gelegt werden, als daß man es seinen unbekannten Einfluß ausüben
läßt, indem es nicht ausgesprochen und behandelt wird. Es ist sicherlich ein
Risiko; aber ein offenes, bekanntes Risiko erlaubt bewußtes Handeln, was bei
einem unterdrückten Problem nicht der Fall ist.
Herrn G.s Antwort (20) ist eine Zusammenfassung seines Wunsches und seines Willens, gesund zu werden. Er brauchte sich nicht gegen den Druck der
Überredung zu stemmen. Vielmehr hat er nochmals erfahren, daß der Caseworker zugibt, es gebe für ihn tatsächlich negative Faktoren beim Annehmen
der Hilfe. Gleichzeitig hat die Sozialarbeiterin ihm klargemacht, daß sie diese
neue, wenn auch schwierige Art, sein Problem zu lösen, unterstützt und „dafür einsteht". Diagnostisch kann man in Herrn G. eine starke Motivierung
sehen, sich der Situation gewachsen zu zeigen und das Verlangen, sein Bild
von sich selbst als einem unabhängigen Mann zu wahren.

Die Diskussion offenbart hier (21, 22) ein anderes „gutes Zeichen": die Fähigkeit, aus sich herauszugehen und dabei zu erkennen und mitzufühlen, was seine Probleme für eine andere Person, seine Frau, bedeuten. Er ist sich ihrer als einer Person bewußt, die er zugleich liebt und verletzt; diese Erkenntnis enthüllt nicht nur etwas von seiner Beziehungs- und Wahrnehmungsfähigkeit, sondern auch von seinen Beweggründen.

Was die Verantwortung des Caseworkers anbelangt, so deuten die Worte von Herrn G. eine neue Dimension des Problems im Verhältnis zur Dienststelle an: die wahrscheinliche Notwendigkeit, Frau G. zu helfen, sowohl die Krankheit ihres Mannes zu ertragen als auch seine Anstrengungen, gesund zu werden, zu unterstützen. Die Sozialarbeiterin drückt nun ihr verständnisvolles Erkennen dieser Notwendigkeit und deren Selbstverständlichkeit aus (22). Wiederum bietet sie ihr helfendes Verstehen und ihre Dienste an, einen wichtigen Teil der Problemsituation des Klienten, seine Frau, günstig zu beeinflussen.

Aber die Hauptentscheidung muß erst noch vom Klienten getroffen werden: will er oder will er nicht, kann er oder kann er nicht auf Grund dessen, was man ihm zu erkennen und zu überdenken geholfen hat, sich zum Handeln durchringen? Die Frage wird direkt gestellt (23, 24), und der Klient gibt eine Antwort, die ihm Mut abverlangt. Er wagt es, „ja" zu sagen, weil er die Erfahrung gemacht hat, daß die Sozialarbeiterin ein verständnisvoller, nicht aggressiver, ehrlicher, ihn akzeptierender Mensch ist. Seine Angst vor „dieser Stelle" und vor ihren Absichten ist gemindert, und er wurde durch das mitfühlende Wissen und das fachliche Können der Sozialarbeiterin vom Widerstreben zur Unentschiedenheit und endlich zum Entschluß gebracht. Er wird nicht unbedingt ständig so aktiv und aufgeschlossen für die Hilfe bleiben. Er wird sich vielleicht wieder zurückziehen, sobald das nächste Interview mit dem Psychiater ihn zwingt, alle seine Konflikte noch einmal nachzuerleben, oder es wird, sofern er durchhält, häufig Widerstand und Ambivalenz in bezug auf die Behandlung geben. Diese Probleme können nicht ein für allemal gelöst werden. Innerhalb des ersten Gesprächs hatte der Caseworker dem wichtigsten Anfangsproblem im Casework ins Auge zu sehen und es zu behandeln: dem Klienten zu helfen, den ersten willentlichen Schritt zum Annehmen der Hilfe der Dienststelle zu tun.

Frau Whitman

Platz. Eine private, nichtkonfessionelle Dienststelle der Familienhilfe in einer Großstadt.

Klienten. Herr W., vierzig, und Frau W., fünfunddreißig, nach fünfzehnjähriger Ehe; Junior, vierzehn, Martha, zwölf, und Terry, zehn.

Problem. Herr W., nicht seine Frau, hat sich zuerst an die Dienststelle um Hilfe gewandt. Er war von einer guten Freundin der Familie, die von den Aufgaben dieser Stelle wußte und die sich um die ganze Familie, Mann, Frau und Kinder Sorgen zu machen schien, in das Büro gebracht worden. Fünf oder sechs Jahre Unzufriedenheit und ein Jahr offenen Ehezwistes waren der Krise vorausgegangen. Dann, am vorhergehenden Tag, hatte Frau W. nach einem Streit ihr Heim verlassen, Martha mitgenommen und erklärt, sie sei „fertig mit ihm und mit der Ehe". Herr W. klammerte sich hilfesuchend an die Freundin und weinte, als er von seinem Problem berichtete.

Herr W. wollte gern, daß die Dienststelle Frau W. zu ihm zurückbrächte. Er sei bereit, alles zu tun, was ihm angeraten würde, um eine Versöhnung zu ermöglichen. Da es zuerst notwendig schien, festzustellen, ob Frau W. irgendein Interesse hatte, ihre Ehe zu retten, benutzte der Caseworker das erste Gespräch mit Herrn W. dazu, ihm zu helfen, die Geschichte der Ehe und ihrer Zerrüttung aus seiner Sicht zu erzählen, um dadurch einiges notwendige Tatsachenmaterial über die Familiensituation und die Zustimmung zu erhalten, daß nach dem Gespräch mit Frau W. die weiteren Hilfeleistungen gemeinsam geplant werden könnten.

Herrn W.s Darstellung des Problems schob die Schuld zum Großteil auf seine Frau, obgleich auch Ansätze von Selbstvorwürfen zu erkennen waren. Offensichtlich war er durch Liebe oder Abhängigkeit mit seiner Frau eng verbunden und fühlte sich ohne sie hilflos. Die Familie war von einem kleinen Bauernhof in einer entlegenen Gegend vor etwa sechs Jahren in die Stadt gezogen, und Herr W. spürte, daß seine Frau „sich von ihm zu entfernen begann", sobald sie dem Stadtleben ausgesetzt war. Voriges Jahr hatte sie ihm eröffnet, daß sie der Hausarbeit überdrüssig sei, und eine Stelle angenommen, obwohl dafür keine wirtschaftliche Notwendigkeit bestand. Sie begann, nach Feierabend Gesellschaft bei ihren Arbeitskollegen zu finden, mit Männern und Frauen beim Kegeln, bei einem Glas im Wirtshaus usw. Die Spannung zwischen ihnen hatte immer häufiger zu offenen Streitereien geführt, nachdem Frau W. ihrem

Mann gesagt hatte, sie brauche weder ihn noch sein Geld. Herr W. sorgte sich auch wegen der Reaktionen der Kinder und sagte, die Buben hätten darauf gedrungen, er solle die Mutter wieder heimbringen und „noch einmal von vorn.anfangen".
Es handelte sich um eine Familie der unteren Mittelschicht. Beide, Herr und Frau W., hatten eine nicht qualifizierte, aber gut bezahlte Arbeit. Herr W. hatte vier Klassen Grundschule absolviert und Frau W. etwa ein Jahr Gewerbeschule nach der achten Grundschulklasse. Bewußt hatten sich beide, wenn auch auf verschiedene Weise, um ein „gutes Familienleben" bemüht. Da das Gespräch mit Herrn W. durch die Anwesenheit der Familienfreundin kompliziert wurde und da die ersten Entscheidungen davon abhingen, ob seine Frau zur Mitarbeit an dem Problem bereit war, wird hier besser das erste Gespräch mit Frau W. und nicht das mit ihrem Mann wiedergegeben.

Das erste Gespräch

1. Am Tag nach dem Gespräch mit Herrn W. rief seine Frau an und sagte, ihr Mann habe sie auf ihrer Arbeitsstelle wissen lassen, daß er bei der Dienststelle gewesen sei, und daß wir gern mit ihr sprechen wollten. Sie war am Telefon sehr freundlich und schien weder wegen der Situation besonders besorgt zu sein noch darüber, daß wir mit ihr reden wollten. Ich erklärte ihr kurz mein Interesse an einem Gespräch mit ihr, sagte, daß ich wisse, wie schwierig die Situation sei und daß ich glaube, wir könnten ihr helfen, herauszufinden, was sie über ihre eheliche Situation denke. Wir machten einen Termin für den nächsten Tag aus.
2. Frau W. hielt die Verabredung ein. Auf den ersten Blick war sie eine sehr wenig attraktive Frau, mit groben Zügen, einer rauhen Haut und Falten im Gesicht. Sie war jedoch äußerst sauber. Der Kontakt mit ihr war leicht und angenehm herzustellen. An einigen Stellen ihres Berichts weinte sie, war jedoch trotz ihrer stillen Tränen imstande, ihre Situation ruhig zu erzählen und freimütig über ihre Gefühle zu sprechen.
3. Sie begann unmittelbar mit der Entschuldigung, daß sie mir „einen so schwer zu lösenden Fall" vorbringe. Sie verbreitete sich darüber, indem sie sagte, sie wisse, wie schwierig es für einen Sozialarbeiter sein müsse, zu versuchen, einem Ehepaar zu helfen, das schon so lange verheiratet sei und das

*den endgültigen Entschluß gefaßt habe, auseinanderzugehen. Ich nickte, und
sie fuhr fort, daß sie, trotz der unangenehmen Einzelheiten der Situation,
froh sei, daß ihr Mann endlich zu einer sozialen Dienststelle gegangen sei, da
sie bereits vor fünf oder sechs Jahren versucht habe, ihn dazu zu bewegen, er
jedoch diesen Vorschlag mit den Worten abgetan habe, er sei „Manns genug,
auf sich selbst aufzupassen".
4. Ich drückte meine Anerkennung für ihr früheres Bemühen aus, Hilfe in
ihrer ehelichen Situation zu suchen. Dann fragte ich sie, wie sie die jetzige
Situation sehe und wie sie sich unsere Hilfe vorstelle.
5. Sie antwortete sogleich, sie glaube, wir könnten ihr verständlich machen,
was sie zu der Ehe beitragen könne. Im allgemeinen jedoch war sie der Ansicht, ihr Mann brauche Hilfe von jemand anderem, der das bestärken könnte,
was sie seit Jahren versucht habe ihm beizubringen, nämlich, daß sie über sein
tägliches Benehmen nicht glücklich sei. Sie sagte an dieser Stelle und wiederholte es öfters während des Gesprächs, daß sie sich nicht „über große Dinge
gestritten hätten, sondern über die tausend kleinen". Ich brachte aus ihr heraus, daß die kleinen Dinge sich aus seiner steigenden Nervosität und seiner
Neigung ergaben, ständig an allen Familienmitgliedern herumzunörgeln. Zum
Beispiel, sagte sie, erwarte er von ihrer heranwachsenden Tochter die gleiche
Hausarbeit wie von einer erwachsenen Frau. Das Mädchen backt, bügelt die
Familienwäsche und macht die Betten, und die Buben tragen ihren Teil durch
Geschirrwaschen und Auskehren bei. Er sei jedoch mit der Arbeit der Kinder
nicht zufrieden, nörgle an ihnen herum und verbiete ihnen, Geld auszugeben
und Freunde zu sich einzuladen, weil sie ihre Arbeit nicht gut genug getan
hätten. Sie erläuterte an mehreren Beispielen, was sie als unbillige Forderungen an die Kinder ansah, und berichtete von seinem Verbot bestimmter Ferien-
vergnügungen, weil diese albern und zudem teuer seien. Sie glaube, die Kindheit sei gerade die Zeit, auch einmal Dummheiten zu machen und sich auf das
Erwachsensein vorzubereiten. Während sie darüber sprach, stellte sie jedes
der Kinder dar, indem sie seine charakteristischen Züge und Interessen wie-
dergab.
6. Ich bestärkte sie in ihrem Wunsch, den Kindern eine befriedigende Kindheit zu bieten, und sie reagierte darauf positiv, indem sie das Gespräch auf
ihre einsame Kindheit in einem Waisenhaus brachte. Ihre Mutter starb, als sie
zehn Jahre alt war, und ihr Vater schickte sie in ein Waisenhaus und ihre zwei
Brüder zu Verwandten. Sie verließ das Waisenhaus mit achtzehn und zog*

zu einem ihrer Brüder. Er war verheiratet, und er und seine Frau arbeiteten auf einem Bauernhof. Sie hatten ein paar kleine Kinder, und Frau W. kümmerte sich um sie und machte die Hausarbeit. Sie hatte Herrn W. schon lange vorher flüchtig gekannt, und damals begann er, ihr den Hof zu machen. Sie habe geglaubt, er liebe sie, aber inzwischen sei sie zu dem Urteil gekommen, daß er in ihr nur eine kräftige Frau gesehen habe, die ihm Kinder gebären und für ihn „wie eine Sklavin arbeiten" würde.

7. Ich wollte wissen, wie sich Frau W. eine gute Ehe vorstelle und fragte sie, welche Vorstellungen sie gehabt habe, als sie Herrn W. heiratete.

8. Sie sagte, sie erkenne jetzt, daß sie die Ehe ohne genügende Vorbereitung begonnen habe, den Geschlechtsverkehr eingeschlossen, und was es bedeute, Kinder zu bekommen und aufzuziehen. Sie habe sehr bald erkannt, daß sie von ihrem Mann keine Führung erwarten konnte, und sie entwickelte daher rasch ihre eigene Auffassung über das, was eine Familie sein sollte. Obwohl Herr W. „niemals große Zuneigung für die Kinder" zeigte und er sie sogar als Last zu empfinden schien, sei er offenbar immer erfreut gewesen, wenn sie schwanger war. Sie sagte, daß in der Gegend, in der sie aufwuchsen, große Familien üblich seien und daß es selbstverständlich war, daß eine Frau ständig schwanger und „an das Haus gefesselt" sei. Außer ihren drei lebenden Kindern hatte sie eine Fehlgeburt gehabt. Da Herr W. den Kindern gegenüber kühl und gefühllos war, wollte sie die Familie nicht mehr vergrößern und benutzte daher Verhütungsmittel, obwohl ihr Mann eine Abneigung dagegen hatte.

9. Ich fragte nun, was Frau W. über ihre ehelichen Beziehungen empfinde. Sie antwortete, daß sie während ihrer ganzen Ehe niemals sexuell „befriedigt" gewesen sei. Nach der Eheschließung empfand sie ein wenig Erregung und Befriedigung, wohl weil sie noch jung gewesen sei, aber bald nach dieser kurzen Periode wurde ihr bewußt, daß sie im Grunde unbefriedigt war. Ihr Mann habe immer dazu geneigt, den Sexualakt ohne zärtliche Vorbereitung zu beginnen. Ungefähr vor zehn Jahren gab ihr eine Freundin, mit der sie darüber gesprochen hatte, ein Buch zu lesen. Sie las noch zwei oder drei andere und versuchte, ihrem Mann die Idee „zu verkaufen", solche Bücher zu lesen, was er jedoch ablehnte. Ich erfuhr von ihr, daß es sich bei diesen Büchern um „Married Love" und ähnliche pseudowissenschaftliche Bücher handelte. Trotz Herrn W.s mangelndem Interesse, ihre sexuellen Beziehungen zu verbessern, verlor er nicht das Interesse, sie fortzusetzen, und sie hatte das Gefühl, er

habe in den letzten fünf Jahren immer größere Ansprüche an sie gestellt, während sie gleichzeitig mehr und mehr desinteressiert und mutlos wurde. Ich wollte wissen, ob es ihr jemals möglich gewesen sei, mit Herrn W. über ihre Gefühle zu sprechen, anstatt ihm das Lesen von Büchern zu empfehlen. Sie sagte, sie habe es versucht, er sei jedoch auf keine Diskussion oder Überlegung eingegangen.
10. Während Frau W. über ihre ehelichen Beziehungen berichtete, weinte sie heftig. Als ich wissen wollte, ob sie glaube, daß dies die Ursache der meisten ihrer Schwierigkeiten sei, nickte sie zustimmend und sagte dann, sie habe mit einigen Freundinnen gesprochen, die ebenfalls der Ansicht waren, daß sexuelle Fehlanpassung die Wurzel ihrer Probleme sei. Sie fügte jedoch hinzu, daß außer der sexuellen Fehlanpassung sein allgemeines Benehmen, seine Engstirnigkeit und ähnliches stark zu ihrer ehelichen Unzufriedenheit beigetragen hätten. Auf meine Ermutigung fuhr sie fort, daß er ihre aktive Tätigkeit z. B. im Elternbeirat mißbillige und daß er nicht dulde, daß sie in die Kirche gehe oder Geselligkeit pflege. Sie schilderte sich selbst als eine Frau, die immer gern viele Freunde hatte, die es liebte, zu tanzen und zu singen und sich Gruppen von Gleichaltrigen anzuschließen. Er habe niemals versucht, dabei mitzumachen, und sie habe während der Zeit, in der ihre Kinder aufwuchsen, das Gefühl gehabt, „eingesperrt" zu sein. Dann sagte sie, er habe in diesen Jahren Pferde gekauft und verkauft und Geschäftsreisen in Kleinstädte gemacht; er sei oft über Nacht fortgeblieben und habe dann höhnisch zu ihr gesagt: „Ich wette, du möchtest auch am liebsten mal weg." Sie sagte, daß sie alle diese Jahre ständig den Wunsch gehabt habe wegzulaufen, daß sie aber den Kindern zuliebe geblieben sei und „weil er mir immer so leid getan hat". Ich wollte wissen warum, aber sie konnte es mir nicht erklären, außer daß sie sagte, er habe sie „doch so sehr gebraucht".
11. Ich wollte wissen, ob Frau W. glaube, es gebe für sie irgend etwas Positives an ihrem Mann, das sie wünschen ließe, die Ehe fortzusetzen. Sie sagte ohne Zögern, er sei ein regelmäßiger Arbeiter, vergeude sein Geld nicht und sei auch nicht gerade geizig im Hinblick auf die Bedürfnisse des täglichen Lebens wie z. B. Essen, aber doch sehr knauserig, was Kleidung, Vergnügen usw. angehe. Sie würde unter keinen Umständen daran denken, zu ihm zurückzukehren, wenn es nicht um die Kinder ginge. Eigentlich glaube sie, daß sogar das Aufrechterhalten des Heimes nicht des inneren Kampfes wert sei, den sie mit sich selbst führe.

12. Eines der „kleinen Dinge", die sie zusehends unglücklicher gemacht hatten, war seine mürrische und bittere Haltung allen Leuten gegenüber und sein Bedürfnis, bei ganz nebensächlichen Anlässen zu lügen. Als Frau W. Beispiele seiner banalen Lügen anführte, versuchte ich, und es gelang mir, aus ihr herauszubekommen, was anscheinend die Ursache war, und darauf anzuspielen, daß die meisten seiner Lügen oberflächlich gesehen seinem Bedürfnis entsprangen, korrekt zu erscheinen. Sie akzeptierte das sofort und fügte hinzu, sie glaube, es müsse „etwas Wahres daran sein". Dann verriet sie, als dächte sie laut, daß sie glaube, er sei nicht aus Liebe zu ihr so aufgeregt, sondern weil die Leute denken könnten, er würde nicht ausreichend für die Familie sorgen.

13. Plötzlich erwähnte Frau W. den Vorschlag ihres Mannes, sie beide sollten mich gemeinsam aufsuchen. Sie sagte, sie würde es vorziehen, das nicht in den nächsten paar Wochen zu tun, weil sie das Gefühl habe, daß beide eine „Abkühlungsperiode" nötig hätten. Als sie vorher ihre Vorstellungen über unsere Funktion dargelegt hatte, hatte ich ihr bestätigt, daß wir den Menschen dabei helfen wollten, sich durch ihre Schwierigkeiten zu einem glücklichen Familienleben hindurchzuarbeiten. Ich kam nun ausführlicher darauf zurück. Ich erklärte ihr die Hilfe durch Casework, indem ich sagte, daß man durch eine mehrmalige Aussprache mit einer interessierten, objektiven Person über seinen Ärger oder seine Enttäuschung Erleichterung finden könne. Ich fügte hinzu, daß dies auch dazu beitragen könne, klarer zu sehen, was mit der Ehe und den Familienangehörigen geschehen sei, zu entscheiden, ob man die Ehe aufrechterhalten wolle oder nicht und zu überlegen, wie man seine Einstellung und seine Haltung gegenüber sich selbst und gegenüber anderen verbessern könne. Auf sie angewendet sagte ich, daß sie, obzwar sie anfänglich behauptet habe, sie wolle ihre Ehe sofort auflösen, später doch habe durchblicken lassen, es gebe gewisse Gründe, sie aufrechtzuerhalten. Sie stimmte zu und wies nochmals darauf hin, wie leid ihr Herr W. tue und daß sie ihren Kindern beide Eltern erhalten möchte.

14. Ich erkannte ihre Gefühle an und sagte, sie sei unsicher, ob sie bei ihrem Mann bleiben solle oder nicht. Sie gab mir recht und räumte auch ein, daß sie nun schon so lange verheiratet gewesen sei, daß sie kaum daran denken könne, kein Heim mehr zu haben und daß sie um ihre Kinder besorgt sei, wenn sie ihren Mann verließe. Noch einmal drückte sie ihr Mitleid mit Herrn W. aus, widersprach sich aber gleich wieder, indem sie ihrem Ärger über ihn Luft machte. Ich wies darauf hin, daß Gespräche mit mir eine gewisse

*Zeit hindurch, in regelmäßigen Abständen, ihr helfen könnten, weiter über
das Für und Wider der Rettung ihrer Ehe nachzudenken, vielleicht einen Weg
zu finden, wie sie besser mit Herrn W. umgehen könne, und ihre eigenen
Gefühle zu verstehen und zu ertragen. Sie nickte verständnisvoll und nachdenklich.*
*15. Dann sprach ich ganz allgemein darüber, was zwei Menschen zu einer Ehe
beitragen. Darauf erklärte Frau W., warum sie arbeiten müsse, nicht weil sie
wirklich das Geld brauche, sondern wegen ihrer allgemeinen Unzufriedenheit
mit ihrer häuslichen Situation. Sie kam auf den Vorfall in der vergangenen
Woche zurück, der zu ihrem Weggehen führte, und bemerkte ganz sachlich,
daß sie mit ihren Arbeitskollegen Wirtshäuser besuche. Es sei ihr klar, daß es
für die Kinder schwer sei, wenn sie abends nicht nach Hause komme, aber sie
sei wegen der Streitigkeiten mit ihrem Mann so verärgert, daß sie es oft vor-
ziehe, von zu Hause wegzubleiben. Sie drückte ihre Besorgnis über das Glück
ihrer Kinder aus und sagte, auch sie seien schon so weit, daß sie wegen der
Nörgeleien von Herrn W. lieber weggingen, als daß sie zu Hause blieben. Sie
bemerkte, sie wisse, daß auch sie ihren Teil zu dem Zwist beigetragen habe
und sie bedauere das; aber sie glaube, der tiefere Grund für das alles liege
darin, daß ihr Mann sie vernachlässigt und sich bis jetzt geweigert habe, ihre
gemeinsamen Probleme vernünftig anzupacken. Ich bestärkte sie in ihrer Einsicht, daß sie zu der Disharmonie beitrage. Gleichzeitig jedoch erkannte ich
ihre Frustrierung und ihre Enttäuschungen in der Ehe an. Ich erklärte klipp
und klar, daß ich das Gefühl habe, die Ehe könne nur durch eine Anstrengung
von beiden Partnern gerettet werden. Sie sagte, sie erkenne, daß sie jemanden
brauche, der ihr verständlich mache, warum sie so unzufrieden sei und der ihr
helfe, „noch einmal ein anständiges Leben zu versuchen".*
*16. Ich regte an, wir sollten uns einmal mit ihrem Vorschlag eines gemein-
samen Gesprächs beschäftigen. Ich wollte herausbekommen, was sie darüber
dachte, daß ich Herrn W. erklärt hatte, jeder von ihnen solle getrennt mit mir
sprechen. Sie meinte, das sei annehmbar für sie. Zuerst wollte sie, daß ich ihm
sagen sollte, es sei meine Idee, aber als ich darauf hinwies, daß dies nicht
ganz wahr wäre, stimmte sie zu und kam auf den Vorschlag der getrennten
Gespräche zurück. Es wurde vereinbart, daß sie in der kommenden Woche
wieder zu mir kommen und daß ich noch mit Herrn W. sprechen würde, ob
er mit mir daran arbeiten wolle, seine Rolle in der Ehe besser zu erkennen.
Sie zeigte ihre volle Bereitschaft zur Mitarbeit, indem sie ankündigte, sie werde*

sich für unsere Besprechungen freinehmen. Sie habe bereits mit ihrem Chef gesprochen, und er sei gern damit einverstanden, daß sie hierherkomme.
17. Vier Tage später riefen mich sowohl Herr als auch Frau W. an, um mir mitzuteilen, daß sie sich am Wochenende getroffen hätten, um zu überlegen, ob sie Martha zu einer Tante schicken sollten. Es war ihnen gelungen, viel vernünftiger und ruhiger miteinander zu reden, und sie hatten entschieden, daß Frau W. „vorläufig" nach Hause zurückkehren werde, während sie mit mir die Möglichkeiten besprechen würden, ihre Ehe zu retten.
18. Es zeigte sich, daß Herr W. sich durch die Rückkehr von Frau W. sehr erleichtert fühlte, gleichwohl aber mit unseren Gesprächen fortfahren wollte. Ich hatte den Eindruck, daß er das mit ihr vereinbart hatte, um die Wiederversöhnung zustandezubringen. Mein Eindruck von Frau W. war jedoch, daß sie in unserer weiteren Zusammenarbeit eine Möglichkeit sah, genau festzulegen, was mit ihrer Ehe in Zukunft geschehen solle. Sie verhielt sich Herrn W. gegenüber weniger gereizt und erklärte, ihr Mann habe „zum erstenmal in unserem Leben meine Kritik angehört". Sie fügte hinzu, er tue ihr „sehr leid", und wir stellten gemeinsam fest, daß seine Abhängigkeit von ihr sowohl befriedigend als auch lästig gewesen sei. Wir glaubten, es werde uns gelingen, einen Weg zu finden, wie sie sowohl seinen Bedürfnissen als auch ihren eigenen Gefühlen gerecht werden könnte, um sich so in ihrer Ehe wohler zu fühlen.

Der Casework-Prozeß in der Anfangsphase

In gewisser Hinsicht kommt auch Frau W. als ein „unwilliger" Klient, angetrieben oder überredet durch die vorausgehende Initiative ihres Mannes, den Caseworker zu konsultieren. Aber es wird rasch klar — und sie bezeugt das auch —, daß sie schon früher die Dienststelle als eine Hilfsquelle für ihre ehelichen Probleme gekannt hat und daß sie bei der willensmäßigen Kraftprobe mit ihrem Mann die Oberhand hatte und seine Aufforderung hätte zurückweisen können. Nun ist sie da, und durch ihr Telefongespräch und ihre bereitwillige Mitarbeit von Anfang an gibt sie zu erkennen, daß sie sich durch die Dienststelle nicht bedroht fühlt. In ihrem Fall ist es daher möglich, sich sofort auf das Wesen des Problems der ehelichen Fehlanpassung zu konzentrieren.

Aus der Darstellung des Problems durch Herrn W. hat der Caseworker einige

Tatsachen (wenn es wirklich Tatsachen sind) über Frau W.s Verhalten sowie
die Vorstellung gewonnen, daß sie Befriedigungen sucht, die ihr die Rolle als
Ehefrau nicht gewährt, wobei sie sich vielleicht durch ein soziales Milieu ermutigt fühlt, das den Sinn für „Freiheit" weckt und unterstützt. Nun muß
man von Frau W. selbst in Erfahrung bringen, wie sie das Problem sieht und
wie sie es empfindet, hauptsächlich aber — bei dieser ersten Zusammenkunft —, was sie deswegen zu unternehmen gedenkt und ob sie glaubt, daß sie
die Hilfe der Dienststelle für sich und ihr Eheproblem anwenden kann. Aus
diesen Überlegungen und aus der Beobachtung von Frau W.s responsivem
Verhalten — was sie sagt, wie sie fühlt und handelt — wird ein umfassendes
diagnostisches Verständnis der psychosozialen Faktoren, die in dieser Situation wirksam sind, und eine unmittelbare Kenntnis der Ziele und der Fähigkeit zur Mitarbeit von Frau W. erwachsen.
Frau W. beginnt damit (Absatz 3), daß sie die Möglichkeit einer Hilfe teilweise leugnet. Zu dieser Abwehr kommt das Projizieren der Schuld auf den
Ehemann, eine typische Reaktion bei ersten Diskussionen zwischenmenschlicher Konflikte. Die Bedeutung solcher Abwehrhaltungen (Ablehnung oder
Projektion) liegt darin, ob diese hartnäckig aufrechterhalten oder ob sie aufgegeben werden, sobald der Klient größere Sicherheit und andere Perspektiven gewinnt. Der Caseworker akzeptiert die Darstellung von Frau W. und
knüpft dann an ihre positive Motivierung als die stärkere Seite ihres Fühlens
an. Er fragt nach Frau W.s Meinung über das gegenwärtige Problem und nach
ihren Vorstellungen über die Möglichkeiten der Dienststelle (4).
Während Frau W. ihr Problem vorbringt (5, 6), geht der Caseworker in zwei
Richtungen vor: er anerkennt und bestätigt die konstruktiven Motivierungen
— für die Hilfe, für den Wunsch, eine gute Mutter zu sein — und holt aus
Frau W. die Tatsachen des Problems heraus, so wie sie sie sieht und empfindet.
Aus diesen „tausend kleinen Dingen", um Frau W.s Worte zu gebrauchen,
können Art und Struktur des Problems erkannt werden, und Klient und Caseworker tun gut daran, sie genau auseinanderzuhalten. Bis jetzt hat Frau W.
die Schuld projiziert. Ob sie imstande ist, zu erkennen, daß sie auch ihren Teil
zum Entstehen des Problems beigetragen hat, und zu versuchen, ihren Mann
zu verstehen, anstatt ihm allein die Schuld zuzuschieben, muß noch untersucht werden. Der diagnostizierende Caseworker kann jedoch schon jetzt erkennen, daß er es hier mit einer Mutter zu tun hat, die ihre Kinder individualisiert (sie ist nicht so sehr mit ihren eigenen Nöten beschäftigt, daß sie nur

von „den Kindern" spricht); die mit ihnen mitfühlt (vielleicht sieht sie sich selbst mehr als Kind denn als Ehefrau? — auch das wäre noch zu überprüfen); die für ihre Kinder mehr will, als sie selbst gehabt hat. Diese Anzeichen sprechen dafür, daß sie über sich hinaussehen kann. Die Bruchstücke der Vorgeschichte, die Frau W. mitteilt (6), machen die Situation noch nicht klar. Man könnte annehmen, daß sie auf ihre Rolle als Hausfrau und Mutter nicht vorbereitet war, aber woher nimmt sie die Fähigkeit, so starke Gefühle für ihre Kinder aufzubringen? Es wäre gut, wenn der Caseworker diese Einzelheiten vorläufig beiseite ließe. Im Augenblick ist es für ihn mit Recht weniger wichtig, wie Frau W. die Ehefrau und Mutter wurde, die sie ist, als was Frau W. von ihrer Ehe erwartet. Diese Frage (7) soll ergründen, ob die Erwartungen von Frau W. realistisch sind und wonach sie sich sehnt.

Frau W. berichtet daraufhin (8, 9, 10) weitere Einzelheiten über ihre Frustrierungen und Enttäuschungen in der Ehe, jeweils in Erwiderung auf gezielte Fragen des Caseworkers. Diese Diskussion erbringt eine Anzahl neuer Fakten — von der Gegensätzlichkeit des Ehepaares im sexuellen Verhalten und Empfinden, von Frau W's emotionaler Reaktion darauf, von ihren erfolglosen Versuchen, damit fertig zu werden, und dann weitere Fakten anderer Art, die jedoch Teil dieses Konfliktes sind, von der Frustrierung ihres Mannes wegen ihres Bedürfnisses nach geselligem Anschluß.

Trotz dieser weiteren Ausführungen ist das eigentliche Wesen des Problems noch nicht klargeworden. Frau W. stellt die sexuelle Beziehung in den Mittelpunkt der Schwierigkeiten, aber wie jeder erfahrene Caseworker weiß, ist die sexuelle Anpassung eng mit allen anderen Aspekten des ehelichen Lebens verknüpft, manchmal als Ursache und manchmal als Wirkung anderer zwischenmenschlicher Anpassungen. Für Frau W. ist es ein gefühlsgeladenes Gebiet, aber wir wissen noch nicht, wie es von anderen Frustrierungen und Fehlschlägen beeinflußt wird oder diese beeinflußt. Eines ist wahrscheinlich: Wenn der Caseworker, sei es aus Mangel an Objektivität oder aus mangelnder Kenntnis der Kompliziertheit einer Ehe, auf dem Sexuellen oder auf Herrn W.s Engstirnigkeit als *dem* Problem herumreiten würde, müßte das die Vorstellung der Klientin von *ihrem* Problem stark beeinflussen. Aber der Caseworker ist sehr erfahren und weiß, daß „was das Problem ist", besonders wenn es vielseitig ist, nicht in einem Gespräch mitgeteilt werden kann, und er weiß auch, daß, was das Problem auch immer sei, zuerst das Interesse, die

Bereitschaft und die Fähigkeit von Frau W., daran zu arbeiten, festgestellt werden müssen.
Im Verlauf ihrer Darlegung der Schwierigkeiten und ihrer emotionalen Reaktionen darauf lassen sich einige diagnostische Anzeichen beobachten. Frau W. erscheint als eine wandelbare Person, die von äußeren Einflüssen abhängig ist. Sie hat vielseitige Interessen, sucht Kontakte und zeigt eine fortschreitende Wahrnehmung ihrer „Rechte" und der Gelegenheiten (guter wie schlechter) zur Selbstverwirklichung in einer städtischen Kultur, die dies erlaubt. Für die Eheberatung sind die wichtigsten Anzeichen ihr emotionales Engagement in der Ehe — ihr Weinen beweist, daß sie sich z. B. mit der sexuellen Fehlanpassung noch nicht abgefunden hat — und ihr andauerndes Mitgefühl mit ihrem Mann, das ihren Haß mildert. Sie hegt Gefühle für ihn, sei es auch nur aus Mitleid, und es ist ihr Wunsch, ihn nicht zu verletzen.
Von hier ausgehend und um Frau W.s Motivierung für die Aufrechterhaltung der Ehe herauszufinden, stellt der Caseworker die Frage, ob Frau W. irgend etwas Positives an ihrem Mann sehe (11). Die Antwort ist geteilt. Frau W. findet einiges an ihm, das objektiv gesehen gut ist, aber sie wiegt das mit anderem auf, über das sie sich ärgert. Die Sorge um ihre Kinder drängt sie zur Ehe zurück, aber ihr Selbsterhaltungstrieb zieht sie wieder fort.
Der Versuch des Caseworkers (12), das Verhalten des Mannes zu erklären und Frau W. ein wenig Verständnis für ihn zu entlocken, während sie selbst noch der Hilfe bedarf, mag fraglich erscheinen. Dennoch, was auch der Caseworker damit bezweckt haben mag, dieses wichtige diagnostische Ziel muß schon zu einem frühen Zeitpunkt verfolgt werden: die Fähigkeit und Bereitschaft der Klientin zu prüfen, das Verhalten ihres Mannes (oder eines anderen) einzusehen, es, wie in diesem Fall, eher als Ausdruck einer inneren Notwendigkeit als einer böswilligen Absicht zu begreifen. Wäre Frau W.s Antwort negativ gewesen — hätte sie z. B. auf die Aufforderung des Caseworkers, darüber nachzudenken, warum Herr W. gelogen hat, nicht positiv reagiert oder hätte sie die vom Caseworker angedeutete Interpretation beiseite geschoben —, so wäre das ein Signal dafür gewesen, auf den Standpunkt von Frau W. zurückzukommen und sich vorerst weiter mit ihren eigenen Nöten und Schwierigkeiten zu beschäftigen. Ihre positive Einstellung zu den Bedürfnissen ihres Mannes ist ein Zeichen für ihr Gefühl der Sicherheit in der Beziehung zum Sozialarbeiter und eine gewisse Bereitschaft, Einsichten zu entwickeln und ihr Denken anzupassen.

Es wurde Frau W. geholfen, einige der Probleme mitzuteilen, die das Gesamtproblem ihres Ehezwistes ausmachen; ihre Gefühle wurden mit Sympathie und Verständnis aufgenommen. Sie hat sich durch ihre Anwesenheit und ihre bruchstückhaften Antworten zumindest teilweise motiviert gezeigt, an ihrer Ehe zu arbeiten. Ihre Fähigkeiten, *mit* ihren Kindern und *für* ihren Mann zu fühlen, sich mit dem Sozialarbeiter angemessen und ohne Schwierigkeiten zu verständigen, zur Sache zu sprechen und bei einem kleinen Stück ihres Problems zu einer anderen Auffassung zu gelangen, all das verspricht eine gute Mitarbeit. Trotzdem — und keineswegs überraschend — spürt sie einen Widerstand, sich zu engagieren, sobald sie eine Änderung zu erwarten hat (sie verspürte bereits ein wenig davon, als der Caseworker sie aufforderte, Herrn W. zu verstehen, und sie begreift nun, nachdem sie ihre Geschichte erzählt hat, daß sie einen Weg finden muß, damit fertig zu werden). Daher schlägt sie vor, daß man für ein paar Wochen den Dingen ihren Lauf lassen soll (13). Diesem Vorschlag stellt der Caseworker die andere Lösungsmöglichkeit entgegen, die die Casework-Hilfe bietet (13, 14). Man erkennt die ambivalenten Gefühle von Frau W., aber man erkennt ebenso das größere Gewicht ihrer positiven Motivierung, Hilfe anzunehmen und ihre Fähigkeit, diese zu nutzen.

Was der Caseworker nun vorbringt, ist nicht eine Routinefeststellung über allgemeine Dienstleistungen für bestimmte Probleme, sondern er sagt genau, was Frau W. von der Art des Vorgehens erwarten kann, mit der diese Stelle ihr helfen wird, ihr Problem anzupacken; es ist kein neutrales Angebot, das sie annehmen oder ablehnen kann, sondern eine Bekundung des Interesses für Frau W. und Ausdruck der Überzeugung, daß man hier Hilfe finden kann. Der Caseworker besteht darauf, daß das Wohl der Familiengemeinschaft an erster Stelle steht, aber er hat auch ein warmes Verständnis für die gegensätzlichen Triebkräfte und für die widerstreitenden Gefühle in Frau W. selbst. Diese Festigkeit, gepaart mit Mitgefühl, erfüllt die Beziehung für den Klienten mit Hoffnung und läßt ihn trotz seiner ambivalenten Gefühle über das Problem selbst eher geneigt sein, Hilfe anzunehmen.

Der Caseworker legt den Schwerpunkt der Diskussion auf die Ehe als eine Partnerschaft (15). Es ist klar, daß er das Problem nicht als eines ansieht, in dem die eine oder andere Person gestört ist und eine persönliche Hilfe benötigt, die ihn oder sie zu einem besseren Ehepartner machen würde, sondern mehr als ein Problem der wechselseitigen Beziehung zweier Menschen in der

Ehe und ferner als ein Problem zwischen diesen als Eltern und ihren Kindern. Das zu lösende Problem ist daher, eine ausgewogenere Ehe herbeizuführen. Der Inhalt des Gesprächs muß sich folglich mit Frau W. als Frau und als Mutter, mit ihrer wechselseitigen Rolle befassen, mit der Befriedigung, die sie berechtigterweise zu geben und zu empfangen erwarten darf usw. Das gleiche gilt für Herrn W. Es beginnt bei Frau W., als der Caseworker ihrer Bemerkung zustimmt, daß sie zu der Schwierigkeit beigetragen habe (15), daß beide an der Rettung der Ehe arbeiten müssen usw. Auch hier (15) gerät Frau W. wieder in Erregung. Hin- und hergerissen zwischen Gefühlen des Ärgers und des Mitleids, der Selbstverteidigung und der Selbstanklage, der Rechthaberei und des Schuldbewußtseins, ist sie unschlüssig, ob sie das Problem beiseite stoßen oder es als ihr eigenes auf sich nehmen soll. Der Caseworker läßt sich von seinem festen Vorsatz nicht abbringen: der Klientin zu helfen, ihre Verantwortung zu tragen, während er gleichzeitig im Verhalten und im Handeln sein Verständnis für ihre allzu menschliche Versuchung ausdrückt, diese Verantwortung loszuwerden. Und Frau W. nimmt, wenn auch noch mit einigen Vorbehalten, ihre Aufgabe an.

Der Caseworker plant dann mit Frau W. die nächsten praktischen Schritte (16). Die telefonische Unterredung, die nun folgt (17, 18), weist auf eine Mobilisierung der positiven Gefühle von Frau W. für ihren Mann und eine Bestätigung ihres „Paktes" mit dem Caseworker hin.

Im Verlauf dieses Anfangsgesprächs hat der Caseworker Frau W. zu dem Entschluß verholfen, mit Hilfe der Dienststelle an ihrem Eheproblem zu arbeiten. Wie sehr auch Frau W. in bezug auf eine Versöhnung mit ihrem Mann ambivalente Gefühle haben mag, so zeigt sie doch wiederholt, daß sie eine gute Ehe wünscht, daß sie eine gute Mutter sein will, daß sie ihren Mann zwar bestrafen, aber nicht verletzen möchte, und schließlich glaubt sie, daß ihr jemand dabei helfen kann, besser zu sein und besser zu handeln. Am Ende des Gesprächs ist sie ein „bereitwilliger" Klient. Es mag allerdings noch manchen Widerstand geben, der Einfluß von Freunden oder ein Streit mit Herrn W. kann diese Bereitwilligkeit ins Wanken bringen, und der Caseworker wird weiter an Frau W.s Motivierung und Zielstrebigkeit arbeiten müssen.

Für den Augenblick jedoch ist sie aktiviert und auf eine konstruktive Lösung des Problems eingestellt. Sie hat viele Fähigkeiten, die alle im wesentlichen intakt sind. Sie nimmt leicht, zweckentsprechend und mit wachsendem Vertrauen Kontakt auf. Sie hat Gefühle in ihr Problem, in ihren Mann und ihre

Kinder investiert, und sie kann ihre Empfindungen ebenso gut zum Ausdruck bringen wie im Zaum halten. Ihre Abwehr ist elastisch und realistisch, und sobald sie einsieht, daß der Caseworker sie unterstützt und versteht, gibt sie ihre Abwehrhaltung auf. Gleichzeitig zeigt sie sich empfänglich für die neuen Ideen und Perspektiven, die der Caseworker vorbringt, sieht für eine Weile ihren Mann ganz objektiv und wägt das Für und Wider einer Behandlung ab. Aus ihrer besseren Wahrnehmung ergibt sich eine gewisse Gefühlsänderung und eine Verlagerung ihrer Einstellung gegenüber dem Problem, und sie trifft Anpassungsmaßnahmen, die mit ihrer überlegten Entscheidung übereinstimmen. Kurz gesagt, Frau W. zeigt eine Reihe von Eigenschaften, die sie als zur Mitarbeit fähig kennzeichnen, Eigenschaften, die bereits in ihr vorhanden waren, die aber erst durch die problemlösende Hilfe des Caseworkers freigesetzt und wirksam gemacht wurden.

In diesen beiden Anfangsgesprächen haben die Caseworker ihren Klienten geholfen, sich aus Verwirrung und Unschlüssigkeit zu einer klareren Sicht und zu Entscheidungen durchzuringen, sich von unentschlossenen problembeladenen Menschen zu zielstrebigen Partnern im Problemlösen zu entwickeln. In beiden Fällen sind die Caseworker bei allen Unterschieden auf eine Weise vorgegangen, die als charakteristisch für die problemlösende Arbeit im Casework angesehen werden kann.

In beiden Fällen sind sich die Caseworker über Zweck und Programm ihrer Dienststellen im klaren. In beiden Fällen widmen sie sich den Bedürfnissen ihrer Klienten mit Zuversicht, Aufmerksamkeit und Feingefühl. In beiden Fällen erweisen sie sich als erfahren im Hinblick auf die Menschen und deren Probleme, und ihre Kenntnisse lassen ihre Beobachtungen zur Grundlage von Einsicht und Verständnis werden. Diese wesentlichen Eigenschaften bestimmen die Art, wie die Caseworker es ihren Klienten ermöglichen, eine Beziehung zu ihnen herzustellen und ihnen ihre schwierige Situation und ihre Gefühle mitzuteilen. Aber all das ist noch nicht genug. Denn gleichzeitig besteht die Notwendigkeit, einen Weg zu finden und zu beschreiten, der den Klienten zu einer inneren Wandlung führt und seine Fähigkeit, angemessen zu handeln, verstärkt. Das geschieht durch die problemlösende Arbeit.

Wenn der Leser sowohl das Gespräch G. als auch das Gespräch W. im Zusammenhang mit den vorhergegangenen Kapiteln (besonders Kapitel 7, 8, 9 und 10) betrachtet, wird er selbst die Unveränderlichkeit der Mittel und die

Führung, die diese beiden Caseworker ihren Klienten geboten haben, feststellen. Er wird sehen, daß beide Caseworker mit einfühlendem Verständnis
und fachlich zweckmäßig vorgehen. Die Sozialarbeiterin behandelt Herrn G.
im klaren Bewußtsein seiner Angstgefühle mit viel Geduld und Aufgeschlossenheit; sie zeigt Verständnis für seine Gefühle, während sie ihn gleichzeitig
dazu bringt, auf den Unterschied zwischen der Wirklichkeit und seiner subjektiven Auslegung zu achten. Der Caseworker von Frau W. geht angesichts des
Realismus und der Zweckgerichtetheit, die sie an den Tag legt, viel rascher auf
das vorliegende Problem ein, reagiert aber trotzdem wiederholt auf die emotionalen Obertöne in ihrer Darstellung. Beide, Herr G. und Frau W., übertragen dadurch, daß sie angehört und in ihren Reaktionen angenommen werden, etwas von sich selbst auf ihre Helfer, während sie ihrerseits etwas von
deren Unerschütterlichkeit und Zuversicht übernehmen. Man kann auch
sehen, wie das Gewebe dieser Beziehung, sogar in nur einem Gespräch,
durch die Diskussion gefestigt wird, deren Inhalt so bedeutungsvoll für die
Klienten ist.
Wenn man sich vor Augen hält, wie Herr G. oder Frau W. auf die Haltung,
die Fragen, Behauptungen und Bemerkungen des Caseworkers reagieren,
kann man beobachten, wie ihre Aufnahmefähigkeit in die Tiefe und in die
Breite wächst. Vielleicht geschieht das, weil sie ausgesprochen und gehört
haben, was vorher nur ungeformte Erfahrung war, vielleicht weil der Caseworker ein Gefühl der Sicherheit vermittelt, das Abwehrmaßnahmen überflüssig macht, vielleicht weil die konzentrierten Fragen des Caseworkers es
möglich machen, systematischer und daher erfolgreicher an das Problem heranzugehen, oder vielleicht durch alles das zusammen. Bereits in diesem ersten
Gespräch versuchen beide Caseworker, Zeichen von Anpassung, wie un-
scheinbar diese auch sein mögen, die mit einer veränderten Einsicht gepaart
sind, in Gang zu setzen (und zu beobachten und zu beurteilen). Hier und
da kann man sehen, wie sie ihre Klienten dazu anregen, über das, was sie
erzählen, nachzudenken, die Tatsachen, die sie wiedergeben, mit Ideen zu
durchleuchten. So fragt z. B. der Caseworker von Frau W., wie sie das Verhalten ihres Mannes interpretiere, und die Sozialarbeiterin von Herrn G.,
ob er glaube, daß seine Nervosität auf sein körperliches Leiden zurückzuführen sei.
Nachdem zunächst einige der zuoberst liegenden Details der Schwierigkeiten
des Klienten aufgedeckt und aussortiert sind, werden die problemlösenden

Anstrengungen fortgesetzt, während die übermäßige Ängstlichkeit des Klienten gemildert und seine Hoffnung und sein Vertrauen gestärkt werden. Der Anreiz, den der Caseworker gibt, zu beobachten und darüber nachzudenken, wie Gefühle Tatsachen und Vorstellungen beeinflussen und wie Tatsachen und Vorstellungen ihrerseits auf die Gefühle einwirken (und all das im Hinblick auf die Ziele), kann den Prozeß auslösen und in Gang halten. In den ersten Gesprächen mit Herrn G. und Frau W. konzentrieren sich die Caseworker sehr intensiv darauf, zu jenen Vereinbarungen und Entscheidungen zu kommen, die zur Annahme der Hilfe gehören. In beiden Fällen arbeiten Caseworker und Klienten gemeinsam an den Zielen, die im Hinblick auf die Mittel und Wege der Dienststelle gesucht werden, so daß der Klient sich zu einer aktiven Partnerschaft verpflichtet, indem er eine bewußte und wohlüberlegte Wahl trifft. Die Caseworker leisten dazu in beiden Fällen einen wichtigen Beitrag. Er besteht in einer Haltung, die ihren Glauben an den Wert der von der Dienststelle gebotenen Hilfe stärkt, während sie gleichzeitig die Zweifel und das Widerstreben der Klienten zur Kenntnis nehmen und sie zu beeinflussen trachten. Er besteht auch in der Information über das, was erwartet werden kann, indem man dem Klienten Reaktionen und Gedanken entlockt und ihn ermutigt, sich aus den Motiven heraus, die er selbst ausgedrückt hat, zu entschließen, sein Problem in Angriff zu nehmen.

Im Verhältnis zur Diagnose betrachtet, illustrieren diese beiden Interviews die folgenden Punkte: In beiden Fällen versuchen die Caseworker, zunächst festzustellen und in groben Umrissen abzuschätzen, ob der Klient und sein Problem mit Zweck und Dienstleistungen der Dienststelle in Einklang zu bringen sind und, wenn das geschehen ist, eine dynamische Wechselwirkung dieser Elemente in Gang zu setzen. Der Zweck des Gesprächs ist die Behandlung: Herrn G. und Frau W. zu helfen, mehrere Dinge zu *tun* — zu erzählen, zu überlegen, eine Auswahl zu treffen. Die Diagnose erwächst aus dieser Behandlung und beeinflußt sie im nächsten Augenblick. Zwei Arten von Evidenz kommen in diesen Gesprächen zum Vorschein; beide tragen zum Aktionsplan bei. Eine ist, wie das Problem vom Klienten gesehen und erfahren wird, ergänzt von fragmentarischen Daten, die von anderen beigesteuert werden. Die andere ergibt sich aus der Person in ihrer Beziehung zu dem Problem und zu den Mitteln für seine Lösung. Die erstere, eine beginnende psychosoziale Diagnose, ist zum Großteil von der Darstellung und dem spontanen Verhalten des Klienten abgeleitet. Die letztere, eine erste Diagnose, ob der Klient zu einer Mitarbeit fähig ist, ergibt sich aus seiner Reaktion auf die Art, wie der Caseworker während des Gesprächs mit ihm umgeht. Im Fall G. wie im Fall W. (bei allen Unterschieden, die auf die Verschiedenheit der Persönlichkeit und des emotionalen Zustands zurückzuführen sind) behandelt der Caseworker den Klienten als eine Person, die mit Respekt und Verständnis empfangen wird, die fähig ist, ihre Situation darzulegen, die von dem Problem in Mitleidenschaft gezogen ist, die sich im Denken und im Tun bemüht hat, etwas wegen des Problems zu tun, die die Kraft und das Recht hat, ihr „eigener Herr" zu sein, die überlegen, erwägen und urteilen kann. Der Grad und die Qualität der Reaktionen von Herrn G. und Frau W. sagen etwas über ihre Motivierungen und Fähigkeiten aus, von den Dienstleistungen Gebrauch zu machen, und deren schrittweise Bewertung durch die Caseworker bestimmt die Ausrichtung, die zeitliche Einteilung, das Diskussionsthema und die unmittelbaren Ziele.

Die weitere Behandlung wird das diagnostische Verständnis vertiefen und erweitern. Der Psychiater mag die Entstehung und den Verlauf von Herrn G.s Neurose festzustellen haben, und von Frau W. wird der Caseworker vielleicht in Erfahrung bringen müssen, welche Elemente in ihrer Persönlichkeitsstruktur es ihr so schwer machen, Ehefrau zu sein. Zuerst jedoch haben die Caseworker nur versucht, einem Mann und einer Frau bei ihren augenblicklichen Problemen zu helfen und aus ihren Darstellungen und Reaktionen ein erstes Verständnis ihrer Kräfte und Bedürfnisse im Hinblick auf ihr Problem zu gewinnen. In beiden Gesprächen können sich die Caseworker nur ein sehr allgemeines Bild von der Zusammensetzung, der Dynamik und den Ursachen des Problems machen. Sie gewinnen jedoch einige klare und präzise Vorstellungen darüber, was Herr G. und Frau W. wollen, wie intensiv sie es wollen und was sie fähig und bereit sind, dafür aufzuwenden. Das ist das Ergebnis nicht nur des bloßen Registrierens von Verhaltensweisen für den zukünftigen Behandlungsplan, sondern einer intensiven Beschäftigung mit ihnen, um dadurch die aktiven Kräfte des Klienten zu fördern.

Am Ende dieser ersten Gespräche haben Herr G. und Frau W. eine stützende und dynamische Beziehung erlebt; es wurde ihnen geholfen, ihre Probleme auf eine Weise mitzuteilen, die vernünftig erscheint und Sicherheit gibt; sie haben etwas davon erfahren, was die Dienststelle ist und wie sie ihnen helfen kann, und sie wurden aus einer widerstrebenden und unsicheren Haltung zu Entschlüssen und Handlungen geführt. Herr G. ist nach dem Gespräch von seinen ärgsten Sorgen befreit, von neuer Hoffnung belebt, aus den Fesseln der Unentschlossenheit erlöst und imstande, einen ersten Schritt zur inneren Wandlung zu tun. Auch Frau W. verläßt das Gespräch mit veränderten Gefühlen und Vorstellungen. Sie fühlt sich von einem anderen menschlichen Wesen unterstützt und verstanden, für den Augenblick sind ihre Spannungen gelöst, sie ist imstande, ihre Situation freier zu beurteilen und zu überblicken, sie ist fähig, die Umstände zu tolerieren, und kann deshalb besser darüber nachdenken, und schließlich ist sie bereit, ihre Bürde auf sich zu nehmen und sich gründlich damit auseinanderzusetzen. Wenn man genau hinsieht, erkennt man, daß das Ich sowohl von Herrn G. als auch von Frau W. tätig geworden ist und daß diese Kräfte, verkümmert oder vital, durch die Anfangsphase im Casework-Prozeß des Problemlösens in Anspruch genommen, geübt, gefestigt und gestärkt wurden.

Hinweise der Übersetzerin

Die Übersetzung dieses Buches in die deutsche Sprache kommt dem Bedürfnis eines weiten Kreises deutschsprachiger Sozialarbeiter entgegen. Die amerikanische Ausgabe, die in zehn Jahren zwölf Auflagen erlebte, fand nicht nur inhaltlich Anerkennung, sie wurde auch wegen ihres flüssigen Stils und der interessanten Art der Darbietung bewundert. Bei der Übersetzung wurde größter Wert darauf gelegt, dem Reichtum und der Ausdruckskraft des Originals möglichst nahezukommen. Am wichtigsten erschien mir jedoch, die fachlich korrekte Interpretation, wobei es mir — obwohl ich eine in Casework ausgebildete Sozialarbeiterin bin — nicht leicht fiel, für einige bereits im fachlichen Sprachgebrauch akzeptierte Bezeichnungen deutsche Umschreibungen anzubieten.

Zwar wird der Begriff „Einzelhilfe" oder „Einzelfallhilfe" in deutschen Übersetzungen für „Casework" verwendet, doch ist es z. B. nicht möglich, vom „Einzelhelfer" zu sprechen. Der Caseworker in seiner Ableitung vom Casework als Ausübender der Casework-Methode ergibt eine logische Bezeichnung, während das Wort „Einzelhelfer", wollte man die Entsprechung zu „Einzelhilfe" suchen, inhaltsleer bliebe.

Dasselbe gilt in vielleicht noch stärkerem Maße für die Bezeichnung „Supervision" und „Supervisor". Langenscheidts Enzyklopädisches Wörterbuch führt als Übersetzung des Wortes „Supervision" Beaufsichtigung, Aufsicht, Inspektion, Leitung und Kontrolle an. Keine dieser Bezeichnungen kommt dem fachlichen Inhalt der Supervision als einem Lehr- und Lernprozeß, als einer Methode zur Vertiefung des Könnens und des Verständnisses des Sozialarbeiters nahe genug, um Mißverständnisse auszuschließen. Der in der Supervision erfahrene Supervisor wird sich zwar im Rahmen einer zwischenmenschlichen Beziehung als fachlich-beruflicher Helfer sowohl für den Supervisanden als auch für dessen Klienten fühlen, wird aber keine so einfache Funktion, wie es eine kontrollierende wäre, für sich in Anspruch nehmen.

Nach vielen Überlegungen, langjährigem Befassen mit der Materie und intensiven Diskussionen mit Sozialarbeitern erschien es mir notwendig, diese englischen Fachausdrücke als technische Bezeichnungen unübersetzt zu lassen. Dafür bitte ich die Leser um Verständnis.

Anne Kohn-Feuermann

Literaturverzeichnis

Ein Literaturverzeichnis für ein Buch wie dieses sollte, glaube ich, zwei Zwecken dienen. Es sollte dem Leser nützlich sein und die Dankesschuld des Autors gegenüber denjenigen dokumentieren, die durch ihre Werke zur Fundierung seines Wissens beigetragen haben. Daher wird der Leser keine „komplette" Bibliografie vorfinden, sondern nur solche Quellen, die sich direkt auf den Inhalt des Buches beziehen. Anmerkungen weisen auf die besondere Bedeutung jeder der empfohlenen Quellen hin, denn in diesen Tagen der zu vielen Bücher und der ständig fehlenden Zeit droht das Suchen nach Wissen ein hoffnungslos erscheinendes Unterfangen zu werden.

1. Ackerman, Nathan W., „Psychotherapy and ‚Giving Love' ", in: *Psychiatry* VII (Mai 1944), 129—138. Ein Artikel, der sich ebenso stark mit Casework befaßt wie mit Psychiatrie und der die Frage der therapeutischen Beziehung als eine „Liebe gebende" Beziehung, sowie deren Grenzen und Bedingungen untersucht.

2. Ackerman, Nathan W., „The Diagnosis of Neurotic Marital Interaction", in: *Social Casework*, XXXV, 4 (April 1954). „Bei der Diagnose von ehelichen Beziehungen haben wir es nicht in erster Linie mit den autonomen Funktionen und der Pathologie der individuellen Persönlichkeit zu tun, sondern eher mit der Dynamik der Beziehung, d. h. mit den gegenseitigen Rollenfunktionen, die die Beziehungen von Mann und Frau definieren." Diese These des Artikels von Dr. Ackerman verlegt den Akzent der diagnostischen Aufmerksamkeit vom Individuum auf das individuelle Verhalten in einer sozialen Rolle.

3. Alexander, Franz, „The Basic Principles of Psychodynamics", in: *Fundamentals of Psychoanalysis*, W. W. Norton & Co., New York 1948. Eine sehr konzentrierte und nützliche Darstellung der grundlegenden, ausgleichenden und anpassenden Tätigkeit der Persönlichkeiten, ergänzt durch eine vollständige Bibliografie.

4. Alexander, Franz, „The Function of the Ego and its Failures", in: *Fundamentals of Psychoanalysis*, s. u. (3).

5. Alexander, Franz und French, Thomas M., *Psychoanalytical Therapy*, Ronald Press, New York 1946. Kapitel V, „The Transference Phenomenon", definiert und diskutiert Realität und neurotische Beziehungen auf eine Weise, die für Caseworker von unmittelbarem Nutzen ist.

6. American Association of Social Workers, „Code of Ethics", in: *Standards for the Professional Practice of Social Work*, New York 1951. Eine sorgfältige Darstellung ethischer Prinzipien und Normen.

7. Anderson, Delwin M. und Kiesler, Frank, „Helping toward Help: The Intake Interview", *Social Casework*, XXXV, 2 (Februar 1954). Die Rolle des Caseworkers bei der Aufnahme in diese klinische Umgebung wird als eine Hilfe für

den Klienten angesehen, die Dienststelle kennenzulernen und sie für das Problem, das er bringt, in Anspruch zu nehmen.

8. Ash, Philip, „The Reliability of Psychiatric Diagnoses", in: *Journal of Abnormal and Social Psychology*, XLIV, 2 (April 1949). Eine Studie über Übereinstimmung und Widerspruch zwischen Psychiatern in Interviews und Diagnosen in 52 Fällen zeigt Übereinstimmung bezüglich *spezifischer* Diagnose-Kategorien nur in 20 % der untersuchten Fälle. Bezüglich der Hauptkategorien (einschließlich „geistige Minderbegabung" und offene Psychose) gab es zwischen den drei Psychiatern in 45,7 % der Fälle Übereinstimmung. Der Autor stellt fest, daß diese Resultate mit denen anderer Studien in Einklang stehen und daß die derzeitige klinische Diagnose noch immer ziemlich unausgewogen ist.

9. Austin, Lucille N., „Trends in Differential Treatment in Social Casework", in: *Principles and Techniques in Social Casework*, ed. Cora Kasius, Family Service Association of America, New York 1950. Ebenfalls in *Journal of Social Casework*, XXIX, 6 (Juni 1948). Eine Klassifizierung und Diskussion der für die Behandlung hervorstechendsten Merkmale, die, wie Frau Austin klarmacht, keineswegs ausschließlich sind.

10. Cameron, D. Ewen, „A Theory of Diagnosis" in: *Current Problems in Psychiatric Diagnosis*, ed. Paul Hoch und Joseph Zubin, Grune & Stratton, New York 1953. Dr. Cameron drückt seine Grundthese so aus: „daß die Diagnose ein Aktionsmuster ist; daß sie bezüglich der Kräfte (d. h. Kräfte, die die Persönlichkeit beeinflussen und in Bewegung setzen) von bestehenden Voraussetzungen stark beeinflußt ist; daß das Konzept der Diagnose sich in einer bedeutenden Übergangsphase befindet". Ein zum Denken anregendes Essay.

11. Coleman, Jules V., „The Initial Phase of Psychotherapy", in *Bulletin of Menninger Clinic*, XIII, 6 (November 1949). Das Aufnahmegespräch ist darauf konzentriert, dem Patienten Wissen über die Beziehung zwischen sich, seinem Problem und den Behandlungsmethoden zu vermitteln und ihm auch zu helfen, seinen Reaktionen Ausdruck zu verleihen. All das ist das Rohmaterial, an dem der Therapeut „arbeitet".

12. Coleman, Jules V., „The Initial Phase of Psychotherapy", s. u. (11). Ein für Caseworker nützlicher Artikel wegen der verschiedenen Ähnlichkeiten, die methodologisch zwischen Prozessen in psychiatrischen und Casework-Interviews gefunden werden können.

13. Cottrell, Leonard S., „The Adjustment of the Individual to His Age and Sex Roles", *American Sociological Review*, VII, 5 (Oktober 1942). Die Diskussion von „Anpassung" im Rahmen der „Rollen" gibt Caseworkern eine interessante Gelegenheit, die persönlich-sozialen Probleme ihrer Klienten zu betrachten.

14. Dewey, John, „The Natural History of Thinking", *Essays in Experimental Logic*, University of Chicago Press, Chicago 1917.

15. Dewey, John, „Analysis of Reflective Thinking", *How We Think*, Rev. ed., D. C. Heath & Co., New York 1933. Der aufmerksame Leser wird in diesen beiden kurzen Essays Diskussionen über problemlösende Prozesse finden, wovon vieles auf sein Verständnis von den problemlösenden Kräften übertragen werden kann.

16. Dewey, John, „How We Think", Rev. ed., D. C. Heath & Co., New York 1933. Vgl. insbesondere Kapitel VII für eine Analyse des Diagnoseprozesses.

17. *Diagnosis and Treatment of Marital Problems*, Family Service Association of America, New York 1947—1949. In diesen acht Artikeln von sieben Caseworkern finden sich viel Übereinstimmung allgemeiner Art, aber auch viele Unterschiede in Akzentuierung und Prinzip. Die Broschüre ist als Illustration der verschiedenen Konzepte über die Diagnose, die selbst bei anerkannten „Diagnostikern" im Casework herrschen, hier genannt. Vgl. die Kommentare von Flesch z. B. mit Rawley (49), Ackerman (2) und Sherman (54).

18. Follett, Mary, „The Meaning of Responsibility in Business Management: The Illusion of Final Responsibility", in: *Dynamic Administration*, ed. H. C. Metcalf and L. Urwick, Harper & Brothers, New York 1942. Sowohl in sozialen Dienststellen wie auch in der Wirtschaft wird „Autorität und Verantwortung von der Funktion abgeleitet".

19. Freud, Anna, „The Ego and the Mechanisms of Defense", Hogarth Press, London 1937. Auf die Konzeption Sigmund Freud's vom Ego und dessen Funktionen zurückgehend und diese weiterentwickelnd, bietet dieses Buch die erste konzentrierte Darstellung des Ego-Begriffes. Wie so manches „Quellen"material, kann dessen Gehalt am besten „verdaut" werden, wenn der Leser zuvor einige der später gewonnenen Interpretation des Ich verarbeitet hat. Deutsche Übersetzung: Das Ich und die Abwehrmechanismen, München.

20. Freudenthal, Kurt, „The Contribution of the Social Work Intake Process to the Psychiatric Treatment Situation", in: *Journal of Psychiatric Social Work*, XX, 1 (September 1950). Da die meisten Patienten dieser Klinik nicht aus eigenem Antrieb kamen, ist der Zweck des Aufnahmegesprächs, den Klienten zu motivieren, Hilfe zu wünschen.

21. *The Functioning of Psychiatric Clinics in New York City: A Study towards the Prevention of Waste*, New York City Committee on Mental Hygiene of the State Charities Aid Association, New York 1949. Von den Patienten, deren erste vier Gespräche zum Großteil in einer psychiatrischen Untersuchung bestanden (formalisierte Fragen zur Erlangung diagnostischer Information), schieden

44 % vor dem fünften Gespräch aus, während bei nur 16 % der Patienten die Diskussion in den ersten vier Gesprächen auf Veränderungen in Gefühlen, Einstellung, Verhalten und in den Verhältnissen konzentriert waren.

22. Garrett, Annette, „The Worker-Client Relationship", in: *American Journal of Orthopsychiatry*, XIX, 2 (April 1949). Eine klare, leicht verständliche Darstellung sowohl der realistischen als auch der irrationalen Elemente, die in der Beziehung zwischen Caseworker und Klient eine Rolle spielen.

23. Gomberg, M. Robert, „The Specific Nature of Family Casework", in: *Family Casework and Counseling*, ed. Jessie Taft, University of Pennsylvania Press, Philadelphia 1948. Eine Darstellung der Beziehung zwischen den Tätigkeiten des Caseworkers und der Funktion der Dienststelle — in diesem Fall einer Familienfürsorgestelle.

24. Gomberg, M. Robert, „Principles and Practices in Counseling", in: *Diagnosis and Process in Family Counseling*, Family Service Association of America, New York 1951. Vgl. S. 21, 22 und 23 für eine Darstellung, die verschiedene Betrachtungsweisen der Diagnose vereinigt.

25. Green, Sidney L., „Psychoanalytic Contributions to Casework Treatment of Marital Problems", in: *Social Casework*, XXXV, 10 (Dezember 1954). In seiner Diskussion über Struktur und Funktion des Ego zählt der Autor Fähigkeitsmerkmale auf, die mit denen in Kapitel 12 dieses Buches vergleichbar sind.

26. Hamilton, Gordon, „Theory and Practice of Social Casework", 2d ed. rev., Columbia University Press, New York 1951. Vgl. Kapitel VIII, „Diagnostic and Evaluation Processes", in dem der Autor meint, Diagnose beschäftige sich mit der „kausalen Interaktion", Auswertung dagegen mit dem „sozialen Zweck". Diese Trennung zeigt einen gewissen Unterschied zu meinem Standpunkt, der vorschlägt, daß der Kausalzusammenhang, der gesucht und analysiert werden soll, bestimmt wird von dem sozialen Zweck, der verfolgt wird.

27. Hollis, Florence, „The Techniques of Casework", in: *Principles and Techniques in Social Casework*, ed. Cora Kasius, Family Service Association of America, New York 1950. Klassifizierung und Diskussion der „Mittel, durch welche in der Praxis des Casework Änderungen erzielt wurden".

28. Hollis, Florence, „Casework Diagnosis — What and Why?", in: *Smith College Studies in Social Work*, XXIV, 3 (Juni 1954), schildert Casework-Diagnose im Detail; argumentiert dafür, eine klinische Diagnose als Teil einer viel breiteren Diagnose zu stellen, die das gegenwärtige Funktionieren, das Bild der ganzen Familie, die Art der Persönlichkeitsstörung, besonders deren Struktur, Tiefe und Grad, „relative Stärke des Ego", „Wesen der individuellen libidinösen Reife", „Ego-Abwehrmechanismen" etc. miteinbezieht. Das „Was" in der Casework-

Diagnose präsentiert hier das nur zu bekannte Dilemma für den Caseworker: was ist in einem gegebenen Fall nützlich, und auf welches Problem trifft es zu?

29. Hollis, Florence, „The Relationship between Psychosocial Diagnosis and Treatment", in: Social Casework, XXXII, 2 (Februar 1951). In diesem Artikel gibt Miss Hollis eine gute Definition über den Zweck der Diagnose, das Ausmaß und die Grenzen ihres Inhalts.

30. Hunt, William A., Wittson, Cecil L. und Hunt, Edna B., „A Theoretical and Practical Analysis of the Diagnostic Process", in: Current Problems in Psychiatric Diagnosis, ed. Paul Hoch and Joseph Zubin, Grune & Stratton, New York 1953. Eine vergleichende Studie von zwei Psychiaterteams zeigt in der Untersuchung von 794 Marinesoldaten 93,7 % Übereinstimmung in bezug auf die Diensttauglichkeit der Männer, aber nur 32,6 % Übereinstimmung bei der spezifisch klinischen Diagnose. Eine Frage, die sich aus dieser Studie ergibt, ist die nach der Nützlichkeit und Genauigkeit von klinischer Klassifizierung als Entwurf für eine Aktion.

31. Irvine, May, „Communication and Relationship in Social Casework", in: Social Casework, XXXVI, 1 (Januar 1955). Miss Irvine's These unterstützt, was in Kapitel 5 des vorliegenden Buches über den Prozeß ausgeführt wird: Der Prozeß der Kommunikation, für das Casework so wesentlich, hat zwei untrennbare Aspekte — „die Verbindung zwischen Sozialarbeiter und Klient ... was mit Gefühlen zu tun hat" und „einen ordnenden, strukturierenden Prozeß".

32. Jahoda, Marie, „The Meaning of ‚Psychological Health' ", in: The Social Welfare Forum, Columbia University Press, New York 1953. Ebenso in: Social Casework, XXXIV, 8 (Oktober 1953). Psychische Gesundheit hängt mit bestimmten Arten der Problemlösung zusammen. Die Etappen des Problemlösens sind hier diskutiert.

33. Johnson, Arlien, „The Administrative Process in Social Work", in: Proceedings of the National Conference of Social Work, Columbia University Press, New York 1947. Verwaltung, ein Prozeß, „durch den Programme in Realität umgesetzt werden", wird als Kombination des Verstehens menschlicher Beziehungen mit mechanischer Strukturierung angesehen.

34. Kluckhohn, Clyde, Murray, Henry A. und Schneider, David M., eds., in: Personality in Nature, Society, and Culture, 2d ed. rev., Alfred A. Knopf, New York 1953.

35. Kluckhohn, Florence R., „Dominant and Variant Cultural Value Orientations", in: The Social Welfare Forum, Columbia University Press, New York 1951. Eine Darstellung kultureller Unterschiede, die mit dem Verhältnis des Menschen zu Zeit, Natur, anderen Menschen und Werten zusammenhängen. Eine neue Weise, die eigene Kultur und die der Klienten zu betrachten.

36. Lehrman, Louis, „The Logic of Diagnosis", in: *Social Casework*, XXXV, 5 (Mai 1954). Die der Diagnose zugrunde liegende wissenschaftliche Methode.

37. Levine, Maurice, „Principles of Psychiatric Treatment", in: *Dynamic Psychiatry*, ed. Franz Alexander and Helen Ross, University of Chicago Press, Chicago 1952. Gute Definition der verschiedenen Typen von Diagnose. Der Casework-Leser muß selbst entscheiden, was auf seine eigene Praxis anwendbar ist und was nicht.

38. Linton, Ralph, „Concepts of Role and Status", in: *The Cultural Background of Personality*, D. Appleton-Century Co., New York 1945. Hier werden die Auswirkungen dieser Begriffsmodelle auf die Entwicklung des Individuums diskutiert.

39. Lowry, Fern, „Current Concepts in Social Casework Practice", in: *Social Service Review*, XII, 3 (September 1938). Die These, die mit Nachdruck und Klarheit entwickelt wird, ist: „Die Institution bestimmt zu einem großen Teil den Charakter der ausgearbeiteten philosophischen Konzepte."

40. Mitchell, Howard E., Preston, Malcolm G. and Mudd, Emily H., „Anticipated Development of Case from Content of First Interview Record", in: *Marriage and Family Living*, XV, 3 (August 1953). Bezüglich der Möglichkeiten, durch Beobachtung des Verhaltens Prognosen zu stellen, zeigt diese Studie der Faktoren im Verhalten des Klienten, wie es bei einem Gespräch beobachtet wird, daß bei einer hartnäckigen Schuldprojektion nur geringe Fähigkeiten bestehen, an Eheproblemen zu arbeiten.

41. Murray, Henry A. and Kluckhohn, Clyde, „Outline of a Conception of Personality", in: *Personality in Nature, Society and Culture*, ed. Clyde Kluckhohn, Henry A. Murray and David M. Schneider, 2d ed. rev., Alfred A. Knopf, New York 1953. Auf S. 24—26 finden sich Kriterien von Ego-Stärke.

42. Perlman, Helen H., „Generic Aspects of Specific Settings", in: *Social Service Review*, XXIII, 3 (September 1949). Auch in *Proceedings of the National Conference of Social Work, 1949: Social Work in the Current Scene*, Columbia University Press, New York 1950. Ein Versuch, Ähnlichkeiten von speziellen Dienststellen (settings) zu identifizieren, die Ähnlichkeiten in Casework-Praktiken bestimmen.

43. Perlman, Helen H., „The Social Components of Casework Practice", in: *The Social Welfare Forum*, Columbia University Press, New York 1953.

44. Perlman, Helen H., „Social Casework Counseling", in: *Psychotherapy and Counseling (Annals of the New York Academy of Sciences*, LXIII, 7 (November 1955).

45. Perlman, Helen H., „The Basic Structure of the Casework Process", in: *Social Service Review*, XXVII, 3 (September 1953). Die These des vorliegenden Buches ist in diesem Artikel kurz dargelegt.

46. Perlman, Helen H., „The Caseworker's Use of Collateral Information", in: *Social Casework*, XXXII, 8 (Oktober 1951). Auch in: *The Social Welfare Forum*, Columbia University Press, New York 1951. Überlegungen zur Nutzung von Informationen aus anderen Quellen (als vom Klienten selbst) mit Hinweisen auf weitere einschlägige Artikel.

47. Pollak, Otto, and Collaborators, *Social Science and Psychotherapy for Children*, Russell Sage Foundation, New York 1952. Bemerkenswert für die Bemühung, sozialwissenschaftliche Konzepte in der Praxis des Casework anzuwenden. Vgl. insbesondere Kapitel II, V, VI und VII.

48. Pollak, Otto, and Neumann, Frederika, „Limited Treatment Goals", in: *Social Science and Psychotherapy for Children*, Russell Sage Foundation, New York 1952. Diskussion von Überlegungen, die Caseworkern helfen könnten, realistische, erreichbare Ziele zu setzen.

49. Rawley, Callman, „The Use of Diagnosis in Vocational Service", in: *Jewish Social Service Quarterly*, XXXI, 1 (Herbst 1954). Dieser Artikel löste eine Reihe von Entgegnungen, teils widersprechend, teils berichtigend, von Hamilton, Rawley, Boehm und Smalley aus. Vgl. die folgenden Nummern dieser Zeitschrift (Winter 1955, Sommer 1955 und Frühjahr 1956) mit Mr. Rawley's Gegendefinition und den Reaktionen der Obengenannten. Eine nützliche, lebhafte Debatte.

50. Richmond, Mary, „Social Diagnosis", Russell Sage Foundation, New York 1917. Vgl. insbesondere Kapitel III und V.

51. Ripple, Lilian, „Motivation, Capacity, and Opportunity as Related to the Use of Casework Service: Plan of Study", in: *Social Service Review*, XXIX, 2 (Juni 1955). Das ist der erste einer Serie von Artikeln über eine Studie, durchgeführt im Research Center der School of Social Service Administration der University of Chicago, der die Feststellung untersucht, daß „der Klient Casework-Hilfe auf eine Weise nutzt, die durch seine Motivierung, seine Fähigkeiten und die Gelegenheiten, die ihm von seiner Umwelt und der sozialen Dienststelle, von der er Hilfe sucht, geboten werden", bestimmt ist. Diese Punkte verdienen besonderes Interesse, da sie die Fähigkeit und Motivierung des Klienten von den Fallberichten her zu identifizieren suchen. Von der vollendeten Studie kann man einige prognostische Faktoren bezüglich des Ausmaßes und der Art der Motivierung und Fähigkeit, Casework-Hilfe zu nutzen, erwarten.

52. Scherz, Frances, „Intake: Concept and Process", in: *Social Casework*, XXXIII, 6 (Juni 1952). Der Standpunkt der Verfasserin ist: „Aufnahme ist ein Prozeß, ausgerichtet auf die Nöte, ungeachtet der Natur der Forderung, zu verstehen. Der Nachdruck liegt auf ‚Verstehen'." Mrs. Scherz' Artikel verdient, aufmerksam gelesen zu werden, da er einen Gesichtspunkt sehr klar darlegt, der von vielen

Caseworkern geteilt wird, dabei doch von dem, der in diesem Buch vertreten wird, wesentlich verschieden ist. Der letztere ist auch der vieler anderer Autoren, die mehr Gewicht darauf legen, das Verständnis für den Klienten und seine Motivation, Hilfe zu suchen, zu verstärken.

53. *Scope and Method of the Family Service Agency*, Family Service Association of America, New York 1953. Eine Darstellung aus einem Hauptgebiet sozialarbeiterischer Bemühungen, der Familienhilfe, von den wichtigsten Zielen und Mitteln in seinem Hilfsprozeß.

54. Sherman, Sanford N., „Psychosocial Diagnosis and Its Relationship to Treatment", in: *Diagnosis and Process in Family Counseling*, Family Service Association of America, New York 1951. Eine deutliche Erklärung der psychischen und sozialen Faktoren in der Casework-Diagnose, wobei die Art, wie der Klient die Casework-Beziehung nutzt, als diagnostisches Merkmal besonders beachtet wird.

55. Studt, Elliott, „An Outline for Study of Social Authority Factors in Casework", in: *Social Casework*, XXXV, 6 (Juni 1954). Dieser Artikel wird erwähnt, weil die Elemente der Autorität in einer beruflichen Beziehung (ob in einer autoritären Umgebung oder nicht) darin behandelt werden.

56. Towle, Charlotte, „Personality Development", in: *The Learner in Education for the Professions*, University of Chicago Press, Chicago 1954. Die Entwicklung und die Anpassungsfunktionen des Ego sind in den Kapiteln II und IV klar und deutlich dargestellt. Obzwar sie in bezug auf den Studierenden der Sozialarbeit diskutiert werden, sind sie unmittelbar anwendbar auf das „Lernen", das ein Klient erfährt.

57. Towle, Charlotte, „General Objectives of Professional Education", in: *The Learner in Education for the Professions*, University of Chicago Press, Chicago 1954. Eine Diskussion der Eigenschaften, die berufliche Erziehung dem Studenten beizubringen versuchen muß.

58. Towle, Charlotte, „Social Casework in Modern Society", in: *Social Service Review*, XX, 2 (Juni 1946). Eine Untersuchung von Casework im Rahmen der Sozialarbeit, der Gesellschaft sowie verschiedener Funktionen und Strukturen der Dienststelle.

59. Towle, Charlotte, „Factors in Treatment", in: *Proceedings of the National Conference of Social Work*, University of Chicago Press, Chicago 1936. Die Befähigung des Klienten für eine zweckdienliche Beziehung ist Thema dieser Arbeit.

60. Towle, Charlotte, Teil II von „Helping the Client To Use His Capacities and Resources", in: *Proceedings of the National Conference of Social Work*, 1948, Columbia University Press, New York 1949. Teil I dieses Werkes (von Grace

Marcus) und dieser Beitrag sind zusammengehörige Artikel, in welchen Miss Marcus die Verantwortung des Klienten im Arbeiten an seinem Problem mit Hilfe des Caseworkers unterstreicht, während Miss Towle sich auf die Verantwortung des Caseworkers konzentriert und die Mittel aufzeichnet, den Klienten zu befähigen.

61. Towle, Charlotte, „Factors in Treatment", s. u. (59). Die Beziehungsfähigkeit des Klienten ist einer der wichtigsten Faktoren. Die Kennzeichen, durch welche diese beurteilt werden kann, sind hier sorgfältig aufgezeichnet.

62. Wolberg, Lewis R., *The Technique of Psychotherapy*, Grupe & Stratton, New York 1954. Kapitel XXXI, „Establishing a Working Relationship", gibt viele nützliche Hinweise auf die Bedürfnisse und Interpretationen, die Patienten (oder Klienten) in die Beziehung einflechten, und auf die Möglichkeiten, wie die Beziehung gehandhabt werden kann. Wie immer, sollten Caseworker, wenn sie psychiatrische Literatur lesen, sorgfältig untersuchen, was für Casework gilt und was nicht.

63. Wolberg, Lewis R., *The Technique of Psychotherapy*, s. u. (62). Auf S. 551—556 diskutiert Dr. Wolberg sachdienlich „praktische" Ziele.

Sachverzeichnis

Bücher für Ausbildung und Praxis

Robert W. Roberts | **Konzepte der Sozialen Einzelhilfe**
Robert H. Nee | Stand der Entwicklung — Neue Anwendungsformen
2. Auflage, 424 Seiten, Alcor, DM 39,50

K. J. Nijkerk | **Die Arbeit mit Gruppen**
Ph. H. van Praag | Ein Handbuch. 272 Seiten, Alcor, DM 26,—

Helen Northen | **Soziale Arbeit mit Gruppen**
Der Verlauf des helfenden Prozesses
2. Auflage, 292 Seiten, Alcor, DM 28,50

Gulbenkian-Foundation (Hrsg.) | **Gemeinwesenarbeit und sozialer Wandel**
Aktuelle Planungs- und Ausbildungsfragen
208 Seiten, kart. lam. DM 22,—

Arbeitsgruppe 5 | **333 „Soziale Fälle"**
Beispiel eines Projekts in der Familienfürsorge
2. Auflage, 288 Seiten, Alcor, DM 32,80

Gerald H. Zuk | **Familientherapie**
Interventionen und therapeutische Prozesse
2. Auflage, 240 Seiten, Alcor, DM 29,50

Dora von Caemmerer | **Praxisberatung (Supervision)**
Ein Quellenband. 346 Seiten, kart. lam. DM 32,—

Frans M. J. Siegers (Hrsg.) | **Praxisberatung in der Diskussion**
Formen — Ziele — Einsatzfelder
2. Auflage, 328 Seiten, Alcor, DM 32,—

Robert R. Mayer | **Sozialplanung und soziale Veränderung**
204 Seiten, Alcor, DM 22,50

Preise nach dem Stand vom 1. Februar 1978

Lambertus-Verlag GmbH, Postfach 1026, D–7800 Freiburg